U0448206

严群文集·第三卷

古希腊哲学探研及其他

严 群 著

商务印书馆
The Commercial Press

图书在版编目（CIP）数据

古希腊哲学探研及其他 / 严群著. — 北京：商务印书馆，2021
（严群文集）
ISBN 978-7-100-18966-8

Ⅰ.①古… Ⅱ.①严… Ⅲ.①古希腊罗马哲学－文集 Ⅳ.①B502-53

中国版本图书馆CIP数据核字（2020）第160933号

权利保留，侵权必究。

严群文集
古希腊哲学探研及其他
严 群 著

商 务 印 书 馆 出 版
（北京王府井大街36号 邮政编码 100710）
商 务 印 书 馆 发 行
北京兰星球彩色印刷有限公司
ISBN 978 - 7 - 100 - 18966 - 8

2021年1月第1版　　开本 640×960　1/16
2021年1月第1次印刷　　印张 34 1/2
定价：120.00 元

《严群文集》序

吴小如

一

先师严群先生(1907—1985)，字孟群，号不党(取"君子群而不党"之义)，福建侯官人，是严几道先生(复)的侄孙。先生幼时即甚受几道先生钟爱，认为可成大器。七岁即开始入私塾读四书五经。入中学后，因阅读英国哲学家罗素的著作，受其影响，遂立志终身致力于哲学的研究。1931年毕业于燕京大学哲学系，继入燕大研究院深造，于1934年获硕士学位。次年赴美国留学，先后在哥伦比亚大学和耶鲁大学就读，同时教授中文，贴补生活。先生对古希腊文、拉丁文有深厚造诣，并兼通梵文、希伯来文、马来文、泰文等多种古文字，即是在美国刻苦学习所结的硕果。当时先生立志要从古希腊文翻译柏拉图全集，竟放弃攻读博士学位的机会，在美国一面读书，一面译书，先后译出柏拉图著作达全集的三分之二以上。1937年抗日战争爆发，先生竟拒绝在美国教书的聘约，以全部积蓄购买大量西方哲学书籍回到祖国，执教于母校燕大哲学系。[1]

在先师的众多门人中，我是唯一不曾学过哲学的学生。说来有缘，1945年抗战胜利，我重新上大学，考入燕大文学院(一年级不

---

[1] 关于先生生平小传，请参考北京大学出版社2001年出版的《燕京大学人物志》第一辑(第355—356页)，这里从略。

分系），随即受业于先生。先是1941年太平洋战争骤起，燕大被敌占而停办。先生乃任教于私立中国大学以勉强维持生活。当时亡友高庆琳兄曾到中国大学遍听名教授讲课，向我提到过严群先生。故我一到北京，便访知先生在城内的寓所，登门拜谒。与先生素昧平生，第一次见面，先生即留我午饭，倾谈良久，宛如旧时相识。1946年我又考上清华大学中文系三年级当插班生，因宿舍太吵无法用功，乃恳求先生，允我于先生当时在燕大南门甲八号的寓所，借住了两学期。当时同寄住于先生处的，尚有先生的弟子王维贤、穆民瞻等。我与维贤兄虽见过面，却因同住一处近一年之久而订交。在寄住期间，早晚承先生謦欬，获益反较在课堂听讲为大。先生虽以治西方古典哲学为主，然承家学，谙国故，于孔、孟、老、庄及诸子之学亦精研有心得，其思想与主张全盘西化者迥异。又喜收藏名家书法手迹，精于鉴赏。且先生对青年人提携不遗余力，视门人如子侄，故师生间共同语言甚多。我在清华就读的一学年中，竟成了先生的一个对哲学外行的"入室"弟子。1947年先生南下，就浙江大学聘，我亦转学入北大，彼此未相见者十余年。60年代初，先生来北京开会，遂侍先生在城内盘桓数日。未几"文革"开始，天各一方，从此未再与先生晤面。而十年浩劫中，使先生最痛心的，除藏书有些损失外，是先生积累多年而尚未付梓的大量译稿几乎"全军覆没"。这对先生的打击实在太大，自此身心交瘁，精神饱受摧残。故与先生通信时，先生极想让我到杭州见面，并几次托人带过口信。1984年春我南下讲学，原拟到杭州拜谒先生，不料病倒在上海，只得铩羽而归。谁想1985年新年刚过，先生竟猝然病逝。人天永隔，抱憾终生，至今思之，犹怅恨无已也。

二

先师逝世已 16 年，几位师弟师妹一直搜求遗著，谋为先生出版文集。2001 年春，接王维贤兄自杭州来信，告以已辑得先生遗文 35 篇，有不少是从未发表过的系统论文，及专著五部。并寄来部分遗稿，嘱我写序。其中以研究古希腊哲学的论著为多，尤集中在对柏拉图和亚里士多德两哲人的思想的分析与探讨。有关我国先秦哲学的论著，则主要是对《老子》一书，及《中庸》、《大学》两篇带总结性质的儒家哲学经典的系统研究。我对西方哲学（尤其是古希腊哲学）实在外行得近于无知，不敢妄加评说。但通过对先师原稿的学习，却给了我一个进修的机会。根据我读后粗浅的体会，其中分量较重的还是论述古希腊哲学的文章。自苏格拉底而柏拉图而亚里士多德，先师似对后两人兴趣更大，体会也更深。由于当时国人对西方哲学还比较陌生，先生的文章写法总是偏于以述为作，或者说述中有作，即对他研究的对象和课题都带有介绍性质和阐释的内容。而在阐释中进行发挥，表述了自己的主张和意见，于浅出中蕴含着深入。又由于先生在论文写作方面受过严格的科学训练，逻辑性极强，文章的条理与层次极为清晰明白，使人读了毫无艰涩深奥之感。如先生论《老子》的"道"，全篇条贯分明，眉目疏朗，宛如一幅生理解剖图，把"玄之又玄"的内容写得了如指掌。又如论《中庸》与《大学》的思想内容，不仅纲举目张，而且用图表方式进行系统的分析与诠释，而个人的独到见解即寓于其中。这是先生治中国哲学的一大特色。因此，像我这样对哲学所知有限的人，也能循文章的思维脉络而逐步深入腠理，有所领悟。更由于先生学贯中西，在论述某一家哲学思想时，往往用对比方法互相映照，进行研索。如对柏拉图和亚里士多德伦理思想之比较，对孔子与亚里士多德的中庸思想之比较，都能给读者以深层次的启发，从而留下鲜明印象，并提高了对这些哲人的思想内涵的认识。总之，先生著述中诸篇论著，都贯穿着这三个方面的特色：一、述中有作，深入浅出；二、文章逻辑性极强，有条理，有系统，引导读者循其思路而步步深入；三、用对比方法看中西哲学思想之异同，从中体现出先师本人的真知灼见。

读后掩卷深思，感到有两点想法，愿借此机会一申鄙见。这两点想法都关涉到以孔子为奠基人的先秦儒家学派。一点想法是当前学术界有个流行术语，叫作"新儒学"，我认为不必要。盖先秦时代承孔子衣钵而有专著传世者，主要是孟、荀两家。《孟子》书中所反映的思想即不全同于孔子，而《荀子》之学与孔子的思想则差距更大。如称"新儒学"，则孟、荀二氏之学已属于"新"的范畴了。至于汉之董仲舒、扬雄，则与孔子更有所不同。尤其是董仲舒所代表的今文学派，其学甚至与先秦儒家学派有枘凿矛盾处，已不是新不新的问题了。下而及于程朱理学，有的学者或以"新"称之。其实就其不同的一面而言，连程颢、程颐兄弟二人的见解都有所不同，遑论周濂溪和张横渠！至南宋朱熹，其思想之内涵更丰富，其理论之差距更大。如以朱熹为"新"，岂先于朱熹者皆"旧"乎？到了近现代，由于西风东渐，凡治中国哲学者或多或少皆吸收了西方哲学思想的内容，可谓"新"矣。然而每一位学者皆有其个人的见解，而且各不相同，可以说无人不"新"。既自孔子以下，凡属于儒家学派者，其学皆与孔子不尽相同，无不可称为"新"。然则又何必把"新儒学"的桂冠加诸当世某一学者或某一学派之上呢？天下没有完全相同的两个人（甚至被克隆出来的也未必完全一样），也就没有完全相同的哲学思想。如以此为"新"而彼为"旧"，岂不多此一举乎？

另一个想法是，有些学者把孔子当成"教主"，把儒家学派认作"儒教"（或称"孔教"），自康有为大张厥论，至当代某些学者仍力主此说。这种看法我不同意。夫孔子之不同于释迦牟尼、耶稣，《论语》、《孟子》之不同于《新约》、《旧约》、《可兰经》，中国读四书五经的知识分子之不同于天主教徒、伊斯兰教徒，此显而易见者也。就近取譬，即以孟群师之遗著而言，其论柏拉图和亚里士多德，完全不同于西方之神学；其论《老子》之"道"，亦完全不同于中国之道教；其论《中庸》、《大学》之思想与夫朱熹之学说，更是只见其哲学思想而一无阐发宗教教义之痕迹。何况后世之治儒家之学者（包括五经、四书），清代汉学家无论矣，即以近现代学者而论，自梁启超、胡适以下，如冯友兰、梁漱溟、熊十力、钱穆诸先生，无不以治儒家之学著称于当世。细绎诸家之说，归根结底，皆是论述儒学思想而非宣传所谓孔门之"教义"。以教主视孔子，和以宗教教义视儒家思想，皆小孔子与儒学者也。执此以读先师之文集，或可见鄙说之非妄谬。

2001年9月，受业吴小如谨序。时客北京西郊中关园寓庐。

目 录

第一部分　古希腊哲学探研

希腊哲学的创始派及其意义..(3)
希腊皮萨哥拉士派的宗教与哲学..(9)
希腊埃类亚派唯静主义的一元论..(17)
希腊海拉克类托士唯动主义的宇宙人生过程论......................(35)
伊庇苦洛士派唯物宇宙观基础上的享乐主义人生观...............(45)
希腊恩魄铎克类士心物二元下的唯物四行论..........................(60)
希腊原子论或"空""实"二元下的唯物多元论.........................(69)
希腊昂那克萨哥拉士心物二元下的唯心意匠论......................(81)
米雷托斯派的自然哲学
　　——古希腊唯物主义者对神话宗教的第一炮..................(91)
哈拉克类托士
　　——古希腊最突出的自发辩证唯物主义者......................(102)
苏格拉底之灵魂说...(122)
古希腊学者与今世科学文明..(127)
希腊思想
　　——希腊的自然哲学与近代的自然科学..........................(138)

第二部分　西方近代哲学探研

笛卡尔与斯宾诺沙哲学之比较...(157)

康德之论意志自由、灵魂不灭及上帝存在..................................（205）

释黑格尔哲学中"有"等于"思"之义..................................（213）

康德实践理性中所谓自由与柏格森之所谓自由其异同如何？....（218）

读柏格森哲学后几句毫无价值的话..................................（224）

斯牧次"全体"进化论之鸟瞰..................................（228）

快乐主义与心理上之快乐论..................................（240）

科学、哲学与宗教..................................（244）

第三部分 中国哲学研究及其他

说老之"道"
　　——老子思想之分析与批评..................................（259）

《大学》全书思想系统..................................（354）

《中庸》全书思想系统..................................（378）

孔子与亚里士多德之中庸学说及其比较..................................（424）

朱子论理气太极..................................（440）

朱子论阴阳五行..................................（472）

说"孝"..................................（482）

"博学"、"审问"、"慎思"、"明辨"、"笃行"新解..................（492）

论道德之必要..................................（494）

历史变迁之因素..................................（497）

为什么要研究哲学史..................................（507）

我关于认识论之意见一二..................................（513）

我之人生标准..................................（523）

严群年表..................................（526）

《严群文集》后序..................................（532）

第一部分
古希腊哲学探研

希腊哲学的创始派及其意义

大家知道，西洋文化起源于希腊民族。这民族的文化领域却不限于他们的本土——希腊半岛。整个地中海的海岸，及其中的岛屿，东自小亚细亚，西至意大利南部，及西西里岛，都是他们文化的势力范围。除希腊半岛以外，其余都是他们的殖民地。古代的文化往往发生于近水之民，因为水路交通比陆地容易，交通便利能使他们与外界接触，多见世面。其次，近海地方，气候变化比较剧烈，其居民多受刺激，因而对自然界易起反应，由惊疑而生思想。古代西洋民族中，只有希腊人占有这种地理上的优势，所以他们成了西洋文化的鼻祖。

至于希腊文化中的主要部分——哲学，却不产生于本土，而产生于它的殖民地。其创始派米雷托斯派（The School of Miletus），就是他们在小亚细亚一个殖民地——米雷托斯——上的产品。当时希腊泛海之民多是经商，随处建立殖民地。殖民地之中，以米雷托斯为最富豪，因为那时东方的小亚细亚算是世界繁华之区，希腊商人趋之若鹜，在那里所建的殖民地也比别处兴盛。希腊哲学产生的前夜，正是当时贵族政治的末日。政府对于人民，不分贫富，全用高压手段。于是富者迁徙，贫者流亡，这是因本土政治不良，而逼出殖民的结果。殖民的生活唯有经商，经商的效果，贫者转富，富者更富。生活优裕，利于冥想。这是希腊哲学所以诞生于殖民地，尤其是诞生于商业中心的小亚细亚的原因。

米雷托斯派的代表人物有三位，就是萨类士（Thales）、安那克秦满都洛士（Anaximander）和安那克秦门馁士（Anaximenes）。他们都是米雷托斯人。他们在世的年代，第一位约当公元前六二四年到前五五〇年，第二位约当公元前六一一年到前五四七年，第三位约当公元前五八八到前五二四年。他们算是同时而辈分先后的哲学家，彼此的思想同是一个潮流中的产品。至于他们的生平，没有翔实的记载，我们所能知道的，他们都是当时的科学家。第一位是古代有名的七贤（The Seven Sages）之一，精于数学与天文，据说公元前五八五年的日食是经他预测过的。第二位是天文家兼地理家，据说他首创一个浑天仪和日规，还画过一张地图。第一位似乎没有著作；第二位曾写一部论自然的书，可是失传了；第三位也有著作，所传下来的只是零星的几句话。研究他们思想，只好根据后起的思想家的著作里所引到他们的话，尤其是亚里士多德的《形而上学》的第一卷。

他们共同的问题是：当前形形色色、森罗万象的宇宙，究竟何处来，何所往？关于这个问题的解答，便成了本体论。本体找到以后，说明如何由简单的本体，变成复杂的宇宙，这便是所谓宇宙观。合本体论宇宙观而成形而上学。所谓"形而上"者，是说超乎感官所接触的形象以外。本体是万物背后的根源，原是感官所达不到的；至于宇宙，是万物的大全，当然不是被时间空间所限制的感官所能整个顾到的。

他们这派的思想，可以说是开了自然哲学（the philosophy of nature）的先路，因为他们的问题是自然界的现象所引起的，其解答的方法也是自然方面的，并不假手于神话。至于哲学思想的诞生，为什么先自然、后人事呢？因为感官的作用天生是向外的，所接触的大部分是外界的刺激。唯有心官是向内的，其作用是自觉，自觉必须先经过相当的训练。俗语说："知人明，知己昧"，"审物易，识人难"，恐怕都是这个道理。

这一派所探讨的既是本体问题及宇宙问题，现在请看他们心目中的本体是什么，宇宙又如何。先从萨类士说起。他主张：（一）本体是水，水是万物的来源，也是万物的归宿。（二）大地是一片平而圆的东西浮在水面。（三）万物是有生命、有灵魂的。他为什么以水为本体？据亚里士多德猜想，大约是因为看见了生物非水不生，种子含有水分，得水才能发芽生长。地浮水面之说，岛国之民也自然地会这样想。至于万物有生命有灵魂的见解，乃是初民时代普遍的物活论（Hylozoism）的遗蘖。此种思想，由我们看来，实在幼稚得很，可是自有它的价值，因为古今人的知识程度不同，我们不能以今人的知识程度做标准，来评判古人的思想。他的价值乃在首先想于自然界中，求解答关于自然方面的问题。在思想发展的过程上，算是脱离了神话的阶段，进于哲学或科学的阶段。哲学与科学有一种相同的趋向，就是繁中求简、散中求总、异中求同、殊中求共。本体便是繁中之简、散中之总、异中之同、殊中之共。哲学上的本体和科学上的原理或公例是性质相同的东西。把本体认为是水，虽然是错误的见解，其意义却很重大，因为已经隐隐约约地指出了科学上的因果观念来：本体是因，宇宙是果；水是因，万物是果。若按神话的说法，认为宇宙万物是神所造，那是在宇宙之外求宇宙的来源，神与宇宙不是因果的关系。至于万物如何由水变成，他并没有说明，这算是他在宇宙论方面的缺点。把地认为浮在水面，讲自然哲学而带有物活论的色彩，也是不彻底的地方。

这一派的第二位代表安那克秦满都洛士却不承认本体是水，他另提出一件东西，叫作无定性的物质（τό ἄπειρον；indeterminate matter）。这种无定性的物质，空间上无限，就是说，量方面无尽；

性质上无穷,等于说,任何性质都没有,任何性质都能有。他所以提出这样的本体,大概是因为便于解释万物的由来:无论什么性质的东西,都能从这样的本体产生,因为它是无定性的;无论多少东西,都能由这些本体造出,因为它是无限量的。本体无限量,所以会产生无数的宇宙,一起一灭,循环不已。可是英国的哲学史家柏儿奈提(Burnet),却以为他这种无数的宇宙是同时并在的。无论如何,我们知道,它们不是永久的,总是一起一灭地循环着。这种宇宙如何产生,什么形状呢?无定性的物质自身起了一种分化作用,便成"冷""热"两部分。冷的湿,热的干。冷而湿的成了地,在宇宙中心;热而干的成了一个火球,内心空的,套在地球外面,像一个圆壳。湿的地被外围的火壳一烤,发出蒸汽浮在上面,成了气圈,便是我们所谓空气。这种空气被外围的火壳不断地烤,涨起来,便把那火壳冲成了若干火环。这些火环被气遮住,露出圆孔来,我们便见着日月星辰。火环共有三个:离地最远的那个,外围的气只有一个孔,就是我们所见的日;稍近的一个,外围的气也只有一个孔,就是我们所见的月;最远的那个,外围的气有许多孔,就是我们所见的那些恒星。那三个火环被气流所推动,便绕地循环不已,因此我们见到天体绕地运行。地像一个扁的圆柱,人类住在它的上端。地原来是流质的,被外围的火圈烤干以后,生物才产生。起初是最简单的生命,后来因适应环境而逐步进化到复杂的有机体。人类原是活于水中的鱼,后来水干了,陆地出来,水里动物移到地上,鱼类的翅便不适合陆地的环境,为求适应新环境,翅子渐渐变成四肢,以至人类的两手两脚。

安那克秦满都洛士以无定性的物质为本体,算是比萨类士进步了。因为思想发展的程序是由具体到抽象,由感觉的到超感觉的:水是具体的,也是属于感觉的;无定性的物质却是抽象的,超感觉的。由此可见，以无定性的物质为本体，是比以水为本体进步了。这是第一点。他提出了本体是无定性的物质，再说明这种物质如何分化而逐步演成大地与日月星辰，这是宇宙论方面比萨类士进步的地方。这是第二点。他以为无定性的物质自身会起一种分化作用，不是外来的什么力量使它如此，这算是第一次发现自然力，换句话说，他是头一个知道物质有内在的力量的人。不但是比萨类士进步，也是自然科学方面的一个空前的大发现。这是第三点。他知道生物是由简单生命因适应环境而逐渐变成复杂的有机体，这简直是近代进化论的先声。这是第四点。只是因为古代研究的方法不精，工具没有，所以眼光尽管大，想象力尽管强，在宇宙观方面仍是谬误百出，在生物论方面毕竟缺乏证据。

这一派的第三位代表安那克秦门馁士，却和萨类士的主张相似，认为本体是一种特殊的物质，就是气。他所以以气为本体，也许因为看见动物得气乃生，失气便死的缘故。他这种气，像安那克秦满都洛士的无定性的物质，也是空间上无限的，因为他也主张有无数的宇宙。他这种无数的宇宙，传统的解释认为是先后的无数，柏儿奈提却以为又是同时的无数，又是先后的无数。这种气有内在的动力，不断地动，动的结果，逐步产生了宇宙。气的动有两个方式：一个是稀散，一个是凝聚。稀散则生热，凝聚便发冷。气稀散而成火，火飘在气海中，便是星球；气凝聚而成云，再凝聚而成水，成土，成石。由凝聚的方式，宇宙既成以后，将来也会稀散，而又回到气的状态——一散一聚，循环不已。类似萨类士的话，他说地是一片平而圆的东西浮在气上。

安那克秦满都洛士把本体认为无定性的物质，在思想发展的过程上算是进步。安那克秦门馁士又回到萨类士的办法，把一种具体的物质——气——当作本体，难免有开倒车的嫌疑。可是在另一方面，他的思想确比前两位的进步。萨类士提出水为本体，而没有说明如何由水变成宇宙万物。安那克秦满都洛士说，无定性的物质起了变化，分成冷热两部分，由此两部分逐步演成宇宙的一切；然而无定性的物质如何变化而成冷热两部分，他却不曾提到。安那克秦门馁士也认为他的本体——气——起作用而变热或变冷，可是他还明白举出这种作用的具体方式，就是，稀散与凝聚。这算是他比前两位进步的第一点。本体是气，其所以变成各色各样的物，全靠稀散与凝聚的作用——同样的气，稀散了成一种东西，凝聚了又成另一种东西。这等于说，性生于量，性的变化随量的变化而起。气都是一样的，在某容量之下，聚得多便成一种东西，聚得少又另成一种东西。这种理论与现代的科学暗合。按现代科学的说法，也是量决定性：万物是原子构成的，原子里头的电子，性质都是一样的，所不同者，大小与多寡，及其排列的地位与方式而已。他能见到这一层，算是比前两位进步的第二点。何但比他们进步，也是人类思想史上的莫大成绩。

这一派三个代表人物的思想，其内容与意义，及其前后进展的痕迹，已经大致叙说过了。还有一点要在末后补充，就是，他们三位所提的本体，虽有比较具体和比较抽象的不同，却一律是物质的。可见哲学思想之产生，唯物论在先。其原因也是由于感官的作用天生是向外的，首先与外界的物质接触。感官经过训练，才能向内看，而发现了心，所以唯心论是比较后起的东西。

希腊皮萨哥拉士派的宗教与哲学

皮萨哥拉士（Pythagoras）是桑磨斯（Samos）人。桑磨斯是希腊半岛东边埃盖安海（Aegean Sea）上靠近小亚细亚的一个岛。他的生年未能确定，大约在公元前五八〇年至前五七〇年之间。四五十岁的时候，因避暴政，迁到意大利苦漏同（Croton）；后来又因为避政敌，再迁默达捧童（Metapontum），在那里，约当公元前四九六年过世的。关于他的生平，我们所知道的极少，虽有两种他的传，以及后来关于他的传说，却都是辗转附会的神话，其中可信的材料不多。原因在于他这个人富于宗教性，而且设立了一个神秘的会社，简直成了一门宗教的教主。总而言之，所传他的知识高深，人格伟大，体格魁梧，有一种笼罩的力量，叫人一望起敬起畏，这一定是事实；过此以往，种种传说，只可以当作"如是我闻"罢了。

皮萨哥拉士的会社是在苦漏同创始的，吸收了阿非务士教（Orphic Relegion）的灵魂轮回说，加上自创的种种修行的规律，而成一门刻苦的、救世的宗教。收信徒非常严格，信徒分若干等级，要发愿好几年不出一言，经过严厉的检验，合格才许升级。第一级叫作听侣，第二级叫作数学弟子，第三级叫作哲学学人。他的教义以轮回说为基础。修行的目的在于脱离轮回，归于福海；其方法则为禁欲，所以有种种戒律，如不许吃肉，不许吃豆……他把人类认为神的羊群，自己仿佛是神所差遣的牧人；信徒所以要有长时期的静默，意在使其检点心身内外的行为，不要辜负牧养他们的神。可是除这些戒条与规律外，尤重知识方面的工夫。他所以注重知识方面的工夫，用意在使肉体上的要求减少，精神生活得以发展。此外，他还注意音乐，以疏导情感，使其不至泛滥，注重体育，使身体健康，不会拖累心灵。后来附庸蔚为大国，手段变成目的：音乐方面的讲习扩充成数学的研究，身体方面的锻炼发展为医学的探讨；此外还考究形下方面的物理现象而成物理学，形上方面的宇宙本体与结构而成本体论和宇宙观。所以我们可以说，这一派的学术上的成绩，是他们宗教的副果。至于他们基本教义上的轮回说，却在社会方面有相当的影响。根据他的轮回说，灵魂的投生，不分人类与动植物的界限，一度为人的灵魂，来生也许投在动植物上而为禽兽，为草木。反过来，禽兽草木上的灵魂也许可以投生为人。这全看他们生时的行为或动作如何——善者高升，恶者下降。灵魂轮回既不分高下，因此他们的社会观念也比较平等：他们同社的人，不论男女，彼此都是弟兄姊妹。把这种平等观念推到当时社会上所常见的奴隶们身上，便提倡以人道待遇奴隶。因此，这一派的人，不但是宗教上的僧侣，并且自命为政治社会的领袖。一度果然取得苦漏同的政权，苦漏同在他们统治之下，称霸了四周的国家，几乎百年之久。然而他们的政治，事实上是知识阶级的寡头政治，后来平民党的势力膨胀，起来推倒他们，取而代之，他们社友大受屠杀——这是公元前五世纪的事。

从这一阶段上看，这一派似乎比米雷托斯派反而退步，因为米雷托斯派的思想是纯粹的哲学，而这一派的思想只是宗教的附属品。然而从另一观点说，这一派却有它独到的地方，因为它见到了人生的价值、道德的需要，才提倡一种匡世救世的宗教，这是米雷托斯派所不及的。这一派的宗教上的信仰固然有许多迷信的地方，然而他们在社会道德方面的影响很大，很有可取之处。至于以宗教为目的，以学术为手段，在古代思想上原是常事，印度的佛教便是一个很明显的例子。佛教超度众生有三种办法：对愚夫愚妇则使他们死念佛号，死背经咒；对富豪人家便叫他们布施；对知识阶级却让他们讲求哲理——按各等人的程度用各样的方法。无知识和知识浅的人只要他们迷信，可以减少他们的罪恶；知识高的，叫他们彻底了解宇宙人生，也能够把他们的行为纳于正轨——各种手段不同，而都能达到救世的目的。皮萨哥拉士派的种种戒律都是为了中下流的人而设的，至于学术上的研究则为上等人开路子。他们的办法简直同佛教的一样，眼光不为不远到，用心不为不周密！

皮萨哥拉士派学术上的建树，正同他的宗教一样，不能划分那一部分是他们祖师的成绩，那一部分是后继者的成绩，因此我们只好笼统地叙述。他们学术上的研究代有进步，然而大半是口头授受的。皮氏本身，除了宗教的热诚以外，学术的兴趣也非常浓厚。他对学术无所不窥，而于医学、数学尤其努力。希腊初期数学的发展几乎全部是他的功绩，据说埃务克类底士（Euclid）几何第一卷的内容便是他的东西。他的弟子们，尤其是阿勒迈恩（Alomaeon），对于科学有极渊博的研究，并且有著作发表。他在生理学方面，根据动物的解剖，证明脑是思想的中枢；在医学方面，曾经在病人的眼睛上做过开刀的手术；在心理学方面，首先提出感觉与思想的分别，认为思想有记忆、观念与知识三种作用。

唯其对于数学有特别研究，他们一派的哲学都抱着唯数的本体观与宇宙观。他们认为宇宙的本体是数，数不但是万物的条理，万物简直就是由数产生的。他们所以达到这种观念的缘故，一则因为音乐声调的高低由乐器的弦的长短决定，弦之长短的比例乃是用数计算的；再则因为天体的运行有固定的度数，处处表现数的作用。至于他们以数为本体的主张，在思想发展的过程上，算是比米雷托斯派进步。米雷托斯派以具体的物质为本体，这种本体兼包性（quality）与量（quantity）两方面。性的种类甚多，并且各种的性在物上不是普遍的，一物或有此性而无彼性，或有彼性而无此性；至于量或数，只有一种，而且在物上是普遍的，一物对于某种性质可有可无，却不能没有数或量。由此可见，数或量是最普遍的，无论有形无形的物，可以想象它没有任何性质，却不能想象它没有数或量。这一派把万物所离不开的要素——数——认为万物的本体，在本体论上可谓得其关键，因为数确是合乎本体的条件。其次，他们把数认为本体，数是形上的，实际上只是形下之物的条理格式，于是他们的主张无形中启发了后来讲本体的对于形式（form）与质料（matter）之分，讲人生的对于灵魂与身体之别。他们关于数的意义，认为是宇宙"无限制"（ἄπειρον；unlimited）中的"有限制"（πέρας；limit）。他们有所谓"无限制"的观念，这已经隐隐约约见到后来所谓"质素"或"材料"的作用。数在无限制的质料上为之限制，等于抽象的规律在具体的物质上做它的法则。因此，他们在思想史上，可以算是首先发现了自然界有律令或公例的人。

这一派所提出的本体及其意义，既如上面所述，现在且说他们如何应用这种本体去解释宇宙万物的构成，而成他们的宇宙观。老实说，他们在这方面牵强得很。他们认为一切数起于"一"，"一"又叫作根数。宇宙万物由数而生，数又是由根数而生，于是我们可以说，宇宙万物的来源就是根数，就是"一"。一切数可以分为奇与偶。宇宙万物成于若干相反的性质（即有限制与无限制、奇与偶、一与多、右与左、雄与雌、静与动、直与曲、明与暗、善与恶、方与圆），而这些相反的性质又是成于奇数与偶数。奇数等于"有限制"，偶数等于"无限制"。"无限制"是形而下的物质或质料，"有限制"是形而上的条理或格式。于是乎，数可以兼为具体的物质和抽象的条理的来源。他们发现了宇宙有二元，即无限制的物质和有限制的条理；然后又把偶数等于无限制的物质，奇数等于有限制的条理，这是想把"质"与"理"的二元化归数的一元之中。"质""理"二元仿佛等于后来的"物""心"二元，他们的办法就是以数统"心"与"物"；然而数毕竟是形上的，是"心"方面的，以数统"心""物"，就是以"心"来兼并"物"，因此我以为这一派的唯数一元论就是后来唯心一元论的先声。

至于他们所以把奇数等于"有限制"，偶数等于"无限制"，大概是由古代通行的二分法（bipartition or dichotomy）联想来的，因为奇数用二分不断，所以有限制，偶数用二分得断，所以无限制。"一"固然是一切数的根，尤其是奇数的根，所以"一"是有限制的第一步。宇宙间先有了有限制的"一"，逐步吸收无限制的物质或质料，加以限制，而成某某物件（a definite "somewhat"）。数虽然无穷，然而皆出于"一"，这等于说，条理虽多，却是一贯的，由此我们又能推出"自然界统一性"（the uniformity of nature）的道理来。

他们把"一"等于"有限制"，又等于"宇宙的中心火"（the central fire of the universe）。他们认为宇宙是圆的，地球也是圆的。"宇宙的中心火"却不是太阳，太阳同地球一样，也是围绕"宇宙的中心火"而运行的。可是我们在地球上看不见"宇宙的中心火"，因为我们处于地球的一面，而这一面永远背着"宇宙的中心火"。围绕"宇宙的中心火"而运行的，第一是与地球相称的一个天体，英文所谓"Counter-earth"，这个天体是他们想象出来凑成十个数的；第二是地球，第三是太阳，第四是月亮，然后五个行星，然后恒星群（共成一数）。他们的天文说的贡献就在于推翻了地球中心的观念，可是经过了一千多年，一直到再生时代（Period of Renaissance）的柯白尼苦士（Copernicus），受到了他们的启发，才大胆地提出太阳中心说；过去千余年中，欧洲人整个信仰亚里士多德（Aristotle）的地球中心说。

这一派的末流，演成实行与理论两支分家：实行一支严守宗教上的戒律，而且变本加厉，酒、肉、鱼、豆一概不吃，只靠菜蔬、无花果和白水维持生命，垢面囚首，衣衫褴褛，类似托钵僧，成了一般社会上的笑资。理论一支在学术上——特别是天文与数学——却有长足的进步：最著名的人物，是公元前五世纪末叶和前四世纪的非漏拉呵士（Philolaus）与阿煦塌士（Archytus）。前面所提的日月星辰等十个天体围绕"宇宙的中心火"的学说，据说就是非氏主张的。阿氏及其弟子曾提出地轴（the axis of the earth）自转说，在数学方面，发明了极微数（the infinitesimal）和无绝根（the irrational）。这一支到公元前四世纪以后，就渐渐没落了。

皮萨哥拉士派的宗教、哲学，及其在科学上的成绩，既已分别叙述过了，现在专就他们的本体论和宇宙观方面，再做进一步的检讨，以为本文的结束。第一步，他们以为宇宙的本体是数，万物由数产生。数起源于"一"，他们叫作根数；其他的数，不论奇偶，都是由"一"产生的。我们试问："一"如何生二，生三……以及其他的数？所有的数，到底是由两个以上的"一"积累起来的呢？还是由别的方式产生的？倘是由两个以上的"一"积累而成的，那么"一"原来就不是一个"一"，乃是两个以上或许多的"一"，这就不能算作根数，最低限度也不是绝对的根数。于是就发生一个问题：这两个以上或许多的"一"哪里来的？彼此之间的关系如何？它们的地位是否均等？所有的数，假如不是由两个以上或许多的"一"积累而成，而是由别的方式产生的，试问是什么方式？有什么方式可以想象得来？按常识说，因物件在地位上的不同，而生彼此的分别，彼是一个，此也是一个；然后把彼此各个的内容抽去，只剩抽象的"一"与"一",这抽象的"一"就是数的起源,两个抽象的"一"积累起来,便成了"二";"三""四"以及其他的数,都是这样积累而起的。可是这种说法,不是他们所赞成的,因为他们不承认先有物,然后由物与物彼此之间的分别而产生数,他们是倒过来说,认为先有数,才有物。然而按他们的说法,就会发生我们方才所提出的困难。这是第一点。他们所谓万物由数产生,如果是说,万物之所以成为各个物件,是由数把它们分别出来的,这话在认识论的立场上还讲得通,因为人类对于浑然一片的宇宙,加以认识,所用的工具,数的确也占一部分,然而数只能把物件分成彼此,物件之所以成为物件,不但是有"彼此",还有"如何",换句话说,物件在我们的认识中,不是专靠数就能成立;物件之所以成为物件,"彼此"之外,还兼"如何",量（quantity）之外,还有性（quality）,而性的部分不是数所能代表的。假如离开了认识的立场,专讲本体,要把数当作万物的来源,用量来包括性,似乎犯了概念上的混合（confusion of concepts）的毛病。至于现代的科学,用量决定性,认为万物的原子里面所包含的电子都是一律的,性质上没有分别,所不同者,不过数量、大小及其布置的方式而已;我认为这种说法,不是解决问题,而是抹杀问题。这种说法,对于无机的东西,还讲得通,对于有机的东西,低级的也讲得通,高级的就牵强了,至于人类所特有的品格（personality）、美感（sense of beauty）、圣洁（holiness）等精神方面的现象,都是极复杂、极抽象的,是否区区电子的数量、大小、与布置、所能解释推算的?按现代科学家的态度,或者是置而不论,这就是抹杀问题;或者硬把这些精神现象归并在物质现象里头去,那也未免忽略了宇宙进化的事实,而犯了武断的毛病。这是第二点。他们认为万物由数产生,万物产生以前,有一种"无限制"的境界,数的作用加入以后,"无限制"的变成"有限制"的，混然一片的形成分划而有条理的物件；然而另一方面又把偶数等于"无限制"的境界，奇数等于"有限制"的条理。——这就等于承认"无限制"而混然一片的境界也是由数产生（从偶数来的），站在他们唯数一元的本体的立场，以为必得如此才算彻底，可是忘了这就犯了矛盾的毛病：同是数，偶的造成"无限制"的境界，奇的又来加以限制，赋以条理，这等于说，同是数，而偶与奇的作用不一致。其实他们既然承认有"无限制"的、混然的境界的存在，这就不免与"有限制"的、有条理的、数的境界成了相对的地位，换句话说，成了形式与质料、心与物对立的局面，双方不能合并，他们硬要合并，这是不成功的。这是第三点。以上三点是比较重要而值得提出的，其他零星的各点，如把奇数等于"有限制"、偶数等于"无限制"，如"宇宙的中心火"，如"与地球相称的天体"等主张，都是出于不合理而没有根据的想象，我们也无须逐项批评了。

希腊埃类亚派唯静主义的一元论

自从萨类士（Thales）提出了宇宙本体的问题，这问题便成了希腊思想界研究的中心。然而思想发展的过程总是由具体而渐趋抽象，由感觉的而渐趋超感觉的。皮萨哥拉士派（The Pythagorean School）继米雷托斯派（The Miletian School）而起，其所提唯数的本体观已经有这种趋势，本文所要叙述的埃类亚派（The Eleatic School），这种趋势越发显明，并且理论方面更加精密。此派同米雷托斯派一样，也是以地方立名，埃类亚是意大利南部的一个地方。这一派的代表人物有三位，就是：克任诺放馁士（Xenophanes）、怕儿门尼底士（Parmenides）和德任诺恩（Zeno）。

克任诺放馁士原是柯楼凤（Colophon）地方（属于小亚细亚西岸的伊恩尼亚［Ionia］）的人，在世的年代约当公元前五七〇年至前四七五年。他在二十五岁左右，因避波斯的统治，抛弃本乡，而漂流各地，经过好久，晚年才居留在埃类亚，在那里形成他的中心思想。后来本地的怕儿门尼底士受了他的影响，发明光大，成一家之言，德任诺恩继起而宣扬其说，便成了历史上的埃类亚派。因此我们可以说，埃类亚学派的成立，表示伊恩尼亚学风的西渐。伊恩尼亚学风盛于米雷托斯，所以埃类亚派的思想是承继着米雷托斯派的问题。

根据古代零星的记载，我们知道，克任诺放馁士因多年飘荡的生涯，所得的见识非常地广。他是个弹唱的诗人，把在各地所得的见闻，编成词曲，入谱拿来歌唱。旅中每遇人家宴会赛神，他就献技，藉以糊口，所以他的生活清苦，如同他的出身寒微一样。然而在他的词曲里，反映着各地的风俗人情、山川水土，叙述而寓讽刺。他的操业虽贱，成就却不小：他以词客骚人的身份，成了一个历史家、人类学家（anthropologist）、宗教哲学家（philosopher of religion）、自然哲学家（philosopher of nature）、人事哲学家（Philosopher of humanity）。而他的建树，在宗教哲学与自然哲学方面尤其大，他敢畅胆攻击当时的权威何梅洛士（Homer）和海西务铎士（Hesiod），批评他们的神话诗，反对他们拟人的（anthropomorphic）、多神的（polytheistic）宗教观。他有一句名言，说：假如牛马有手能画，他们所画的神也一定像一只牛一匹马；这话就是指摘人类以自己的性格构成以人拟天的宗教观，结果造成莫大的错误。所以他本人的宗教观纯粹是自然的。他在一篇"论自然"（On Nature）的诗里面，提出自然界是万物的大全，一切在自然界成个整体。他用"一与整"（ἕν καὶ πᾶν；all and one）的口号描写自然，就是认为自然里面有统一性，感官上显得形形色色、森罗万象，却有一贯的条理行乎其间。他以为整个宇宙就是神，自然的律令就是神的意旨。神不把他的意旨昭示于人，人要自己去找，逐渐发现他，认识他。由此可见，他不会赞成普通宗教上的启示论（doctrine of revelation），因为他心目中的神不是超越的（transcendent），乃是内在的（immanent）。（庄子所谓"道在矢溺"的"道"就等于这种神。）所以他的宗教观，与其说是一神论（Monotheism），不如说是泛神论（Pantheism），因为一神论的神总是超越的。他说：神以整体见，整体闻，整体思；神以其思虑，不劳而统治一切；神不动，而无所不在；神不生不灭，无始无终。——这些话都是泛神论的口吻。

用哲学史上的术语说，他所谓"一与整"——宇宙间一贯的条理——就是本体，形形色色的事物就是现象。由此可见，他是比前人进步，因为他的本体不但是抽象的，而且是一贯的（uniform）。他能在那么大、那么复杂的宇宙里，见到统一性，这算是当时思想界空前的发现。至于这种形上的本体如何演变而成形下的宇宙，他虽然没有细说，可是他因为在内地发现了动植物的化石（fossils），便起了沧海桑田的观念；把当时富有神秘性的日月星辰认为只是热烈而发光的气体；把生物认为是由水与土产生的；把农具火具等日用品，大家以为神所授予的，通通认为是人类的制作，智力发达的效果。——这几点都能表示，他心目中的宇宙万物是自然而然地渐渐演变出来的，不过怎样由整一的本体而成分划的现象，一贯的条理如何表现于散殊的事物，他并没有说明，这不能不算他在宇宙论方面的缺点。至于泛神论的宗教观，在西洋思想史上，算是由他导其先河。这种宗教观同科学比较接近，因为观点相同，都是自然主义的（naturalistic）。科学家破除迷信，宇宙的一切，由他看来，没有什么神秘，都是人类智力所能探讨的。泛神论把整个宇宙认为神之体，宇宙间的种种现象认为神之用，自然界的秩序认为神所自创自守而不得不守的律令——这种主张同科学并没有冲突，不会阻碍科学的发展。至于探讨宇宙的奥秘，对于它的无尽藏，因惊疑而起一种敬畏的心理，这种心理，科学家何尝没有。泛神论的宗教观就是由这种心理出发的。

克任诺放馁士的思想及其意义既如上述，现在再讲这一派的第二代表，就是怕儿门尼底士。克氏算是这一派思想的首创者，可是他在宗教上的主张比较多，所以毋宁说他在思想方面是宗教革命家，他的成就是奠定了泛神论的基础。至于埃类亚派哲学思想的中坚人物，却是怕儿门尼底士。前面提过，他是埃类亚本地人，在世的年代约当公元前五四〇年至前四七〇年之间。据说，他是富贵家庭出身，早年热心政治，不久受了皮萨哥拉士派的影响，放弃政治活动，从事哲学；最后因受克任诺放馁士的启发，又摆脱了皮派的影响，本着克氏的宗旨，发扬光大，而成唯静的、一元的本体论。关于他的生平事迹，我们知道得很少；至于他的学问渊博，品德高尚，自古受人敬重，这是没有疑问的。——柏拉图的著作里，每提到他，总是倾服，就此可以见得一斑了。他在哲学方面有专著，也是用诗体写的，题目是"论自然"（On Nature），可惜所流传的只是残简了。他这篇诗由神话起头，说有一天，他本人坐了神所差遣的车升天，御者引他达到上界，会见某位女神，带他参观天上地下，对他叙说一切情形。全篇分两部，第一部叫作"真理之路"（the way of truth），第二部分叫作"意见之路"（the way of opinion）。在"真理之路"里，他阐明了宇宙的真实，即本体的性质；在"意见之路"里，他陈述了宇宙的幻相，即一般人关于宇宙现象的种种臆说。

他的问题是知识方面引起的，他观察了眼前形形色色、变幻无常的世界，觉得丝毫没有统一性与固定性，由此得不到确实、永久的知识。然而感官所接触的莫非这种境界，于是便想在感官以外另找出路，结果找到思想的路。思想以理性为工具，能够达到统一恒久的境界，就是他所提出唯静的、一元的本体。思想用理性上抽象的作用（abstracting process），把宇宙间形形色色、幻变无常的现象一概剔开，最后仅仅剩下一个"有"（the being）。经过抽象的结果，万物间的"彼此"与"如何"全没有了，换句话说，量与质都消除了，留下的只是"单纯的存在"（simple "isness"）。这种"存在"只是一个，世人所见形形色色的万物，也可以说是许许多多复杂的存在，而这种存在是变幻无常的，在他认为是"无有"（not-being）；世人所以觉得是有，因为受了感官的蒙蔽。至于他的"有"——"单纯的存在"——的性质如何，原则上是不能说的，换句话讲，是不能形容的，因为：（一）它是除了"存在"以外，任何性质都没有；（二）它只是一个，要形容它，只能以它本身形容它本身，这就等于没有形容；（三）它既是独一无二，也就是绝对的，假若用了什么来形容它，所形容的便与它相对，这等于说，它的存在还得依靠其他；（四）用逻辑的方式说，"有"的概念是最广、最先（the most prior）的概念，它可能包括一切概念，而任何概念绝不能包括它，它在一切概念之前，任何概念都在它之后（posterior）。总结这几点，他的"有"是"言诠"以外的境界，因为言语代表思想，思想的办法，是把一个概念纳于其他概念，而他这个"有"的概念，任何概念都容纳不了。可是要为世人说法，只好勉强形容，不得已而用些反面的字样：（一）"有"是无始无终的，因为它是不生不灭，无来无往。假如它是有来的，只有两条路，或是从有来，或是从无来；然而无绝不能生有，有生有更是废话了。假如它是有往的，也只有两条路，或是归于有，或是归于无；归于无不可能，归于有仍是无归。（二）唯其是无始无终，所以没有时间的作用：它是无过去，无现在，无将来。（三）因无时间作用，所以变无从起，所以它是不变的。（四）它既是不变，也就没有动，因为动与变是相随而起的。（五）它既是无来无去，可见它是独一无二的；既是独一无二，便也不能分割，因为除它本身以外，没有别的东西，还有什么来分割它？以上所举那些反面的话，不足以尽"有"的负性（negative qualities），因为它是无穷的"不是"（infinitely is not），就是，一切都不是。反过来，它什么性质都没有，只是精光的"存在"，而"存在"，不是这个那个（this or that），不是这样那样（this-wise or that-wise），不是这里那里（here or there），不是这时那时（now or then）。

前面所述是他"论自然"一篇诗第一部的内容，讲的是本体论的问题，至于他的宇宙观如何呢？根据他的逻辑，他是不能有宇宙观的，因为他的本体绝对是不变不动的，不能演出宇宙万物来。然而在他的诗的第二部里，他自己声明是叙述着人家的意见，由海西务铎士起，直到与他同时的人，可是这一部分特别残缺，可读的极少。大致是说：实际上只是独一无二的"有"存在着，然而世人却把他所认为"无有"的——宇宙万物——也当作有，以为与"有"是并存的，由此便产生了他们心目中的宇宙观。他们认为一切东西由两种元素构成，就是，热与冷，或明与暗；热而明的等于他的"有"，冷而暗的等于他的"无有"，也就是世人感官上所感觉到的地。他们又把热而明的认为主动的元素（active element），冷而暗的认为被动的元素（passive element）。由这两种元素所构成的宇宙，是圆的地居中，四周围绕着一些圆的天体，或明，或暗，或明暗参半；外面盖着一个固定不动的圆顶，叫作天。人类由泥产生，他们的见识如何，看他们身体上的两种元素哪一种强些，假如热而明的部分强，他们的见识就高，就比较明理。他这里所叙述人家的宇宙观，大概是东拉西凑的，没有什么价值，况且在他的本体的前提之下，既不能产生自己的宇宙观，而去叙说人家的，岂不无谓得很？

怕儿门尼底士的思想既已大略叙述过了，现在再加分析，看其意义与价值如何。他算是第一个明明白白提出理性与感官的分别的人。人类与其周身以外的东西接触，第一步要经过感官。幼稚时期的人相信一切感官所告诉的，并且不知道自己主观与外界客观两方面的对立，因为他们没有发现统摄一切感官作用的理性。在这个阶段，人类还不会发生知识的问题，对于感官所告诉的也不能有真假的分别。怕儿门尼底士在这方面算是先知先觉，他首先对于感官所告诉的加以怀疑，因其变幻无常，发现了其间矛盾的地方；于是他就不信任感官，而想另找知识的途径，结果找到理性，理性所告诉的是不变有常的知识，比感官确实得多。因此我们可以说，他提出了理性与感官的分别以后，知识的问题才能产生，因为知识问题的基本条件，"知者"（the knower）与"被知者"（the known）的概念，至此才能成立，主观客观两方面才分得出来。在他以前，感官方面的作用，因为还没找出理性方面的统摄性来，其散漫的情形正同外界的一样，无从造成与外界对立的壁垒。他这一点的发现算是开了知识论的法门。并且他认定理性的重要，以为真理属于理性范围，可谓种下了后世理性主义（Rationalism）的种子。然而他因为发现了感官的短处，找到了理性的长处，就一味依靠理性，专凭思想的作用构成了空空一"有"之本体的概念，从这概念推演不出宇宙观来，只好把眼前形形色色的万物万事通通认为是虚幻的，是"无有"的。然而宇宙一切纵使是虚幻的，这种幻相究竟因何而起？幻相虽幻，却是不可掩的事实，能够置而不论吗？所以他的思想，在这方面不是解决问题，乃是抹杀问题。其实他的毛病乃在有见于理性方面的同与感官方面的异，而无见于异中之有同：感官所给的虽是变动不居的知觉与经验，而其中却有不变的条理，只是他不屑去找罢了。与他同时的海拉克类托士（Heraclitus），便从另一方面着眼，认为本体原是变的，人类感官所以觉得宇宙不变，乃是因为万物在变动不居的过程中，起伏往来之间成一种互相抵消的现象，所以才觉得不变；实际上变是常轨，变中各部分相抵消的情形也是常法，只是感官觉不出来，必待理性来发现它。这就是说，把感官所给的知觉与经验当作材料，加以理性方面思想的作用，经过它的整理，便能得到普遍、有常的条理。后来亚里士多德主张于殊事殊物中求共理公例（to find the universal in the particulars），也是走这方向。现代的科学更是走这条路成功的实证。总而言之，怕儿门尼底士不知道理性与感官可以相辅为用，所以偏向理性一条路，结果构成了空空一"有"的本体观，解释不出宇宙现象之所以然来。然而他这种偏见并不足怪，却是思想发展必经的过程。思想在进步的时候，总是先趋极端，像摆子（pendulum）似的。在他以前的人绝对相信感官，这是一个极端；他绝对不信感官，专重理性，这是另一极端。在他以后的人想以理性驾驭感官，这就渐趋中和，正如摆子慢慢稳定下来。

前面已经说明了怕儿门尼底士因提出理性与感官的分别，在哲学上开了知识论的园地，然而又因为太偏重理性，乃至构成一种空空一"有"的本体观，无以解释宇宙万物的由来，而宇宙论无法成立。现在且看他在本体论方面的成绩如何。第一点：他的本体是用思想上抽象的作用求得的。这种作用把宇宙万物上的性与量逐步剥开，最后留下空空的一个"有"的概念，这个概念丝毫不带物质的色彩，可谓纯粹思想的结晶。他把这个概念当作本体，就是认为本体属于思想的范围；思想是心的作用，把本体划归思想范围，就是承认本体是唯心的，因此我们可以说，他在本体论上，开了唯心主义（Idealism）的先河。然而有人认为他的本体是唯物的，如英国的柏儿奈提（Burnet）便是这样主张；他的理由是，怕儿门尼底士曾把他的本体比成一个圆球，圆球是有形体而占空间的，这还不是物质的吗？对的，我们检查他的诗篇的残简，的确有这种说法，但是我们要知道，在他以前，思想家心目中的本体都是物质的或带着物质色彩的，然而思想的大势是渐趋抽象，皮萨哥拉士派的本体把性去掉，已经是这趋向中的第一步，怕儿门尼底士的本体把量也去掉，算是更进了一步；可是我们要了解他们的时代背景：他们以前，并没有唯心的观念做领导，他们算是"筚路蓝缕以启山林"的人物，难免受时代的牵掣，立论不无矛盾的地方。况且人类的思想，除非经过长时期的训练，习惯上总是爱把具体的心影（concrete mental image）用来充实抽象的概念，以为必须如此，抽象的概念才能把握得住；他把他的本体比成圆球，正是这种习惯的表现，虽是弱点，却是抽象思想草创时期很自然而可以原谅的错误。总而言之，他的本体观念中，实际上包含两个互相矛盾的趋势：一方面是唯心的趋势，一方面是唯物的趋势，他自己不觉得，因为在他那时代，心与物两种观念还不能分得清楚。虽则当时思想发展的大势已经是渐由唯物而趋唯心，并且他本身就是这个趋势中的关捩子，他自己却不觉得，所以无意中犯了矛盾的毛病。然而他这种心物矛盾的本体观，两方面都发生了相当的影响：后起的恩魄铎克类士（Empedocles）与邓磨克力托士（Democritus），他们唯物的本体观与宇宙观，便是受了他的唯物方面的影响而产生的。恩氏主张四行论（Theory of four elements），邓氏主张原子论（Atomic Theory），四行与原子都是不生不灭的物质，正是由怕儿门尼底士的本体脱胎来的；到近代，便演成了科学上的物质永保论（Theory of the conservation of matter）。更后起的柏拉图却抓住他的唯心方面，而构成一个光明灿烂的集大成的系统。因此我们可以说，他的本体观无意中包含两种矛盾的趋势，倒成了后世唯心主义和唯物主义的鼻祖。以上的话是说：他的空空一"有"的本体观，一方面是最抽象的概念，是纯粹思想作用的结果，在这方面开了后来唯心主义的门径；另一方面，他又用一种具体的形状来形容这个"有"，虽然无意中犯了思想上矛盾的错误，可是也开了后世讲本体的另一门径，就是唯物主义的门径。唯心唯物两种主义是本体论上的基型（arche-types）；这两派以外虽然还有别的学说，都不过是融会或调和这两派的主张而成的。此外，他在本体论上还有一种贡献，就是"真实"（reality）与"现象"（appearance）的分别；他虽然没有明白拈出这两个名词，实际上他的"有"等于"真实"，"无"等于"现象"。严格说，本体的问题一产生，真实与现象的分别即已不言而喻地包含在内（implied），如米雷托斯派以水等物质为本体，皮萨哥拉士派以数为本体，意思就是认定水与数等是真实，而宇宙万物是现象。不过别派讲本体的并不抹杀现象，总要解释现象之由来，如何从本体演变而成，因为本体固为真实，宇宙万物虽是现象，然而毕竟是本体所现出来的形象，如人的举止谈笑，终不失为其人的外表。至于怕儿门尼底士呢？他提出了现象与真实的分别以后，便把现象一笔勾销，认为是无有，是不存在；其实这也是矛盾，因为既立定了某种分别，就不能说所分别的一方是有，是存在的，另一方是无，是不存在的，既是无，既不存在，何必又把他分别出来呢？这岂不是矛盾？所以我说，他的现象问题是推不开的，只是他的本体的概念弄得太空太死了，才陷于这种两难的境界。

埃类亚派第三位代表德任诺恩是怕儿门尼底士的弟子，他也是本地人，在世的年代约当公元前四九〇年至前四三〇年之间。关于他的生平，我们所知道的更少。据说他也曾经从事政治活动，最后还是因为叛抗一个暴君，被处极刑，不屈而死的。埃类亚派的思想，到怕儿门尼底士手里，可谓发展到无以复加，所以德任诺恩的工作不能在思想的内容上有所增加，只是用更精密的方法从事证明。而他所用的方法对后世的影响颇大，亚里士多德便已称他为辩证法（dialectic）的发明者。那么他替怕儿门尼底士所证明的是什么呢？帕儿门尼底士否认感官所接触的世界有真实的存在，而这种世界的特征就是"多"（many）与"变"（change）。德任诺恩就要证明"多"与"变"是虚幻的，"多"与"变"既是虚幻，感官所接触的世界便也虚幻；这一点证明以后，怕儿门尼底士的唯一而不变的本体的概念自然就成立了。

现在先看他如何证明"多"的虚幻。他证明的方式叫作

antinomy，就是，在一个前提之下会有两个相反的结论，这个前提必然站不住的。他说，假定"多"是存在的（前提），在量方面，会有两个相反的结果，就是，无穷小与无穷大（infinitely small and infinitely large）：（一）"多"中必有单位，因为"多"之所以为"多"，正缘其中有若干单位，即若干的"一"。那些单位必不可分割，若可分割，便不成其为单位。既不可分割，便是没有"大小之量"（magnitude）。单位无大小之量，单位所积而成的"多"必也无大小之量。"多"无大小之量，等于"多"是无穷小。（二）"多"之所以为"多"，正因其中可分若干单位。凡可分割的必有大小之量；"多"能分成单位，所以"多"有大小之量。"多"有大小之量，则其中各部分，即各单位，亦必有大小之量。"多"中之各单位既有大小之量，便都可以分割。各单位既可以分割，就也可以往下再分，因为无论分割多少次，大小之量总是有的。于是"多"中的单位可以分了再分，至于无穷。可见"多"是包含着无穷的单位，而那些单位都有大小之量。无穷的有大小之量的单位积起来，便成了无穷大的"多"。在"多"的前提之下，量方面会有两个相反的结果，数方面也一样："多"若存在，它的数目必是也有限也无限（both limited and unlimited）。它是有限数的，因为"多"总是那么多，不会多过那个数，也不会少过那个数。它也是无限数的，因为"多"之所以为多，正缘其中可分若干数目；既可分，便可再分，分分以至无穷，所以"多"是无限数的。

第二步，看他如何证明"变"的虚幻。前面提过，动与变是相关的，换句话说，动是变的条件，无动就无变；所以他只要证明无动，变就自然不存在了。（一）假如要达到某处，必须经过距离的一半；未达这一半以前，必须先达此半之半；而此半之半又有其半，如此推下去，半点也挪动不了。（二）善跑的阿希类务士（Achilles）

与龟赛跑，假如让龟先跑一步，则始终追不上，因为必须先赶到龟所先达的那一点，然而龟又进了一点，又须再赶到；长此下去，龟总是跑前一点，始终追不上。——这等于说，要动，而永远达不到某一点，便是动不成。前面两个譬喻，第一是指出，从一点到另一点，中间要经过无数段的空间，无数段的空间，在某一时间里永远经过不完；这等于说，由此不能到彼，由此不能到彼，便是动不成。第二是说，要越过一段的空间，必须经过这一段之间所有的部分，而其间的部分是无穷的，在某一时间里永远经过不完；这也等于说，由此不能到彼，也是动不成。这两个譬喻都是根据空间上无穷分割性（infinite divisibility of space）的原理。还有（三）以时间上无穷分割性（infinite divisibility of time）的原理立论的，就是飞矢（the flying arrow）的譬喻。他说，一根箭射出去，一个时间里不能在两个地点，所以一矢之飞，乃是在许许多多的时间里止于某一地点的现象积累而成的，许多的静止加起来还是一个静止，所以飞矢是不动的。我以为飞矢不动的道理，可以用现代活动电影的原理说明。活动电影制片的时候，是用速度极高的旋转照相机，把某一个动作的进行照成许多片，每片所照的是这个动作的一阶段，彼此相差极微。演的时候也是用极快的机器把各片接续映出，一片刚去，一片紧接着来。其实每一片所映的都是静止的影子，不过递换得非常快，看的人脑中所得的印象，一个尚未消失，另一个又接上去，所以觉得是一个连续的动作。飞矢也是如此：箭发出的时候，一段的印象还在脑中，另一段的又接上来，所以每一段的印象虽是分立而静止的，看起来却是连续而活动的。

他对于"多"与"动"的反驳既如上述，还有关于空间之不存在与感觉之不可靠的证明：他说，如果"存在"是存在于空间里，那么空间存在于哪里？势必存在于另另一空间里，另一空间又存在于另一空间里，如此类推，还有抵止吗？并且说空间在空间里，根本就是废话。假如空间不必在空间里，那么"存在"又何必在空间里？说"存在"是存在于空间里，等于说"存在"是存在于存在里，这也是废话。所以空间是不存在的，"存在"只是一个存在，不必存在于哪里，"有"只是一个有，不必有"非有"。空间既不存在，那么只是一个"有"存在着，只是一个"存在"存在着。于是独一无二的本体就成立了。并且空间既不存在，动也不可能，因为动是离不开空间的。由此可见，他证明空间不存在，间接就是证明本体之为一与本体之不变。关于感觉之不可靠，他用倒谷子的譬喻来证明。他说，一斗谷子倒出来有声音，按理每一粒和每一粒中的各部分都要有声音，然而耳朵却听不出声音来，可见听觉是不可靠的。他证明感觉不可靠，也是间接证明本体之为一与本体之不变，因为感觉既不可靠，其所觉之"多"与"动"或"变"自然也不可靠了。

德任诺恩反证"多"与"动"，所用的通通是数量上无穷分割性（infinite divisibility of number and quantity）的原理——这个原理也能应用在时间与空间上，因为时空是可量可数的。我们姑且以空间为例，便能类推其他：一个方面积所占的空间的各部分，也是不可分的，也是分不尽的。若是不可分的，却又有大小之量，这就陷于有量而不可分的矛盾；若是分不尽的，那么无限量的部分加起来却成一个有限量的方形的整体，这也是矛盾。我们要知道，他所提出各种的譬喻，如善走者与龟赛跑，如飞矢不动等等，并不是诡辩，实际上时空的概念里确涵这种矛盾性，他算是首先见到，从他提出以后，便成了后来哲学上重要的问题。然而他提出了时空上的矛盾，并不想解决这问题，他的目的乃在藉此矛盾以见具体宇宙之虚幻，而证明他老师的抽象本体之真实。后起的哲学家中，也有人用同样方法来达到类似的目的；如德国的康德（Immanuel Kant），便也根据这种时空上的矛盾，断定外界没有时间空间，外界的事物并不存在于时空里，时空只是人类对于外物的看法，心官观物时套在物上的一种格式，这种格式他叫作知觉的格式（forms of perception）。

德任诺恩提出了数量上的两歧（antinomy of number and quantity）的矛盾性以后，不曾设法解决这难题，只是利用它证明物质世界之虚幻；康德同他的态度一样，也是利用这种矛盾性证明时空属心而不属物。然而后起哲学家却也有人想解决这个问题，可是他们都是由一个前提之下的两歧的结论中取其一而弃其他，换句话说，就是二者之中承认一个，否认一个。如英国的休蒙（David Hume），便否认时空上的无穷分割性，认为时空是包含着不可分割而有大小之量的单位；然而单位既有大小之量，如何仍是不可分割，这个问题，他自己也承认不能得到圆满的解决。其实要解决这种两歧的矛盾的问题，绝不是对于一方面承认或否承所能了事的，必须设法顾全双方面才有出路。德国的黑格尔（George William Frederick Hegel）虽然也并不想特为这问题求解决，可是在他整个思想的方式上，这问题却连带解决了。他解决的方法便是调和两歧的概念而成一个更高的概念，这个更高的概念能够兼包两歧的概念，好像一身的左右手。他认为理性上思想的作用根本的性质就是如此，思想都包含着内在的矛盾（immanent contradictions）。思想上两歧的概念，他叫作正（thesis）与反（antithesis）；两歧的概念调和起来而成的更高的新概念，他叫作合（synthesis）。至于数量上因不可分与分不尽两歧的情形而起的"一"与"多"的矛盾，他用"量"（quantity）的概念来兼包它们，他认为"一"与"多"的概念是"量"之概念的两个原素（factors），量的意义就是多中有一，一中有多。随便举一个量：如一斗米，一方面是整斗，另一方面是其中的各部分，就是许多的粒子；整斗的米是"一"，各粒的米是"多"；整斗的米是总的，各粒的米是分的。"一"或"总"与"多"或"分"是正与反的概念，"量"是这两个概念的"合"；在"量"的概念里头，"一"与"多"是相反而相成的，其一不能脱离其他而独立，无一不能见多，无多不能见一。两歧的矛盾之所以产生，就在于把两个不可离的概念离开，如"一"与"多"的概念，如"不可分"（indivisibility）与"分不尽"（infinite divisibility）的概念，单独看起来，好像其一和其他矛盾，其实合起来看，数量上任何单位都可以分成多，几个多都可以合为一——这就是数量之所以为数量。如一条线，我们可以把它认为"一"，在"一"的观点之下，它是整的不可分的单位；我们也可以把它当作"多"，在"多"的观点之下，它是可以分成若干段的；进一步，其中各段又可以视为不可分的"一"，而此"一"又可以视为可分而分了以后的"多"。假如我们单说这条线是一而不是多，那么单位就是不可分的；单说这条线是多而不是一，于是单位便是可分而分不尽的了。事实上这条线不单是一，也不单是多，它是一中有多，多中有一。不可分与分不尽的情形都对而不全对：都对，因为它们都是这条线的性质之一；不全对，因为它们单独不能代表这条线的全部性质。

我们已经把埃类亚派的思想，按人叙述，逐项分析批评过了，现在再把这一派在思想发展的过程上所站的地位说明一下，以做本文的结束。我们以前提过，思想发展的大势总是由形下到形上，由特殊到普遍；现在且把此派与米雷托斯派及皮萨哥拉士派共同检查一番，看看它们在这大势上的情形如何，然后埃类亚派所居的地位自然就明显了。各派共同的问题是：宇宙万物的原素是什么？（What is the ultimate principle of things？）它们所提的答案，即所找的原素，各不相同：米雷托斯派说原素是物质，皮萨哥拉士派说是数，埃类亚派说是"有"。米派所找的原素既是物质，便是形下的，因为物质所包含的性与量是感官所接触有形象可言的东西；并且也是特殊的，因为形下的东西被时空所限，在此时此地的不能兼在他时他地，所以特殊而非普遍。皮派以数为原素，是把物质方面感官所接触的形象去掉一半，就是把性去掉。这样的原素还留下物质上量的部分，还不算完全脱离了形下的范围；可是比较普遍了，因为量比性普遍，不带性的量，即纯粹的数，和带性的量，即具体的物上所表现的数，比较起来，是普遍了。埃类亚派却更进一步，把量也去掉，他们的原素算是真正形而上的；并且"有"比数还要普遍，我们还能想像宇宙间没有数，可是绝不能想像没有"有"，假如连"有"都没有，那么还谈什么？原素或本体的问题也无从讨论了，所以"有"是最普遍的。形而上的本体观加以认识方面不信任感觉而专信思想，却是唯心论的办法，所以我认为这一派的本体观是唯心论的。

最普遍的本体同时也是一元的本体，因为必须一个元才能算是最普遍的。米雷托斯派的萨类士（Thales）以水为本体，安那克秦满都洛士（Anaximander）以无定性质的物质（indeterminate matter）为本体，安那克秦门馁士（Anaximenes）以气为本体，他们虽然是想以一物为万物之原，表面上也算一元的本体，可是实际上不攻自倒，因为水与气等不但不普遍，并且还是特殊的一物，如何能为万物之原？皮萨哥拉派以数为本体，这种本体比那兼包性与量的具体的物的确普遍得多了，可是还不够普遍，因为数或量仍是物质方面的条件之一，精神方面绝无数量之可言。所以必须像埃类亚派那样把数量也抽掉以后的"有"，才算最普遍的，能做一切的底子（substratum）：物质方面的形形色色、多多少少，都可以去掉，最后必须留下一个"有"；精神方面也是这样，也是一切抽去以后，最后不能无"有"。由此可见，埃类亚派的本体才算普遍性最大的本体，普遍性最大的本体才当得起一元的本体。二元或多元的本体，普遍性绝不能那么大，因为二元或多元的本体彼此之间必然是相对的，其中任何一个元总免不了受其他的元限制，受限制的就不是最普遍的。所以我们的结论是：这一派的本体是真正一元的，米雷托斯派与皮萨哥拉士派的本体既不合普遍的条件，所以都不算是一元的。

埃类亚派提出一元的本体，在本体论上确是走正当的路，任何派的哲学研究宇宙之根源的时候，原意都想找出一元的本体解释万有的由来，一两方面解释不通的时候，不得已才变成二元或多元的局面，所以讲本体而成二元论或多元论，乃是失败，并非成功。不但哲学方面有这种一元的趋势，宗教方面，科学方面，也是这样，总而言之，繁中求简，散中求总，是人类思想上天然的倾向，而最彻底的求简求总就是求一。宗教由多神论进到一神论，科学从事归类、求因、设律等工作，都是求一的倾向的表现。然而此种倾向是否合理？这是另一问题。要答复这问题，且从哲学方面的本体论入手。我们要解释宇宙万物的由来，所提出的本体必须合乎两个条件：（一）必须能够解释一切，换句话说，宇宙万物必须能够由此演变出来；（二）必须自明自证，即自己解释自己。假如本体非自明自证的，而又是宇宙万物的来源，宇宙万物推到最后便成了一个不可知的谜，那就失去求本体的原意，所以合格的本体必须是自明自证的。自明自证就是无所待的意思，无所待等于绝对，绝对的只能一个，所以一元的本体是最合理的。

根据前段的话，我们知道，埃类亚派提出一元的本体，原则上是对的，现在的问题是：他们所提出的本体，其收获究竟如何？在这一方面，我认为他们整个是失败的。他们提出了一元的"有"以后，并不能解释，也不想解释，宇宙万物如何从这"有"演变出来，只是很武断地说宇宙万物是"无有"，是虚幻。须知宇宙万物尽管虚幻，也得说出所以然来，绝不是"无有"两个字所能抹杀得了的。试问他们所谓"无有"，所谓幻虚的世界，能够去掉吗？如去不掉，便永远同所谓"有"，所谓真实的世界相对并存。因此我们可以说，他们提出了"有"之一元的本体以后，唯其不能解释当前的宇宙万物如何由这一元的本体演变而来，虽然硬说它是"无有"，实际上去它不掉，结果成了真实与幻虚两个世界的对立，"有"与"无"的二元始终合并不了。至于他们失败的原因，还在把"有"弄得太板太空了：板得不能起变动，如何演出宇宙来？空到性量都没有，怎能产生形形色色、多多少少的万物来？

希腊海拉克类托士唯动主义的宇宙人生过程论

　　海拉克类托士（Heracleitus）是小亚细亚的埃费索斯（Ephesus）人。自公元前四九四年波斯人把米雷托斯（Miletus）灭了以后，这个地方成了希腊民族在小亚细亚的殖民地的重镇，也是当时欧亚二洲文明融汇的中心。海氏在世的年代约当公元前五三五至前四七五年。他是贵族子弟，他的家庭是世袭的当地教宗的祭司，这就等于当地政府的首脑。据说这种世职该传到他的时候，他不肯受，让给他的弟兄。他禀性孤僻，抱着傲世的态度，不但瞧不起当时的政治与社会，就是古今的大思想家，也没有一个在他的眼里。他把世人比作驴，比作狗，说：驴赏识草过于黄金；狗每对着它所不认识的人叫。（这句话类似中国俗语所谓"吴牛喘月"、"蜀犬吠日"。）他又说：一般人的智慧够不上认识永久的真理，真理虽显，对他们是无分的。关于日常耳目之所接，还是免不了大惊小怪；他们的前程，他们自己看不见。宇宙的秩序，多么光荣，于他们等于无有。他们没有理性，他们服膺诗人的名言，接受大众的意见，不想想庸者众而善者稀。众人蠢蠢如禽兽，一个伟人抵得过千万庸众。古人之中，他最恨何梅洛士（Homer），最看不起海西务铎士（Hesiod），他说：何梅洛士不配列于作者之林，他的著作应当一笔勾销；海西务铎士是众人之师，大家以为他是无所不知，其实他连昼与夜之为一都不知道。此外，他对于同时的思想家，如皮萨哥拉士（Pythagoras），如克任诺放馁士（Xenophanes）与怕儿门尼底士（Parmenides）等，个个都有批评，都带着讥笑的口气。

海氏用散文著书，相传他的书名叫作《论自然》，共分三篇：第一篇"宇宙论"，第二篇"政治论"，第三篇"神学论"。他的体裁枯燥费解，因此大家给他起个绰号，叫作"晦昧的海拉克类托士"（Heracleitus the obscure）。关于他的书，苏格拉底（Socrates）曾说："我所了解的部分真是好极了，相信所不了解的部分也是这样，可是要探求他的智海里的珍珠，非善游善潜者不办。"可见他的书，苏格拉底的时候还常见，到什么年代才逸去的，我们不可得而知，现在所见的只是一些残编断简了。

海氏同埃类亚派（The Eleatic School）一样，也不信任感觉。他认为感觉起于两种条件：其一是外界的对象对于某种感官影响的情形，其他是某种感官接受外来的影响的方式。这两个条件都是特殊的，换句话说，对象之影响感官没有普遍的情形，感官之接受外来的影响也没有共同的方式；如光波与声浪同是空气上的振动，只因长短强弱的不同，前者但能影响视官，后者但能影响听官，视官只能接受前者的影响，听官只能接受后者的影响，换句话说，目能见色而不能闻声，耳能闻声而不能见色。因此，海氏就断定感官之察物不能得物的真相，因为感官受内外特殊的情形与方式所限制。可是理性方面思想的作用却不受这种限制，所以理性能够达到真理，感官不能。感官所得的是特殊的现象，理性所得的是普遍的本体；所谓真理，就是本体活动的方式，所以真理必是普遍的，而且一贯的。

到这一步为止，海氏与埃类亚派的主张完全一样，过此以往，他们两派的意见便分歧了。埃派怀疑感官，发现感官所觉得宇宙万物的动与变是幻的，海氏也怀疑感官，而发现感官所觉得宇宙万物的静与久是幻的；埃派信赖理性，理性所找到的本体是静而久的，海氏也信赖理性，而理性所找到的本体却是动而变的。认识方面同是由理性出发，而本体方面所得的结果，一静一动，一久一变，恰恰相反。这是一件很有趣的事，亦足以见思想这东西是多方面的，绝不能统于一尊；而思想之所以有多方面，因为对象根本是复杂的，可以由多方面来看。至于海氏所提的动而变的本体是什么？是火。他心目中所谓火，是指燃烧时的火焰。火焰只显得动，无时无刻是静止的，并且燃料与火焰与既燃之汽，其间的递换和转移，找不出衔接的界限来，这是最能代表变的。本体既是动而变的，由此所演成的宇宙万物，本质上当然也是动而变的，我们所见静而久的情形只是现象而非真实。他说："一切都是流转着，没有一件东西是停留的。"又说："一只脚不能伸进同一的河流两次。"——第二次伸脚入河时候的水已经不是前次的水，因为水老是流动的；我们所觉得同样的水，不是水的真相，而是水的外表。凡现象的产生，是因为感官有所蔽；而感官之蔽起于种种特殊的限制，对于宇宙万物，不能统其全而观之，不能就一切看一切，结果都是从某一点看某一段，便把活的看成死的，动的看成静的，暂的看成久的，整的看成分的。他所提的本体——火——是活的、动的、变的、整的，所以他的本体观，一方面是一元论，另一方面也是动的（dynamic）本体观，——这是他同埃类亚派根本不同的地方。埃派只承认"有"的存在，不承认"无"的存在；他却以为"有"中有"无"，"无"中有"有"。譬如生与死，二者是相反的，说生是"有"，死便是"无"，说死是"有"，生便是"无"，生中包含死的可能性，死中包含生的可能性。更具体说，如生的人，就有死的可能性在；死的无机有机的物质（inorganic and organic matters）被人身体吸收，便成了生的人的一部分，也因为那些物质涵有生的可能性。这就是说，生中有死，死中有生，也等于"有"中有"无"，"无"中有"有"。"有"与"无"（being and not-being）合起来，就是变（becoming）的根源；"有"与"无"二者，由其一的可能转到其他的实现，便是变的事实。变的产生，是因为万物有内在的相反的趋势（immanent opposite tendencies），相反的趋势滚来滚去成为事实，这就是变。至于万物表面上所以会叫人感觉不变，却因为在变的过程中，起伏往来之间成一种相抵消的现象。其实这种抵消的现象，也不过在大宇（空间）长宙（时间）之间的某一段上表现，如果统其全而观之，变的情形就看得出。所以进化的事实不能在短时间和小范围里看得出来，讲进化的必须观察京垓亿秭的年代，四方上下的范围。

总括海氏的本体观，我们可作以下的分析：（一）他以火为本体，是主张唯物论的本体观，因为火是物质方面的。（二）他发现变是本体的基本性质，可谓在本体与宇宙万物之间搭了一个桥梁，有了这个桥梁，就不至于像埃类亚派那样，本体自为本体，宇宙万物自为宇宙万物。（三）除了埃类亚派以外，在他以前或同时的各派，讲本体论和宇宙观的时候，虽然隐隐约约都有变的观念，可是不像他这样明明白白地提出，大吹大擂一番。所以我们可以说，从他以后，哲学上才有真正动的本体观与宇宙观，他算是这一派思想的鼻祖。（四）他开了变的哲学的路，间接就是替近代的进化论做向导，因为进化论的出发点只是一个变字。（五）他把内在的相反的趋势认为变的枢纽，换句话说，他以为一件东西所以会起变化，因为其中有一种内在的矛盾性（immanent contradiction），这就是在以矛盾律（Law of Contradicton）为基础的静的逻辑（static logic）以外，另创一种超矛盾律的动的逻辑（dynamic logic）。后来黑格尔受了他的暗示，发明了唯心的对演法（Idealistic Dialectics），马克思承继黑格尔，成立了唯物的对演法（Materialistic Dialectics）；可见他的影响是多么大。

可是有两点要知道：（一）他讲变与动的时候，必须承认变与动是不变的，变与动如果也变，也许就变成不变不动了；这是说，他的本体，在活动的方式上，是不变的。（二）本体起变动而成宇宙万物，本体自身不能有变动，如有变动，本体或者会变成非本体，火也许会变成不是火；这就是说，他的本体，在本质上，也是不变的。由这两点，可见他的变的本体观与宇宙观有不变的根据在，否则这种本体观与宇宙观根本就站不住。这也可以说是思想的基本条件，就是：无论什么思想，主张动的也好，主张静的也好，出发点总是不能有变动的。由此可见矛盾律的坚确性，思想于其对象尽可当作变的看，思想本身的立场却不能变，换句话说，思想在想的时候，必须遵守矛盾律。这就见得传统的形式逻辑之不可废，即便黑格尔和马克思，他们运用思想的时候，果能脱离形式逻辑上的矛盾律吗？复次，他说宇宙万物都有内在的相反的趋势，因此而产生变与动。可是变与动本身不能另有什么与它成为相反的趋势，这也因为变与动是宇宙间绝对的原理或秩序，所以不能再有一个相反的原理与它对立，否则它就不是绝对的原理了。

前面提过，海氏以变为本体的基本性质，可谓在本体与宇宙万物之间搭了一个桥梁，这就是说，本体既能起变化，宇宙万物便不至于没有着落，一切都是由本体变化出来的，所以在海氏的本体的前提之下，是有宇宙观的。现在且看他的宇宙观如何。他说："世界不是神或人所造的，在过去、现在与未来，世界永远是活动的火。"又说："一切由火变成，火变成一切，如首饰变成金，金变成首饰。"由此可知，他以火为宇宙万物唯一的质料，一切都是火的变形。宇宙万物出于火，返于火，往复之间有两条路：由火成气，由气成水，由水成土——这叫作下降之路（the downward path）；反过来，由土而水，由水而气，由气而火，这叫作上升之路（the upward path）。按这么说，我们的宇宙，将来有一天，万物悉归于土，由土而水，由水而气，由气而火，一切都烧尽了；然后周而复始，又逐步变成这样的宇宙；老是往复循环，不知所止。而往复相须，成为整个的过程，换句话说，有往必有复，有复必有往，这就是变的本性；变只是一个，往与复虽是相反的途径，其实是变中相辅相成的两要素。

前面提过，海氏曾说："世界不是神或人所造的"，这话是说，宇宙万物是自然而然地由火之本体演变出来。变是火的功能（function），变中的起伏往来有一定的规律；那些规律莫之创莫之守，而自创自守。这种观点可谓自然主义（Naturalism）的观点。自然主义往往与泛神论（Pantheism）蝉联，他曾说："神是昼与夜、冬与夏、战与和、饱与饥；神化装成各样的形态，正如火因各种的燃料而各异其名。"——这话完全是泛神论的口吻，简直同庄子所云"道在矢溺"的意思一样。因此他心目中的宇宙，遍处是自然律管理着，自然律之奥妙湛深，谓之神功亦可，所以他有"自然好隐藏"（nature loves to hide）的话。

在自然主义与泛神论的前提之下，他心目中人的地位怎样？他的人生观与宗教观如何？他既然认为万物都是由火演变而成的，人类当然也不能例外。人可以分为心身两部，心方面是理性，身方面是生命；理性与生命，其本质都是火，所以人的火越多，他的生命越丰富，灵魂越活泼。然而往来起伏是变的方式，万物既皆有变，所以人之心身的火也必有往来起伏；因有往来起伏，便有时而竭，竭则须要补充。补充的来源是宇宙的总生命、总灵魂，即宇宙普遍的火；补充的途径，即五官与呼吸。假如补充的路断了，人的心就变成冥顽不灵，生命也枯槁起来，终于死亡了。倘是暂时堵塞，如在睡眠时候，五官不与外界接触，只靠呼吸吸收外来的火，火的输入既不充分，所以睡眠的人没有清楚的知觉，没有合理的思想，这时候的人，唯其与公共的世界隔绝，也可以说是无识无知的。

人的心身方面的构造既与万物同其质料，所以人是万物的一种，人事的法则亦即自然法则的一部分。他说："人的法则是整个神的律令所供给的。"——所谓"整个神的律令"，即布满全宇宙的自然律，在泛神论的立场说，整个宇宙是神之体，宇宙的变化是神之用，变化中的条理是神的律令。自然律或神的律令，施行于人类部分的，叫作人的法则。做人要了解人的法则，要遵守人的法则；换句话说，人的知行两方面都得合乎人的法则，间接就是不背整个的自然律。做到这地步，要靠智慧的力量，所以他以智慧为诸德之首，为众德之全。他说："智慧是第一德：智慧也者，听闻与言行一概以真理为准。"又说："智慧是整个的东西，它要了解那运行乎一切之间而管理一切的一贯的思虑"。——所谓真理，所谓思虑，即自然律，亦即神的思虑或意旨。至于所谓自然律，就是万变中的条理。变的方式，不过"相反而相成"一句话。所有的人事，也不过这句话概括尽了。人事方面的相反相成表现于竞争（strife）上。他说："战争是公共的命运，竞争是公道，一切起于竞争与定数。"又说："相反相抗把人们联合起来，最美的和谐起于纷争，万物生于竞斗。"又说："战争是一切的父、一切的王：它造成神与人，自由的与不自由的。"他把竞争与定数（necessity）并提，认为是二而一、一而二的东西；人类生于天地之间，竞争是他们的命运。而竞争之起，必由于两个相反的势力，他承认善恶苦乐等永远存于世上，世界的进化，就在于这种相反的势力不断地斗争，而不断地调和，所以他主张"相反中的调协"（harmony in contrariety），他说："无不义，则义不可得而名"；"无疾病莫能见健康，无恶莫能见善，无饥莫能见饱,无劳莫能见逸"。己与人的关系,或社会论理,在乎竞争中的调和;己与己的关系,或个人伦理,也是一样。然而己与己如何竞争呢?海氏见到个人人格中也有内在的矛盾:理性(reason)与感觉(feeling)与情感(emotion)往往发生冲突,如一件好吃的东西,想多吃,却不敢多吃,这是理性与感觉的冲突;如要发癖气而吞忍下去,这是理性与情感的冲突。在个人人格内在的矛盾之下,两个相反的势力互相竞争,因竞争而起调和,这调和叫作制节(temperance)。然而制节的德要以智慧的德为基础(智慧原是诸德之首、众德之全),为什么呢?因为一个人先要有自知之明,了解本人的性格,然后就其矛盾处设法调和;自知之明是出于智慧的。自知之明与调和本人个性上的矛盾,这两点是个人伦理上的两大要素。所以海氏说:"所有的人都有自知之能与克己之力。"又说:"假如人生幸福在于身体上的快乐,那么羊得到草吃也可以认为和我们享同样的幸福。"

总结以上的话,做人的责任,用我们中国的老话说,在于"知人"、"知天",在于"尽己之性"、"尽人之性"、"尽物之性"——前两个"知"是知方面的事,后三个"尽"是知而后行的事。"知人"是了解人类(己也在内)的性格,"知天"是了解整个自然的律令。了解了人类的性格,进一步就能发挥自己的个性,这是所谓"尽己之性";在社会中与人相处,便能共同发挥大家的个性,这是所谓"尽人之性";然而行己也好,待人也好,统是在自然的环境之中,了解了自然的律令,接物的时候,便能使物各得其所,这是所谓"尽物之性"。这三步的工夫,总而言之,都在于明了人方面内在的矛盾与物方面内在的矛盾,而设法调和起来。遇见善与乐,不足以为喜;遇见恶与苦,不足以为忧——这些本是天命,即自然界的格局。做人各安本位,在芸芸扰扰的世界上,尽自己这一部分的能力,其余且听造化之安排而已。这是海氏的人生观，也是他的宗教观。

海氏的哲学思想既已全部叙述，并且略为分析过了，现在单就思想史的立场，替它估价一番：他提出"火"之本体与埃类亚派"有"之本体对抗，表面上好像是退步，因埃派的"有"是最抽象的，而他的"火"是一种具体的物质，其性质是固定而有限制的，很难由此演出性与量两皆无穷的宇宙万物来；然而细加推敲，便知道他以火为本体，着重在说明宇宙万物的过程（process），倒不太注重宇宙万物的底质（substratum），因此我们可以说，他提出火为本体，并不是很认真地替宇宙万物求底质，他的目的却在说明宇宙万物的结构（structure），不过用火的概念做一种符号，表示宇宙万物不是死的架子，乃是活的过程。而且"火"这东西，严格说起来，不能算是一种物质，只是物质上的变化，用现代化学的名词，叫作氧化（oxidation），即物质与氧气化合的作用。所以他提出"火"以后，不斤斤于描写它的性质，只拈出一个"变"的概念，在这概念上发挥得极其详尽；这就可以见得他的意思并不注重"火"的本质，倒注重"火"所代表的"变"的过程。在"变"的过程方面，他提出了"相反而相成"或"相反中的调协"的道理，可谓哲学思想上空前的创获。我认为他这种思想，在希腊思想上是异军突起，在哲学史上是一个新的转向，就是，由呆的本体转到活的结构或过程。希腊哲学，从萨类士（Thalas）起，开了求本体的路，继起的人都是在这一条路上摸索，到了亚里士多德（Aristotle），可谓此路大通，蔚为光明灿烂的本体论，及建筑于本体论上的宇宙观。这算是希腊思想的主流。唯有海氏的思想别开生面，侧重宇宙的过程或结构方面，他的"火"虽然也居本体之名，只不过因迎合潮流的缘故而不得不如此立说，其实他的用意并不在此。可是他这支突起的异军不但当时无人响应，并且经过中古近古，一直是埋伏着，而一班的哲学思想通通在求本体的传统趋向上发展，到了现代，哲学界才走上他所开的那条路，如英国的怀特海德（Whitehead）便是一个例子。转过来看我们中国的思想，却一向注重过程，而不注重本质，虽然老子书里有所谓"一"，易经里有所谓"太极"，算是于本体问题不无所见，可是这方面的思想始终没有发达起来，对于宇宙人生的问题总是作"若何"（how）的解答，不曾作"是何"（what）的解答。所以我认为中国传统的思想与西洋上、中、近三古时期的思想完全走不同的路，倒与西洋现代思想的趋向比较接近些。

伊庇苦洛士派唯物宇宙观基础上的享乐主义人生观

古希腊哲学诞生于公元前六世纪。那时在希腊奴隶占有制的社会中起着一种变化，就是奴隶主中间新兴的民主派和旧的贵族派之间的斗争。这是当时希腊社会里剥削阶级中的进步分子和落后分子的斗争，斗争反映在思想方面，起先成为新的哲学科学唯物阵营和旧的宗教唯心阵营的对立。然而宗教的唯心阵营和哲学科学的唯物阵营一交锋，就崩溃；这是很自然的，因为根据幻想的宗教原是经不起基于事实与理论的哲学科学一击的。所以，古希腊社会里剥削阶级中的落后分子与进步分子在思想上的斗争，势必由起先的宗教唯心阵营与哲学科学唯物阵营的对立，转为后来的哲学唯心阵营与哲学科学唯物阵营的对立。在斗争发展的过程中，两个阵营都产生过伟大的思想体系，它们思想体系的精密程度和斗争的剧烈程度成正比例。到了柏拉图和第莫克力托士，两个阵营斗争的剧烈程度达到沸点，他们思想体系的精密程度就也登峰造极了；无怪列宁把古希腊的唯心主义和唯物主义的斗争说是柏拉图路线和第莫克力托士路线的斗争。

当柏氏和第氏在世的时候（公元前五世纪的前半期至前四世纪后半期），希腊奴隶主中间新兴的民主派几乎全部战胜了贵族派，在当时的社会上几乎独占了政治经济各方面的统治地位。然而，那没落的贵族派也还在做救亡的苦斗，甚至打复辟的冲锋，柏氏的唯心哲学体系正反映着这一派的思想。另一方面，那进步的民主派取得了统治地位以后，好比人既由少壮而到中年，往后就要渐趋衰老，思想上也由起先的进步转到后来的保守。况且民主派和贵族派虽有派别矛盾，却同是占有奴隶的剥削阶级，两派的阶级本质相同，它们所要维护的阶级利益当然一致。剥削阶级用以维护其阶级利益的思想工具无非唯心的哲学体系。由此可见，柏氏的哲学体系，一方面既代表着没落贵族派奴隶主的利益，反映这一派的思想；另一方面，那新兴而取得了统治地位的民主派奴隶主，为了维持其统治地位，对于柏氏的哲学体系，也觉得可以利用。由于这个原因，柏氏的学说盛行于当时，传述于后代，其学派存在很长的时期；而第氏的学说只是昙花一现，当时即受抑制，甚至其浩如山海的著作竟无一部流传的。柏氏的弟子亚里士多德，对于其师的学说虽有许多不满而加以修正的地方，却也大致上站在当时统治阶级的立场，构成极其渊博的哲学科学的思想体系。亚氏的思想和柏氏的相比，虽然同是反映着当时奴隶主剥削阶级的意识形态，柏氏的思想算是当时最一贯、最完整，而且极右的唯心主义，亚氏的思想却带有若干进步的、唯物的成分，可算当时唯心论的左派。亚氏的学说也像柏氏的那样，当时盛行，后代传述，其学派存在很久。

古希腊哲学，从诞生起，就是唯心和唯物两阵营的斗争；到了苏格拉底（公元前四六九年到前三九九年是他在世的年代），斗争开始进入剧烈时期，再到柏拉图和亚里士多德，斗争的剧烈达于极点了。苏氏、柏氏、亚氏是三世的师弟子。苏氏立说而不著书，也不显树学派；柏氏和亚氏著书甚多，各自立说，各树学派，他们两派是古希腊哲学唯心阵营中的左右两大台柱，虽然彼此互相批评，对于唯物阵营的攻守，却站在同一战线上。

阶级一旦存在，阶级斗争总不断进行，反映在思想上，便是唯心唯物两阵营的对峙。古希腊哲学到了苏、柏、亚三氏的时期，唯心阵营可谓极其强大，竟把唯物阵营的伟大台柱第莫克力托士的思想体系抑制下来。然而这也不过是暂时的，唯物阵营总是不绝如缕地顽强抵抗着。苏、柏、亚的时期以后，唯物阵营仍然与柏、亚二氏继承派的唯心阵营对峙着。这是古希腊哲学的末期，一般哲学史把这时期叫作亚里士多德以后的时期。亚里士多德以后的时期唯物阵营中的主要派别有伊庇苦洛士（'Επίκουρος）派和斯投亚（Στοά）派。这两派思想的概要、它们在唯物阵营中和唯心阵营斗争的情况、抵抗性的强弱等都值得我们研究。本篇先就伊派，把这些方面的问题研究一番；至于斯派，则留待另篇进行。

伊庇苦洛士学派以其创始人之名而得名。伊庇苦洛士是希腊雅典城的公民，生于小亚细亚的希腊殖民地桑莫斯（Σάμος），在世的年代为公元前三四一年至前三七〇年。父亲是一个穷小学教师，母亲是一个巫，极迷信鬼神。他十八岁的时候，回雅典办理公民登记手续，并依雅典的宪法，参加了军事训练。三十二岁以后三四年间，曾在小亚细亚的米途令尼（Μιτυλήνη）地方当教师，教的是哲学。后来因思慕雅典的文物声华，带了门弟子到雅典去，在那里买个园亭为讲学场所，伊庇苦洛士学派就此成立了。此后，除几次暂时到小亚细亚去以外，长期（约三十余年）居留雅典，日以讲学著书为事。著书至三百余种，最大部的《论自然》，分为三十七卷，花了好几年时间写成。可惜他的著作几乎全部失传，遗留的只是一些断简零缣，无以窥其全豹。他的门弟子很多——男男女女、自由人和奴隶都有，几乎所谓"有教无类"。据说，他的丰采特出，令人一见倾心，门弟子敬他如神人、爱他如父兄，受他伟大人格的熏陶，以道谊友情结成会社，患难相助，疾病相扶持。他身后流风余韵累世不衰，嘉言懿行裒辑成书，叫作《金科玉律》（Golden Maxims），奉为立身处世的遗规。他的学派维持了六百多年，传布的范围很广，不但遍满希腊各地，还传到罗马——在罗马出了好几位作家，其中以诗人卢苦雷提坞士（Lucretius）为最著。学派所在的地方，会社林立——有组织，有宪章，各地统一，互相呼应，俨然国际的团体，非当地风俗政制所能限制。

　　此派的学说，创于伊氏，成于伊氏，后继者大致述而不作，即稍有损益，也无关紧要。伊氏立说，着重实践，本人以身作则；历世的师弟子本着祖师的精神，转相劝化，劝化力很强，所以传播得很广。此派从伊氏起，在思想斗争上，以第莫克力托士的唯物宇宙观为理论基础，以亚利斯剔魄士（Ἀρίστιππος——苏格拉底的弟子、苦任奈克学派［Cyrenaic School］的祖师）的唯物人生观为实践方向，而加以修正。形式上，此派的思想体系分为方法的（canonic）、物理的、伦理的三方面，内容上，因其着重实践，在方法和物理方面并不深入——方法上循亚里士多德逻辑学的成规，物理上袭第莫克力托士原子论的旧说，没有什么新的创造。这样的情况，可以从当时的客观现实来理解，并加以说明：

　　我们知道，古希腊哲学诞生于奴隶主民主派的思想家，诞生之地不在希腊本土，而在海外的殖民地。这是因为：当时航海技术进步，奴隶主中一部分人以经商为业，向海外移殖。经商促成经济发展，结果是生计优裕，衣食无忧，加以原有的奴隶为劳动工具，因此多得闲暇从事思索，而理论勃兴，蔚成苏格拉底以前的时期五花八门的哲学科学。海外殖民，多得机会与外界接触，当时海外先进国家（如腓尼基、巴比伦、埃及、波斯等）的文物声华有以增益他们的见闻，刺激他们的思想，这也助成了苏格拉底以前的时期哲学科学的诞生与发展。到了苏、柏、亚三氏的时期，则前期的思想经验与成果积累既多，加以前期以来奴隶主中贵族民主两派思想斗争剧烈的浸淫渐渍，很自然地这时期的哲学科学体系更加精密湛深。然而这时期的发展，理论方面算是登峰造极了，后此的时期，即后亚里士多德时期，大为逊色，一则因为，没有外界文明的新接触、见闻上的新资料和思想上的新刺激，对于前期的成果，缺乏客观条件加以发扬光大；再则因为，当时奴隶主中民主派对贵族派的斗争已得胜利，据有了社会上的统治地位，民主派以前那样生气勃勃的革命性逐渐消失，转化为死气沉沉的保守性，此时社会中也还没有新生的力量起来，思想上就也反映不出什么新的东西，虽然唯物唯心两阵营不断对垒，双方却都缺乏新的生力军；三则因为，希腊民族素来政治上不团结，国家一向不统一，此时被崛兴的马其顿帝国征服，在被征服的环境下，一切都难自由发展，思想自不能例外。加以生存问题逼得先知先觉们无心于理论上思索，而实际的要求迫切，所以此派着重实践，理论方面并不深入。从这些原因，足见伊庇苦洛士派在当时唯物阵营中对唯心阵营的斗争，理论方面的火力较为薄弱。可是此派的敌人——唯心阵营——呢？柏拉图派和亚里士多德派的继承者，也是拘于师说，少有创新——它们在斗争中，理论方面的火力也并不强盛。另一方面，当时的唯物阵营，包括伊派在内，对于人生及其实际的体验，倒有独到之处——它们在斗争中，实践方面的火力比较强盛，它们的敌人却是瞠乎后矣。

前面提过，伊派在思想方法上一循亚里士多德逻辑的成规，自己毫无建白；不但如此，此派既是偏重实践、不尚言说，理论体系自必简单，就是亚氏逻辑的成规，也应用得并不深广。所以此派的方法论及其应用的情况，可以略而不论。至于此派的宇宙观，虽然也不过袭取第莫克力托士的旧说，却是此派的思想中心——人生观——的基础；在这方面，需要把它所袭取的第氏的原子论略叙一下，并且指出，此派为了适合自己人生观的要求，对第氏旧说有什么因革的地方。

此派袭取第氏的宇宙观，用意在于：把人在世上所接触的一切现象，以自然的因果观点加以理解，摆脱宗教神秘的解释，俾免人生无谓的恐惧——恐惧是人生追求享乐目的的障碍。第氏的宇宙观有三个基本概念：一是原子，二是空间，三是原子的动。原子是构成宇宙万物的元素或原料；原子因动而起分合聚散，因原子的分合聚散而形成宇宙万物的生灭成毁；空间是原子之外与原子并存的真空，原子与原子之间必须有真空，原子才能动。因此，真空是原子所在而动的地方，就是原子动的条件。

原子是极小而小到不可分割的物质，按希腊原文的字义，可以译为莫破质点。原子的数目无限，除了形状与大小以外，什么性质都没有。形状与大小只是量的表现，所以原子彼此之间只有量的差别，没有质的不同；总而言之，原子有量无质。原子由动而起的分合聚散而产生的万物才有性质的不同，万物有性质的不同，因为构成万物的原子有数量、大小、形状、地位、排列等差别。（原子有量无质，原子因动而起的分合聚散所产生的万物有质的不同，这是质生于量；原子的分合聚散是原子的量变，原子的分合聚散产生万物的生灭成毁，这是量变产生质变。这暗合于唯物辩证法的原理，也可以说是自发的唯物辩证法的因素。）

原子有量无质，彻底说，只是满满的"实有"；另一方面，空间只是空空的"虚无"。原子的数目无限，即满满的"实有"为数无穷；另一方面，空间也无限，即原子所在而动的地方——空空的"虚无"——为界也无穷。原子与空间——无限的"有"与无限的"无"——是宇宙万物的根源，宇宙万物由此而生。根据逻辑的同一律，有不能无，无不能有；因此，原子与空间二者本身无来去、始终，无生灭、成毁，它们是宇宙万物的本体——二元的唯物本体。

(根据有不能无、无不能有的原理所推出的本体成了二元的,这是受了形式逻辑的限制。)

原子因有大小而有轻重,因有轻重而有上下升沉的动,因有上下升沉的动而有分合聚散,因分合聚散而产生形形色色的万物。原子与空间都是无限的,所以原子永远在空间里动、永远分合聚散;因此,原子的分合聚散所产生的宇宙万物的生灭成毁也是长流不息的过程。原子因动而起分合聚散,分合聚散循着一定的自然规律;原子的分合聚散产生宇宙万物的生灭成毁,生灭成毁也循着一定的自然规律。本体是唯物的,由本体形成宇宙万物的生灭成毁,循着一定的自然规律,这是彻头彻尾的唯物本体观和宇宙观。(把动认为原子本身所固有的必然作用,把原子动的过程及其所形成的宇宙万物的生灭成毁认为循着一定的自然规律,不像当时的唯心论者那样请出一个主宰——宇宙的大心——来作动源,把宇宙万物生灭成毁的规律性认为那个主宰的理性的表现。这是第氏的创见,这决定了他的思想体系的唯物论本质。)

前面提过,原子的数目无限,原子所在而动的空间也无限。无限的原子本身因有轻重而升沉,升沉因在无限的空间里而不受限制,升沉因不受限制而无止息;总说一句,原子的动不受限制,永无止息。在这种动的情况下,大小轻重相似的原子聚在一起,而成许多各别的"原子丛",即所谓宇宙。因原子动无止息,那些宇宙并非一成不变或不毁的,总是生生灭灭、成成毁毁着,我们所居的宇宙不过其中之一。因无限制、无止息的原子的动而演成的无数宇宙的生灭成毁,第氏认为是受必然性(necessity)所支配的,换句话说,那些生灭成毁全是机械的(mechanical)现象,因为原子缘大小轻重而起的升沉的动根本就是必然的、机械的。人类的进化也是必然的、机械的。人因物质环境的需要,必然地或机械地与同类联合而抵制野兽。因要与同类联合而必须互相了解,因要互相了解而产生语言;因要抵制野兽而必需工具,因需要工具而有种种的发明与创造。

各种物质的原子中,构成火的原子是最细小而圆的,并且比其他物质的原子单纯。人的灵魂是细而圆的火的原子所构成的,这种原子布满全身,而成灵魂的各部分。身体上各机关是灵魂的各部位,各机关的动作是分布于各机关上的灵魂所主持的。火的原子散失的时候,用呼吸吸取空气中火的原子来补充。人死后,身上火的原子全部散入空气中,灵魂就消灭了;灵魂消灭,身体便失去知觉,一切动作能力也就没有了。

灵魂是知觉的中心,感官是知觉的途径。外界物件的原子的闪动激起空气原子的波动;这种波动达到感官,激动了感官的原子;感官上原子的动又激动了灵魂上火的原子;灵魂的原子被激动而起知觉。物件原子的闪动通过了空气原子和感官原子在灵魂原子上所激起的动,可能在物件原子闪动停止以后还保留着;在灵魂原子上所保留下来的动也会产生知觉,这就是梦境的来源。

物件的原子、空气的原子、感官的原子、灵魂的原子,其间的动所以能够一波激起一波,而彼此传递着,全靠各方面的原子有相同处(在大小、形状与精粗上);这就是说,同样的原子才能彼此激动,物件的原子有和空气、感官、与灵魂的原子相同的,其闪动才能激动空气的原子,转而激动感官与灵魂的原子,而起知觉;否则物件原子尽管闪动,尽管激起空气原子的动,也不能传递到感官与灵魂的原子而引起知觉。这说明了,宇宙间有许多东西,我们不能认识、不能知道。

第莫克力托士的唯物宇宙观大概俱如上述,现在指出伊庇苦洛士派对它有什么因革的地方:第氏宇宙观的三个基本概念——原子、空间、原子的动,伊派一概接受。这是因的方面。至于原子因有轻重而起升沉的动，升沉的动，按自然规律，势必只趋上下而不趋四旁——这是第氏的原意。伊派却认为，原子的动不尽拘于自然规律——不一定都是上下升沉地动；原子有时本着自己的自由趋势（仿佛人的自由意志）向四旁动，这就离开了必然的上下升沉的轨道。这是革的方面。于此足见，伊派在本体论方面，接受了第氏之说，承认宇宙万物的根源是无限的原子和无穷的空间。在宇宙观方面，基本上承认，宇宙万物的生灭成毁，是由于无限的原子在无穷的空间所起的自发的、无限制的因而永无止息的动。可是在这个原则下，于原子动的自然规律以外，加上原子动的自由趋势。这就离开了第氏关于宇宙万物生灭成毁一循自然规律的看法，换句话说，伊派的宇宙观突破了第氏所提出的自然规律的必然性和普遍性。自然规律的必然性与普遍性既已突破，此派的宇宙观便不是纯机械的了。

前面提过，伊派偏重实践，其思想体系成于实际的体验，因此，其理论不超过实践的要求，其宇宙观不超过人生观的要求。前面所指出此派对第氏宇宙观因与革的地方，都是为了自己人生观上的要求，不超过这个要求的范围。此派在人生观方面，主张人有自由意志，这在宇宙观方面须要有根据，所以，于原子动的自然规律以外，加上了自由趋势。原子动的自由趋势是人的自由意志在自然界的根据。人的自由意志须要在自然界求得根据，因为人是自然界物质的一种，主宰人身、为一切行动言语总机关的灵魂，本是一种原子——火的原子——构成的，并不是自然界以外的东西。

第氏先认定了原子有轻重，因有轻重而有升沉，因升沉而只有上下直线的动；由原子这样动的必然方式推出原子的分合聚散，由原子的分合聚散推出宇宙万物的生灭成毁——逐步的发展一循必然的、普遍的自然规律。这一套的推理，逻辑上是一贯的。然而从后世科学的观点看,物质的轻重升沉由于宇宙通吸力(universal gravitation,亦译为万有引力)所包括的地心吸力。宇宙开辟以前,原谈不上什么宇宙通吸力所包括的地心吸力;第氏心目中的原子本是宇宙开辟以前的本体,认为宇宙开辟以前的本体有轻重升沉,从我们的观点看,似乎犯了因果倒置的毛病——这在逻辑上叫作丐词之误(fallacy of begging the question)。倒是伊派于原子上下升沉地动的必然规律以外,加上了原子动的自由趋势,这一点由我们看起来,似乎有些地方暗合于后世的说法。依后世的说法,原子的动,乃至原子内电子等的动,都是它们固有的性质;它们的动有不同的方式,并不限于上下;它们因动而分合聚散,因它们的分合聚散而发展为宇宙万物的生灭成毁;宇宙开辟以后,才有宇宙通吸力所包括的地心吸力。依我说,伊派所谓原子动的自由趋势,只不过是原子动的自然趋势,也就是原子所固有的向四方八面动的性质。这样说法,就是此派与后世说法暗合之处。

然而从传统的哲学概念上看,伊派于原子上下升沉地动的必然规律以外,加上了原子动的自由趋势,这是把非必然性渗入必然性约束下的机械唯物论的宇宙观中。这样办法,从逻辑的观点看,思想体系上是不一贯而有矛盾的。可是从辩证法的观点看,自然的机械规律和人的自由意志,在唯物的宇宙观中,是能够并存的。指出人是物质发展的一个阶段;人因有自由意志而有若干欲望与要求和自然规律所表现的一些现象矛盾,所以不断地和自然斗争,抱着劳动创造世界的信心,从事改造自然——这种唯物宇宙观,倒是宇宙万物演变与发展的写真。我们却不能以现代最进步的哲学观点,对两三千年前伊派的思想,作偌高的要求。在唯物辩证法的立场上说,对立的矛盾、矛盾的斗争、斗争后的统一、统一后再起的矛盾等,本是自然界的现象及其演变而发展的规律。由原始的物质到人的阶段以前，其演变与发展一循机械的规律，是必然性统治着的；到了人的阶段，机械的规律加上了自由的意志，自然的必然性加上了人的自主性，于是人对自己的身体，以及周身以外的物质环境，其间便存在着若干对立的矛盾、矛盾的斗争、斗争后的统一、统一后的新矛盾等等——这些现象互为因果、互相推移，而演成人在自然界中所创造的光明灿烂的文化。在包括着人的自然界中，总是人的意志和自然的规律互相影响、互为因果——这是包括着人的自然界演变与发展的永恒现象。十六世纪英国哲学家培根（Francis Bacon）曾说："自然通过〔人的〕服从而被〔人〕宰制。"（Nature is to be controlled by being obeyed.）我要反面引申他的话，加上一句："自然通过〔人的〕宰制而被〔人〕服从。"例如：现代通过科学的研究，彻底了解了自然规律，依着它们，创造了轮船、火车、飞机等交通工具，以致有缩地飞天之效，这是培根那句话的表现。以科学的发明与创造抵抗灾害、消灭疾病、讲求卫生等等，使人类能够发挥其本能，在自然界中，顺着自然规律，各乐其业、各遂其生，这不是我所加上的、第二句话的表现吗？

我们已把伊派人生观所依据的宇宙观大略讲过，指出了此派对于所袭取的第氏旧说的因革之处及其因革的得失等，现在要转到此派思想体系的中心，即其享乐主义的人生观。

大致说，此派的人生观和当时其他各派有个共同的特征，就是，追求内心的安宁；中国老话所谓"淡泊宁静"、"理得心安"，八个字足以尽其旨趣。此派所指出的人生目的是享乐。最原始的乐是身体上的享受（如衣、食、住和声色之类），稍进则视听游观之乐，再进则心平气和之乐。心平气和，此派认为内心的享受，根据其享乐主义所要享的乐是心平气和之乐。

此派的享乐主义舍身体上享受之乐，乃至视听游观之乐，而求心平气和之乐，质言之，舍身体上的乐，求精神上的乐。这样的选择去取，需要自由意志，所以此派认为人有自由意志。至于舍彼取此的原因，一则在于：身体上的享受，往往乐去苦来，得不偿失；再则在于：身体上的享受有物质条件的限制，时常不得满足或不尽满足，反而烦恼，烦恼就是苦。由于第二原因舍弃身体上的乐，是享乐主义原则下的让步。所以作此让步，有两个原因：一是当时科学幼稚，和自然斗争的能力薄弱，难以取得身体上充分享受的物质条件；二是受着社会内部剥削者的剥削之外，还受着当时马其顿帝国侵略者的剥削。在内外受剥削的环境下，思想上放弃了物质上充分享受的念头，而转到聊以自慰的精神上的享乐，追求所谓内心的安宁，这是逃避现实；物质上不得充分享受，反而自诡为没有这个需要，好比对得不到的东西，说它不好、不要它，这是消极的抵抗。对不满意的现实只想做消极的抵抗，这是机械的唯物人生观的一般特征。机械的唯物人生观，对落后的社会现象，只有消极的抵抗性，没有积极的斗争性与革命性。伊派的人生观基本上还是机械的唯物人生观，虽然它认为人有自由意志，却把自由意志发挥在消极方面，不发挥在积极方面。

方才说，伊派主张舍弃身体上的乐，是享乐主义原则下的让步；关于这一点，需要把它所取为实践方向，而加以修正的亚利斯剔魄士的唯物人生观，大概叙述一下，指出它所修正的地方。

亚氏的人生观可以说是原始的享乐主义人生观，因为他认为人生目的在于追求原始的乐，即身体上的享受。原始的乐起于身体上的感觉。人的感官与周身以外的事物接，而起感觉：感官与暴烈性运动之事物接，所起的感觉为苦；与温和性运动之事物接，所起的感觉为乐；与不动的事物接，所起的感觉为不苦不乐的中间状态。他把人生目的放在感官上的乐，理论的根据在于：他主张唯感觉为实在，感觉以外的东西全属于不可知之列，所以感觉是是非的标准；人生当然求是而不求非，感官之所是者为乐、所非者为苦；因此，人生目的在于求感官上的乐、避感官上的苦，对于不苦不乐的境界，可以漠不关心。人生目的既定为求感官上的乐，在这个前提下，他主张求当前感官上的乐，不要舍今朝而待来日，因为，感官上的乐，既然都是感官与温和性运动之事物接触的结果，就没有性质上的分别，何必舍此而有待于彼？可是，恣意求乐，有时也反而得苦。这就在于各人自己有把握，对于苦乐，要能自作主宰，莫被苦乐所主宰。要对苦乐自作主宰，就要有分别和预计的能力；要能分别、预计苦乐，就需要思虑。他认为思虑是人生必要之德，思虑之德乃求达人生目的——求乐——的工具；思虑出于智慧，唯智者有此工具，所以唯智者能对苦乐自作主宰，愚人则不能。在社会中，人人运用思虑以求乐避苦，己与人之间，也要以思虑使双方于求乐避苦各得其平；使双方于求乐避苦各得其平，正所以保障自己求乐之途，不致因人我之间的冲突，而反陷自己于苦境。

亚氏的人生观，大致既如上述，现在进而指出伊派对它修正的地方：

伊派寻人生的目的，从认识论出发，其认识论袭取亚氏的感觉论，承认感觉为是非的标准；感觉之所是者乐、所非者苦，则人生于求是去非的方向上，自必趋乐避苦。然而伊派所要求的乐，不是身体上物质的享受，而是内心精神上的安宁——就是中国老话所谓"宁静"、所谓"心安"。伊派把身体上物质的要求分为三种：一是自然而必需者，二者自然而非必需者，三是非自然亦非必需者；第一种无法免除，第二种可加节制，第三种必须全部杜绝。求得内心精神上全部的安宁，要减低身体上物质的要求到无法免除的自然而必需的程度；超过了这个程度，可能因不得或不尽得而生烦恼，烦恼生，则内心不能全部安宁。换句话说，身体上物质的享受必须"淡泊"，"淡泊"，则"宁静"，则"心安"。伊派所谓内心精神上的安宁，正是亚氏所谓感官与不动之事物接触而起的不苦不乐的中间状态；这种中间状态，亚氏以为无关苦乐、不必置意，伊派却认为是真乐，是人生所追求的目的。这是伊派对亚氏之说修正的第一点。亚氏认为感官与温和性运动之事物接触的结果是乐的唯一来源，因此，乐只有量的分别（即大小深浅），没有质的分别；乐没有质的分别，也就没有身体上与精神上的分别——即使强说有精神上的乐，也只不过是身体上的乐的余影；在这个前提下，求乐只计其当前的量，舍当前而顾将来，便是把乐寄托在没有把握的幻想上。伊氏则认为乐有性质上的区别：起于感官与温和性运动之事物接触者为身体上的乐，起于感官与不动之事物接触者为精神上的乐；精神上的乐是纯粹的、长远的乐，身体上的乐是带有苦果的、暂时的乐；因此，求乐不可计其当前的量，取舍的标准应在纯杂和久暂上——带有苦果的身体上的乐不能持久，求乐要统计一生。这是伊派对亚氏之说修正的第二点。

以上所讲的是伊派对亚氏的人生观革的方面，现在再讲因的方面：亚氏以思虑之德为求达人生目的的工具，人生目的是享乐，为了能够适当地享乐，对于不同分量的乐，有待抉择取舍，这才需要思虑；换句话说，享乐是目标，思虑是手段，先定目标，后施手段。据此，道德是后起的、随着人生目的而产生的。伊派的主张亦复如此。它认为思虑对于苦乐的分别、对于不同性质的乐（即身体上的乐和精神上的乐）效果优劣的预计等都需要思虑；思虑深远，则判断正确；判断正确，则能得最高境界的乐；得最高境界的乐，则人生达到目的。用中国的老话讲，判断正确就是"理得"，最高境界的乐就是"心安"（即心平气和），"理得心安"等于说，判断正确而得到最高境界的乐。这也是以最高境界的乐为目标，以深思远虑为手段。这是伊派对亚氏人生观因的第一点。亚氏认为思虑出于智慧，智慧是体，思虑是用，体用原不能分，所以，道德即是知识、知识即是道德。（道德与知识合一之说源于苏格拉底。）伊派全部袭取这个看法，而推到极端，认为智者的生活不但能乐，而且必乐，不但多乐，而且尽乐；愚人的生活不但会苦，而且必苦，不但多苦，而其尽苦。这是伊派对亚氏人生观因的第二点。亚氏的享乐主义人生观，其享乐是由个人出发，即中国老术语所谓"为我"。抱着这种人生观处世，不可一意孤行，要以思虑估计己与人之间利益的分配，使双方于求乐避苦各得其平；可是这样做法，正是为了保证自己求乐的利益，不致因人我之间的冲突，而反陷自己于苦境。伊派基本上"为我"的动机亦复如此，只是做法略有不同：它认为世人竞趋身体上物质的享受，它却舍此取彼，与世无争，只图内心精神上的安宁。其实此派与世无争，并不是利益让人，只是为了保证自己所企图的利益，才牺牲部分自己没有把握得到的利益，或利害参半、得不偿失的利益；这种牺牲，根本上是为己不为人。

伊派人生观"为我"的动机，所表现为与世无争的态度，其实是对当时的政治、社会不合作的态度，它主张超国家、超政治，一切政治、社会上的活动概不参加；此派认为人与人之间只要友谊的结合，不要政治、社会的结合，因此，此派布满国内外的会社是不受所在地的政治、法律拘束的，为国际上志同道合的团体。从这一点也能看出，此派的人生观，对于当时它所不满的政治、社会，只有消极的抵抗性，没有积极的斗争性——原因在于此派的人生观基本上只是机械唯物论的。

希腊恩魄铎克类士心物二元下的
唯物四行论

恩魄铎克类士（Empedocles）是意大利以南西西里岛上阿克拉卡斯（Agrigentum）城的人，在世的年代约当公元前四九五年至前四三五年之间。他的家庭是当地的望族。他曾经很活跃地参加过当地的政治，据说有一次要被拥戴为王，他却固辞不受，后来还是亡命死在外的。他的知识欲极强，非常热心追求自然界的学问，另一方面又是一个实行家，处处想把所学的拿来致用。他的要求是了解自然而宰制自然，想发现自然界的规律，以为"利用厚生"的工具。他有这种怀抱，所以孜孜矻矻地运用他的技能，仿佛行魔术似的。他被当时的人崇拜如神，因此关于他的生平，有许多神话流传下来。他每到一个地方，跟随的人总是成千成万，甚至向他祈祷。由此可见他的性格颇像皮萨哥拉士。据说他传授知识的时候，当作神的启示，受他衣钵的人要存极纯洁的念头，还要严守秘密。他把生平的学问写成两篇诗，叫作"自然论"与"洗心论"——前者讲物质的世界，后者讲精神的世界。这两篇诗未必写完，流传下来的也不过断篇残简，可是他的原意是要成一部整的著作，全书五千行（5000 verses），分为三卷。

恩氏的时候，希腊思想发展得很丰富，各种花样也都有了。而当时思想界的两大壁垒，就是埃类亚派和海拉克类托士唯静主义与唯动主义的哲学。恩氏出来，便想调和这两派的思想，并且摭取他们以前各派的材料，而成一个小小的集大成的系统。因此我们可以说，希腊哲学，发展到恩魄铎克类士，有了一个小结束，他算是承前启后的人物。

埃派与海氏，思想对立的地方在于静与动两个观点，这两个不相容的观点，想来是当时思想界争得最热烈的问题。恩氏调和的办法，是两个观点都采纳，而都不完全采纳：他认为本体不变而现象变，换句话说，原素是不变的，原素所构成的万物是变的。至于他所提出的原素是什么？也不过汇合前人之说而已。萨类士的本体是水，安那克秦门馁士的本体是气，海拉克类托士的本体是火，他自己再加上土，凑成火、气、水、土四行（four elements）的本体。土固然是他自己加上的，或者也是受了安那克秦满都洛士的本体的暗示，因为"无定性的物质"，有人猜想就是土，土所包含的性质，由当时人看起来，却是无穷的，由我们看起来，土里所能提出的原素，的确也多得很。火、气、水、土四种原素，他叫作"万物之根"（the roots of all things），万物都是由这四种原素构成的。因原素的分合散聚，而起万物的生灭成毁，万物的生灭成毁就是万物之间的变化；原素本身不会生灭成毁，所以没有变化。由此可见，他把埃派本体不变的原理引用在四种原素上，而四种原素都是物质的，原素不变就等于物质不变，那么，埃派的原理被他引用，便成了物质永保的理论（theory of the conservation of matter）了。四种原素没有生灭成毁，正和埃派的"有"之无始无终、无来无往同样情形，所不同者，他的原素各有固定的性质，埃派的"有"什么性质都没有，他的原素可以分成小单位，埃派的"有"是不可分的。萨类士的水，安那克秦门馁士的气，海拉克类托士的火，也是各有固定的性质，而自成一种物质的，然而都能变成其他的东西，换句话说，变成别种物质，其性质与水、气、火等绝不相同。他的四种原素，唯其各有固定的性质，所以彼此不能互变，只能混合，而不能化合（can only mix, but cannot form a compound）；唯其可以分成小单位，所以其间有空隙，各种原素的小单位能够彼此掺杂起来。各种原素的小单位彼此掺杂的时候，因量上有比例的不同，而产生形形色色的万物。

　　根据前段的话，万物的生灭成毁，由于四种原素之小单位的分合聚散。那么这种分合聚散是什么力量促成的？这个问题，算是恩氏第一人提出的。埃派的"有"，根本是不动的，这一点对他们不成问题；海氏的火，本身就是动的，所以无须另外一个动力。远一点的皮萨哥拉士派，他们以数为本体，至于数如何变成万物，他们不曾提起，所以关于动力的问题，他们似乎没有想到。更远一点的米雷托斯派，萨类士提出了水为本体以后，不曾说明万物如何由水构成，所以这问题，他也没有想到；至于安那克秦满都洛士和安那克秦门馁士，他们都认为他们的本体——无定性的物质和气——都有内在的动力。恩氏却认为火、气、水、土四种原素，本身是死的，自己绝不会产生变动；它们的分合散聚既是变动，就不能没有一种外来的力量。外来的力量有两种，因为原素的变动有两种。原素有聚合与分散，所以也有聚合的力量与分散的力量来促成它们的聚合与分散。这两种力量，恩氏叫作"爱"（love）与"恶"（hate）。他认为宇宙万物老是分了又合，合了又分，如此环循不已。原始的时候，万物没有分出来，"爱力"在宇宙的中心，起一种旋涡，把四种原素吸为一团，成一个圆的混合体，"恶力"在这混合体的外围。后来"恶力"向内侵犯，引起一种回旋式的动，混合体就渐渐产生分散的作用：气先分出来，而成为天；然后火再分出来；然后水又分出来，浮在土——地——的上面；然后水又蒸发为气，而成地面的空气。天分为两半：一半是光明灿烂的昼天，一半是黑暗而带火星

（即众星辰）的夜天。他认为太阳是一面镜子，反映着昼天的火光，月亮也是一面镜子，回映着太阳所映的光。地和整个宇宙所以能维持它们的地位，是因为它们旋转得极快。他心目中的宇宙是分合交替、周而复始的，由绝对的合（即四种原素混成一团）到绝对的分（即火、气、水、土各自成堆，绝不拌杂）是一个周期，那么，我们所处的世界当然是这周期里的中段，即不全合也不全分的一段，可是"恶力"逐渐胜利，往后有一天完全克服"爱力"，把四种原素全部分开，那就到了我们世界的末日。然后又有世界再起，也是渐渐由合到分，同我们的大致相同。

关于地上的东西，他也研究了一番。他认为草木禽兽都是从土里产生的。动物和人，初生的时候，都不过混沌的一团，并没有明显的形体，渐渐才演变出各种机关来。他对于动物的传种与发育，及其骨肉的构造、呼吸的机能等等，都有详细的检讨。他认为感官有孔，外物的原素会流动：外物的原素流动的时候，穿进感官的孔，与身内的同样原素相接，而起感觉。如视觉，便是因为外来的光波（水与火构成的）与眼中的水火相接而起的。因此，他提出一条知觉的原理，叫作"同者相引，异者相拒"。知识之所以产生，由于知识机关上的原素与所知对象上的原素相同；不同，便不能产生知识。嗜欲的原理也是一样：外物和身体，构成的原素质量上相同，便相引而生嗜欲，否则相拒而起厌恶。由此引申，可知思想是受身体支配的，特别是受血的支配——他认为血是思想的关键。这种观点完全是唯物论的观点。可是他另一方面却把感觉（sensation）和知觉（perception）划归理性（reason）节制，大概是因为受了当时潮流的影响（埃类亚派与海拉克类托士都是主张理性驾驭感觉和知觉的），便不知不觉地陷于矛盾了。

以上所讲是他的本体论与宇宙观，就是他心目中物质世界的情形。他另外还有一个精神世界，关于这个世界的看法，就是他的宗教观与人生观。他的宗教观和阿非务士教（Orphic Religion）及皮萨哥拉士派的宗教观大致相同，也主张轮回说。精神世界是鬼神所居的极乐世界。鬼神犯了罪恶，就下贬到物质世界，受轮回的苦厄，要经过草木、禽兽，以及人身。在低级的生命里头，桂树和狮子是被贬鬼神最好的住处；在高级的生活中，祭司、医生与帝王是最好的。他禁止血祭（blood-offerings），禁止吃肉、吃豆，等等——大致和皮派的戒律相同。此外还反对战争。这些戒律，他认为是被贬鬼神解放的途径，能守它们，就能脱离轮回而返上界。

他既然主张有精神与物质两个世界，这两个世界的关系在哪里？他认为在有机体上。精神世界的鬼神被谪到物质世界，而成有机体，即草木、禽兽与人。有机体是精神与物质的联合，精神世界和物质世界就在这种联合上发生关系。生物既是精神和物质的联合，而这种联合由于鬼神的下贬，那么，人原是鬼神谪降到这世界上受刑罚的，所以人生目的乃在脱离物质世界，返于精神世界，其手段却在严守种种物质上的戒律。然而物质世界的知识也值得追求，因为了解物质世界的情形，才能知道怎样脱离它的苦恼——这种观点可谓与皮派的完全相同。至于鬼神谪到物质世界而成了人以后，在知识上是否主宰，换句话说，思想是否由它发出？这个问题，恩氏不曾提到。可是他既把血认为思想的关键，思想在他也不过是物质方面火、气、水、土四种原素所构成的身体的功能之一而已。所以在他这种唯物的观点之下，不容有灵魂的观念与肉体的观念相对，换句话说，身体中不会有个灵魂做主宰，做思想的中心。另一方面，他却有鬼神的观念，他认为鬼神投生为人，对于前身的观念或知识能够回忆，他说皮萨哥拉士和他自己就能记忆过去生活中的事情。凡记得前身的事的人，都是能解脱物质的羁縻、几乎复返上界而享鬼神生活的。同时，他对于神的观念和埃派的克任诺放馁士相同，神也是超出人的形象以外，非人的观念所能比拟的。他也主张神充满全宇宙，神的思虑是整个宇宙的法则。他似乎把四种原素的混合体认为就是神。

我们已经把恩氏的思想系统全部叙述过了，现在再进一步，加以分析批评。他想调和当时思想界唯静主义与唯动主义两大潮流。调和的办法，在思想史上是很自然而常见的事。思想发展到某一阶段，不同的派别就多起来，总有一班吸收力与组织力强的人出来做调和的工作——这种情形，中西都是一样。问题只在，经过他们调和以后，思想还能往前发展不能，能够往前发展，这种调和就算有价值，调和者便有承前启后之功，在思想史上才占相当的地位。现在且用这个标准，看看恩氏调和的工作是否有价值。他的火、气、水、土四种原素，只是杂凑前人的东西而成的，并没有理论上的必然性做根据，换句话说，为什么原素必是火、气、水、土？为什么原素必是四种？关于这一层，他似乎没有想到。可是古时讲宇宙原素的，往往提出这些东西，而且总是这许多种，中国的五行——金、木、水、火、土——便是一个例子。中国的五行中有三种和恩氏的原素相同，此中的原因可以猜得几分：中国古代的社会是农业社会，农作品非土不能产生；其次便是水，因为耕种的事有了土地，还要灌溉，所以水也是重要的；再次，农具用木用铁，所以木与金（指金属说）也是需要的；至于火，却是日常生活所必需的，如烧饭、取暖，都离不开火。并且古人钻木取火，木是火的来源，所以五行家有"木生火"的话；火能熔化金属，所以有"火克金"的话——可见有木才有火，有火才能炼金。希腊古代的社会，虽然因近海而商业早已发达，可是当时的商贾是以农作品为交易的中心，换句话说，商业是建筑于农业之上的。至于恩氏特地把气认为原素之一，一半是因为希腊人是岛国之民，海上的空气变化剧烈，给他们生活上的刺激很大，他们对于空气的感觉也特别敏锐；一半是因为他们岛国之民以航海为生，气候对于他们的威力比什么都大，而气候的变化只不过是空气的变化而已。总而言之，恩氏以四种原素，中国人以五行，为宇宙万物的本体，都是因生活上的要素离不开这几种东西，在理论方面虽然没有必然的根据，在事实方面却有迫切的要求。这是第一点。恩氏提出了四种原素以后，认为原素不能变，原素所构成的万物能变，万物的变不过材料的改组而已。这种主张确定了哲学上本体不变而现象变的观念，同时就是替科学立定了物质永保的原理的根基；物质永保的原理是说，万物尽管有生灭成毁，万物的原素却没有生灭成毁，这话同本体不变而现象变的意思一样。这是第二点。并且他的原素的学说就是后来原子论的先声，没有他的主张在前，原子论者的主张不能有的，原子论不过原素论进一步，不过推广他的主张，变成更彻底些。这是第三点。他说原素不能变而原素所构成的万物能变，于是便提出了"能力"的问题；他在不能变的四种原素之外，另求万物所以能变的能力，这算是第一次把质（matter）与力（energy）分开，在科学上创了一个新的概念，开了一条新的研究的门径。这是第四点。后来的希腊哲学发展到最高峰，在亚里士多德的系统里，有所谓四因（质因、力因、形因、究因；material cause, efficient cause, formal cause, final cause）之说，其中的质、力二因，恩氏可谓发现在先：他的四种原素等于质因，爱、恶二力等于力因。这是第五点。他的爱、恶二力是促成原素分合聚散的力量，原素是物质的，爱、恶二力当然是机械的（mechanical）。然而他用人性方面的"爱"与"恶"两个名词，表面上好像带些唯心的色彩，其实不然，他把人类因心理方面的爱与恶而起的分合聚散，认为只是物质世界的分合聚散的一部分，人类的彼此相爱相恶就是物质世界中机械的相引相拒（attraction and repulsion）的作用的表现。然而他用这两个名词，究竟还不能完全脱离古代拟人主义（anthropomorphism）和物活论（hylozoism）的羁绊；同时，他的"力"的概念算是新的创获，当时的语言上没有相当的名词能代表它，不得已而姑且借用这两个现成的名词——我想这一点也是实在的原因。这是第六点。以上是关于他的本体论和宇宙观的。

他不但调和了当时唯静与唯动两派的思想，同时还想调和唯心和唯物两个潮流。希腊的思想起初是唯物的，后来渐渐由唯物转到唯心；如米雷托斯派的思想是唯物的，皮萨哥拉士派的思想间乎心物之间，埃类亚派的思想极偏向唯心，海拉克类托士的思想又是唯物的。恩氏调和的办法是想出两个世界来，即物质世界与精神世界。在前一个世界的范围里，他讲本体论与宇宙观，在后一个世界的范围里，他讲宗教观与人生观。在宗教观与人生观方面，几乎全部采取皮萨哥拉士派半神话的说法。他用有机体做心物两世界的桥梁，心与物在有机体上发生关系。然而心与物虽然发生关系，却永远不能合而为一。他认为有机体是精神世界中的鬼神谪降到物质世界而暂寄于物质上的，所以他的宗教观讲解脱，他的人生观讲克制物欲、提升精神，以物质世界为精神的牢狱。然而物质世界虽然是牢狱，却无法取消，可见物质世界是永远和精神世界并存的。并且他的原素既是不生不灭、无成无毁，便是没有来源、没有去路，便是最后的元（the ultimate principle）。他的物质不是由精神来的，精神也不是由物质来的，精神与物质俨然成了二元。所以我说，他的整个系统是心物二元论，他的本体观是唯物的四元论，他的宇宙观是机械论。他的思想，系统上有这种驳杂的情形，就因为是调和的缘故。调和人家的思想而成一个系统，往往犯了杂凑的毛病；杂凑就会起矛盾，结果调和反而不调和了。这是第一点。在他的机械的知识论的前提之下，思想只是物质方面的身体的功能之一（one of the bodily functions），因此他不承认有精神方面的灵魂。试问他所谓鬼神，在身体上是处何等地位？鬼神在身体上和灵魂在身体上究竟有什么分别？况且他说，灵魂投生到物质世界而为人的时候，把过去的知识带来，这就是主张人类有夙慧。夙慧之说也不是机械的知识论的前提所能容的。这是第二点。他主张神充满宇宙，神的思虑是整个宇宙的法则，甚至于把四种原素的混合体认为神——这种论调俨然是泛神论的口吻。须知泛神论的神是内在的（immanent），他另一方面所谓精神世界中的鬼神是超越的（transcendent），这两种神的观念怎么能够并容？这是第三点。以上是关于他的宗教观与人生观的。

此外，他关于知识方面，有所谓"同者相引、异者相拒"的原则，认为知识之产生由于知识机关（the knowing organ）上的原素与所知对象（the objects known）上的原素相同。我以为他这种主张却替自然主义的知识论找到了知识的根据。一般讲知识论的，尤其是唯心论者，大半是把知识认为超自然界的一种特别的东西，人以"知者"（the knower）的地位，仿佛站在自然界以外，来认识被知的（the known）自然界的一切。自然主义的看法却不然。它认为整个自然界有一贯的系统或一贯的自然法则，自然界的一切在这个一贯的系统或法则之下彼此发生关系。人类是自然界的一部分，人的知识不过是自然界中人这部分和其他部分的关系，因此知识不是什么超自然的东西，只是自然界中部分与部分之间的关系的一种。总而言之，自然主义把人放在自然界里头，认为自然界的一部分，或万物之一种；因此，把人的知识看作自然界中各部分的关系之一，或自然现象的一种。

希腊原子论或"空""实"二元下的唯物多元论

原子论的创始人是黎务檄魄士（Leucippus）。他的生地不能确定：小亚细亚的米雷托斯（Miletus）、萨拉开（Thrace）的阿卜第利提（Abdera）、意大利的埃类亚（Elea），这三个地方，都被历史家举过，究竟他是哪一个地方的人，众说不一，至今尚无定论。他的年代也不能确定，据历史家推测，大概是和恩魄铎克类士（Empedocles）同时。相传他写两部书，一部叫作"大组织"（Μέγας διάκοσμος；The Great Diakosmos），一部叫作"论理性"（Περὶ νοῦ；On Reason），尤其是第一部要算原子论派的经典。这两部书都失传了，其内容全被他的大弟子第莫克力托士（Democritus）收入自己的著作里。第莫克力托士的著作虽然汗牛充栋，可是也失传了，如今只留下残编断简了。第氏是阿卜第利提的人，在世的年代约当公元前四六〇年至前三七〇年之间。关于他的生平，我们知道得极少，只晓得他旅行的地方很多，到过埃及、巴比伦、波斯，最后到过雅典。他做学问的兴趣极广，当时所有的学问他都做过，其博学多能的程度不亚于后来的亚里士多德。后世的学者把他的著作分成伦理、物理、数学、文学、技术等五大类。他关于形而上学方面主要的书叫作"小组织"（Μικρὸς διάκοσμος；The Lesser Diakosmos），这是一部宇宙论的书，同时也讲人类文化的问题。他们二位思想的内容，因材料的缺乏，很难划分彼此的界线，后世学者引到原子论的，从亚里士多德起，就是把他们二位合起来说，在思想上不分彼此。然而大家相信，在黎氏手里，原子论大体的规模已经完成，到了第氏，不过更加发扬光大——他们二位师弟子仿佛达尔文和赫胥黎在进化论上的地位似的。

原子论者的思想也是想解决宇宙万物间动与静的问题。与他们同时而稍为前辈一点的恩魄铎克类士，因要解决同样的问题，而提出了火、气、水、土四种物质为宇宙万物的原素，认为原素本身是不动不变的，原素分合聚散而构成的万物是动而变的。这种思想可谓一个过渡的阶段，最后一步必然要演到原子论的。我说，恩氏的思想固然是原子论的准备，其实在恩氏以前，这种思想早已酝酿着：米雷托斯派（The Miletian School）的安那克秦门馁士（Anaximenes）以气为本体，气起了稀散凝聚的作用，而成各色各样的物。气的性质是一律的（homogeneous），只是在某容量之下（in a certain volume）有稀、密、散、聚的不同。万物都由同样的气构成的，万物性质的不同起于同样的气在某容量下的稀密散聚的程度的差别。这种说法已经是指出了量决定性，或性生于量的原理。可是"量决定性"的要点必须量本身不包含性，假如还包含性，便是一种性能够决定别种性，因此"决定者"与"被决定者"（the determing and the determined）之间就起了孰先孰后（priority and posteriority）的问题，换句话说，何以见得必须是甲性决定乙性，再换句话说，决定者与被决定者所处的地位并不是必然的，不见得决定者必须为决定者，被决定者必须为被决定者。在这个理由之下，米雷托斯派各位所提的本体都没有必须为本体的条件。即便恩氏提出火、气、水、土四种原素为本体，也并不能减轻这问题，因为火、气、水、土还是包含性。不但不能减轻这问题，实际上把这问题弄得更复杂、更严重，因为包含性的本体愈多，先后的问题便愈复杂：火、气、水、土对它们以外的具体的物质发生先后的问题，换句话说，何以见得是火、气、水、土产生其他的物质，何以见得是火、气、水、土的性决定其他东西的性；并且火、气、水、土彼此之间也发生先后的问题，就是，何以见得它们是处于平等的地位，不会有先有后，不会其一产生其他、其一的性决定其他的性。可是除了量与性的问题以外，恩氏还有一个新的问题解决，即动与静、变与不变的问题。他提出四种原素，为的是解决这个新问题。他把一元改为四元，对于解决这个问题，大致的方向是对的，虽然还没有做得彻底；可是他想不到"收之桑榆、失之东隅"，提出了四种原素以后，固然对于解决动与静、变与不变的问题略有帮助，另一方面对于性与量的问题，不但不能解决，并且愈加严重。原子论者可谓继恩氏而起，解决这两方面的问题，他们解决得相当成功。至于他们如何解决，怎样成功，且听下文分解。

原子论者认为宇宙万物构成的原素不是四种或某几种的物质，是些极小而小到不可分的物质，这些物质叫作原子。英文的 atoms 由希腊文的区别字（adjective）ἄτομος 来的，ἀ- 指"不"，τομ- 源于动词（verb）τέμ-νειν，指"分割"；所以 atom 这个字最好译为莫破质点（严几道先生原译如此）。原子的数目是无限的，除了形状与大小以外，什么性质都没有；此外，它们既是莫破的质点，"莫破"（亦称"坚性"或"不可入性"；solidity or impenetrability）是它们的含义，或它们定义中所固有的性质（nature implied in their very definition）。万物的生灭成毁，由于原子的分合散聚（combination and separation）；万物性质上的不同，由于构成它们的原子有数量（quantity）、大小（size）、形状（shape）、地位（position）、排列（arrangement）等差别。所谓"大小"与"形状"，乍看好像是属于性质方面，其实"大小"不过是表现于空间上的量；"形状"是空间上的界域，界域只包含着广狭、长短、高矮、大小，这些也不过是表现于空间上的量；因此我们可以说，"大小"与"形状"也不算性质，那么，原子只有数量，没有性质。可是有量无性的原子合起来倒成了有性质的万物，这纯粹是量决定性，或性生于量。原子只有一种，不像恩氏的原素那样有四种；并且原子之为一种，对内彼此之间没有性质的不同，对外（其实无所谓对外，因为除了它们以外，没有别的）也没有别的什么和它们有性质的差异，不像米雷托斯派之"水"与"气"等还有其他性质不同的物质与之并存。因此，原子之外，没有别的什么和它们发生先后的问题（question of priority and posteriority），它们的量决定万物的性，它们是"决定者"，万物是"被决定者"，双方所处的地位是必然的。既然这样，米派与恩氏的量与性的困难问题都解决了。并且，原子既是莫破的，便是不变的，变在万物上头——于是变与不变的问题，即无量与性的问题牵掣着，随着也解决了。至于原子动不动呢？可以说是动的，然而动而不变。原子何以会动呢？因为它们有大小，所以有轻重；有轻重，便有升沉；升沉之间，就产生动。他们认为原子永远是旋转着动的。原子因动而起分合散聚，因分合散聚而演出万物的生灭成毁。可是原子本身没有生灭成毁，所以原子是不变的，是动而不变的。

  原子的动必须有所在而动的地方，因此他们承认有空的空间（empty space），原子就在空的空间里头动。空的空间是无限的，所以原子的动是永远滚来滚去地旋转着。我们记得，埃类亚派（The Eleatic School）的怕儿门尼底士（Parmenides）认为本体是"有"（being）。"有"是不变的，因为："有"变成"有"，还是不变；"有"变成"无"，是不可能的。"有"是不动的，因为："有"在"有"中动，等于不动；"有"在"无"中动，"无"既是"无"，"有"怎能动于其中。怕氏的本体，因为是不变不动的，所以无须有变动所在之地，因此他就不承认有空间。海拉克类托士（Heracleitus）呢？他提出一种永远变动的本体，可是他的本体观不重实质（substance），而重过程（process），换句话说，他的本体就是变与动，不是本体在哪里变、在哪里动，所以他也不发生变动所在之地的问题；他心目中也没有空间的观念，因为空间在他的那种宇宙观之下是不需要的。现代科学的宇宙观也不重实质而重过程，所以以往牛顿式的绝对的空间的观念也打消了。至于原子论者，他们的原子既是实质，又是动的，所以必须有动的所在地，就是，空间。并且他们的空间必须是空的空间，因为原子既是什么性质都没有，唯一的特征就是量，这个量只是在空间上所占的地位的大小与界域（即形状），那么原子和空间的分别只是：原子是占满了的，是实的，空间是不被占据的，是空的，换句话说，原子是实的空间，空间是空的空间。有人把怕儿门尼底士的"有"认为唯物的，便以为他的"有"是整个或连续的"实"（the full），原子论者的原子是片段或分开的"实"，换句话说，"有"的外面没有空间包围着，各原子的外面有空间包围着——除此以外，"有"和原子没有其他的分别。假如对于"有"和原子问一句"是什么？"那就不能答复，因为"有"和原子什么性质都没有，不能说它们是什么。因为这个缘故，前面说"在空间上所占的地位"，不能说"什么在空间上所占的地位"；说"原子是占满了的"、"空间是不被占据的"，不能说"原子是什么占满了的"、"空间是不被什么占据的"。原子只能说是量，不能说是什么的量。唯其如此，原子才是万物的底质（substrata），底质也者，本身没有任何性质，而一切性质都寄托在它们之上。原子是量，等于量是万物的底质，在量之上寄托着种种的性质。什么都不是的量却有许多"什么"寄托在它们之上，这就是说，纯量能够产生性质，原子能够演成万物。原子如何演成万物？由于它们的分合散聚。分合散聚必须动，动须要所在而动的空地方，所以空的空间是原子动的条件。没有空的空间，原子便不能动；原子不动，便不起分合散聚；原子不起分合散聚，便不能演成万物。由此可见，万物的生灭成毁，原子的分合散聚以外，还须要空的空间。那么，宇宙万物的本体是原子与空间；原子只是"实"，空间只是"空"，所以我们可以说，原子论者的本体观是"空"与"实"的二元论。若把埃类亚派的"有"认为唯物的本体，那么他们的本体观是唯"实"的唯物一元论。他们不承认有空间，把空间叫作"非有"（not-being）或"无"；"无"者即不存在，唯有"有"是存在的，所以他们的本体观也可以称为唯"有"的一元论。原子论派在这一点上和埃类亚派大不相同，他们把埃类亚派的"无"认为和"有"同样地须要，没有空间的"无"，原子的"有"在体用两方面都不能成立：（一）就体方面说，没有空间的空，便无以见原子的"实"；（二）就用方面说，没有空的空间，原子便不能动，不能分合散聚而演成宇宙万物的生灭成毁。因此我们可以说，原子论派的本体观不但是"空"与"实"的唯物二元论，若用埃类亚派的术语，也可以称为"有"与"无"的二元论。

　　以上所讲是原子论派的本体观：包括原子的性质与功用等问题；现在再讲他们的宇宙观，即原子因其功用演成怎样的宇宙万物。原子的数目无限，原子所在而动的空间也无限，因此，无限的原子本身因为有轻重而升沉；升沉因在无限的空间里而不受限制；升沉因不受限制而无止息。换句话说，原子的动不受限制，永无止息。在这种动的情形之下，大小轻重相似的原子聚在一起，而成许多各别的"原子丛"（separate and isolated atom-complexes），即所谓宇宙。因原子动无止息，那些宇宙不是一成不变或不毁的，而总是生生灭灭、成成毁毁着，我们所居的宇宙不过其中之一。因无限制、无止息的原子的动，而演成的无数宇宙的生灭成毁，他们认为是受必然性（necessity）所支配的，换句话说，那些生灭成毁全是机械的现象，因为原子缘大小轻重而引起的升沉旋转的动，根本就是必然的、机械的。第莫克力托士对于我们的宇宙的演成、星辰的产生等等，都做了一番的思索。他以为地像一个圆盆，浮在空气上。星辰以日月为最大。星辰产生以后，系于我们这个宇宙的系统，绕地而运行；地轴未倾斜以前，它们是平绕着地而运行的。他认为各种物质的原子之中，构成火的原子是最细小而圆的，并且也比其他物质的原子单纯。他对于有机物质特别注意，认为有机体是由泥产生的。关于人类，他有深刻的研究，讨论宇宙之构成与生物之产生的时候，对于人类的文明尤其反复致意。他以为人类的进化也是必然的或机械的。人因物质环境的需要，必然地或机械地与同类联合而抵制野兽。因要与同类联合而必须互相了解，因要互相了解而产生语言；因要抵制野兽而必须工具，因需要工具而有种种的发明与创造。他以为火的发明促进人类的进化不少，人类所以能超出原始状态而有文化，关键全在会利用火。他对于人类身体的构造固然十分注意，这方面是他研究有机体的重要材料，另一方面却把灵魂与精神生活看作更有价值。然而站在唯物论的观点之下，他把灵魂也认为一种物质，说灵魂是细而圆的火的原子所构成的，这种原子布满全身，而成灵魂的各部分。身体上的各机关是灵魂的各部位，各机关的动作是分布于各机关上的灵魂所主持的。火的原子散失的时候，用呼吸吸取空气中火的原子来补充；人死后，身上火的原子全部散掉，灵魂就消灭了。别的物体也有灵魂与理性，其灵魂与理性的多寡就看它的体热的高低。所以他认为空气有灵魂与理性，否则人不能用呼吸吸取其中火的原子来补充自己的灵魂。他以为灵魂是知觉的中心，感官是知觉的途径。外界物件的原子的闪动激起空气原子的波动，这种波动达到感官，激动了感官的原子，感官上原子的动又激动了灵魂上火的原子，灵魂的原子被激动而产生知觉。可是物件的原子、空气的原子、感官的原子、灵魂的原子，其间的动，所以能够一波激起一波，而彼此传递着，全靠各方面的原子有相同之点（在大小、形状与精粗上）；这就是说，同样的原子才能彼此激动，物件的原子，有和空气、感官与灵魂的原子相同的，其闪动才能激动空气的原子，转而激动感官与灵魂的原子，而起知觉，否则物件的原子尽管闪动，尽管激起空气原子的动，也不能传递到感官与灵魂的原子，而引起知觉。因此宇宙间有许多东西，我们不能认识，不能知道。我们记得，恩魄铎克类士讲知识的起源，有"同者相引、异者相拒"的原则，现在第莫克力托士的主张，在这一点上，正和恩氏的不谋而合。不但知觉是起于灵魂原子的动，思想也这样：思想只是引起知觉的那种动的余波，不过这种余波比原波更大更广，所以思想比知觉更复杂、更精密。灵魂原子的波动平稳，灵魂的热度就平和，思想也就正确了。他对思想的这种看法，当然是站在极端唯物的观点，可是还免不了当时传统精神的拘束，仍然在知觉与思想之间画一鸿沟，把思想的价值放在知觉之上，认为只有思想能够认识万物的真相，能够得到确实的知识，知觉不能。根据这一点，他把感官所知觉到的万物性质分为两类：一类是大小、轻重、稀密、坚脆，一类是嗅、味、色、冷热；第一类属于物的本身，第二类属于人的感官，即感官受外物影响后所起的感觉。这种分别简直就是后来洛克（Locke）的原性与次性（primary and secondary qualities）之分。

我们已经把原子论者唯物的本体观与机械的宇宙观全部叙述过了，现在再看看他们如何应用这种唯物和机械的观点在人生与宗教的问题上，而成他们的人生观与宗教观。我们前面说过，第莫克力托士把思想的价值放在知觉之上；根据这一点，他对于人生，也注重思想方面关于善的认识与理解，和精神的安宁，他认为这一方面的价值远过于身体上的享受，因此，他在伦理方面，主张道德上理性的自主（moral autonomy of reason），认为做人最忌的莫过于自己良心上过不去的行为。他是乐生主义者，所乐是精神上的生活，不是身体上的生活。要发展精神生活，必须减轻身体上的挂累，身体上的挂累莫过于享受欲，所以他主张克己节欲，身体方面过平淡的生活。在宗教方面，他反对当时的神道观，他认为神的观念起源于人类对若干自然现象因不了解而起的恐怖的心理，那些现象，如火山、地震、流星、陨石之类。另一方面，他相信空气中有一种生物，形状像人，而身体比人大、寿命比人长。他们也是原子构成的，他们身上原子的闪动激动了空气，而波及人的感官，所以人会看见他们出现，其实所见只是空气中另一种生物的身体在空气上所拍下来的影像，并不是什么神的显现。他用这种说法解释宗教上先知们梦里的朕兆等等。

我们已经把原子论的思想全部叙述过了，现在且看这派思想在希腊哲学上所占的地位如何。前面提过，希腊哲学唯物的潮流，从米雷托斯派起，隐隐约约就有量决定性的观念，可是他们所提的本体都是具体的物质，具体的物质有固定的性质，实际上等于以某种性质决定一切性质，所以量决定性的观念不能确实成立，因为逻辑上不能自圆其说。到了恩魄铎克类士，希腊思想界又起一个新问题，就是，如何调和动静两观念，而使本体与万物都得到圆满的解释；他为了要解决这个问题，提出四种具体的物质为本体，不料在另一方面却把量决定性的问题更加恶化。原子论者出来，便把物质认为有数量而无性质，物质本身没有变动，物质分合散聚而起万物的变动——这就把量与性、动与静的问题同时解决了。所以我说，希腊哲学唯物这一支的思想，到了原子论，可谓成功了；如有问题，就在唯物观点本身能否站得住，此处暂且不加批评。

至于这一派思想的内部，逻辑上不调和（logically inconsistent）的地方也不少，如：（一）他们以为原子因有大小而有轻重，因有轻重而有升沉，因有升沉而产生动。试问轻重哪里来的，不是由于地心的吸力吗？须知地心吸力是宇宙万物已成以后的现象，有地心吸力才有轻重，有轻重才有升沉，有升沉才会动，有动才会分合散聚，有分合散聚才会产生宇宙万物；宇宙万物未有之前，当然没有地心吸力，如何会有轻重升沉的现象而致原子的动，而起分合散聚？所以我说，他们以轻重解释原子的动，是犯了逻辑上所谓丐词（begging of question）的毛病。当然，他们不知道地心吸力的原理，只凭习惯上的经验，认为轻者升、重者沉，不知升沉两个现象背后有地心吸力的原理为根据，因此不知不觉地在事实上倒果为因了。这是第一层。没有地心吸力，即便有大小，也不能有轻重，假如没有地心吸力，大小与轻重并没有连带的关系；他们不知此理，便把大小与轻重认为有连带的关系。这是第二层。他们既然认为原子因有轻重而有升沉，升沉不是别的意思，就是重的原子下降比轻的快，而显出升沉来；然而他们的原子所在而动的地方却是空的空间，即现代所谓真空（vacuum）；这等于说，轻重二物在真空里下降的速率不同，这又是事实上的错误的认识。这是第三层。升沉包含上下的观念，试问宇宙万物未有之前，站在什么标准而有上下之分？这是第四层。总而言之，他们心目中的宇宙万物之生灭成毁根据原子的分合散聚，原子的分合散聚根据原子的动，原子的动根据原子的升沉，原子的升沉根据原子的轻重，原子的轻重根据原子的大小；然而实际上原子的大小不足以为原子的轻重的根据，在这一点上，他们的宇宙观全部动摇了，这对于他们整个系统的影响非常大。

（二）他们以外物、感官、灵魂三方面相同的原子彼此的激动，解释知觉的起源，认为不能知觉的东西的原子都和感官及灵魂的原子不同，不同，就不能彼此激动而起知觉。这样说法，试问古人所不能认识、所不能了解的东西，为什么今人能认识、能了解？难道古今几千百年之间，人类感官与灵魂的原子，和外界物件的原子，起先不同、不能彼此激动，后来变成相同、能彼此激动吗？所以我认为，纯粹以原子的激动说明人类的知识，必须知识一成不变、没有进步才行；然而他们却讲文明，承认人类知识有进步，这不是矛盾吗？（三）他们既把灵魂也认为一种物质，说灵魂是火的原子构成的，又把同样由原子构成的身体上各机关的动作认为是受灵魂支配的，这就是以灵魂为身体的主宰。——同是物质，为什么一种物质支配别种物质、做别种物质的主宰？此处"支配者"与"被支配者"所居的地位并不是必然的，何以不说身体支配灵魂、做灵魂的主宰？况且灵魂与身体既然同是物质，多一个灵魂，岂不是疣赘？（四）他们承认物质有理性、人类有思想，根据同样的理由，理性与思想也都是疣赘。他们以为理性的价值在物质之上、思想的价值在知觉之上。——实际上理性与物质、思想与知觉，既然都是物质的原子的动的表现，怎么能分价值的高下？所谓高下也不是必然的。（五）他们以为思想的价值高于知觉，因此在人生方面注重对于善的认识与理解，和精神的安宁，另一方面轻视身体上的享受，主张克己节欲，以达到理性自主。这种人生观，在另一观点上说，不算不高尚，可惜和他们唯物的、机械的本体观与宇宙观格格不相入，须知"理性自主"是极端唯心的道德观念啊！（六）他们以为人类对于神鬼的观念是一种错误的观念，起于对自然界若干现象因不了解而产生的恐怖的心理，同时把人们所见神鬼的显现认为非神非鬼。——说到这一步，可以算是很高明了。然而另一方面，却把人们所见的认为确有其物，不是神鬼，而是空气中一种生物的影像。——这就未免武断，为什么不把人们所见神鬼的显现也认为一种错误的知觉？总而言之，他们的根本态度是相信感官所见都是实在的东西，这就是后来所谓朴质的实在论（Naive Realism）的态度。

我们对于原子论派的思想叙述、分析、批评以后，觉得唯物论的思想，发展到登峰造极的时候，简直同唯心论走一条路。我们知道，埃类亚派的本体是无性无量的混然一"有"，这个"有"是纯粹的概念（pure concept），这种概念是思想上抽象的结果，所以我认为这一派的本体是唯心的。现在请看原子论派的本体：他们的原子也是什么性质都没有，虽然有数量、大小、形状、地位、排列等分别，我说过，也不过是表现于空间上的量。须知具体的物质没有量与性能分得开的，他们的原子却是由思想上抽象的作用把性抽掉以后的纯量的概念（pure concept of quantity）。"原子"有量无性，"有"性量俱无，差别只在这一点上；至于二者之为纯粹的概念，并没有什么不同。还有，原子所在而动的空间，他们说是空的空间，须知空的空间或真空这东西，在具体的物质世界里是没有的，这也不过一个抽象的概念。因此我说，这一派的"实""空"二元的本体，"实"既是空间上若干数量的无性质可言的"被占据"，这是一个抽象的概念；"空"又只是空间上若干数量的"不被占据"，这也是一个抽象的概念。这两个概念，站在唯物的立场说，是唯物的，而实际上只是心的思想作用上抽象的结果，这不是同唯心论走一条路吗？

希腊昂那克萨哥拉士心物二元下的唯心意匠论

昂那克萨哥拉士（Anaxagoras）是小亚细亚的克拉走门奈（Clazomenae）城的人，在世年代约当公元前五〇〇年到前四二八年之间。他生长于富贵家庭，可是丝毫不问政治，利用优裕的环境，专心研究学问，并且能力也高，实验冥想二者兼长。四十岁左右，来到雅典，住了三十年；从他以后，雅典变成希腊思想的中心。他在雅典结交了许多名流，其中有政治家魄力克类士（Pericles）和诗人埃务力皮地士（Euripides）。当地的上流人比较开明，倒也欢迎他所带来的新思想；一般人对他不是漠不关心，便是抱着猜疑的态度，结果惹出事来：当魄力克类士失势的时候，凡和他有关系的全被他的政敌一网打尽，昂那克萨哥拉士也是其中之一。他们告他是无神论者（atheist），宣传关于天文上的邪说，来反对本地的宗教。他不得已跑到郎蒙卜萨哥斯（Lampsacus），在那里住下几年就死了。他有一部散文的著作，叫作《论自然》（*On Nature*），这部书当苏格拉底的时候，在雅典可以用无几的钱买到，后来逸去，如今所见不过一些断简了。

希腊哲学，自从埃类亚派（Eleatic School）和海拉克类托士（Heracleitus）提出静与动的问题以后，这两个问题便成了思想界中心的问题，大家都要解决它们，都想把静与动两个不相容的概念调和起来，藉此对于本体和宇宙有一种确实的认识。恩魄铎克类士（Empedocles）从事这个工作，结果成了心物二元下的唯物四元论；黎务檄魄士（Leucippus）和第莫克力托士（Democritus）承继恩氏的潮流，而成"空""实"二元下的唯物多元论，即普通哲学史上所谓原子论。昂那克萨哥拉士也是做这个工作的人，可是他另起一个潮流，结果成了心物二元下的唯心意匠论。他算是希腊初期，即苏格拉底（Socrates）以前的思想划分时代的人物，因为他是一个承前启后的人：所承者是承了在他以前的心与物两观念，而成俨然对立的局面，所启者是从他以后希腊的思想转了方面，由物转到心，由研究自然转到研究人事——辩士派（the sophists）和苏格拉底，便是这个转向中的人物。再继起的柏拉图（Plato）和亚里士多德（Aristotle），又是综合心与物、人事与自然，而成更广阔、更精密的系统。再后，希腊的思想便衰落了，因为途径已穷，花样已尽，不能另辟新路，无法再翻新了。若用对演法（Dialectics）的术语说，自昂那克萨哥拉士起，倒溯以前各派的思想，算是正（thesis），辩士派和苏格拉底的思想算是反（antithesis），柏拉图和亚里士多德的思想算是合（synthesis）。这是全部希腊哲学思想演变的大势。

昂那克萨哥拉士同恩魄铎克类士一样，也是主张本体不会变，而本体所构成的宇宙万物会变。宇宙万物有生灭成毁，生灭成毁就是变，可是生与成不是由无而生有、而成有，灭与毁也不是由有灭而为无、毁而为无，万物的生灭成毁，严格说，只是彼此转变：甲物变为乙物，叫作甲物毁灭而乙物生成，其实甲物的本质或原料并没有毁灭，不过转变一下而生成了乙物。这种说法，就是后世科学所谓物质永保（conservation of matter）的原理，恩氏、昂氏，以及恩氏的继承派——原子论者——都是异口同声地主张这个原理。至于由物质上的转变而起的万物的生灭成毁，其方式不过分合散聚，这一点也是他们所共同承认的。可是昂氏心目中万物的质料，和恩氏与原子论者所主张的不同：不是有限的几种具体的物质，如恩氏所提的火、气、水、土之类；也不是无限的有量无性的莫破质点，如原子论者所提的原子；乃是每物有每物的质料，如水、土、草、木、金、银、铜、铁、骨、肉、发、肤等物，都有它们的质料，这就是说，万物各有其质料。万物的质料，他叫作 χρήματα 或 σπέρματα，两字合起来可以译为"物种"。物种不生不灭，无成无毁，物有生灭成毁，物的生灭成毁起于物种的分合散聚。原始的时候，所有物种拌合一起，只是混然一团，后来某种力量加入，使它又分又合：分者不同类的物种，合者同类的物种。金的物种合而为金，木的物种合而为木，水、火的物种合而为水、火……一切物种各自以类相合，而成宇宙万物。分的作用无穷，合的作用也无穷，所以万物日新月异，层出无穷。分的作用所以无穷，是因为物种的拌合极拌合之能事，所以老分分不净，分后总有拌合的成分留下。因此他认为宇宙间的物质没有绝对纯粹的，所谓金、木等，不过那些物质里头，金、木等的物种比拌杂在内的其他物种占多数些。并且，物种因为彻底拌合在一起，才会永远分不净；他便根据这一层，认为物种无论分到多么小，还是可分的，始终不能达到不可分的一点。综合上面所说的，昂氏的物种和恩氏的原素不同的地方在种类的无穷，因为一物都有一物的物种，物的种类是无穷的；然而正因为一物有一物的物种，物种却又各按其类而有固定的性质（各类物种的性质和它们所构成的物的性质一样），在这一点上，昂氏的物种又和恩氏的原素相同。另一方面，昂氏的物种和原子论者的原子同是数目上无限的，这也因为一物有一物的物种，物的数目是无限的；然而原子是分到不可分的最小的质点，物种是永远可分的无穷小的质点，这是物种和原子不同的第一点；原子没有性质的分别，全是一律的，物种各按其所构成的物的类别而有固定的性质，并且因物的类别的无穷而有无穷的性质，这是物种和原子不同的第二点；原子因其为最后莫破的质点，所以在空间上占相当的地位而有大小之量（dimension），物种因其永远可分而达不到最后莫破质点，所以在空间上不能占相当的地位而有大小之量，这是物种和原子不同的第三点。并且，因为物种在空间上不能占相当的地位，所以昂氏的宇宙观上没有空间的概念。然而物种既是属于物质方面的，物种分合的作用能够离开空间吗？我想这是他的宇宙观上的一个漏洞。

方才说，原始的时候，所有物种混为一团，后来某种力量加入，使它一面分一面合；这种力量是什么？昂氏说是"心"（voũ；mind）。心的作用是把一团死的物质推动起来，使它起分合的变化。那么，物种是质料，心是动力；若用亚里士多德的术语，前者是"质因"（material cause），后者是"力因"（efficient cause）。我们记得，恩氏的原素也是死的，也有一种力量推动它们，才起分合散聚的作用，这种力量，他叫作"爱"与"恶"。"爱"与"恶"两个字虽然表示心的作用，实际上不过借用它们代表物质上两种相反的机械的作用。原子论者的原子本来也是死的，只因为它们有重量，才会产生升降式的动，这等于无形中承认了地心吸力的作用（虽然他们还不能明明白白地提出这个原理）；以地心吸力为推动原子的力量，姑且不问在逻辑上是否站得住（实际上犯了逻辑上丐词的毛病），毕竟这种动力也是机械的。因此我们可以说，从恩氏提出动因的问题以后，他自己，以及原子论者们，都是以物质上机械的力量为动因。现在昂氏以心为动因，所谓别开生面，因为心是精神的、有目的的。我方才说他有启后之功，就在这一点上：因他发现了精神与目的的作用，后来辩士们和苏格拉底才会转到研究人事，因为人事是以精神与目的为枢纽的；再后起的柏拉图与亚里士多德，便更进一步，把精神与目的的概念应用在本体和宇宙上，而成他们目的论的本体观与宇宙观。

心的力量如何推动混然一团的物种呢？它只在物种的混合体上某一点激起一种回旋式的动，然后这种动的旋涡一圈激起一圈，延到全体。如投石入水，第一旋涡引起无数旋涡，由近及远，结果全部的水都起了回旋的动；又如一套机器，把某处的机关开一下，全部机器都动起来。混然一团的物种，开始动了以后，首先分为两部，一部是热的、干的、明的、稀的，一部是冷的、湿的、暗的、密的，前者是以太（aether），后者是空气（air），前者像蒸汽，后者像浓雾。动既然开始，便继续不停，物种也就逐步分析下去：那热而干而明而稀的部分便一涡一涡地滚到边上去，那冷而湿而暗而密的部分凝聚在当中。在当中的成了地，地是扁的，像一个盘子，浮在空气上。所有的星不过是热烈而发光的石头由地上掉出去的，地旋转的速度极高、力量极大，把它们甩到以太里去。它们本来是平面地绕地运行（moving around the earth in a horizontal plane），后来地在南部倾斜，它们运行的轨道也就变成与地交切了（their paths intersect with the plane of the earth）。月亮同地一样，并且其中也有人类。太阳比希腊半岛的南部，排楼捧内索斯（Peloponnesus）地带，大好几倍（大概有几万方里），它的光照在月上，也照在其他的星上。地原是一个泥团，后来被太阳的热烤干了，才成现在这样。以太和空气里有生命的种子。这种种子落在泥土中，而产生生物。生物有生命，因为有"心"；从草、木、虫、鱼、禽、兽到人，一概有"心"，它们的心同出一源，所以是一类的，不同只在程度上。人的知觉也是心的作用之一。知觉起于感官，感官的中心在脑子。可是昂氏在知识论方面，不像恩氏和原子论者那样相信"同者相引"的原理，反过来，他倒主张"异者相引"，以为外物有能被感官认识的，就因为构成它们的物种和构成感官的物种不同，所以异者相引，而起知觉。另一方面，他和恩氏及原子论者们相同，也认为感官认识外物不如理性准确彻底，所以感官的价值在理性之下。此外，他还主张可见之物能够引起人们对于不可见之物的认识与了解：他在某处曾见一个陨石，便推定天上的星构造同陨石一样，说太阳不过一个热烈而发光的石头。——就是这一点引起当时宗教家的反感，他因此被告为无神论者。不但他关于天文上的主张和当时宗教的信仰不合，实际上他还正面反对当时宗教的种种迷信，不信鬼神能够干涉自然律令的运行：他对于自然界的现象，处处要找机械的因果关系，一概不取与宗教相连的目的论的解释。

　　前面已经把昂氏的本体观和宇宙论全部叙述过了，现在再进一步，加以分析批评，看看它们的意义如何、长短得失如何。我把昂氏的整个思想系统叫作"心物二元下的唯心意匠论"，因为：（一）在他的本体观里，"物种"与"心"并立，二者都是最后、最根本的（the most ultimate）。唯其是并立的，所以心物彼此不能兼并；唯其是最后的，所以它们不能再有来源，换句话说，它们是宇宙万物的不生不灭、无始无终的两个最后根据，即宇宙万物的二元的本体。（二）物种与心既是并立，换句话说，既是心不能产生物、物不能产生心，那么，二者之间的关系必是相辅相成的关系：心好比工匠，物种好比材料，材料是已有的，工匠用他心意中的计划，把材料组织起来而成器皿；有工匠，无材料，工匠莫能施其技，有材料，无工匠，材料不能自成器皿，所以乱杂无章、混然一团的物种必须有心替它们整理起来，才成宇宙万物，心也必须有物种，才能实现它的条理的功用。因此我说，昂氏的宇宙观是唯心的意匠论：在他的心目中，宇宙万物显得有计划，物质处处表现出条理，被时间空间所限制的物质不能自有普遍的、一贯的条理，把它自己由乱杂无章、混然一团的状态中整理出来，必须另有一种力量，替它做这一部的工作，这种力量就是他所提出的"心"。宇宙万物，是心用它的计划与条理，从乱杂无章、混然一团的物质里，所整理出来的，并不是它所创造的。心所处的地位是工匠的地位，工匠不能创造材料，只能组织材料，所以心不能创造物种，只能整理物种；它整理物种，就是实现它的意中的计划与条理。反过来，乱杂无章、混然一团的物种，必须而且唯有经过心的整理，才能成为有组织、有条理的宇宙万物。因此，我把心比成意匠，把对于由这种方式所产生的宇宙的看法，叫作唯心意匠论的宇宙观。

他认为"心"的作用只是整理，不是创造，在这一层上，他的论点很合理，逻辑上完全站得住（logically sound）。他所以发现宇宙有心，因为他觉得宇宙的一切都是有计划有目的的配合，这种情形一定有心在主持着。然而由宇宙的有计划有目的而推知宇宙有心，只能见得心是计划与目的的来源，此外不能再进一步，而说宇宙的一切是心所创造的。（由此可见，基督教用所谓目的论的论据［teleological argument］，证明上帝的存在则可，证明上帝造物则不可。）然而，因发现万物间有计划有目的而推知宇宙有心，还不能免于"以人逆天"的毛病。在人事的范围里，一切都是有计划有目的的，这些计划与目的全出于心；因此便说宇宙的大自然中所表现的计划与目的，必也有心主持其间。现在试问，宇宙的心和人的心是否一样？如不一样，这种推论等于莫须有；如果一样，未免把宇宙看得太小了。须知人之自见其有心，正因为人的计划与目的会受限制，换句话说，他的计划与目的或成就或不成就，再换句话说，在他的计划与目的之外，尚有其他东西与之相对（relative）；总而言之，人的计划与目的不是自然而然的，不是绝对的（absolute）。至于宇宙的秩序，却是绝对的、自然而然的，所谓一切在一切，莫之为而为，莫之成而成，何以见得宇宙有心？这是第一点。并且宇宙之显得有计划有目的，不过其中有和人所祈向者相合的，因而说它有计划有目的，其实宇宙自然的情形就是它的秩序，谓之有计划有目的也可，谓之无计划无目的也亦可。宇宙的计划与目的既是由于人之所祈向而来的，那么说宇宙有心也是"以人逆天"的结果了。这是第二点。其实直截了当的办法，莫如便认物种之中自有秩序条理，自然而然演成万物；用一班哲学上的话说，即心物不分，只把心与物看作整个宇宙的两种表现：心是性（quality）方面的表现，物是量（quantity）方面的表现，性不能无量，量不能无性，亦即心不能离物，物不能离心——是一而若二、二而实一的东西。因此我说，在本体论与宇宙观上，不宜有截然而不相俟的心与物两概念，有了以后，只是增加许多莫须有而不能解决的问题。这两个概念只能在知识论上保留着，并且只能当作主观与客观的分别，不可视为"实有"（substance）。因为人与物原是整个宇宙中的部分，宇宙中的各部分彼此会发生关系，人与物的关系只是一部分与另一部分的关系，而人之知物，所谓知识也者，不过人与物之关系的一种。人与物在知识的关系上，因观点而分彼此：此为主观，彼为客观，主观叫作心，客观叫作物；知识的关系停止，心物之分就不存在，至于宇宙的本然，更无心物之分，所以我说，心与物不可视为宇宙的实有。假如心与物是截然为二而不相俟的实有，那么，在知识上，人的心怎能知物？最高限度，有性而无量的心，只能知物之性，何以还能知物之量？在本体论与宇宙观上，怎么能说，物种能接受心的计划与目的，经其整理而成形形色色的宇宙万物？

  昂氏发现宇宙万物之间有目的，便想寻求目的之由来，因此开了目的论的门径，这是他在希腊哲学史上的贡献。然而，因寻求目的之由来，而提出与物绝不相俟的心，心物二者处于同等地位，成为宇宙最后的两个根据，此外再找不出一个统一的东西，结果把他自己的系统弄成二元论，这不能不算他的失败；可是另一方面，却又开了后来心物二元论的路子。在哲学史上增了一个新的花样。然而自从心与物分开以后，哲学上添了许多麻烦而不能解决的问题，有人想把心物重合起来，希腊时代的如柏拉图、亚里士多德，近古时期的如斯宾诺莎（Spinoza），可是这些人的努力都不大成功。

至于他发现了宇宙有目的之后，仅仅替后人开了目的论的门径，自己的思想并没有成为一个真正的目的论的系统。他所提出的"心"只在物种的混合体的某一点上激起一种回旋式的动，然后这种动的旋涡一圈激起一圈，延到全体；这好比一副机器，把某处的机关拨动一下，全部机器都动起来。这样看法，机械论的色彩还是很浓："心"不过是宇宙的一个机关，其作用在于激起动的旋涡，旋涡既起，以后一听其自然回转。所以严格地说，他所提出的"心"只是动因（cause of motion），不算目的（end），和恩魄铎克类士的"爱"与"恶"两动力也不过百步五十步而已。

以上所讨论是关于"心"，及其与物种之关系的方面，现在专就物种方面检查一下：（一）他认为物种的拌合永远分不净，因此，物种无论分到多么小，还是可分的，始终达不到不可分的一点。我觉得他把"分不净"与"不可分"两个概念混在一起，不曾辨别清楚。"分不净"的"分"是分析的意思，即英文所谓 separate，"不可分"的"分"是分割的意思，即英文所谓 divide；分不净的不见得就是永远可以分割的。（二）物种既是永远可分，既是始终达不到不可分的一点，那么，这样的物种就不能成为质点，不能成为质点，便失去物质的功用，因为物种是一切物的种子，即一切物的最后的质点。（三）他说，一切物的物种起初混合一起，后来因"心"的激动而起分合的作用，分者不同类的物种，合者同类的物种。可是另一方面在解释知觉的来源的时候，又用"异者相引"的原理，认为感官之认知外物，是因为构成感官的物种和构成外物的物种不同类，所以异者相引，而起知觉。我觉得他用物种异者相引的原理说明知觉的起源，和方才讲物种分合的时候，所标异类者分、同类者合的原理互相抵触。

米雷托斯派的自然哲学
——古希腊唯物主义者对神话宗教的第一炮

古希腊哲学唯物主义和唯心主义斗争的第一阶段，相当于公元前七世纪初到前五世纪初的时期。这两百年的古希腊哲学，无论唯物派唯心派，在斗争过程中，都由孕育、形成而得到发展。在发展过程中，唯物派的思想愈来愈进步，唯心派却愈来愈反动。大致上，唯物派立场较稳、主张较纯，而唯心派起初稍带唯物色彩，后来全部失去，变成极其反动的唯心论调。

唯物唯心两派思想的产生和发展，与其所在地有密切关系，就是说，其所在地的政治社会环境决定了，至少影响了，两派的思想方向。

唯物派的所在地是小亚细亚沿岸的伊奥尼亚。伊奥尼亚是古希腊民族最繁盛的殖民地，是当时东西方人民来往通商的要道。希腊最早的唯物主义哲学产生于此，有两方面的原因：（一）在奴隶占有制生产发展的条件下，农业和手工业的发达促进了与东方国家的商业，通过商业而和东方人民接触频繁。当时东方文明很盛，科学很发达；和东方人民频繁的接触促进了文化交流，希腊人吸收了不少东方的科学知识，因而启发了他们的哲学思想，尤其是唯物主义的思想。（二）唯物派哲学诞生的前夕正是奴隶主贵族派政治的末日，政府对于人民，不分贫富，全用压迫手段。于是富者迁徙，贫者流亡——这是因本土政治腐化而逼出殖民的结果。殖民生计主要靠商业，东方的小亚细亚是当时世界繁华之区，所以希腊商人趋之若鹜。经营商业的结果是贫者转富、富者更富，因此，产生了奴隶主阶级中新的社会阶层——富有的商人和产业主，即所谓奴隶主民主派。这个新的社会阶层的优裕生活有利于哲学思想的产生和发展，而且在当时的历史条件下，这个阶层的人比较进步，其宇宙观人生观与奴隶主贵族派相反，这就是他们的唯物主义哲学。

至于唯心派思想产生的地点，则在意大利南部的希腊殖民地。那里的经济、社会、政治各方面的环境落后于小亚细亚的伊奥尼亚：经济方面，生产几乎全部限于农业，手工业很不发达；社会方面，因生产落后，和外地的商业不发达，与外族接触稀、文化交流的机会少，思想方面得不到新事物的刺激、新知识的启发；政治方面，反动的贵族掌握大权。在此种种背景下，思想偏于保守，产生了反动的唯心主义哲学，这是必然的结果。

这一阶段斗争中的唯物唯心两阵营，唯物方面有米雷托斯（Μίλητος）派和哈拉克类托士（Ἡράκλειτος），唯心方面有辟塔个拉士（Πυθαγόρας）派和埃类阿（Ἐλέα）派。米雷托斯派以地名而得名，其所在地——米雷托斯——是伊奥尼亚最富豪的一个城邦。哈拉克类托士是厄费索斯（Ἔφεσος）人，厄费索斯也是伊奥尼亚的一个城邦。这两个城邦是希腊最早期的唯物主义哲学的中心。辟塔个拉士派以创始人之名而得名，埃类阿派则以所在地之名而得名——两派的所在地都是意大利南部的希腊殖民地。

本文叙述米雷托斯派自然哲学的思想及其意义。此派是古希腊哲学的创始派，也是向神话宗教开第一炮的唯物主义派。此派的代表人物有三位：塔类士（Θαλής）、阿那克静茫都洛士（Ἀναξιμανδρος）、阿那克静闷馁士（Ἀναξιμένης），三位都是米雷托斯人。他们在世的年代，第一位约当公元前六二四年到前五四七年，第二位约当公元前六一〇年到前五四七年，第三位约当公元前五八五年到前五二五年。

三位是同时而辈分先后的思想家，彼此的思想同是一个潮流中的产物。至于他们的生平，历史上没有翔实的记载，所能确知的：他们都是当时的科学家。一般地说，西方古代学术未如后世之分门别类，科学和哲学混在一起研究；尤其是唯物主义的哲学家，总是把哲学观点和自然观念构成一个整体——此派正是如此。塔类士似乎没有著作；阿那克静茫都洛士曾写一部论自然的书，可是失传了；阿那克静闷馁士也有著作，传下来的只是片言只语。研究此派三位哲学家的思想，只能根据后人的著作所引他们的话，尤其是亚里士多德的《形而上学》第一卷。

此派的共同问题是：当前形形色色、森罗万象的宇宙，究竟何处来，何所往？关于此问题的答案便成了本体论；本体找到以后，说明如何由简单的本体变成复杂的宇宙，便成了宇宙观。

此派承认宇宙之统一的物质根源，即承认统一的唯物本体；以此统一的唯物本体解释一切现象，即以统一的物质根源解释万物之生灭存亡。由此可见，此派的问题从自然界出发，在自然界中求解答自然界的问题，并不假手于原始宗教的神话。

恩格斯在《自然辩证法》一书中论古代的自然观，曾指出："……在这里完完全全已经是一种原始的自发的唯物论了；它在它自己发展的最初阶段，便十分自然地把自然现象无限多样性的统一看作自明的东西，并且就在某个一定的有形体的东西中，在一个特殊的东西中，去寻找这个统一，如塔类士在水里去寻找一样。"① 恩格斯所谓"在某个一定的有形体的东西中，在一个特殊的东西中，去寻

---

① 《自然辩证法》，人民出版社版，页151。

找这个统一",此派哲学家只有两位如此,看下文就分晓。

一、塔类士

塔类士是古希腊的"七贤"（The Seven Sages）之一,在哲学史上被称为西方哲学的鼻祖,也是唯物主义的奠基人。他精于数学、天文学,对气象学和物理学也有相当的研究,并且他的造诣有助于古希腊这几门科学的发展。在数学方面,他根据埃及人的面积测量法,创立了初等几何学。在天文学方面,他根据巴比伦人的天文知识,奠定了古希腊天文学的基础；他确定了一月为三十日、一年为三百六十五日,并预言过公元前五八五年的日全食。

在哲学方面,塔类士主张:（一）本体是水,水是万物的来源,也是万物的归宿。[①]（二）地是一片平圆体静而不动地浮在水面。[②]（三）万物是有生命、有灵魂的。[③]

以水为万物的来源,或是与东方各国古代的思想不约而同,或是因袭其说。西方古代的传记家普鲁塔哈（Plutarch）却断言,塔类士是"从埃及人那里学会了把水当作万物的始因和本原"[④]。至于为何以水为万物的来源,据亚里士多德猜想,大约因为看见了生物非水不生,种子含有水分,得水才能发芽生长。[⑤]地浮水面之说,岛国或沿海之民很自然地会作此想。关于万物有生命有灵魂的见解,恩格斯指出:"早在塔类士那里,灵魂是某种特殊的东西,某种和肉体不

[①]《古希腊罗马哲学》,三联书店版,页4第一至五行；页5的3第二至五行。
[②] 同上书,页5的4。
[③] 同上书,页5的5。
[④] 郭尼克:《哲学史》,三联书店版,第一卷页36末行至页37首行。
[⑤]《古希腊罗马哲学》,页4第十三至十八行；页5的3第六至九行。

同的东西。(他认为磁石也有灵魂。)"① 塔类士所谓灵魂，虽不同于肉体，却仍是物质的。这是因为，他既主张万物的来源是水，水是唯物的本体，也是一元的本体，则灵魂除水以外别无来源；② 灵魂与肉体之不同，只是起源于水的万物有两种现象的不同——正如精神现象起于物质的高度发展，其来源仍是物质。

塔类士以水为万物的来源，水是流动的东西，可知他承认万物是动的，由动而起变，由变而有生灭存亡。至于万物何以能动，他认为这是因为万物有生命有灵魂，生命灵魂是万物动的原因。③

他不能分别有生命之物和无生命之物、有灵魂（有精神现象）的生物和无灵魂的生物，而以为一切物都有生命灵魂，这是初民时代遗留的物活论（Hylozoism）束缚了他的思想。

由我们看起来，塔类士的思想幼稚得很，可是自有其价值；古今人的知识水平不同，不能以今人的水平衡量古人。他的思想的价值在于：首先于自然界本身求解答自然界的问题；这在思想发展的过程上，算是脱离了宗教神话的阶段，进于哲学或科学的阶段。哲学与科学有一种相同的趋向，就是繁中求简、散中求总、异中求同、殊中求共。本体便是繁中之简、散中之总、异中之同、殊中之共。哲学上的本体与科学上的原理或规律同其性质。再则，把本体认为是水，虽然错误，却有重大的意义，因为已经隐隐约约地指出了科学上的因果观念：本体是因、宇宙是果，水是因、万物是果。若依神话认为宇宙万物是神所造，便是在自然界以外求自然界事物的来源，神与自然界事物的关系不是因果关系，而是神秘关系。至于宇宙万物如何由水变成，他并没有说明，这是他在宇宙论方面的缺点。

---

① 《自然辩证法》，页153。
② 《古希腊罗马哲学》，页5的5。
③ 同上书，页5的6。

其次，讲自然哲学而带有物活论的色彩，也是不彻底的。

二、阿那克静茫都洛士

阿那克静茫都洛士精于天文、地理。据古代的记载，他在天文方面，从巴比伦人学会使用日规和日晷，并首创一个天体模型；在地理方面，绘制了希腊第一张地图。

关于本体问题，他不承认本体是水，以为宇宙万物并非来源于水。他提出另一种本体，希腊原文叫作"阿培朗"（Τὸ ἄπειρον）。"阿培朗"是不定的、无限的物质，原文之义就是指此。[①] 中文"浑沌"的含义足以形容这样的本体，现在就用"浑沌"作为这样本体的译名。[②]

他所以提出这样的本体，大概因其便于解释万物的由来：无论什么东西，都能从这样的本体产生，因其质不固定；无论多少东西，都能从这样的本体形成，因其量无穷尽。[③]

本体无限量，所以会产生无数宇宙。[④] 哲学史上传统的解释认为他心目中的无数宇宙是先后的无数，但也有人认为是同时的无数；[⑤] 无论如何，总是起灭成毁，循环不已的。

宇宙如何产生、什么形状？他认为，浑沌的物质自己起一种分化作用，便成"冷""热"两部分。冷者湿，热者燥。[⑥] 冷而湿者成

---

① 《古希腊罗马哲学》，页7第三至七行。
② 同上书，页7的3末行。
③ 同上书，页7第十一至十三行；页8的6第二至六行；页8的7第四至六行。
④ 同上书，页8的7第二至四行。
⑤ Burnet, *Early Greek Philosophy*, London and Edinburgh, Adam and Charles Black, 页64的17。
⑥ 《古希腊罗马哲学》，页7第十三至十四行，第十七至十八行，第二十行；页8第一至三行。

地，悬于宇宙中央而位置不变；^① 热而燥者成个火球，内心空的，套在地外面，像一个圆壳。 湿的地被外围的火壳一烤，发出蒸汽上浮而成气圈，介于地和火壳之间，便是所谓空气。^② 空气被火壳不断地烤，涨起来，把火壳冲成若干火环。^③ 火环被厚而不透的空气包住，却露出许多圆孔，便是我们所见的日月星辰。^④ 火环共有三个：距地最远者只露出一个孔，是我们所见的日；距地稍近者也只露出一个孔，是我们所见的月；距地最近者露出很多孔，是我们所见的那些恒星。^⑤ 三个火环被空气之流所推动，循环绕地不已，因此我们见到天体绕地运行。

地是一个圆柱体^⑥，人类居其上端。 地原是流质的，被外围的火壳所烤而蒸发为气，逐渐干起来。 生物产生于热而潮的地方^⑦，起初是最简单的生命，后来因适应环境而逐渐进化到复杂的有机体。 人类原是活在水中的鱼类。^⑧ 后来水干了，陆地出来，水中动物移到地上^⑨；鱼类的鳍不适合陆地的环境，为适应新环境，鳍渐渐变成四肢，以至人类的两手双脚。

阿那克静茫都洛士以浑沌的物质为本体，是比塔类士进步。 思想发展的过程是由具体到抽象，由感觉的到超感觉的：水是具体的，也是属于感觉的；浑沌的物质却是抽象的、超感觉的。 由此可见，以浑沌的物质为本体，比以水为本体较为进步。 这是第一点。 他确

---

① 《古希腊罗马哲学》，页 8 的 8 第二至三行。
② 同上书，页 10 的 14 第二至三行。
③ 同上书，页 10 的 14 第四至五行。
④ 同上书，页 9 第一至三行；页 9 的 9 第二至三行。
⑤ 同上书，页 9 第四至五行；页 9 的 9 第四至五行。
⑥ 同上书，页 8 的 8 第四行；页 10 的 13 第二行。
⑦ 同上书，页 10 的 15 第一至二行；页 10 的 18 第二至四行。
⑧ 同上书，页 10 的 15 第二至三行；页 10 的 16 第二至四行。
⑨ 同上书，页 10 的 18 第三至四行。

定了本体是浑沌的物质，再说明此种物质如何演变而成地和日月星辰，在宇宙论方面比塔类士进步。这是第二点。他认为浑沌的物质内部自起一种分化作用，不是外来的什么力量使之如此，这算是第一次发现自然力，换句话说，他是第一个知道物质有内在的力量的。这不但比塔类士进步，也是当时的自然科学上一个空前大发现。这是第三点。他认为浑沌的物质本体自起分化作用而成"冷""热"两部分，由"冷""热"演化成宇宙万物，这算是见到了自然界之统一的物质基础内部存在着对立面，一切自然现象是由于对立面的存在而产生的。可见他的宇宙观含有唯物辩证法的萌芽。这是第四点。他知道生物是简单的生命因适应环境而逐渐变成复杂的有机体，此种观点可谓进化论的先声。这是第五点。只是因为古代的研究方法不精、工具缺乏，所以眼光尽管大、想象力虽然强，在宇宙观方面仍是谬误百出，在生物学方面毕竟只是猜测。

三、阿那克静闷馁士

阿那克静闷馁士也是一个天文学家，他是区别了行星和恒星的第一人。

关于本体问题，他的主张和塔类士相近，因为他以气为本体，气和水同是一种特殊的物质。[①] 他所以以气为本体，也许因为看见动物得气乃生、失气则死的缘故。

他心目中的气也是无限量的，所以他也主张有无数的宇宙。[②] 传统的解释认为他所谓无数的宇宙是先后的无数，但也有人认为既是

---

① 《古希腊罗马哲学》，页 11 的 1 第三至四行；页 11 的 2 第二至三行。
② 同上书，页 11 的 3 第三至四行。

同时的无数，又是先后的无数。①

气有内在的动力，不断地动，动的结果，逐步产生了宇宙。气的动有两个方式：一是稀散，一是凝聚。稀散则生热，凝聚则发冷。气稀散而成火，火飘在气海中，就是星辰；气凝聚而成风，再凝聚而成云，成水，成土，成石。由凝聚的方式，宇宙既成以后，将来也会稀散，又回到气的状态——一聚一散，循环不已。②

气压缩而成地，地是一个扁平体浮在气上。③ 被坚固地凝聚着的气所推动，各天体在其轨道上运行。④

阿那克静茫都洛士以浑沌的物质为本体，在思想发展的过程上算是进了一步；阿那克静闷馁士又回到塔类士的办法，把一种具体的物质——气——当作本体，似乎倒退了。然而在另一方面，他的思想确比前两位进步：塔类士提出水为本体，而没有说明如何由水变成宇宙万物。阿那克静茫都洛士认为浑沌的物质会起变化而分成"冷""热"两部分，由此两部分逐步演成宇宙万物；然而浑沌的物质如何变化而成"冷""热"两部分，他却不曾加以说明。阿那克静闷馁士也认为他所提出的本体——气——会起变化而成"冷"成"热"，此外还指出如何变化，就是：稀散和凝聚。这是他比前两位进步的第一点。他见到了气内部存在着"冷"和"热"的对立面，又见到气有内在的稀散和凝聚的矛盾作用，这是他在唯物辩证法的认识上超过阿那克静茫都洛士地方。这是第二点。他认为本体是气，由于气的稀散和凝聚作用造成"冷""热"的对立面而产生万

---

① *Early Greek Philosophy*，页 82 的 29。
② 《古希腊罗马哲学》，页 11 的 3 第五至页 12 的 4 第二行；页 12 的 4 第三至四行；页 12 的 9 第二行。
③ 同上书，页 12 的 4 第四至五行；页 12 的 5 第二行；页 12 的 6 第二行。
④ 同上书，页 12 的 10 第四至五行。

物——同样的气，稀散而成一种东西，凝聚而成另一种东西，而且所成的东西随着气稀散和凝聚的程度而各不相同。这是见到了量变与质变的关系，见到了逐渐的量变引起突然的质变。他的自发地对于唯物辩证法的认识到了此等地步，算是远远超过了阿那克静茫都洛士，也是古代科学上惊人的创获。这是第三点。

此派三位代表人物的思想，其内容和意义，及其进展的痕迹，已如以上所述。现在来个概括：（一）此派的思想全是关于自然哲学方面的，对自然界一切现象作唯物的解释，为万物求统一的根源以说明万物之产生和发展。关于统一根源方面的主张成为此派的一元唯物本体论，关于万物之产生和发展方面的看法成为此派的唯物宇宙观。至于人生观方面，此派尚未提出看法和主张。（二）此派首先认定宇宙万物是动的，由动这个观念出发而求动的本体：水也好，浑沌的物质也好，气也好，其为本体同是动的，都是为了解释动的宇宙万物而提出的。（三）此派思想富有自发的唯物辩证法的萌芽，在动和变两个基本观念上，逐步发现自然界事物内部的对立面、内在的矛盾作用、量变与质变的关系，以及逐渐量变之引起突然质变。（四）此派的唯物主义思想富有无神论的倾向[1]，和宗教对立：此派提出唯物的本体，认为本体有内在的动力，自起变化而演成宇宙万物；可是此派认清了自然界一切事物不是神所造的，自然界所有现象与神毫不相干。即使此派还保留着"神"和"灵魂"的概念，此种概念与宗教上以相同名词所代表的概念绝不相同[2]；反过来，只是借用这些概念来指物质内在的动力，或指自然界中某种特殊的现象[3]——用现代的术语说，是指物质高度发展所产生的精神现象。

---

[1] 《古希腊罗马哲学》，页5的3第五行括弧内的话。
[2] 同上书，页8的6第六至九行；页10的17；页13著作残篇2。
[3] 同上书，页5的6第一至二行。

最后要指出：此派的唯物主义思想，如同所有古代的唯物主义思想，其价值并不在其具体内容，其具体内容，用现代的眼光看，只是一些糟粕；然则其价值何在？一则在于它的斗争精神，大胆反对当时流行的神话宗教。再则在其指出了了解自然的方向，是唯物地在自然界中求其来龙去脉，不是唯心地设想一个杳冥的世界，由彼请出荒唐无稽的神来为我们解决问题。三则在其对自然作唯物的探讨的过程中，自发地找到了一些辩证法的基本原理；这些辩证法的原理，作为认识的方法，与其同时或稍后的形而上学方法相反对，成了思想上斗争的武器。以上三点是此派思想的价值所在。经过披沙烁金，我们评价此派思想的精华在此。研究古代其他各派各家的思想，同样要用披沙烁金的办法，弃其糟粕，取其精华。本文只是示其一例而已。

哈拉克类托士
—— 古希腊最突出的自发辩证唯物主义者

公元前七世纪初到前五世纪初,这二百年间是古希腊哲学唯物主义和唯心主义斗争的第一阶段。唯物主义阵营中,有米雷托斯派和哈拉克类托士。米雷托斯派的思想,另篇叙述;本文叙述哈拉克类托士的思想。

哈拉克类托士是厄费索斯人。厄费索斯和米雷托斯同是小亚细亚伊奥尼亚地区的城邦,自公元前四九四年波斯人把米雷托斯灭了以后,厄费索斯成了希腊民族在小亚细亚殖民地的重镇,也是当时欧亚二洲文明融汇的中心。哈氏在世的年代约当公元前五三〇年至前四七〇年。他是贵族子弟,家庭是当地宗教的世袭祭司,这就等于当地政府的首脑。据传说,这种世职传到他,他不肯受,让给兄弟。[1]

在哲学方面,哈氏是古希腊最突出的自发辩证唯物主义者。他用散文著作,名曰"论自然"[2],据说分为三篇:一"论宇宙"、二"论政治"、三"论神"。他的文字很费解,因此大家给他起个绰号,叫作"晦涩的哈拉克类托士"[3]。他的著作当苏格拉底时还流传,不知何时佚去,如今所见仅有若干断简。[4] 研究他的思想,只能根据这些

---

[1] *Diogenes Laertius*, The Loeb Classical Library edition, vol. II, pp. 414-415.
[2] Ibid., vol. II, p. 413.
[3] Ibid., vol. II, pp. 413, 419-421. 黑格尔:《哲学史演讲录》,三联书店版,页298第四行。
[4] Ibid., vol. I, p. 153.

材料，加上古希腊罗马著作家所引的他的言语。

哈氏的哲学思想，一方面建立于前人——米雷托斯派哲学家——唯物主义的基础上，另一方面是在斗争过程中发展起来的。他斗争的对象是前代以及同时的神话宗教和唯心主义哲学。他反对前人何梅洛士（Ὅμηρος）、赫西欧铎士（Ἡσίοδος），同时而年长的辟塔个拉士（Πυθαγόρας）、克曾诺放馁士（Ξενοφάνης）。[①] 他痛心疾首地说："何梅洛士堪得驱出作者之林，而加以鞭笞……"[②] 这是因为何氏的著作——叙事诗——是古希腊神话宗教的圣经。他反对赫西欧铎士，因为赫氏是与何氏齐名的权威诗人，所作的诗也是属于宗教性的；反对辟塔个拉士和克曾诺放馁士，因为二人是唯心主义哲学家，并各自创立了唯心主义学派。他讽刺辟塔个拉士"博学强记、矫揉造作"[③]，是指辟氏广搜资料而师心自用、曲解事实，思想与客观真理不符。他说："博学并不能益智"[④]，举赫西欧铎士、辟塔个拉士，以及克曾放馁士等人为例；这也是讥笑彼等思想唯心，博学而不能实事求是，所以不足以为智，因为智者的职能在于发现真理。

一、本体观和宇宙观

在本体观和宇宙观方面，哈氏继承了米雷托斯的精神，从动的观念出发。柏拉图指出他在某处曾说，"一切皆流，无物常住"；他把万物比作一道川流，断言我们不能两次踏进同一条河。[⑤] "动"的

[①] 《古希腊罗马哲学》，三联书店版，页14。
[②] 同上书，页22的42。
[③] 同上书，页31的136。
[④] 同上书，页22的40。
[⑤] 同上书，页17的4。

观念必然与"变"的观念相连，因为动离不开变。他说："踏进同一条河的人经常遇着新的水流"①；"不能在同一状况下两次接触到一件变的东西，因为变既剧且速"②。

他肯定了宇宙万物"动"和"变"的基本性质，在此前提下，为宇宙万物求其统一的物质根源，以说明其生、成、发展。他所求的就是他所认为宇宙万物的本体。他认为本体是"火"，宇宙万物生于火、返于火。③他说："一切事物都换成火，火也换成一切事物，正如货物换成黄金、黄金换成货物。"④

至于他为何选择火为本体，其用意可想而知：他对于宇宙万物"动"和"变"的本质了解极其深刻，从上文所引他的言语，便能看出他所了解之深刻的程度。米雷托斯派固然在他之前有见于宇宙万物之动和变，并提出了水或气等动和变的本体；然而米派所见不如哈氏之深刻，水或气等虽是动和变的，其动和变却不如火之剧烈迅速，以此说明宇宙万物之剧烈迅速的动和变，不如火之彻底而生动。哈氏心目中所谓火，是指燃烧时的火焰。火焰只显得动，无时无刻静止；并且燃料与火焰与既燃之气，其间的递换和转化，找不出衔接的界线，这是最能代表变的。唯有如此动和变的本体才能演成如彼动和变的宇宙万物，所以他选择火为本体。

火有内在的动力，火的动有稀薄化和浓厚化两个相反的方式，宇宙万物的生灭成毁种种变化皆由于此。⑤宇宙万物来自火、归于火，往复之间有两条路：由火成气，由气成水，由水成土，谓之下降之

---

① 《古希腊罗马哲学》，页 20 的 12。
② 同上书，页 27 的 93。
③ 同上书，页 15 第三段；页 16 的 2、3。
④ 同上书，页 27 的 92。
⑤ 同上书，页 15 第三段头两行；页 16 的 2 第四行至末行；页 17 第一行至三行。

路；反过来，由土而水，由水而气，由气而火，谓之上升之路。① 万物的转化有一定的次序，宇宙的起灭有一定的周期。② 到一定的时候，万物悉归于土，由土而水，由水而气，由气而火，一切烧毁；然后周而复始，又逐步变成如此这般的宇宙——永是往复循环，不知所止。而往复相须，成一个完整的过程，换句话说，有往必有复，有复必有往；这就是变的过程，变只是一个，往与复是相反的途径，却是变中相反而相成的要素。他说："上升的路和下降的路是同一条路。"③ "他们不了解如何相反者相成：对立造成和谐……"④ "病使健愉快，恶使善愉快，饥使饱愉快，劳使逸愉快。"⑤

米雷托斯派的阿那克静闷馁士认为气的动有稀散和凝聚两个方式，哈氏也认为火的动有稀薄化和浓厚化两个方式；宇宙之生灭成毁，往复循环，前者认为由于气的稀散和凝聚作用，后者认为由于火的下降和上升之路。在这两点上，二人的看法极其相似，应是哈拉克类托士继承阿那克静闷馁士之说；上文提过哈氏的思想一方面建立在前人的基础上，这就是一个例子。此外，他认为："从水形成其余一切……几乎一切都是由海的蒸气而产生的"⑥；"水是宇宙结构的胚胎，称之为海；从海再产生出天和地，以及天地之间的东西"⑦。由此可见，由火所变成的气、水、土，三者之中，他最注重水，几乎把水看作第二本体。他虽然不以水为本体，而如此注重水，显然是受了米派的塔类士以水为本体的影响；这是他的思想建立在前人

---

① 《古希腊罗马哲学》，页15第三段第六行至页16第二行；页24的61。
② 同上书，页17第四行。
③ 同上书，页24的61。
④ 同上书，页23的52。
⑤ 同上书，页29的115。
⑥ 同上书，页16第一、二行。
⑦ 同上书，页21的31第三、四行。

基础上的另一个例子。

表面上看，哈氏提出"火"为本体，较之米派的阿那克静茫都洛士以"浑沌的物质"为本体，似乎反而退步，因为火是具体的东西，其质非不固定、其量非无穷尽，较难由此演出质之形形色色、量之弥漫无际的宇宙万物。然而细加推敲，他以火为本体，重在说明宇宙万物之剧烈而迅速地变的过程，并不是认真为宇宙万物求其底质（substratum），换句话说，他以火象征宇宙万物之活泼泼地变的过程。因为火这东西并不是物质之一种，只是物质的变化，即现代术语所谓氧化（oxidation）的作用之一。根据当时的自然科学水平，他固然能见到火是物质的燃烧作用，此作用包括着由燃料到火焰到燃后之气和灰烬之间转化的过程；所以他不仅仅于描写火的性质，却着重于"变"的概念，在这概念上发挥得极其详尽。

他把宇宙万物之生灭成毁总于一个"变"的概念中，而所有生灭成毁"都为对立的过程所宰制"①，一切由对立而生成而毁灭。古希腊的传记家第欧根内士·赖尔提欧士叙述他的思想，说："在对立的事物中，其引向产生者谓之战斗与竞争，其引向焚毁者谓之妥协与和平。"②每一事物都有其对立面，对立面在事物中既统一又矛盾，所以"同一事物既存在又不存在"③。他说："我们也踏进也未尝踏进同一河流，我们又存在又不存在。"④又说："互相排斥的东西结合在一起，不同的音调构成最美的和谐；一切都是斗争所产生的。"⑤也因为对立面在事物中既统一又矛盾，所以"结合物既是整个的又

---

① 《古希腊罗马哲学》，页15 第二段第二行。
② 同上书，页15 第三段第六、七行。
③ 同上书，页17 的6。
④ 同上书，页23 的50。
⑤ 同上书，页19 的8。

不是整个的,既是协调的又不是协调的,既是和谐的又不是和谐的……"①

所谓"对立的过程",包括统一、矛盾、转化。根据哈氏的本体观,"火"含有"稀薄"和"浓厚"两个对立面;用亚里士多德的术语说,火含有稀薄和浓厚两个相反的储能(potentiality)。这两个储能就是火之内在的动力;动力发作而起稀薄化和浓厚化的矛盾作用,由此作用而产生宇宙万物。宇宙万物产生之后,其中各所特有的对立面结合在一起而成对立的统一。然而矛盾是对立的本质,对立面结合在一起就是矛盾的因素结合在一起。矛盾的因素结合在一起,不断起矛盾作用,矛盾作用达到某种程度,便突破对立的统一;对立的统一被突破,原来的事物便起变化,直至消亡,新事物起而代之。对立面在事物中同时又统一又矛盾,所以事物总是连续地处于新陈代谢的过程中。陈的事物貌似不变而依然存在,其实时时刻刻向新的事物转化而逐渐趋于不存在——这就是所谓"同一事物既存在又不存在"。依哈氏的宇宙观:宇宙万物之产生,由于本体之内在的对立面起矛盾作用;宇宙万物之存在,由于其内在的对立面结合在一起而成一定时期的对立的统一;宇宙万物之消灭,由于其内在的对立面之矛盾作用突破了对立的统一。由矛盾而统一,这是宇宙万物产生而存在的阶段;统一复被矛盾逐渐突破,这是宇宙万物衰退而灭亡的阶段。"矛盾——统一——矛盾——统一……",宇宙万物的生灭存亡就是依此公式而往复循环着。这是哈氏之辩证的本体观和宇宙观。

关于唯物辩证法的认识,米派的塔类士见到了宇宙万物"动"和"变"的本质,据此而求动和变的本体(水);阿那克静茫都洛

---

① 《古希腊罗马哲学》,页 19 的 10 第九、十行。

士在"动"和"变"概念的基础上,发现了本体(浑沌的物质)有内在的对立面;阿那克静闷馁士也在"动"和"变"概念的基础上,于本体(气)内在的对立面之外,还见到了本体之内在的矛盾作用。"动"、"变"、"对立面"、"矛盾作用",前人这些遗产,哈氏都继承了;然而他有新的创获,在辩证法的发展史上占重要地位。

首先要指出的就是上文所提过的:他对于宇宙万物"动"和"变"的本质了解得比前人更加深刻。

其次,关于对立面问题,他在前人的基础上,进而见到了"对立的统一"和"对立的转化",而且发挥得很详尽。他有如下的话,说明"对立的统一":"自然也追求对立的东西,它是从对立的东西产生和谐,而不是从相同的东西产生和谐。例如自然便是将雌和雄配合起来,而不是将雌配雌、雄配雄。自然是由联合对立物造成最初的和谐,而不是由联合同类的东西。艺术也是这样造成和谐的,显然是由于模仿自然。绘画……混合着白色和黑色、黄色和红色……从而造成与原物相似的形相。音乐混合不同音调的高音和低音、长音和短音,从而造成一个和谐的曲调。书法混合元音和辅音,从而构成整个这种艺术。"[1] 关于"对立面的转化",他说:"在我们身上,生与死、醒与梦、少与老都始终是同一的东西;后者变化了,就成为前者,前者再变化,又成为后者。"[2] "不死的是有死的,有死的是不死的;后者死则前者生,前者死则后者生。"[3] "火生于土之死,气生于火之死,水生于气之死,土生于水之死。"[4] "土死生水,水死生气,气死生火;反过来也是一样。"[5] "冷变热,热变冷,湿变

---

[1] 《古希腊罗马哲学》,页19的10第一至八行。
[2] 同上书,页27的90。
[3] 同上书,页24的63。
[4] 同上书,页26的78。
[5] 同上书,页26的78。

干，干变湿。"①

"在对立的统一"方面，他提出了"相反相成"和"一与多相结合"的道理。他说："病使健愉快……"②"无不义则义不可得而名"③——这些话都是说明"相反相成"的道理。关于"一与多相结合"，他说："……从一切产生一，从一产生一切"④；"……承认一切是一，便是明智"。⑤

再次，关于矛盾作用问题，他提出了"斗争"概念，认为由矛盾产生一切就是由斗争产生一切。他说："应当知道，战争是公共的命运，正义就是斗争，一切通过斗争……而产生。"⑥"战争是万物之父、万物之王，战争造成或神或人、或主或奴。"⑦

总而言之，哈氏对于唯物辩证法，在前人的基础上，发现了很多新原理。如"对立的统一"、"对立面的转化"、"相反相成"、"一与多相结合"、"矛盾斗争"，这些都是辩证法的重要原理。因此，我们可以说，辩证法的基本体系算是在他手里建立起来了。这方面的成绩在他的唯物主义哲学中最为突出，他在辩证法发展史上承前启后之功甚伟。黑格尔说："如在茫茫大海中航行，这里我们看见了陆地；没有一个哈拉克类托士的命题，我不曾纳入我的逻辑学中。"⑧可见黑氏对他如何推崇！黑格尔的逻辑学全部吸收了哈氏所发现的辩证法原理，加以理念化而成自己的唯心主义辩证法体系；由这方面看，哈氏的唯物辩证法算是在黑氏手里遭了一劫。马克思把辩证

---

① 《古希腊罗马哲学》，页 30 的 131。
② 同上书，页 29 的 115。
③ 同上书，页 21 的 23。
④ 同上书，页 19 的 10 末行。
⑤ 同上书，页 23 的 51。
⑥ 同上书，页 26 的 82。
⑦ 同上书，页 23 的 54。
⑧ 《哲学史讲演录》，页 295 第一段末两行。

法从黑格尔的体系"倒转过来",去其唯心的曲解,复其唯物的本质,这对哈氏来说,可谓得到挽救。从此,唯物辩证法成为研究自然界和人类社会的总方法。再经过后代学者在实践中的运用和检证,更加丰富起来,而成为完备的理论体系。此成就,哈氏启后之功是不可磨灭的。

哈氏对于唯物辩证法还有一个绝大贡献,必须着重指出,就是:他发现了"逻各斯"($λόγος$)。"逻各斯",中文可译为"道";用现代术语说,就是贯穿着自然界和人类社会的规律。他发现了许多唯物辩证法的基本原理,再把那些原理统于"逻各斯"概念之下,这就建成了他的唯物辩证法的体系。那些原理在"逻各斯"总概念下联系起来,成一个统一的完整的体系,"逻各斯"在他的哲学体系中等于唯物辩证法的总名称。

他把"逻各斯"描写为"统治一切的"[①]、"指导一切的"[②]、"顷刻不能离的"[③]、"永远存在的"[④]、"循着相反的途程创生万物的"[⑤]。所谓统治一切的、顷刻不能离的、永远存在的"逻各斯",就是贯穿着天行和人事的辩证规律。[⑥] 所谓循着相反的途程创生万物的"逻各斯",是指辩证规律包括着"矛盾斗争"、"对立的统一"、"对立面的转化"、"相反相成"、"一与多相结合"等原理。

他发现了自然界的辩证规律,从而发现此规律同样运行于人类社会。可是一般人理会不到辩证规律同样运行于人类社会,所以他说:"……'逻各斯'虽是人人共有的,多数人却不加理会地生活

[①] 《古希腊罗马哲学》,页 21 的 31 第二至三行。
[②] 同上书,页 26 的 74 第一、二行。
[③] 同上书,页 26 的 74 第一、二行。
[④] 同上书,页 18 的 1 第一行。
[⑤] 同上书,页 17 的 7 第一至二行。
[⑥] 同上书,页 17 的 8 第三行。

着……"①"对于'逻各斯',对于他们顷刻不能离的那个东西,他们格格不入……"②"……人类的一切法律都因那唯一的……法律而存在。"③——他这句话的意思显然是指人类社会的规律来自自然界的规律,是整个辩证规律的一部分,因为人类本是自然界的一部分。

他说:"'逻各斯'是灵魂所固有的,它自行增长。"④ 由他这句话可以看出,他见到了思维的辩证法,思维会发展,循着辩证规律而发展。我们如此理解他这句话,因为他有时把思想、理智和灵魂相提并论,有时把这三个名词互相调换着用。他曾提到"心灵或理智",用"或"字把二者等同起来。⑤ 他也曾说:"耳与目对于人乃是坏的见证,如果他有着粗鄙的灵魂"⑥;"要理智地说话,就应当用这个人人共有的东西(按即'逻各斯')武装起来"⑦。耳与目的见证是感性资料,要经过理性方面的思想加以分析整理,才能成为知识;思想若是粗疏鄙陋,便会曲解感性资料,引入迷途。可知他所谓"粗鄙的灵魂"是指粗疏鄙陋的思想,这是他用"灵魂"代替"思想"的例子。所谓"理智地说话"就是思想明智,这是他用"理智"代替"思想"的例子。

他也把"命运"、"必然性"、"神"和"逻各斯"等同起来。他说:"……命运就是那循着相反的途程创生万物的'逻各斯'"⑧,"命运的本质就是那贯穿宇宙实体的'逻各斯'"⑨,"命运就是必然性"⑩。

---

① 《古希腊罗马哲学》,页 18 的 2 第二行。
② 同上书,页 26 的 74。
③ 同上书,页 29 的 118 第三、四行。
④ 同上书,页 29 的 119。
⑤ 同上书,页 28 的 108 第一句。
⑥ 同上书,页 29 的 111。
⑦ 同上书,页 29 的 118 第一、二行。
⑧ 同上书,页 17 的 7 第二、三行。
⑨ 同上书,页 17 的 8 第三行。
⑩ 同上书,页 17 的 8 第二行。

他提过"统治一切的'逻各斯'或神",用"或"字把"逻各斯"和神等同起来。① 他也曾说:"神是昼又是夜,是冬又是夏,是战又是和……"② 据此可知,他把"神"看作宇宙间一切天行和人事之对立面互相转化的辩证秩序,而此种秩序就是所谓"逻各斯"。"人类的一切法律都因那唯一的神的法律而存在",所谓"神的法律"就是指"逻各斯"③。总而言之,他所谓"命运"等于规律的代名词,所谓"必然性"是指永无例外地运行于宇宙之间的辩证规律的本质,所谓"神"是描写着辩证规律之微妙的作用。

他又有如下的话:"神就是永恒地流转的火,命运就是那循着相反的途程创生万物的'逻各斯'。"④ "'逻各斯'是一种以太的物体,是创生世界的种子,也是确定了的周期的尺度。"⑤ 根据前言:他把"神"和"命运"分开,认为前者是本体(火)、后者是本体动和变的辩证规律("逻各斯");从而分清本体是本体、规律是规律,二者并不混为一谈。根据后语:一方面他把辩证规律和物质本体(火)等同起来,因为所谓"创生世界的种子"显然是指本体;另一方面他又认为辩证规律是宇宙万物生灭存亡种种变化的规律,因为"周期"是宇宙生灭存亡之往复循环的周期、尺度是规律的别名,所谓"确定了的周期的尺度"是指规定宇宙生灭存亡之往复循环的周期的规律。

据上文所引他的两段话,在前一段里,他把"神"和"命运"分开,从而分清本体是本体、规律是规律,二者并不混为一谈;在

---

① 《古希腊罗马哲学》,页 21 的 31 第二至三行。
② 同上书,页 25 的 68 第一行。
③ 同上书,页 29 的 118 第三至四行。
④ 同上书,页 17 的 7。
⑤ 同上书,页 17 的 8 第三至末行。

后一段里，他既把辩证规律和物质本体等同起来，又认为辩证规律是宇宙万物生灭存亡种种变化的规律。这就发生两个问题：（一）他认为物质和物质变化发展的规律有别呢，还是无别？（二）"神"和"命运"分开呢，还是等同？根据再上文所引他的话，他把"命运"、"神"和"逻各斯"等同起来，显然认为"命运"和"神"是等同的；何以又把二者分开？这两个问题需要解决。

对于第一问题的答案是：他认为物质和物质变化发展的规律也有别也无别。何以然？物质变化发展的规律只是物质动和变的表现，离开物质就不存在；反过来，动和变是物质存在的方式，不动不变则物质不能存在，换句话说，没有不动不变的物质。用中国"体"与"用"的道理来讲，无体不能为用，无用莫能显体，体和用是一物的两面，不是截然二物。体用合一是辩证的统一；同样，物质和物质变化发展的规律辩证地统一起来，所以二者也有别也无别。

对于第二问题的答案是："神"和"命运"又分开又等同。以前说过，所谓"命运"等于辩证规律的代名词，所谓"神"是描写着辩证规律之微妙的作用。体和用的关系同样能说明"命运"和"神"的关系："命运"是辩证规律，是体；"神"是辩证规律之微妙的作用，是用；体和用辩证地统一起来，所以"命运"和"神"又分开又等同。

哈氏所谓"命运"、所谓"神"，和当时流行的宗教所谓命运、所谓神，绝不相同。可见他只是沿用旧名词代表新概念：前面说过，他所谓"命运"是指物质变化发展的辩证规律，所谓"神"是指此种规律之微妙的作用。而当时宗教所谓神是超物质的、自然界和人类社会的统治者，它以自己的意志创造并管理世界，它的意志就是命运。哈氏的意思与此恰恰相反。他说："一切如出一辙的宇宙非神或人所造；这个宇宙，过去、现在、未来，永是一团长生不死的火，在一定的分寸上燃，在一定的分寸上熄。"[1] 他不但反对宗教上的"创世说"和"神权说"，而且否认宗教上所谓神的存在，大胆提出无神论，并严斥当时的宗教祭司和教士们妖言惑众。他有如下的话："……向神祷告，等于向房子说话"[2]；"向不能闻的神像祈祷，一若其能闻；神像不能回答，也不能提出要求"[3]。古希腊人著作的断简中有如下一段记载："哈拉克类托士向谁作预言？夜游者、波斯教士、酒神祭司、酒神女侍、传秘教的人。他威吓这些人死后要受罚，向这些人作火焚的预言，因为他们以一种不虔诚的方式传授那些流行于人间的秘法。"[4]

哈氏对于"神"的观念既是如此，既认为宇宙一切莫非物质依其自己的辩证规律生灭存亡着，因此，所谓"灵魂"当然不能例外。他说："对于灵魂来说，死就是变成水；对于水来说，死就是变成土；然而水是从土而来的，灵魂是从水而来的。"[5] 灵魂既来自物质、返于物质，则不过是物质变化发展所表现的一种形态。灵魂在人身只是有机物质发展到高度的现象（现代术语所谓精神），身体死亡，灵魂也就随之而消灭；因此，他反对灵魂不灭之说，直指出灵魂是会死的。在灵魂会死的原则下，他主张类似中国墨子所主张的薄葬短丧。他有"死尸比粪更应当抛弃"[6] 的话，并且曾对埃及人说："如果有神灵，你们为什么向他们哭？你们向他们哭，就是不把他们当作神灵。"[7] 他对埃及人说的话，言外之意似乎也讽刺他们把死人的

---

[1] 据 Bakcll, *Source Book in Ancient Philosophy*, p.30, 30 译。参看《古希腊罗马哲学》，页 21 的 30。
[2] 《古希腊罗马哲学》，页 19 的 5 第四行。
[3] 同上书，页 31 的 135 第二、三行。
[4] 同上书，页 20 的 14。
[5] 同上书，页 22 的 36。
[6] 同上书，页 28 的 99。
[7] 同上书，页 30 的 134。

遗体做成蜡尸（木乃伊），希望葬后永远不坏。

二、政治态度和人生观

第欧根内士·赖尔提欧士有如下的记载："他比任何人都傲慢，简直目空一世。从他的著作显然见其如此，他写道：'博学并不能益智，否则赫西欧铎士、辟塔个拉士以及克曾诺放馁士、赫卡泰欧士等人已足以称智了。'① 他常说：'何梅洛士堪得驱出作者之林，而且加以鞭笞……'他还说'扑灭放肆急于扑灭火灾'②，以及'人民须为法律而斗，如为城垣而战'③。他攻击厄费索斯人，因为把他的朋友赫尔谋多罗士放逐了。他说：'厄费索斯的成年人不如死尽，把城邦留给乳臭纤儿；因为他们放逐了赫尔谋多罗士，放逐了其中最优秀的人……'④ 邦人求他为立法起草，他置之不理，以为人民的堕落生活作风已笼罩全邦，无可挽救。⑤ 他退居于狩猎女神的庙宇，和童子们玩骰子；厄费索斯人围着看他，他说：'无赖！为什么大惊小怪？这岂不胜于和你们一起搞政治？'他终于仇视人类，遁隐山中，吃草根树皮度日。"⑥

以上记载描写他的傲慢孤僻的性情、离群遁隐的生活。与傲慢的性情相联带，他有"超人"观念和天才主义：他讥笑一般人"相信街头卖唱的人，以庸众为师……不知道坏人多、好人少"⑦；他认

---

① 据 *Diogencs Laertive*, vol. Ⅱ, p.408, 1 译。参看《古希腊罗马哲学》，页 14 第二段第一至三行。
② 《古希腊罗马哲学》，页 14 第二段第六至七行。
③ 同上书，页 14 第二段第六至七行。
④ 同上书，页 30 的 125。
⑤ 同上书，页 14 末行 15 首行。
⑥ 同上书，页 15 第一至四行。
⑦ 同上书，页 28 的 108。

为"一个……最优秀的人……抵得上一万人"①。在"超人"观念和天才主义的支配下,他鄙视群众智慧、脱离社会生活,觉得一世无可与语;②认为人民的堕落生活作风无可挽救,不屑和邦人一起搞政治,不肯应允同胞的要求为立法起草,说"法律的意义只在于服从一人的意旨"③;痛惜他所谓最优秀的人被放逐,以为唯有此等人堪得搞政治。他愤慨地说"厄费素斯人不如死尽,把城邦留给乳臭纤儿",这话也意味着他如何小看青年人、藐视新生力量。

然而凡事都要分别而论,他的傲慢有一部分是对的:他看不起何梅洛士和赫西欧铎士、辟塔个拉士和克曾诺放馁士,确有正当的理由,因为前两人是神话宗教的诗人,后两人是唯心主义哲学家。他不但看不起这些人,而且对他们作思想斗争,这正表现着他坚持真理的精神。至于他鄙视大众,这意味着他有浓厚的反当时民主派政治的色彩。然而他并不倾向于贵族派;第欧根内士·赖尔提欧士的记载所引"扑灭放肆急于扑灭火灾"和"人民须为法律而斗"的两句话,上下文相接,可见"放肆"是指当时的贵族派统治阶级,主张人民需要制定成文法以抵抗贵族派统治者所诡称为"神所制定的"习惯法。这是他的政治见解进步的一面。他在理论方面虽然如此主张,在实践方面却不肯参加人民的立法运动。他所以有比较进步的政治主张,是从他的整套辩证理论出发,认为当时社会中存在着统治者和人民之间的矛盾,人民应以立法的斗争方式解决此种矛盾。他的政治主张不付诸实际行动,可见他的辩证理论和他的社会实践相脱节。

他的人生观和他的政治态度有密切关系。他理智极强,善于

---

① 《古希腊罗马哲学》,页 23 的 49。
② 同上书,页 25 的 72。
③ 同上书,页 22 的 33。

沉思默想。他认为做人要追求真理,追求真理的极致在于发现所谓"统治一切的"、"指导一切的"、"顷刻不能离的"、"永远存在的"、"循着相反的途程创生万物的"逻各斯——贯穿于生灭存亡的宇宙万物之间的辩证规律。然而他追求真理的欲望与他的"超人"观念和天才主义相结合,便成了单干的勾当,他所追求的真理竟成为极少数人,所谓最优秀者,甚至他一人的专利品。

我们且来听他本人的话。他说:"幸福若是在于身体上的快乐,则牛羊得草充饥应谓之幸福。"[1]人生目的在求幸福,幸福不在于身体上的快乐,则别有所在;究竟何在?他答复道:"智慧是第一德;智慧在于说出真理,并听从自然、依自然行事。"[2]人生目的在于求得幸福,幸福在于智慧发达,而智慧的内容在于认识真理、言行一依真理。真理何在?在自然界(即物质世界)中。自然界的真理,就是所谓"逻各斯"——贯穿于生灭存亡的宇宙万物之间的辩证规律。然而他只是不承认人生幸福在于身体上的快乐,并不主张抑制身体上的一切要求,他只说到"所欲尽遂对人并非好事"[3]为止。他的宇宙观是唯物的,而且是辩证的;在人生观方面,当然不能像若干唯心主义者(如后来的柏拉图)那样把身体和精神对立起来,认为身体上的要求和精神上的探讨相反而不相容。身体上的满足是精神发展的物质基础,物质生活和精神生活是辩证的统一。

他的人生观至此为止算是对的,然而往后呢?他说:"最优秀的人重视一物过于一切物,重视永久的光辉过于所有生生灭灭的东西;然而多数人东撷西取如牛羊之充肠果腹。"[4]他藐视大众,认为他们只

---

[1] 《古希腊罗马哲学》,页18 的 4。
[2] 据 *Source Book in Ancient Philosophy*, p.34, 112 译。参看《古希腊罗马哲学》,页29 的 116。
[3] 《古希腊罗马哲学》,页29 的 114。
[4] 同上书,页21 的 29。

是东撷西取,不能辨别变动的事物和不变的真理,唯有最优秀的人知道重视永久的光辉——长存于生生灭灭的宇宙万物之间的辩证规律。他又说:"我所领教过的人,没有一位及知智慧有别于其他一切物。"① 这里所指的是与他同时的名人,社会所公认有智慧的人;他却认为其中没有一位够得上知道智慧和其他一切物有别。他看不起大众的智慧,也看不起少数优秀者的智慧,然则他是最优秀者,唯有他能见到智慧有别于其他一切物,智慧的内容是照耀着暂存的事物之间的永在的真理——贯穿于生灭存亡的宇宙万物之中的辩证规律。于是真理是他个人沉思默想的对象,辩证规律是他一人的宝贝。可见他的人生观和他的政治态度一样,同是脱离群众、与社会实践相脱节的。

三、真理观和认识论

他认为人生幸福在于智慧发达,而智慧的内容在于认识真理、言行一依真理;因此,关于真理的问题和认识真理的问题,他也接触到了。

他说:"智慧唯一而已"②,这里所谓智慧,是指智慧的内容,即真理;说智慧唯一,等于说真理只有一个。支配着形形色色的事物及其千变万化的现象,只有统一的辩证规律;对于一事一物,也只有统一是非标准,就是,只有一个真理。

真理虽是抽象的、普遍的、不变的,却不能离开具体的、特殊的、变化的事物而存在;因此,他指出了真理作用上的具体性——

---

① 《古希腊罗马哲学》,页 29 的 112。
② 据 *Source Book in Ancient Philosophy*, p. 30, 32 译。

真理是唯一的、绝对的,其作用却是多方面的、相对的。真理本质上的一和绝对,与其作用上的多和相对,也是辩证地统一起来。他说:"海最清亦最浊。鱼吃海水,海水养活鱼;海水于人却不适宜,甚至有致命的害处。"[①] "猪喜欢在污泥中洗澡,雀喜欢在尘灰中洗澡。"[②] "最美的猿还比人丑。"[③] 从抽象的性质上讲,海水清就是清、浊就是浊,不能又清又浊,这是绝对的;然而从其对于别的事物所起的具体作用上讲,海水可能既清又浊,这是相对的——因为作用必有对象,起作用者与作用对象之间的关系是相对的。同样,污泥和尘灰各有其固定的性质,这是绝对的;然而其一宜于猪洗澡而不宜于雀,其他宜于雀洗澡而不宜于猪,这是相对的。美是一种固定的性质,绝对不能与丑相混,换句话说,美是美、丑是丑;然而作为标准以衡量某一只猿,此猿是最美的,把它与人相比,它又是丑的,这是因为同一标准与不同的对象——猿和人——相对而起不同的作用。

主观方面,他承认人的认识力量万能。他说:"即使穷究了一切途径,也找不到心灵的边际,其理解之所达如此深远。"[④] 这里所谓心灵,是指人的认识力量;从各方面都找不到心灵的边际,是说人的认识力量万能,任何事物迟早都要被人理解到,天下无不可知的东西。

客观方面,他承认真理的复杂性、多面性,以及人的认识力量时间上的局限性、观点上的片面性。他说:"自然喜欢隐藏"[⑤];"掘

---

① 《古希腊罗马哲学》,页 24 的 62。
② 同上书,页 22 的 37。
③ 同上书,页 27 的 84。
④ 据 *Source Book in Ancient philosophy*, p.31, 45 译。
⑤ 《古希腊罗马哲学》,页 30 的 127。

地求金，掘了许多土，才得些微金子"①。规律往往隐于复杂的事物中，如金子和许多沙土一起藏在地下；求真理必须揭穿事物的现象，深入事物的本质。真理是多面性的，所以需要广收资料，加以客观审慎地鉴别和分析，不可主观草草地下判断。他说："爱好智慧的人必须知道许多东西"②，"莫对重大的事作随意的忖度"③。爱好智慧等于爱好真理，重大的事是指真理；知道许多东西就是广收资料，"莫作随意的忖度"是说不可主观草草地下判断。他说："死后的事有生前所不期然而然或所梦想不到者。"④人求真理受时间限制，求到死也求不尽；因此，人的认识力量虽然万能，面对真理还是薄弱。所以他说："对于神，人是幼稚的，正如对于大人，童子是幼稚的。"⑤所谓"神"，是指微妙的、复杂的、深广的真理；唯其微妙、复杂、深广，真理非一人毕生之力，亦非一时一代众人之力，所能求得尽的。因为真理是多面性的，人求真理，难免观点之偏。客观世界的一切本是精密地联系着、妥当地安排着，人因观点之偏，往往有所蔽而见不到其如此。他说："对于神，一切皆美、皆善、皆公；人却认为有公者、有不公者。"⑥这里所谓"神"，是指微妙的、复杂的、深广的整个客观世界。客观世界，就其整个来说，是精密地联系着、妥当地安排着；人有观点之偏，才会认为其中有公的、有不公的，等等。

真理是多面性的，所以求真理需要广收资料。资料属于感性阶段，是具体的、特殊的。然而求真理不可停留在感性阶段的资料，必须提高到理性阶段，用思想加以鉴别、分析、综合等等，才

---

① 《古希腊罗马哲学》，页20的22。
② 同上书，页22的35。
③ 据 Source Book in Ancient Philosophy, p.31, 47译。参看《古希腊罗马哲学》，页23的47。
④ 据 Ibid., p.29, 27译。参看《古希腊罗马哲学》，页21的27。
⑤ 据 Ibid., p.32, 79译。参看《古希腊罗马哲学》，页26的81。
⑥ 《古希腊罗马哲学》，页28的106。

能达到抽象的、普遍的真理。他说:"可见、可闻、可学者,吾皆喜之。"①他欢迎可见、可闻……的东西,因为这些东西是求真理所需要的资料。可是只有这些东西,还不济事,因为有了资料并不等于求得真理。不加思想之功,或思想之功粗疏鄙陋,反而会受资料之蔽,或曲解资料。所以他说:"对于心灵鄙陋的人,耳与目是坏的见证。"这里所谓"心灵",是指思想;耳与目的见证,是指感性资料。②思想之功若是粗疏鄙陋,则感性资料反而为蔽、反而会被曲解。因此,他提出了思想的重要性,说:"智慧只是一件事,在于体认指导一切的思想。"③智慧的内容在于认识真理、言行一依真理;认识真理的关键在于磨炼思想,使思想成为精锐的武器,因为思想是指导一切的,换句话说,思想运用一切资料,使资料指向正确的道路而达到真理的目标。智慧首先以认识真理为事,再则"说出真理,并听从自然、依自然行事"④;换句话说,智慧的内容,上一阶段是认识真理,下一阶段是言行依于真理。两个阶段结合起来,就是认识与实践相结合。

---

① 《古希腊罗马哲学》,页 23 的 56。
② 同上书,页 29 的 111。参看 Source Book in Ancient Philosophy, p. 34, 107 译。
③ 据 Source Book in Ancient Philosophy, p. 30, 41 译。参看《古希腊罗马哲学》,页 22 的 41。
④ 《古希腊罗马哲学》,页 29 的 116。

苏格拉底之灵魂说

本题所论,为苏格拉底(Socrates)之灵魂说(theory of soul),限于非杜(Phaedo)谈话录中所讨论者。至于其他谈话录,或与非杜有大同小异处,则非本篇之所恤也。

一、灵魂之性质

灵魂之性质有七:(一)不见(unseen),(二)不变(unchangeable),(三)不散(indissoluble),(四)一贯(uniform),(五)智慧(intellectual),(六)长生(immortal),(七)成圣(divine)。

二、灵魂与身体之关系

灵魂为主,身体为奴,至宜也。但事实上往往不然,灵魂之在身体中,如禁锢于监牢焉。肉体之种种官觉,如耳目等,往往乱灵魂之视听;肉体上之需要,如饮食男女等,往往为灵魂之累。所谓绝对真理(absolute truth)、绝对意识(absolute ideas),皆非灵魂,莫能体悟;而肉体之欲,无时不蔽灵魂之明。故曰,灵魂与身体关系愈少,则灵魂愈自由,然后能尽其能事。奈何而使灵魂离身体之束缚?曰:莫如节欲,置身体不顾;更进则不避肉体上之苦,故磨难之,使其枯槁无欲,然后灵魂乃能自由。夫智者不畏死,甚且望死；盖死则灵魂乃完全脱离肉体之扼也；即未能遽死，亦当去死唯一线之间而后可。

三、灵魂不死

苏氏谓人之肉体虽死，而灵魂不死。身体死后，灵魂入另一世界，以候复生，即复凭肉体而为人也。苏氏之持此说，有证据四，兹论列如下：

（一）世间一切，皆反正相生：如有热然后有冷，有睡然后有醒；反之热亦自冷生，睡亦自醒生也。根据此理，有生然后有死，有死然后有生。生自死来，则灵魂于有生之前，固已存在；灵魂既能存在于有生之前，然则非不死耶？

按苏氏此说，绝似佛教之轮回说。不知苏氏受佛教影响耶？抑佛教受苏氏影响耶？正有待于历史家之研究；此不属本题范围，故不多赘。

窃谓苏氏正反相生之说，与吾国阴阳相消长之说正同。限于辩证范围，苏氏固能自完其说；其实有疑问焉。所谓正反：如阴阳、寒暑、生死等，皆相对之辞（relative terms），人类因其所代表之意义适然反，故并言之耳；岂得谓之正反相生？

（二）假令死不复生，则万物同归于尽；有分无合，则宇宙终归于寂。宇宙所以生生不息，分合无穷者，端赖循环。由此亦可以证灵魂不死，苟灵魂能死，则生何从来耶？

窃按苏氏之意，颇似今日科学所谓物质不灭（conservation of matter）之说。世界物质，循环不已，分后复合，合后复分。以身体而云生从死来，唯有一说，可以解释：人死而肉体消化于土中，一切物质归于自然；然后植物由土中吸取物质，以自长大；长大而为动物所食，动物复为人类滋养之资；人类生子以延其种类。如此追根究源，故曰生从死来。然苏氏所谓灵魂，似非物质，不能相提并论。此处所谓生死循环，宜指人类身体上之物质，似与灵魂不相及也。

（三）智识之起，不过一种回忆而已。盖智识有生之前已有之，受生时遗忘；然后逐渐回忆，而恢复其旧。教育非他，即所以恢复原有智识之工具也。兹将苏氏所举之证据列下：

㈠ 取未受教育之人，问以浅显而合理之问题，彼皆能答，且答之中肯。问人二二为何，人莫不知其为四。可见智识人所固有，不过遗忘后，有待于良善方法，使其回忆耳。

㈡ 人能从所见之物，想及所不见之物；例如见鞍思马，见冠履慕典型是也。或见一物，因念及与其相似或相反之物；例如见福橘思广橘，见光明思黑暗是也。由是观之，智识人之所固有也。

智识为生前所固有，然何时得之？苟灵魂与身体俱死，智识安能保留，以待后日之回忆？然则灵魂必不死，然后智识乃有所依附也。

窃谓未受教育之人，其能答若干问题，乃从日常生活之间，得有经验；此种经验，即粗浅之教育矣。至二二之为四，固无人不知，然何尝非从经验中学来？假令初生孩提而能答复若干问题，并知二二为四，然后苏氏之说可信。

复次：苏氏所举之第二理由，与近世心理学之联想说（association issue）颇相似。然见甲而能联想及乙，乃甲乙皆从前所已见，因其相似或相反，故见其一而联想其他；断不能从未见过，而能联想也。

以鄙见观之，苏氏所举之理由，已根本错误，故不能证灵魂不死。按苏氏智识生前已有之说，即中世纪所信仰之先天意识（innate idea）说之所从来。先天意识说已经洛克（Locke）等痛排，迄乎今世，无人不以智识为经验中所得来者。见先天既有智识，何以受生之时，突然遗忘？苏氏未言其故。既已遗忘，何以又能回忆？是皆疑窦也。

（四）吾人见两物相等（equal），胸中有相等之标准。此标准为绝对的（absolute），谓之绝对相等之意识（idea of absolute equality，即相等之绝对模范）。物质界之相等，无论如何，总不如此模范之完全（perfect）。世间一切，皆无绝对相等，而胸中有绝对相等之意识，此意识从何而来？既不能从相对相等之物质中得来，则为灵魂固有之意识——先天之意识——无疑矣。凡绝对之物，皆趋乎时间与空间，所谓不生不灭也。唯灵魂能有绝对之意识，是则灵魂亦不生不灭矣。

四、灵魂不散不变

肉体既死，灵魂不随之而消散乎？曰否，苏氏亦有说焉。夫混合体（compound）能散，而单纯体不散；灵魂单纯体也，故不散。不散则常然不变矣。

按苏氏何以知灵魂为单纯体，未明言之。

五、灵魂成圣

灵魂与身体合，则灵魂为主，身体为奴，身体无时不听灵魂指挥；然则何者成圣？尽人皆知灵魂成圣也。

按苏氏此说，盖从其宗教思想得来。希腊古代，宗教思想甚深；世间一切，皆有神焉以统御之。神主也，人类奴也。神成圣也，而为主，则凡为主者皆成圣矣。灵魂为身体之主，故灵魂亦成圣。然此中有疑窦焉：神成圣，而为宇宙之主，然为主者未必皆成圣也；灵魂虽为身体之主，似尚未得遽谓其成圣也。

苏氏所举灵魂之性质有七，其四已有专辞以证明之，所余三项，虽未见有证明之辞，但吾人可以逆知之矣。夫灵魂之不见，固不待言而喻。所谓灵魂一贯，似亦易见，盖灵魂既能不变，不散，而且长生（此三项已有证明），自能始终一致。灵魂既为身体之主，且亦成圣，其为智慧也明矣。

总之，以苏氏之言推测之，灵魂似为一种实物（entity），与身体相抵抗者也。身体发达，则灵魂受累，而失其明。欲灵魂之常明不昧，必自苦其身，使其枯槁无欲，然后灵魂无所蔽，而无时不明。苏氏谓灵魂之视察外物，其精确过于身体上之五官。如此说法，似宜以灵魂为理性之能力（reasoning power）。盖五官不免时有错误，必待理性思虑判断，然后是非真伪之标准乃定。若是，则理性不过将感官所得来之事物，加以整理评判；断不能舍外界之事物，而凭空臆造也。今如苏氏之言，必令身体枯槁而灵魂乃明，其谓身体死亡，然后灵魂乃大自由，而尽其能事。殊不知身体枯槁，则五官将失其明辨省察之本能，尚能供灵魂以思虑评判之材料乎？且身体既死，灵魂何所寄托？

古希腊学者与今世科学文明

欧洲文化之大源有三：曰希腊之哲学，曰希伯来之宗教，曰罗马之法律。三者合一而成今日文化，其间虽不无冲突，然卒能相容相剂，以呈若是之壮观。今试分析观之，其渊源脉络固甚了然。今日之科学，实以希腊之哲学为之胚胎；今日之法治精神，实以罗马之法律为之嚆矢；而社会秩序之所赖以维持，人心之所仗以羁束，则希伯来之宗教实居其功，此固无可容讳者也。顾三者之中，其最足以制天行，利人事，而邀富强之效者，厥唯科学，故科学乃今日文明之最大要素，其他皆为所掩，莫能与之争矣。此固吾国学者之所共见明知，无待鄙人尔见缕。然彼辈之考科学之所由兴，而溯其源也，皆断自文艺复兴、思想解放之后，以为盖里利坞（Galileo）、凯扑勒尔（Kepler）、叩潘尼卡（Copernicus）辈，对于天体观念之革命，实开科学之端，培根（Francis Bacon）之倡归纳，重知识，实辟科学之径，而授之具；殊不知科学之源深远，以谓始于文艺复兴之后，是犹谈中国文化而不上追孔墨老庄，而断自唐之韩愈者，可乎？不可乎？然则欲知欧洲科学之源，非于希腊哲学中求之，盖不可得也已。

夫哲学为诸学之母，众所共认者也。文化幼稚之世，学问未能分科立门如今日者，举凡官之所接，心之所思，悉由哲学一门治之。而哲学之蜕化与进展，其所系于文化发达之趋向者至巨。今日欧洲文化，非所谓以科学胜者耶？顾其间有所以然之故在，治思想史者所不可不察者也。

欲言其故，必先略及希腊哲学发生与转向之形迹。夫哲学始于疑（philosophy begins with doubt），自人类之有感官、心灵，辄不免与外物接，有接于外，则疑生于内，自然之势也。希腊之先民，其文明未大进，凡所以为生事者极啬，而所受于天地山川之威慑者至深，所被于风雨雷电之压迫者复烈，凡一举目一倾耳间，皆有以动其心，而起其虑兴其疑者焉。唯其如此，辄对宇宙生无穷之推测——于其来源归宿，前因后果，匪不究极，而作种种解释。斯即彼辈之宇宙观矣。顾其为思也极谫，而其用思之术也至陋，于是后起之辈，遂于前人之所宣示启发者遍加疑虑，以其人持一说，各是其所是，而非其所非，各然其所然，而不然其所不然，舍眩目，塞耳，乱心之外，别无所补，而其理究为何若，则又莫之能言也。

由是而反动之思想生焉，此等思想之专名曰辩术（sophistry），其人曰辩士（the sophists）。辩士之言曰："人者一切之权衡也。"（Man is the measure of all things.）凡人之所是者是，所非者非，所善者善，所恶者恶，而众人之间，此一心，彼一心，此心未必合于彼心，于是彼此之所是非善恶者，往往南辕而北辙。然则此亦一是非，彼亦一是非，是无是非也。既无是非，焉有知识？无知识则人复返于禽兽，而天下且大乱。

于是有卫道先生者起，是为苏格拉底氏。氏见辩士辈之乱是非，泯善恶，而毁知识也，辄大不慊之，因出而与之争曰：前人误矣，其用思于宇宙万物间，是舍近取远，去易就难之为耳。彼尚未知此身，焉能知身外之物？孰如舍诸物而返诸身，于立身行己，待人接物之间，下一番工夫，庶几实事求是，俾获小补于兹？公等又误矣，夫四肢五官之所接者固无常——温于此者或寒于彼，红于甲者或绿于乙——其超乎感官肢体之上者，独无有常者乎？尔之所是非善恶者或非真是非善恶，顾天下独无真是非善恶其物者乎？

苏氏既不屑于辩士辈之毁知识，而复无取于前贤之求知于自然界，以为前者武断，后者骛远，皆非为学之正法也。苏氏遂另辟一径，由宇宙万物之迂远返于身心之切迩；是为希腊哲学之第一转向。考氏之为学，以人事为对象，以名学为方法；用归纳手段求人事界之普遍概念——如勇敢（courage）、节制（temperance）、智慧（wisdom）、公义（justice）等是矣。其所以如是之为者，于消极方面，其故有二：（一）以见斯世固有普遍、有常之知识，俾挽推翻知识之狂澜，而辟辩士辈之邪说。（二）以示努力于自然界之结果，不过人持一说，莫衷一是之空虚理论，于人事界则努力之效，可得普遍、可久之行为规则；藉救前人空疏之弊，而补其所不及。其于积极方面之用心，盖欲为学问奠坚固不拔之基，固无待言也已。

窃以苏氏之凡事必求普遍概念，凡物必立准确界说，乃治学之先决条件，所谓为学问奠坚固不拔之基者，此也。有氏之遗训在前，后世之攻科学者，始知先事于事物概念之确定，名词界说之准立，俾免指斯物而实非斯物，言此事而实非此事；如是则科学上之根本是非定，然后可求深造，而收发达昌明之效。夫苏氏治学方法之影响科学，但于今日学校所用之课本可以见之。课本不论物理、化学、生物、地质，其开宗明义必为其学之定义，与夫斯学对象之区划，其中基本概念之说明，所用名词之界说等；凡此皆苏氏当日之所尝为，所不同者，特精粗、疏密、详不详之间耳。

以上为苏氏治学方法之影响于今日科学处，至其为学之精神，实有以决定欧西学术思想之趋向，且亦吾国所未曾见者也。其为学之精神何？曰知行合一是已。氏之知行合一，非王阳明之所谓知行合一，乃寓行于知之谓也。何以云乎寓行于知？氏有公式曰："知验德"（knowledge = virtue）——知即是德，德即是知。"知验德"又何谓也？夫德者得也，有得于心而见于外之谓也。对于某种行为之意义既明，其适当之标准先具于心，然后所发于外，所施于实际之动作者乃洽。前者知之事，后者行之事。使徒行而无知，则所行不足以为德，易辞言之，不合于最宜之标准是已。知，则必可行，则所施于外者必当，以其对于某种行为之四方八面，皆已察之详而知之审，斯无往而不利也。使徒知而无行，则知之用无以见，而所知辄有空虚迂远之弊。顾氏"知验德"之公例虽可互指（reversible）——以云知等于德可，复谓德等于知亦可 ——然其所重在知，以为有知则德之问题自解。世之行不韪者，何尝自认其所行之不韪？察其心亦以是为至宜至韪，而非如是行之则不可也；其所以误之者，以其无知，抑其知未深，致以不韪为韪，不宜为宜，而遂陷于邪僻耳。使其有知，抑知之既深，则凡其所是非善恶，悉合于世之真是非，真善恶，复何患乎其不举措咸宜，张主毕当？

　　苏氏知行合一之说既如上述，至于阳明之所谓知行合一则何如？二者之异同，可得而论焉。夫苏氏求知，阳明亦求知；苏氏之知限于人事，阳明之知亦限于人事；是其相同者也。至于求知之方向，则适相反，盖苏氏之求知也向外，而阳明之求知也向内。何以云乎苏氏之求知也向外？遍观众事，即异求同，立为公例，创为概念，是已。其所求之知虽限于人事，然此之人事，皆已见诸人类之行为，社会之事实，故曰在外。例如求勇之概念，必遍察天下古今凡百勇敢之行，撮其最普遍之特质，定为勇之概念。是以概念之为物，以内心排比综合之能力，抽外界事物共同之性而成者也。苟无外物，则是排比综合之力且无所施其用，遑论知识之成立？至若阳明之求知向内，又何谓也？曰，自问此心，反求是意，心若意皆具于我，无有于外，故曰内也。阳明之知，限于人事固矣，而实又限于此心此意，故尽求知之能事，止于正心诚意而已。何以云乎心若意？是非善恶之标准是已；正心诚意，确定是非善恶之标准之谓也。此等标准，自我定之，而非出于外铄。然则苏氏之是非善恶标准，成于外者也；阳明之是非善恶标准，成于内者也。此其不同处一也。惟苏氏之求知也向外，故其所由途术，曰观察，曰分析，曰综合，曰归纳，曰演绎；总之，名学之手段是已。惟阳明之求知也向内，故其所趣之途，舍体认、玄证、顿悟之外无他。一趋理智（intellect）之途，一取直观（intuition）之径；此其不同处二也。至于知之内容，亦复不一——苏氏之知，智慧也；阳明之知，涵养也。此其不同处三也。

夫向内而求知，非自阳明始也，是乃吾国圣贤之传统精神，自孔子以来莫不如是。中间唯朱熹氏稍重外界之知，故有即物穷理之论。其所补大学之第五章曰：

> 所谓致知在格物者，言欲致吾之知，在即物而穷其理也。盖人心之灵，莫不有知，而天下之物，莫不有理；惟其于理有未穷，故其知有未尽也。是以大学始教，必使学者即凡天下之物，莫不因其所已知之理而益穷之，以求至乎其极。至于用力之久，而一旦豁然贯通焉；则众物之表里精粗无不到，而吾心之全体大用无不明矣。

观于此言，似与苏格拉底之意差相近矣。其所谓人心之灵之知，吾心"知之才"（用墨子语，即西文所谓 knowing capacity）也；天下之物之理，凡百事物之特性（essential elements）也。即物穷理之事，操我"知之才"，以知凡百事物，是犹以理智攻宇宙之秘之谓；此其事与苏氏之就众物而求其概念，何以异乎？且苏氏之以恶根归咎于无知，抑知而未深，正与朱氏所谓"于理有未穷，故其知有未尽"相发明。

至若所谓"用力之久，而一旦豁然贯通，则众物之表里精粗无不到，而吾心之全体大用无不明"者，则苏氏知既深，见既灼后之事，即上文所谓"于某种行为之四方八面察之详而知之审，斯无往而不利"之境矣。虽然，朱氏虽务致知，而确守先圣述而不作之训，故其毕生事业，止于注经解经；虽重外界之知，而未尝以自然界之事物为其求知之对象，故其成绩止于发扬表彰先圣之陈言遗训。使朱氏当日移其求知之精神、致知之工夫于自然界，则吾国之科学或因朱氏而兴，未可知也。

夫一二先知先觉之思想，其影响于其族之文化者良深，惟苏氏之求知也向外，故后来欧洲文化辄趋理智之途，而思想遂以发达，科学因而昌明。此愚所以谓其根本精神决定欧洲文化之趋向也。惟吾国圣贤之求知也向内，故其事止于正心诚意，理智莫从发达，而吾族之思想涸，科学无有。且吾先民以为意诚心正，便已身修，身修便能齐家，治国，平天下；此其事于二千年前固若是矣，于今之世则殊未然。不云今日治国平天下之有待于科学也，即齐家亦非科学不为功。何则？齐家之事，固莫急于饮食起居；饮食起居，养生之事也，今夫养生之理，即出于科学者矣。故曰，由古之道，以制今之时，无有不败者也。即今而欲立国于大地上，而不知开拓理智，是犹欲饱而不进食也。然则吾族今后不图复兴则已，使犹图也，舍开拓理智无他术矣。

曩言苏氏不屑于破坏知识者之论，以为斯世固有普遍、不易之真理，此其是处也。至若以自然界知识为无可求，以其不切实用而不必求，斯误矣，斯虑短而见肤矣。柏拉图为补其师之不及，辄本其精神，用其方法，而推广其范围，举凡宇宙万物，悉取以为研究之对象，不专限于人事。氏有所谓意典论（doctrine of idea）者，以谓世间之形形色色，非宇宙之真际也，是特副本之伦耳，更有正本焉，为副本之所本而成形。正本为何？意典是已。意典为本体，为真如；万物为现象，为幻相。意典之为德也，恒久，有常，至全至备，独立自在；万物则暂矣，变矣，有亏缺矣，常依意典而获存矣。综柏氏之说，其大要如此，顾其于人类思想之贡献，果安在耶？夫人类之求知识，至能于变动不居之现象中，求其普遍不易之原则，斯为一大进境。何则？知识非他，人类对于宇宙现象之纪录也。其初也，目睹形形色色，矍然畏之，莫之奈何也；稍进而求所以把捉之，顾仍东鳞西爪，止于个人之经验；更进则知排比会通，而撮其固定不易之理。夫如是之为者，亦欲以便传递，冀能有补于人事，而众共蒙其利耳。顾凡所以传递之物，非不变有常则不可，而宇宙现象，恒变无常者也；是以人类自有知识以来，所孜孜矻矻者，亦唯于恒变无常之中，求其不变有常者已。今者科学之使命，即在斯矣。夫科学之事非他，稽考众事，立为公例（law）而已；其威权所在，亦正缘其能操此公例以制殊境，测未来耳。柏氏盖深知此理，故于森罗万象中求普遍不易之意典——是乃动中求静，变中求常，暂中求久，众中求一，散中求总，是乃科学家之所有事。其所谓意典，实即后世科学公例之胚胎嚆矢；其以意典衡量众事，又与科学家之操其公例以制殊境，测未来者，差相近矣。法之大哲柏格森（Bergson）氏，即以意典论之成立为后世科学之所自出；兹引其言，以资参证：

夫以不变之观念（即意典）视为变化不居之实体之根底，则物理学、宇宙学、神学率由兹而起。（张东荪译《创化论》，商务印书馆本，下册第三三二页）

虽然，柏氏之成就，尚在理想主义，故虽扩大研究范围，其终不过形上学（metaphysics）基础之确立，科学未遽兴也。何则？以其侧重普遍之意典，而轻特殊之事物，间一及之，亦不过偶举以资意典之参证比较，其意不在即物而穷理也。夫科学之事，必自特殊之事物始；即物穷理之功备，然后就众理之中，求其共通之点，以成公例；公例既成，辄操之以测未来，制殊境，无往而不利。易辞言之，其初也必一一从事于殊事，是为观察工夫；观察之为用，在于汇集一切事实，然后将此事实，用归纳之法立为公例；公例既立，然后更将此公例，用演绎之法以驾驭自然，斯其用大宏。凡此种种步骤，固非预立意典，高悬理想，以使具体事物趋之，就之，模仿之，分得（to participate）之者比。是以亚里士多德辄不满于此，以为共理（universal）不能超殊事（particular）而特立，意典不能离实物而自在，于是一改其师之说，故思想又转一向——乃由形上一推而达于形下，从意典一转而返于实物，自此科学兴焉。科学之兴，于思想方面为扩充，于学术方面为具体化，是为希腊哲学之第二转向。不有柏氏之打破苏氏伦理范围，而重辟形上之界，则形下之研究或且莫能为之始，蔑以开其端，何则？无其过渡焉故也。由是观之，柏氏学说，乃希腊哲学第二转向之枢纽，故曰，氏乃介于苏亚二公间之人物也。

亚氏因不满于其师共理超殊事而独立之说，遂别标一义曰："共理寓于殊事之中"（universal in the particular）。就殊事中取其相通者，是为共理，然共理不能离殊事而特立，不能脱殊事而别有所用。惟氏以殊事与共理并重，故其为学也，先从考察特殊、个别之事物入手，知一事算一事，得一物算一物，是为即物穷理之功；所知之事既多，所得之物既众，然后就此众事众物中，取其相同之点，立为共理；共理既立，复为之分门别类，而科学遂兴。故共理者，在亚氏乃各科学之基本原理，非若柏氏意典之玄之又玄者也。

亚氏匪特标共理寓于殊事之说，以促科学之产生，以定后世为学之趋向，且创为精密之方法，其名学是已。氏之名学，范围欧洲之思想者至深，直至十六世纪与十七世纪之交，培根氏出而攻之，别树归纳之帜，而其学之威权始杀。其实培根之归纳，并非其所创获，此法苏格拉底早已用之，亚氏特为扩充而成其所谓演绎之名学耳。夫演绎何尝不包归纳？斯法之基本原素，所谓三段论法者，其大前提即成于归纳者矣。如"人皆有死，孔子人也，故孔子有死"，试问人皆有死之事实非以归纳得之而何以？不有此事实，则是推论者何由而推，孔子有死之断语奚从而下？演绎包归纳矣，顾归纳亦包演绎也。何以言之？夫归纳云者，稽考众事，立为法则之谓也。例如欲立"人皆有死"之法则，必先考察个别之人，以视其有死与否。虽然，天下五洲不能遍察也，中国之人有死，焉知巴西、墨西哥之人亦必有死？古今万世无从悉考也，古人死矣，今人亦死，来世之人，将奚所凭而谛其有死耶？曰，亦唯赖列举例证（enumeration of instances）之功耳。所举之例愈众，则人皆有死之事实愈益可信。例证之数至于相当程度，然后可为言曰：凡我所见之人皆有死，而所见至于此数，然则其他我所未曾见者，唯其为人也，我固可据所已见者以决其亦必有死矣。于是"人皆有死"之公例以立，而其立也以演绎，何则？据所已见以决所未见，非演绎而何？由是可知归纳演绎二法，相辅而相成者也；二者皆科学之正法，欲倡科学，固无取于抑后者而伸前者。顾培根之倡科学，乃攻亚氏之演绎，何也？曰，彼之所攻，非演绎，亦非亚氏之演绎，乃中世纪神学者心目中亚氏之演绎。夫演绎本为寻求科学公例之利器，而神学者辄利用之以为证明上帝之工具，影响所及，宗教之威权禁锢人类之自由思想，而科学之流涸，是以培根起而反对之耳。不然，演绎何罪？亚氏之演绎又何罪？然则以云培根之攻亚氏，正所以成亚氏之志，正所以拨其死灰垂冷之精神，可也。何以言之？夫亚氏之志在于科学，其精神在于求知，中世纪学者独以宗教代科学，信仰代求知之精神；培根攻其所利用之亚氏名学，适足以坏其屏障而毁其根荄，使科学得屈而复伸，求知之精神死而复活，是直亚氏之功臣也，厥功奚可少哉，奚可少哉！

亚氏匪宁于哲学上之主张有以促科学之兴，于方法上之发明有以助科学之长，其攻究科学之成绩，亦大有可观，真所谓前迈古人，后开来者。著书甚多，大别可分三类：曰文学，曰自然科学，曰社会科学。凡此诸学，有一贯之方法焉，曰名学。最终以形上学统一切，而其系统遂备。姑毋论其他诸学，独自然科学一门，所著已达三种：曰物理，曰生物，曰心理。其中所发明，尚有至今不变之真理；例如以将指交于无名指之上，则于交指之间所触之物，虽一犹双——此一试验，今日心理学试验室中犹缘用之。至若所分门类，所创名词，往往有后世所莫能逃其范围者。且今日学校所用科学课本，其首章之叙其学之历史也，何一不上溯于亚氏，而推为鼻祖焉？然则其大有造于欧洲之科学界，于兹得其实证矣。

顾希腊哲学，至亚氏而臻极盛之境，其所取之途径皆已历尽，其所趣之目俱已达到，而所贡献于世界之文化者已彰，此后学院（the academy）中辈起之学者，大抵皆述而不作。迨中世纪以神权加于一切之上，更无思想可言。独文艺复兴之后，希腊之学术失而复全，其精神死而复活，自是遂为后世之圭臬，其书至今传诵不衰，欧洲之中学校且以柏亚二氏之作为必修之课程，盖不独其书有文学价值，可垂万世而不朽，即其所训，实欧洲数千年来学术思想之所系焉。呜呼，盛矣！

兹为求明了故，更将曩之所论约为大要如下：希腊哲学之影响于后世科学，可分两方面言之：（一）直接方面，（二）间接方面。

直接方面有苏格拉底与亚里士多德二公之造就：（甲）苏氏重知之精神有以使理智发达，理智发达，科学以昌；求概念之方法有以使后世攻科学者知确定对象之含义，严立名词之界说——是为科学初步工夫。（乙）亚氏共理寓于殊事之主张实开科学之路；其名学乃科学之正当方法；其分类与立名为后世之嚆矢沿革；其所探讨发明往往成不变之事实，不易之真理。至于间接方面，则有柏拉图之打破伦理范围而入形上之域，是乃返于形下而攻科学之准备。其于变动不居之事物中，求普遍不易之意典，是为人类知识一大进境；且其所谓意典，抑亦科学公例之胚胎焉。

希腊思想
——希腊的自然哲学与近代的自然科学

西洋文化有三个来源：一是希腊的哲学，二是犹太的宗教，三是罗马的法律——这三方面融合而演成近代的西洋文明。虽然三者彼此之间不无冲突，却能相剂相容，而成今日光明灿烂的结果。稍为分析一下，其间的渊源络脉是很分明的。西洋的自然科学是由希腊的自然哲学来的，西洋的法治精神是由罗马的法律来的，西洋社会上维持世道人心的是犹太人的宗教。然而学术、政治、社会三方面的共同利器，却是自然科学。自然科学能够宰制自然，便利人事，而收富强的效果，所以自然科学是今日西洋文明的最大要素，别的方面却被它遮掩了。关于这一层，我们大概都知道。可是我们考究西洋自然科学的起源，往往从再生（Renaissance，又译为文艺复兴）时期、欧洲思想脱离中古的黑暗以后说起，以为盖里利坞（Galelio）、凯朴勒尔（Kepler）、叩潘尼卡（Copernicus）这班人在天文上的革命算是近代自然科学的起点，培根（Francis Bacon）提倡归纳法，特重自然界的知识，算是替自然科学开门径、造工具。其实西洋自然科学的源流甚远，说它始于再生时期，便如谈中国文化，不提先秦的孔、墨、老、庄，而从唐宋诸儒说起，岂不可笑？可见西洋近代自然科学的根源，非在古希腊的自然哲学中求之不可。

哲学是一切学问之母，起先只有哲学，一切都归哲学研究。这是因为最初的要求是笼统的，就是"求知"两个字。后来越求越感觉所求的繁杂，为方便起见，不得不分门别类，学之分科而成科学，即始于此。研究愈精密，分科愈多，渐成今日科学林立的局面。然而各科学所研究的只是宇宙局部的现象，其所得也是部分的知识。人类之求知，却有求知全体的要求，因此今日有科学统一（integration of sciences）的运动，想把现阶段各科学所得的结果汇合起来，对于宇宙作一完整的看法。这是现代哲学的工作。于是我们可以说：起初只有哲学，后来因研究得精细，分科而成科学；分科愈多，所得知识愈限于局部，愈不能见到全体。在此情形之下，随时都有哲学产生。自从科学分立以后，任何时期的哲学，都是综合当时科学的结果，对于宇宙全体作完整的看法。科学因时代而进步，哲学亦随科学的进步而变迁，亦即人类对于宇宙全体的看法随科学的进步而转移。所以，要明白一时代哲学的趋势，必须知道那时代科学的情形。根据同样理由，希腊初期哲学既是后世自然科学未分立以前的自然哲学，自然科学既是由希腊的自然哲学蜕化出来的，那么，要明白近代自然科学的情形，就得了解希腊自然哲学的潮流。

人类生于自然环境之中，与自然界接触，自然界的东西，如天、地、山、川、风、雨、雷、电等，对于他们，一方面加以生活上的压迫，另一方面引起他们的好奇心。他们因受压迫而惊，因好奇而疑，这两种心理便是知识的导火线。希腊的先民起初解决惊与疑的方法是神话的宗教。他们能力薄弱，受自然界的压迫与眩惑，无法奈它何，就想请出若干超自然的神，来抵制自然；并且他们因缺乏探讨的经验，便图简捷的手段，像行魔术似的，来解决他们的问题。况且他们惊与疑的心理，虽是同时产生，然而因生活上压迫的急切，毕竟惊多于疑，所以需要一种能够镇压自然界之淫威的神，他们惊慌的心理也藉此稍得安慰。这是古希腊神话的宗教之所以产生的原因。他们神话的宗教是多神的，也是拟人的（anthropomorphic）。

什么叫作拟人？就是以为神同人一样，有家庭、社会、国家的组织，所以也有君臣、父子、夫妇、兄弟、朋友的关系；有感情上的喜、怒、哀、乐、爱、恶、欲，所以也有酬应赏罚。——总而言之，人的美德，神也尽有，人的丑态，神也毕具，只是神的力量远过于人，甚至自然界的一切，都是他们所创造的，也是他们所管理的。拟人的观念是初民时代最普遍的，所以希腊有一位哲学家说，假如牛马会有宗教，它们心目中的上帝一定也是一只牛、一匹马。这种观念固是出于坐井观天的小见，然而因此又能看出当时人类的另一心理：他们受自然界的压迫，自己莫可奈何，恨不得把另一批比自己力量大得多的人，即他们所想象的神，抬出来和自然抵抗一下。——不但能抵抗，自然界的一切简直就是他们所创所管，只要把他们敷衍得好，自然的淫威便有他们去镇压，自己不必再操心了。

然而这种宗教，虽然能够安慰惊恐之念于一时，却不能满足好奇之心于永久。况且拟人的神，卑污恶浊既与人等，再加以无上的权威，其对于人类感情上的压迫，并不亚于自然界中不如人意的事，那么，因要抵制自然的淫威，倒换来神权的淫威，岂不是以暴易暴？于是希腊先民得到一个新的觉悟，就是：要抵制自然界的压迫，不能在自然以外想办法，必须认识自然本身，在它的范围以内，求其压迫的原因，然后执因以驭果，人的力量才能奏效。这就是后来培根的"人类知识与权力合一"（human knowledge and human power meet in one）的看法，也是他所谓"服从自然以驾驭自然"（nature is to be controlled by being obeyed）之精神的开端。在这种新觉悟的看法与精神之下，便产生了希腊的自然哲学。由神话的宗教进到自然哲学，是西洋文化的一个转向，从那时起直到今日，总在一个路径上发展。这个路径是什么？就是理智。所以希腊自然哲学的诞生，算是西洋人开始用他们的理智，在自然界里做发掘的工作。下面请看他们发掘的成绩如何。

希腊哲学的寿命，从公元前六二五年起，到公元四七六年止，历时约一千一百年。兴盛时期不过三百年，衰落时期却占了八百年。所谓兴盛时期，是从萨类士诞生起，到亚里士多德去世止，即公元前六二五年至前四七六年之间。这三百年中，哲人辈起，各派思想层出迭兴，其影响于西洋后世文明者极大。而三百年之中，大致可分三个时期：（一）从公元前六二五年到前四八〇年，是探讨自然的时期；（二）从公元前四八〇年到前三九九年，是研究人事的时期；（三）从公元前三九九年到前三二二年，是建立系统的时期。本篇即就此三期中的第一期，述其思想的大势，藉以指出其对于自然界的研究之影响于近代自然科学者如何。

第一期的特点在于发现外界而探讨外界，所以这一期的哲学叫作自然哲学。第二期的特点在于发现了人而讲求人事，所以这一期的哲学叫作人事哲学。第三期的特点在于发现人与自然的关系，自然与人事的研究双管齐下，并且较前更加周全，更加精密，而成无所不包的系统。古代人事简易，对付自然却繁难得多，所以希腊先民首先用其心思于自然方面；并且人的五官四体天生是向外活动的，因此发现外界比较早些。心官的作用发达较迟，所以自觉的能力是后起的。有了自觉的能力，才知道有"我"，渐由一己之"我"扩充到同类之"我"；有了同类之"我"，才会讲求人事。"我"的观念产生，然后知道"我"与物对，主观与客观才能分得出来。能够分别主观客观，才会回头检查自己的知识，看看是否与外界的真实情形相符。主观客观之分，算是理智作用的过程上一个大进步。经过这一关，才能有真正的哲学与确实的科学。希腊第三期的哲学，是经过了这一关以后的成绩，所以有那样周全而精密的系统，成为西洋哲学史上最伟大的时期。

希腊哲学各期的特点，已经大致说过了，现在专讲第一期的思想潮流。本期的思想是自然哲学，其中派别最多，希腊哲学的规模，在这一期里全已具其端倪。这一期的派别有：（一）米雷托斯派，（二）皮萨哥拉士派，（三）埃类亚派，（四）海拉克类托士派，（五）恩魄铎克类士派，（六）原子派，（七）昂那克萨哥拉士派。然而派别虽多，却有一个共同的问题，就是：宇宙的森罗万象，究竟其来奚自，其往何归？这便是本体的问题。人类理智的作用有个特别的倾向，就是不安于现象，要直追现象背后的本体；换句话说，就是不满于幻、变、杂、散，而想求其真、常、纯、总。这种要求，所走的路径总是由具体而抽象，由感觉而超感觉。如此，便替后来的自然科学指出了方向：自然科学也是要拨开幻、变、杂、散的现象，而探其真、常、纯、总的本体。自然科学家把物质逐步分析到最后的电子，电子即是他们心目中宇宙万物的本体，也是抽象的、超感觉的。自然科学的成绩在于求得各种现象的公例，公例便是真的、常的、纯的、总的；公例是因，那些幻、变、杂、散的现象是果，执因以驭果，是人类所以宰制自然的手段。

自然哲学第一派的代表人物有三位，就是：萨类士（Thales）、安那克秦满都洛士（Anaximander）、安那克秦门馁士（Anaximenes）。他们都是米雷托斯（Miletus）人，所以称为米雷托斯派。第二派的领袖是皮萨哥拉士（Pythagoras）。第三派的创始人是克任诺放馁士（Xenophanes），继承人是怕儿门尼底士（Parmenides）；后者是埃类亚（Elea）人，在本地方成立了学派，所以叫作埃类亚派。第四派的创始人是海拉克类托士（Heracleitus）。第五派的创始人是恩魄铎克类士（Empedocles）。第六派的创始人是黎务檄魄士（Leucippus），宣扬者是第莫克力托士（Democritus）。第七派的创始人是昂那克萨哥拉士（Anaxagoras）。

第一派所主张的宇宙万物的本体：萨类士说是水，安那克秦满都洛士说是无定性的物质（indeterminate matter），安那克秦门馁士说是气。他们各自认为他们个人所发现的本体是宇宙万物的来源与归宿。他们的本体，由现在看起来，当然可笑得很，例如水与气，都是有固定性质的特殊物质，那能成为一切性质无所不有的万物的来源？以无定性的物质为本体，理论上比较讲得通。然而他们的贡献不在所提的本体是什么，倒在他们思想的方向：（一）他们算是首先在自然界中求万物的来源，脱离了神造的看法，而开始有真正的因果观念。（二）他们指定了理智活动的对象——自然界。西洋人的理智总是用在自然界上，所以才有自然科学，而自然科学是由他们所开创的自然哲学蜕化出来的。（三）安那克秦满都洛士认为无定性的物质本身会起一种分化的作用，而逐渐演成宇宙万物。在这一点上有两个意义：第一是见到了自然演化的趋势，这是后来进化论的先声；第二是首先知道物质有内在的力量，这是自然科学上一个空前的发现。（四）安那克秦门馁士认为他的本体——气——也有一种分化的作用，就是：稀散与凝聚。由于稀散与凝聚而演成形形色色的万物。气是一律的（homogeneous），其中的分别只在量上的稀与密、散与聚。这等于说，量（quantity）上的分别造成性（quality）上的不同，性的变化随量的变化而起。这一点开了后来自然科学上量决定性（quantity determines quality）的看法：自然科学认为万物由原子构成，原子里面的电子是一样的，所不同者，大小与多寡，及其排列的地位与方式而已。

前面提过，人类理智的发展是由具体到抽象，由感觉而超感觉。因此，哲学家们拨开现象而求本体，其进步与否，便可根据这个标准测量。萨类士的本体——水——最不抽象，安那克秦门馁士的气也差不多，只有安那克秦满都洛士的无定性之物质是比较抽象些。

然而他们三位的本体都是物质，物质毕竟不是抽象的。现在且看第二派——皮萨哥拉士派——的本体如何。这一派的本体是数。他们以为：宇宙万物，其形形色色的性质，都可以用理智上抽象的办法抽去，唯有数目抽不掉。一物可以想象其为非红、非绿、不方、不圆……却不能想象它不是一件，因为数目是普遍的，性质不是普遍的——红、绿、方、圆……不是物物尽有，数目却是任何一物所不能无的。他们这种主张有两个意义：（一）见到条理是宇宙万物的基本条件，因为数是条理的一种。（二）数不但是普遍的，而且是统一的——性质有各式各样的不同，其种类甚多；数没有这样的，那样的，只有一种。因此，他们算是发现了宇宙万物有普遍的、统一的条理。后世自然科学所从事的，就是寻求这种条理，它们叫作公例。皮萨哥拉士派可谓开求公例的风气之先。

米雷托斯派的本体是具体的，因为那种本体性与量都有。皮萨哥拉士派的本体——数——算是比较抽象了，因为已经把性抽去。然而抽去性以后，仍旧还有量，因为数是表示量的。于是继起的埃类亚派便进一步把量也抽去，量抽去以后，他们的本体可谓完全抽象的了。性与量全抽去以后的本体，他们叫作"有"（being）。他们认为：万物不但可以想象为没有性质，还可以想象为没有数目。没有性质的东西，固然不能说它是什么，然而还能指出它是哪一个，因为它们还有数目在，有数目就能分出彼此来。如果把数也去掉，那就无从分别彼此了。不分彼此的、什么也不是的，只是一个"有"——这就是他们的本体。这种本体是独一无二的，因为"有"只是有，不是这个有、那个有、这样的有、那样的有。他们这种本体，在哲学上叫作一元的本体；而且是真正的一元，因为只有像"有"那样普遍，才算绝对，绝对，才能一元。米雷托斯派的水、气与无定性的物质，表面上虽然也是一元的，可是水与气等不但不普遍，还是性量兼包的特殊物质，如何能为万物的唯一之元？皮萨哥拉士派的数，比那兼包性量的物质确是普遍多了，然而数量仍是物质方面的条件之一，精神方面绝无数量可言。所以必须像埃类亚派那样把数量也抽掉以后的"有"，才算最普遍的：物质方面的形形色色、多多少少，都可以去掉，最后必须留下一个"有"；精神方面也一样，也是一切抽去以后，最后不能无"有"。这"有"既是物质与精神的一切现象去掉以后所不能无的，所以算是物质与精神的最后的底子（substratum），物质和精神上的种种现象都是托附于它之上，那些现象是幻的、变的、杂的、散的，它是真的、常的、纯的、总的。此派的本体观大致如此，至于它在自然科学的产生与发展上的意义，约有以下几点：（一）此派的本体纯是用理智上抽象的办法得来，这种办法充分表现了理智上抽象的能力。他们并且也明白指出了理性与感官的分别。理性与感官的分别，在自然科学的产生与发展上，其意义甚大：自然科学把感官上所得的材料，加以理性的分析与整理，绌绎而成公例；理性感官有了分别，才能见到二者所长所短，彼此可以随时纠正。并且充分知道了理智的能力，对于感官所接的宇宙森罗万象，才会自信有把握，在自然科学家的心目中，宇宙没有什么不可开发的秘密，只要拿起理智的利器，便能永远向前，没有打不通的路子。（二）此派的本体，是理智上求总的莫大成绩，求总而归于一，算是最后一步。因此，这一派对于后来的自然科学，不但开了求总的路，并且指出目的地来：各门自然科学之求公例，是分别求它们范围以内的总，它们还可以统一起来（integrated），求其最后之总，而成科学的哲学。（三）此派的本体既是物质与精神的最后的底子，除了真、纯、总之外，又是常的，常者永远不变，就是不生不灭、无成无毁的意思。后来的自然科学得了这个暗示，便把"不灭无毁"的概念应用在纯物质方面，而成物质永保的理论（theory of the conservation of matter）。

埃类亚派指出理性与感官的分别，专用理智上抽象的作用，求宇宙万物的本体，结果得到静而不变的"有"。与此派同时的海拉克类托士，也承认理性与感官之别，也用理智去拨开宇宙万物的现象，而求其本体，结果得到动而变的"火"。这两派同是走理智的路，不信感官，专靠理性，而结论恰恰相反：埃派主张本体原是静而不变，那些变动不居的现象是感官上的幻觉；海氏主张本体原是变动不居，静而不变的现象是感官上的幻觉。海氏所认为本体的"火"，是指那燃烧时的火焰。火焰只显得动，无时无刻是静止的，并且燃料与火焰与既燃之气，其间的递换和转移，找不出衔接的界限来，这是最能代表变的。本体既是动而变的，由此所演成的宇宙万物，本质上当然也是动而变的，我们所见静止的情形，只是表现于感官上的现象，并非真实。至于万物表现于感官上的现象，所以会显得不变，是因为在变的过程中，起伏往来之间成一种互相抵消的情形。其实这种抵消的现象，也不过在大宇长宙中某一段上表现，如果统其全而观之，变的情形就看得出。感官因受时间空间的限制，只能见到一段，不能见到整个过程，所以才觉得有静止的现象。理性不受时空的限制，才能见到整个过程，在整个过程中，变的事实就明显了。海氏的本体观大略如此。我们进一步检查，便觉得他以"火"为本体，在理智发展的程序上，似乎反而退步了，因为"火"是具体的物质，在他以前的皮萨哥拉士派，与他同时的埃类亚派，他们的本体已经都是抽象的，他反而以具体的东西为本体，岂不是开倒车么？然而仔细推敲一下，便知道他以"火"为本体，着重在说明宇宙万物的过程（process），倒不大注重宇宙万物的底质（substratum），因此我们可以说，他提出"火"为本体，并不是很认真地替宇宙万物求底质，他的目的却在说明宇宙万物的结构（structure），不过用"火"的概念做一种符号，表示宇宙万物不是死的架子，乃是活的过程。而且"火"这东西，严格说起来，不能算是一种物质，只是物质上的变化，用现代化学上的名词，叫作氧化（oxidation），即物质与氧化合的作用。所以他提出"火"以后，不仅仅于描写它的性质，只拈出一个"变"的概念，在这概念上发挥得极其详尽——这就可以见得他的意思并不注重"火"的本质，倒注重"火"所代表的"变"的过程。在"变"的过程方面，他提出了"相反而相成"或"相反中的调协"的道理，可谓哲学思想上空前的创获。他这种思想，在希腊哲学上是异军突起，在哲学史上是一个转向，就是，由呆的本体转到活的结构或过程。希腊哲学，从萨类士起，开了求本体的路，继起的人都是在这一条路上摸索，到了亚里士多德，可谓此路大通，蔚为光明灿烂的本体论，及建筑在本体论上的宇宙观。这算是希腊思想的主流。唯有海氏的思想别开生面，侧重宇宙的过程或结构方面，他的"火"虽然也居本体之名，只不过因迎合潮流而不得不如此立说，其实他的用意并不在此。可是他这支突起的异军不但当时无人响应，并且经过中古近古，一直是埋伏着，而一班的哲学思想通通在求本体的传统趋向上发展，到了现代，哲学才走上他所开的那条路，如英国的怀特海德（Whitehead）便是一个例子。现代的自然科学也走上两千多年前海氏所开的路：自然科学把物质分析成电子，不甚追问电子究竟是什么，却详细研究它们彼此之间的关系，及其排列的地位与方式。这也是放弃底质的问题，而偏重于结构与过程方面。

到了恩魄铎克类士的时候，希腊思想已经发展得相当丰富，各种花样也都有了。恩氏便想作个小小的结束，亦藉以调和当时思想界的两大壁垒，就是，埃类亚派和海拉克类托士唯静主义与唯动主义的哲学。他采取了萨类士的水、安那克秦门馁士的气、海拉克类托士的火，自己加上土，凑成火、气、水、土四行（four elements）的本体。他所加的"土"，也许是受了安那克秦满都洛士的"无定性的物质"的暗示。有人猜想无定性的物质就是土，土所包含的性质，由当时人看起来，却是无穷的，由我们看起来，土里所能提出的原素，的确也多得很。火、气、水、土四种原素，他叫作"万物之根"（the roots of all things），万物都是由这四种原素构成的。因原素的分合散聚，而起万物的生灭成毁，万物的生灭成毁就是万物之间的变化；原素本身不会生灭成毁，所以没有变化。由此可见，他把埃派本体不变的原理引用在四种原素的本身上，把海氏本体常变的原理引用在原素的分合散聚上。四种原素都是物质的，原素不变等于物质不变，那么，埃派的原理被他引用，便成了物质永保的理论。四种原素的分合散聚，是在各种原素的固定性质之下而分合散聚，换句话说，各种原素，因其有固定的性质，不能彼此互变，只能混合而不能化合（can only mix, but cannot form a compound）。可是各种原素可以分成小单位，所以其间有空隙，各种原素的小单位能够彼此掺杂起来。各种原素的小单位彼此掺杂的时候，因量上有比例的不同，而产生形形色色的万物。原素本身既是不变，也就不能动，那么，它们的分合散聚是由什么推动的？恩氏提了这个问题，想出一个答案：自然界有两种力量促成原素的动，因动而起分合散聚。促成合聚的力量叫作"爱"，促成分散的力量叫作"恶"。他对于原素以外的动力的发现，在希腊哲学上可谓第一次发现动因（efficient or moving cause）的。恩氏的思想内容大致如此，现在看看他的思想对于后来的自然科学有什么启发：（一）他的原素不生不灭、无成无毁的原理，简直就是后来自然科学上的物质永保论，自然科学只是对于这个理论加以实验上的证明而已。（二）他在不变的原素以外，另求原素分合散聚的原动力，这是第一次把质（matter）

与力（energy）分开，替自然科学创了一个新的概念，开了一条新的研究门径——虽然最近的自然科学不大谈质的问题，而偏向于力方面的探讨。（三）他对于原素可以分成小单位的看法，引起了原子派把原子认为最后莫破质点的主张，原子的本体观只是原素的本体观理论上的彻底化。因此，恩氏可谓间接开了后世自然科学原子论的先河。

方才说，原子本体观只是原素本体观的理论上的彻底化，可见由原素论演到原子论是势所必然的。因为原素既是可分的小单位，为什么不继续地分，彻底分到不可再分的地步？这种小单位为什么必须有四种？为什么必是火、气、水、土？火、气、水、土四种有定性的物质何以见得能演出形形色色的万物？这些都是不彻底的地方。原子派为免除这些不彻底的情形，才提出原子来。他们把万物拿来分析，分析到最后的原子。原子不可再分，是万物的最后质点，可以叫作莫破质点。这些质点是一律的，没有种类的不同，所以什么性质也没有，只有形状与大小的分别，和数目上的无限。万物性质上的不同，是由于构成它们的原子有数量、大小、形状、地位、排列等差别。"大小"是表现于空间上的量，"形状"是空间上包含广狭、长短、高矮、大小的界域，也是空间上的量，所以原子只有数量，没有性质。原子因有大小，便有轻重；有轻重，就会升沉；会升沉，便有动，所以原子是会动的。动必有所在而动的地方，所以原子之外还有空间。原子什么性质都没有，所以只是占满的空间，是实的空间；空间是不被占据的，是空的空间。原子的数目无限，所以它们的动也是无限的；无限的动必须有无限的空间，所以空间是无限的。原子在无限的空间里动，它们的动是永远滚来滚去地旋转着。原子因动而起分合散聚，因分合散聚而演出万物的生灭成毁。原子本身没有生灭成毁，所以原子是不变的，是动而不变的。

此派的思想大致如此，其对于后世自然科学的贡献，可以分以下几点说明：（一）此派的原子论可谓后世自然科学的原子论的雏形，自然科学的原子论只是比较精密，加以实验的证明。（二）对于物质的研究，此派开了分析的路，后来自然科学就在分析的路上进行。（三）空间的概念在自然科学上占很重要的地位，而这个概念是此派所首创的，并且空间无限的概念也是自此派始。此派认为原子动于空的空间里，原子彼此的距离是空的空间；现在的自然科学也认为原子里面的电子有大量的距离，这个距离就是空的空间。前后两千余年的见解简直不谋而合。（四）此派的原子有量无性，近代自然科学的原子电子也是有量无性的。有量无性的原子电子可谓抽象的物质，这种抽象的物质的概念算是此派得之在先，比近代自然科学早两千多年。（五）米雷托斯派的安那克秦门馁士认为，一律的气在量上稀密散聚的不同造成形形色色的万物在性上的变化；这种看法虽已接近后来自然科学上量决定性的主张，可是气毕竟不是纯量而无性的物质，唯有此派的原子是纯量而无性的，原子在量上的不同所造成万物在性上的变化可谓真正是量决定性，与后来自然科学的看法差不多是一样了。（六）原子因有轻重而有升沉，因有升沉而产生动，这种动是受必然性（necessity）所支配的；因此，由原子的动所演成宇宙万物的生灭成毁完全是机械的现象，所以此派的宇宙观是机械的宇宙观。这种宇宙观和近代自然科学的宇宙观最相近。

昂那克萨哥拉士也是主张本体不变，本体所构成的宇宙万物会变。宇宙万物有生灭成毁，这就是变；可是生与成不是由无而生有、而成有，灭与毁也不是由有灭而为无、毁而为无。万物的生灭成毁只是彼此转变：甲物变为乙物，叫作甲物毁灭而乙物生成，其实甲物的本质或原料并没有毁灭，只是转变一下而生成了乙物。这种说法就是物质永保的原理，恩氏、昂氏，以及继承恩氏的原子派，都是异口同声地主张这个原理。由物质上的转变而起的万物的生灭成毁,其方式不过分合散聚,这一点也是他们共同的看法。至于昂氏所提的本体是什么? 他认为万物各有其质料,如水、土、草、木、金、银、铜、铁、骨、肉、发、肤等物,都有它们的质料,这些质料,他统称之曰物种。物种没有生灭成毁,物有生灭成毁,物的生灭成毁起于物种的分合散聚。原始的时候,所有物种拌合一起,只是混然一团,后来某种力量加入,使它又分又合:分者不同类的物种,合者同类的物种。金的物种合而为金,木的物种合而为木,水火的物种合而为水火……一切物种各自以类相合,而成宇宙万物。分的作用无穷,合的作用也无穷,所以万物日新月异,层出无穷。物种因为彻底拌合在一起,所以永远分不净;他根据这一层,认为物种无论分到多么小,还是可分的,始终达不到不可分的一点。方才说,原始的时候,所有物种混为一团,后来某种力量加入,使它一面分一面合。这种力量是什么? 昂氏说是"心"(nous; mind)。"心"的作用是把一团死的物质推动起来,使它起分合变化。那么,物种是质料,"心"是动力——前者是质因(material cause),后者是力因。"心"之为动力,和恩氏的"爱"与"恶"之为动力又不同。"爱"与"恶"两个字虽然表示心的作用,实际上只是借用它们代表物质上两种相反的机械的作用;昂氏的"心"真正是精神的,是有目的的,其作用与恩氏的"爱"与"恶"的作用刚刚相反。"心"只在物质的混合体上某一点激起一种回旋式的动,然后这种动的旋涡一圈激起一圈,延至全体,如一套机器,把某处的机关开一下,全部机器都动起来。物种的混合体本来存在,只是经过"心"的激动以后,渐渐由混而画,然后产生条理与秩序。可见"心"的作用不是创造,只是整理。条理属"心",材料属物。此"心"可称意匠,好比匠人,把既有的材料,施以计划,加上条理,而成一个器皿。昂氏的思想大略如此，我们分析其含义，觉得有以下几点可以注意：（一）质与力两概念，他比恩氏分得更清楚。（二）他提出"心"的作用，就是发现自然界有计划、有目的。近代的生物学也发现有机体的配合表现着计划与目的。而这个发现还是昂氏在先。（三）他认为"心"的力量只在物种的混合体上某一点激动一下，以后那混合体自己动个不休，分合散聚而成宇宙万物。可见他的宇宙观是机械的，一切计划与目的都是必然地、机械地表现出来，这种看法是近代科学宇宙观的先声。（四）他认为物种的混合体被激动以后，一直动个不休，这是有见于静则不动、动则不静的道理，那么，自然科学所谓惰性（inertia）的原理，又是昂氏见之在先。（五）他认为物种无论分到多么小，还是可分，始终达不到不可分的一点。这是抽象的量上无穷分割性（infinite divisibility）的概念，此概念对于后来的数学不无启发处。

希腊自然哲学七派的思潮，及其对于近代自然科学的启发，已经大略叙述过了，现在再补充一些，以作本篇的结束。思想学问这东西绝非突如其来，总是一时一代累积而成的。所谓后者居上，是后者以前者为基础，增益修补，而比前者进步。后人的思想，往往前人先开其端，后人发扬光大，而竟其绪。由此而言，近代自然科学的根已种于希腊自然哲学之中，受其暗示，而发展起来。可是思想的发展，所受的限制颇多，如关于人事方面的，特别与时代的背景有关，对于自然方面的，特别与方法和工具有关。希腊的自然哲学所以不是近代的自然科学，除了时代不同之外，实质上的分别还在方法和工具上。希腊自然哲学所用的方法，外方面尽于观察而已，内方面尽于冥想而已。他们的观察很粗疏，他们的冥想很主观，原因在于：观察的工具不够，思想的方法欠周。近代自然科学，外方面，除了观察的工具较多较精以外，还加上实验；内方面，除了一班的归纳法以外，还有各种所特有的技术（technique）。而实验方法的发明，尤为近代自然科学产生与进展的枢纽。有人认为实验划分了古代的自然哲学与近代的自然科学，这种看法是对的。其实自然科学，对于自然哲学说，其特点只在方法严密与证据确凿，而证据确凿是方法严密的结果。这个方法之影响于学问的实质。反过来，对象不同，方法尽管相同，也是不能产生相同的学问。如朱子"即物而穷其理"的态度，与自然科学的态度本无二致，然而他穷理的对象是人事，是先圣先贤的微言大义，所以他的学问不是自然科学。又如乾嘉诸老考据的方法，与自然科学的方法很近，然而他们考据的对象是书本上典章制度的问题，所以其结果也不是自然科学。

第二部分
西方近代哲学探研

笛卡尔与斯宾诺沙哲学之比较

哲学史中，自笛卡尔创为心物二元论，于是心物遂截分二事。嗣后谋为之合者，虽不乏人，顾如玉杯既碎，虽尽胶黏之能事，其裂痕终不能去。兹篇作者，既睹心物之分于笛卡尔哲学，复求其合于斯宾诺沙之说，其所见者，有如下述：

窃以笛氏既成其二元之说，其意以为心物二事，各自为存，然则其间之关系，奚从而生？二者之联合，因何而起？更进而诘之，心物何自来耶？凡此皆疑窦也。于是笛氏以神解之曰：世间有神，"无限，永在，不变，独立，全知，全能"，万物皆其所造，赖之而存。心物之合，合于人身，人身神之所造，故心物之合，神实为之。心物之关系，在人认识之中，认识之能，神之所赋，故心物之关系，神实致之。于是心物之外，又增一神之概念。究其由来，有如此者；其初也，见夫世间形形色色，为求其故，举属心物二元之表现；然心物尚非最后之因，绝对之源，于是一推而至于神。然则心物之对待外，又有神与宇宙之对待。宇宙非他，心物是已，所谓神与心物相对待，无不可也。神为绝对，心物为相对；神为无极，心物乃有极。于此可见笛氏实主二重之二元论：神与心物，一重也，心与物，又一重也。前者大，后者小，前者包后者，后者涵于前者之中。

笛氏之后，首求心物之合，而立一元之说者，斯宾诺沙其人已。斯氏以神等于宇宙之大全，是为本体（substance），心物乃本体之赋性（attributes），而吾人所见之森罗万象，心物二赋性所呈于外之形态（modes）也。自其立名之间观之，笛氏以神为本体，斯氏亦以神为本体；笛氏以心物亦为本体（特相对而有极者），斯氏则以为赋性，谓之思维与广袤。赋性者，本体——神——之赋性，本体亦心亦物，所谓心物，特本体之两方面（phases）耳。譬如某君今日华装，明日洋服，其为某君一也；今本体虽时而心，时而物，其为本体，亦无恙也。于此斯氏以心物同归一本体之赋性，一似心物合，而二元泯矣；顾以吾观之，殆犹未也。夫斯氏之以心物归于本体之赋性，可谓神与心物之对待消，而笛氏第一重之二元泯矣。顾心物与本体虽合，其自身尚判若鸿沟，未尝合也。请观斯氏之言曰：

> 身不能致心于思维，心亦无以纳身于动静，抑其他状态。（《伦理学》部三命题二，以下凡斯氏《伦理学》部、《知识纠正论》各段译文，原文皆出自 Spinoza's Ethics and De Intellectus Emendatione 一书，不再一一注出书名）

> 此理虽已昭如日月，无容疑矣，顾不诉于日常经验之事，吾知客且于心犹未平然。盖彼向所闻者：身以意动，亦以意止，行动举止，悉秉命于意志，是已。至若身之所能，有几许事，其依自然律令所行者，至于何极，未之计也。舍受命于心之外，其与有形体，有广袤之自然事物，同动息也，人无或见之者。是盖未谂夫人体之构造，致其功用，遂不能明，故耳。但举一二事，而其理即彰彰，曷不观夫禽兽所为，其精巧间有大过人者？吾人睡眠之中，所行之事，往往为清醒之顷所不敢为而深悔者？是皆足以证夫身固能依自然律令而有所为，其所为，正心之所视为大奇，而不能想象者也。……且彼等以为：自然界中，举不过广袤之物体而已，然则大厦、丹青，与夫类此之伦，所出于人之智巧者，其致然之因，舍心之外，安能于自然律令中求

之；彼庙宇巍巍，何一非心之妙画耶？顾予曩者之言，彼等真不知身为何物，与夫徒思维之所能致者有几许事。有累事焉，依自然之律令而见，彼等虽亲历之，犹莫敢信其然，而必以为出于心之指使，睡中狂奔，既醒而自哂者之所为，其例已。且吾尝察夫人体之构造矣，其精巧繁杂，且倍蓰于人功之作品；至若向所尝云，出于自然之事物，不问其以何等赋性为枢纽，其数量种类之无穷，姑无论已。（《伦理学》部三命题二按语）

自斯氏之言观之，可知心物各自为体，不相撄也。且氏以本体——神——等于自然，知有神为万物之因，乃在万物之内之假定（见《伦理学》部一命题十八）。自然之运行变化，悉依其固定之律例，如有神秉其所自立之法以行事之主张（见《伦理学》部一命题十七）。本体等于自然，其赋性有心有物（斯氏谓之思维与广袤），心物所呈于外之形态，是为万物，然则万物之本体，径谓为心若物，无不可也。何则？心物之概念，视自然为直接，为真确，为具体！故以吾观之，斯氏心物二赋性，实与笛氏心物二本体，性质相同，特易其名，不称本体，而称赋性已耳。

从以上所言观之，可知斯氏哲学，绪出笛氏；求合笛氏之二元为一元，而实未奏其功。此二氏哲学异同之大较也；其详有待下文述之。

一、出发点之比较

窃以笛氏哲学，从认识问题出发，以认识问题上之一元论始，而以玄学上之二元论终；斯氏则一反之，以玄学问题为出发点，从玄学上之一元论而达于认识上之二元论。其故有可说焉。笛氏以为四肢五官所告我者，举不可信。外本无物，朦胧初醒之际，或见其有物矣；室本无人，黄昏垂暮之时，或见其有人焉。置手水中，小顷以握汤，不觉其热也。目前之感觉不可信，过去之信念更易错误，而未来之推测愈益无凭。事物如彼，而我觉其不可信，此觉一"疑"（doubt）而已。随时随地，随事随物，我皆疑之，无事不可疑，无时而无疑，然则此疑固常在也。盖无疑则万物非不可信，而复坠受欺自欺之网。且疑之一事，于我固至明至确，凡至明至确者，举可信也（按此乃笛氏知识中真伪之标准：凡至明至确者皆真无伪，至于一事物真之程度之高下，与其明确之程度成正比例）。于是于一切不可信之中，有一可信者焉，夫疑是已。疑者谁？我也。故笛氏有名言曰："我思，故我在"（按思即疑也，疑者，思之作用）。顾此处有宜注意者：笛氏所谓"我"（I），并非玄学上之"自我"（ego or self），不过认识中之"主观者"（subject）耳。故"我思，故我在"一语，实等于"我思，故思在"，抑"我疑，故疑在"。疑之作用，自其动方面观之，曰"疑"，自其静方面观之，曰"我"，其实乃一物也。今者此疑，即吾所谓笛氏认识上之一元也。

凡至明至确者可信，"疑"至明至确，既可信矣。今我心（有疑即有思，有思即有心；疑［doubt］、思［thinking］、心［mind］，直一物也。）有神之观念，至明至确也；顾或为心所造，尚未可知。是不可能，其故在此：夫神之观念，至完至备，我心视之，大有逊色，然则以不完不备之心，安能造至完至备之观念？固无待再计，而知其不能也。顾此中有二问题，有待解答：（一）吾心何以不完不备？（二）不完不备之心，何以不能生至完至备之观念？答曰：（一）我心有疑，是即不完不备之表征矣。唯其不完不备，故常受欺自欺，故常生疑；苟完矣备矣，何事于疑？（二）因果之事，于我至明至确，故亦可信；我心幻想无论至于何极，不能想象有无因之果。今者我心有神之观念，则必有其因在。果之出于因，其量或与因等，或稍逊于因，未有过夫因者。苟以吾心为神之观念之因，是以不完不备，生至完至备，是果过其因，必不可能。然则神之观念，其因既不在我心，其在超乎我上之神也，盖昭昭矣。

我有神之观念，其观念至完至备。因而回顾夫己，自知不完不备。不完不备者，有所限制之谓也；有所限制者，其外更有所存之谓也。于是乃知我者，宇宙中之一曲，有其一曲，必有其大全，是则我外，尚有万物，一也。诉诸感觉之事，则目有所见，耳有所闻，手有所触，足有所践。是皆于我为印象（impressions），印象何自来耶？有物必有其因，印象之因，果何在乎？其因不在我身之内，则在我身之外。内则为我心之幻影，随心所造，任意取舍，顾印象之来，又不如是，有为吾心之所深期而厚望者，彼独不来，有为吾心之所不欲而甚恶者，而又来焉。于此可见印象非心所造，其因不寓身内，而在身外。印象之因，既在身外，然则其神之归乎？是又未然，盖印象常有错误，错误，不完备之表征，安有以至完备之神，而以不完备之印象加诸我，而欺之乎？由是观之，印象既非心造，又非神授，必来自物，然则身外有物，二也。

于此可见笛氏从认识中一疑之作用，而推知有心（mind），有物（matter），有神（God），而成其宇宙观。心与物相对待，神与宇宙又相对待。前此已言，笛氏实主二重之二元论；即今观之，其二元论乃属宇宙观方面，故曰：笛氏以认识上之一元为起点，而以玄学上之二元为归宿。

至于斯氏，则神之观念，不从认识中推演而来，其伦理学一书，部一开宗，先立神之界说，兹译而录之如下：

一物苟为其同类中之另一物所制限，斯谓之于其类为有限。

例如有形体之物谓之有限，以其更有大乎彼者也。一思维之见限于其他思维，同此一理。顾形体不能见限于思维，思维亦不能见限于形体。（《伦理学》部一界说二）

本体者，自在自见。自见云者，无待于他物而后见，一若其概念出乎彼，必因彼而乃明者。（《伦理学》部一界说三）

神者，一"有"绝对无限，是盖本体之具无穷之赋性者；是之赋性，各有以见其义蕴之永在与无极。（《伦理学》部一界说六）

赋性，本体之义蕴，智慧之所体会者。（《伦理学》部一界说四）

以上所引斯氏书中本体——神——之界说，不啻为宇宙立一基础，寻一根源，是玄学之事也。本体之义蕴为赋性，赋性始为智慧之所体会；"智慧所体会"云者，认识中之事。然则由本体一推而至于心物——思维与广袤——二赋性，认识之功乃兴；此中二元之象甚显，故曰：斯氏以玄学上之一元论始，而以认识上之二元论终也。

二、神——本体——观念之比较

笛斯二氏对于神——本体——之观念，其异同可分三项说明如次：

（一）笛氏以为神之观念，人心之所固有，与生俱来者也，故谓之天赋意象（innate idea）。其言曰：

今兹所待论者，乃在神之观念，如何而达于我心，我心如何得之。盖此观念，不得自感官，又非突至顿来，一若感官所接事物之意象者。且亦非由心所造，以其不能以意为增减也。然则既非官感，又非心造，非与生俱来而何？人之有神之观念，犹其有己之观念。方神之造我也，斯赋以此观念，是犹艺术家之留符号于其作品之中，亦无足怪也已……（《默念》三，以下凡笛氏《哲学原理》部、《默念》、《方法论》部各段译文，原文皆出自 *A Discourse on Mothod* 一书，不再一一注出书名）

斯氏则不如是主张，盖天赋意象之说，经洛克痛排，后之哲士，无复重张其绪者矣。斯氏神之观念，纯出于假定，其伦理学一书，开宗界说，神居其一，是已引之于前，兹不复赘。

（二）斯氏之神，等于自然，所谓神者，自然之律令，所谓神休神咎者，自然之祸福。神虽但在自然之中，不必他求。请听斯氏之言曰：

神之行事，悉依其所自创之律例，不受任何逼迫者也。（《伦理学》部一命题十七）

客之心神为自由之因者，其心以谓凡百事物，出于神性，成于神力者，神能不之造，而使之未尝有也。顾此等所见误矣，盖三角形之角之和，等于两直角，乃此形之本性所必然，今谓神意能使其不尔，可乎？有因不令有果继之，神其能之哉？……且吾以为曩者已明夫无窥之万物，出于无穷之神性，至高之神力——一切必然而然，无时而不出于必然，是犹本诸三角形之性质，其三角之和等于两直角，乃永久之事实，亘古不变者也。（《伦理学》部一命题十七）

笛氏之神，乃超自然者也。方其以神为绝对之本体，心物为相对之本体，神与心物，乃成对峙之势。宇宙等于心物，然则神与宇宙相峙。宇宙自然也，神与之相峙，是神不存于自然之中，而超乎其外矣。兹并引笛斯二氏之言，以资比较。笛氏曰：

……神者，本体之无限、永在、不变、独立、全知、全能者也。近始诸我，远及万物，皆其所造。……（《默念》三）

神无形体……（《哲学原理》部一项廿三）

大宇之中，不完有限之物固众，以此视神，殊未可也。以云形体具有广袤，广袤可分，是以不完；故神无形体。……（《哲学原理》部一项廿三）

斯氏曰：

思维，神之赋性，抑神者，能思维之物。（《伦理学》部二命题一）

广袤，神之赋性，抑神者，有广袤之体。（《伦理学》部二命题二）

我，心物之合体也，万物，物也，心物俱为神之所造，而神自身，则无形体，笛氏之言若此。思维，心也，广袤，物也，思维广袤，神之赋性，神之内蕴（essence），因之而见，故曰：神者，能思维之物，有广袤之体。夫神，别无所在，但在思维广袤之中，合思维广袤之大全，自然是已。神寓自然之中，下自草木金石，上迄万物之灵，莫非神之表现，此斯氏之说所以亦称泛神论（pantheism）也。

（三）窃以笛氏之神，尚未尽脱宗教意味。试观其言，可以见矣。其言曰：

方神之造我也，斯赋之以此观念（按指神之观念），犹艺术家之留符号于其作品，固无足怪。且符号不必与作品迥异，故神之造我，尽可本诸己身之形。我生而有神之观念，或即以此之故，是犹自知有己也……(《默念》三)

凡神之所相示者，虽非吾力所能及，亦不可不之信也。(《哲学原理》部一项廿五)

苟神示我以秘，非吾心知之所能喻，如降世为人，三位一体等类，虽未明晓，亦不可不之信。在神自身，及其所造之万物，其不能了解者虽众，不必多所惊愕。(《哲学原理》部一项廿五)

斯氏之神，直等于自然界之律令，所谓神权神力者，不过自然界中之必然性耳。故其说去宗教中神之观念最远，可谓尽脱其窠臼矣。请听其言，可以见之。其言曰：

……神之行事，不本于自由意志。(《伦理学》部一命题卅二系论一)

神不能使物易其恒态，越其常轨，而别有所似。(《伦理学》部一命题卅三)

凡吾人所视为出于神力者，皆必然而然。(《伦理学》部一命题卅五)

按斯氏之说所以成为定命论（determinism），其神之观念有心使然也。

三、心物与思维广袤之比较

（一）笛氏以神为本体，是乃绝对、无限、独立者也。复以心物为本体，但属相对、有限、有待而存者耳。其言曰：

……本体云者，物之无待于他物而乃存者也。且质实言之，大宇之中，但一本体，能绝对独立，夫神是已。万物皆有待于神而存。是故本体一词，在神及其所造之物，其义不出于同……（《哲学原理》部一项五十一）

所造之本体（created substance），无形体与思维，其所以称本体者，一出于同；盖彼之存在，有待于神，特舍神之外，别无所赖耳……（《哲学原理》部一项五十二）

笛氏既以心物为本体，本体必有赋性，于是心物各得其一。思维为心之赋性，广袤乃物之赋性。其言曰：

每一本体，各有其主要之赋性一，为思维之于心，广袤之于体，是已。（《哲学原理》部一项五十三）

虽任何赋性，皆足以使吾人对于本体有所认识，顾每一本体，各有其主要之赋性一，以当其性质抑义蕴，而其他赋性，皆有待于此而后能存。是故广袤（长、阔、深）者，具形体之本体之性质；而思维者，能思维之本体之性质。盖凡其他所可归诸形体者，必先承认有广袤之存在，而当其形态焉；至于心之一切品性，亦不过思维之形态耳。……（《哲学原理》部一项五十三）

笛氏以思维归诸心,广袤归诸物,而为之赋性;斯氏则不然,彼以思维广袤,同归于一本体,本体惟何?神是已。于彼宇宙之本体唯一,其赋性有二。其言曰:

……神独一无二,无有能似之者……万物之中,唯一本体,是本体者,绝对无限……(《伦理学》部一命题十四系论一)
……广袤思维,神之赋性,抑其赋性之形态。(《伦理学》部一命题十四系论二)

顾斯氏之本体,实等于宇宙全体,自然律令之大全,而所赖以启宇宙之秘藏者,尚属思维与广袤二赋性。是其功用,实与笛氏之心物二本体同,故吾上文有"斯氏以玄学上之一元论始,认识上之二元论终"之说;顾此前已详之,兹毋庸赘,唯斯氏书中,有一命题,可证吾说,姑译而录之于次:

神与神之赋性,举属永在。(《伦理学》部一命题十九)

神之赋性何?思维、广袤是已。赋性既能永在,何异于本体?此吾所以谓思维、广袤有本体之效。然则益见吾说之不诬矣。

(二)至于心物观念之所由起,二氏之见解,亦复不同。笛氏以疑为出发点,万物皆不可信,不敢必其有存,独此疑不可否认。所以为疑者何?心是已。有疑必有心,疑即是心,心即是疑,二者实一物也。我疑我自知之,其知之也,最为真确,极其明显;易辞言之,此心之存在,昭如日月,一切知识之始基。是故心之观念,起于自知自觉。其言曰:

凡可致疑，举不之信，且迳视为伪；于是以神为乌有，苍天为无存，物体为虚妄，且近及吾身，亦且无手足肢体。虽然，方其致疑乎是，独不得以我为无存也。何则？方思之顷，谓思者无存，自矛盾也。是故"我思，故我在"一语，最为可信……（《哲学原理》部一项七）

……方吾人自省己身为何物，以谓舍思维之外，无物有存，则诚见夫广袤、形态、运动，暨凡形体所能具者之悉非我有，我之为我，舍思维之外，别无物矣。然则心之概念，先于有形体事物之概念，而且视之为可信；盖对于形体之存在，尚疑未决之际，我已自知其有思矣。（《哲学原理》部一项八）

思维云何？凡起诸我，而我自知立觉者之谓也……（《哲学原理》部一项九）

心之观念，起于自知自觉，物之观念，则起于逻辑之推证。其推证之途，有三段焉：㈠ 我心有物之观念，是之观念，不能以意为去取，往往违心而起，逆意而生，其非心造可知。㈡ 物之观念之入我心，心感官为媒介，顾感官所告我，常有谬误；然则以谓此等观念，来自至全之神，是神且欺我，既至全矣，安能我欺？此中有矛盾在，故是之观念，不出于神。㈢ 物之观念，既非心造，又非神谴，然则心、神之外，必有物在，为此观念之所本，固矣。请听笛氏之言曰：

物质之存在，于日常生活中，虽若当然之事，顾吾党或者既已致疑于斯，而以此等存在，视为儿时先入为主之偏见，以是有待考察，以见其真实根据之所在。凡知觉之起于吾身者，其来别有所自，非由心造，是无庸疑，盖知觉之来，吾人不能以意选择去取，然则其源必在外界之物，物激我感官，而生知觉；此其一也。是外界之物者，其神耶？抑其他耶？诚以吾人激于感官而起知觉，然后乃见有物，具广袤于长阔深之间，其中有形有动，而于吾身勾起色、嗅、痛等觉；然则神者，苟其自身纳此等物之观念于吾心，抑假手于其他之不具广袤、形式、运动者，是二涂者而居其一，则神亦诈欺之情而已。盖吾人明知物质异于神，而复与我心迥殊，且其观念之起于我心，乃由心外有物存焉，与之相印证，又可知也。顾前此已言，揆以神之性格，必不我欺，然则外有物焉，具广袤于长阔深，暨夫其他凡形体所宜有之品德，盖可断言，无待踌躇矣。此等具广袤之本体，是为形体，抑曰物质。（《哲学原理》部二项一）

笛氏心物观念之所从起，既如上述，心之观念起于自知自觉，物之观念起于逻辑之推证。至于斯氏，则以物之概念，成于假定抑界说（by assumption or by definition）。何以言之？其伦理学一书，部一之开宗界说，本体居其一，赋性亦居其一。盖本体之概念既立，则赋性之概念必随之而定。何则？有本体必有赋性，盖赋性，本体之义蕴，本体之所以为本体，而亦其所待以自见；无赋性，则本体流于空虚，无内容矣。然则赋性者，本体之所必具；本体之概念，成于假定，立于界说，则赋性自亦同然。凡一概念之立，其出于假定，与起于自知自觉或逻辑推证者，迥然不同；此吾所以谓笛斯二氏对于心物观念之所由起，抱不同之见解也。

（三）笛氏以为万物皆神所造，万物非心则物，是心物神之所造。顾神虽造心物，而己身则非心非物，超乎其外者也。以言夫物，既具形体，斯有广袤，广袤可分，可分则非至全。神至全也，故不可分，不可分，则非物矣。以云夫心，有限者也，凡至全者，必非有限，故神亦非心也。按广袤可分，显而易见；独心有限，何以云然？夫疑，心之作用；疑者，有限之表征，夫苟无限，何有于疑？故心有疑，亦足以证其有限矣。

斯氏则以为神在万物之中，神之赋性无穷，而吾人经验中之所发现者有二，思维与广袤是已。思维广袤，脱乎神无以为存，神离思维广袤，亦无以自见。故是二者非神之所造，乃神自身之表现。周乾母（Harold H. Joachim）之释斯氏哲学，有二语间为破的之言，兹为译而录之如下：

> 同一之神，其于吾人理解中为有广袤之体——有形体之宇宙——者，亦于吾人理解中为有思维之物——精神抑心思之宇宙。……神之一切形态——万物——吾人目之所见，手之所触，而视为形体者，亦皆灵魂也已……（Joachim, *A Study of the Ethics of Spinoza*, Oxford University Press Edition，页六九）

（四）笛氏以为心之作用，人所独有。无机之体，固无论矣，纵令有机，如兽中之猿，其动作虽有去人不远者，要皆其体中天然之结构有以使然，谓其有心，殆犹未可。故其言曰：

> ……苟有机关焉，内外毕有夫猿，抑其他无理性之兽，吾固将无以示其别于是兽也。顾使有机关焉，酷肖吾人之形，而能效我所为……则尚有二事，可资为验，以视此等机关，其等于真人否乎。㈠是之机关，不能发为言语，抑其他神号，一若吾人所为之足以传其意于彼此之间者。机关固能本于某种结构，而能发为断片之音，零星之语，甚且能与外来之激动相呼应；例如触其某区，遂发其词，抑作呼痛之声，一若构造时之所安排

者。虽然，其所发之言语声音，不能临机任变，脱乎机栝，而应对自如，一若人之所为；且并下愚之等所能者，尚莫多焉。㈡此等机关，纵许其所为，无以异于人，抑或过之；但尽彼所能，无足以见其出于心知，而莫非机栝之运舒耳。夫理性之为用，随遇可施，而机关则必具特殊之构造安排，然后乃有其所期之动作；是故以机关而欲其即境措施，应付咸宜，一若理性于吾人之身所为者，盖无望已。且以是二事为验，则人兽之间，其不同亦可以见矣。夫人，无论其愚钝至于何极，终无不能缀为词句声音，以示其意于其侣者；至于禽兽，虽至慧，亦无足以及此。其不能也，非其体中之官品有所亏，盖喜鹊鹦鹉，固亦能作人声，效人言语，而终不能言，如人之能自解而喻人者。若论生而聋哑之人，其阙言官，有甚于禽兽，且能手指足蹈，作为符识，以达其意于其侣，而其效与语言等。故于此可见禽兽匪特少理性，盖实无之……且吾党不可以语言，与外界激荡所引起之动作，混为一谈，后者机关有之，禽兽能之。即古人所谓禽兽能言，其言人不能解云云，亦不足信。脱其然者，则禽兽所具官品，往往与人而同，奈何不能达其所思于人，一若于其于同类之间者然？且禽兽中之特精于某种动作者，固属多有，顾其所不能者尚众，是又不可不知。是故禽兽之有时而精巧过人，不足以证其有心；盖使其然，则其理性，必多于人，而诸事皆在人上矣。第所证者适得其反，彼实不具理性，其一切动作，皆其体之构造，自然有以致之；正犹司时之钟，成于轮垂，而纪时画刻，以视人之心智，其准确且千百倍焉。(《方法论》部四)

至于斯氏，则本体等于宇宙之大全；本体亦心亦物，是宇宙亦心亦物，然则心且遍于宇宙。宇宙一大心也，人心特其一曲耳。故其言曰：

　　此盖予之所以以人之身心，俱为宇宙之一曲也。且吾尝谓：自然界中，有思维之力焉；是力也，唯其无限，故能统摄自然全体于思维之中……人心亦此力已，特非无限，能统自然之全，而唯有限，独摄人身者耳。吾之所以以人心为一无限之心灵之一曲者，即在此矣。（周乾母《斯宾诺沙伦理学研究》中所引斯氏 *Epistulae* 中之语，见周乾母书，页九二至九三）

（五）在笛氏，身物之合，唯在人之身已；请听其言曰：

　　夫自然所谓我者，固莫显于我之有身也。身受伤，则我觉痛；身饥渴，则我思食思饮。凡此感觉，不可悉目为妄，而视为倘来者也。唯其有此感觉，可知我之居于吾身，非若舵夫之在船已也；我与身，如胶似漆，致心身混为一体。脱其不然，则我之为我，既可思维之事，奈何身受伤而我感痛？宜若旁观其害，犹舵夫之见其船受损，于其身而无拔毛刺肤之痛者矣。当吾身之饥渴也，以我临之，宜若观事察理，奚乃生欲食欲饮之感觉耶？盖质实言之，凡饥渴痛苦诸感觉，举属思维之形态，起于心身之合者也。（《默念》六）

　　心物之合，假手于人之身，二者能相互影响。身体毁伤，心觉痛焉，身体饥渴，心起食饮之欲焉，是皆物之影响于心也（按笛氏理智——intellect、意志——will、影觉——imagination、官觉——sensation、统归心之作用）。至于心之影响夫身，心之驭物，则其例众且显，是乃人之所以为人，及其所以示别于禽兽者也。

自人之身观之，心物联合，混若一体；顾二者仍截然二事，不相资而有存也。笛氏之言曰：

> ……我虽保有此身，我与之合，虽至密至切，但一方面对于我，有明确之观念，是我为有思维之物，无广袤之体；他方面对于身，复有明确之知觉，是身乃有广袤之体，无思维之物。然则我者，吾心也，我之所以为我；与此身截然二事，无待于彼而后存也。(《默念》六)

其在斯氏，则宇宙亦心亦物，心物不过一本体之两方面耳。世间一切，皆有心之方面，与物之方面；其在人，特心之方面犹显已。其言曰：

> ……心灵与躯体，特一物之时而见于思维之赋性，时而见于广袤之赋性者耳。是故万物之中，唯一理已，自然时而见于此赋性，时而见于彼赋性，而吾身之自动与受动，与吾心之自动与受动，同时并起者也。(《伦理学》部三命题二按语)
>
> 吾党之所由是而得知者，匪宁人之心灵与躯体合，且亦因此而见夫心身之合之云何也。顾使对于躯体无充分之认识，则欲明乎是，盖实难已。夫吾党一向之所诠释者，悉属普通现象，未尝专重于人，而轻是人外之物；人外之物，举有心灵之征，特程度之高下有不同耳。(《伦理学》部二命题十三按语)

吾人之心身，虽属一物之两方面，愿二者各自为事，不相撄也。故曰："身不能致心于思维，心亦无以纳身于动静。"此以视夫笛氏之以心物为截然二事，而复能彼此影响者，其异同可以见矣。

四、赋性形态之比较

笛氏以赋性为本体所必具之义蕴，本体之所以为本体，而亦其所待而后见者也。其言曰：

>……本体不能但以其有存在之故，而遂有以自见，盖徒存在，尚无征兆以示人也。虽然，因赋性以见本体，固有途焉。……凡物必有赋性，抑品质；见其赋性，遂以推知必有物存，为此赋性之所附丽者焉。(《哲学原理》部一项五二)

赋性之外，有形态焉，赋性乃恒然不变之中心，浮游其上者有形态。形态善变无常，于本体为偶然（accident），为莫须有（unnecessary）。请听笛氏之言，可以见矣：

>……本体之所资以示其变化流转者，是为形态……其在本体之中而有常者，谓之赋性。(《哲学原理》部一项五六)
>
>凡其他所可归诸形体者，必先承认有广袤之存在，而当其形态焉；至于心之一切品德，亦不过思维之形态耳。是故为举其例，则吾人不能见无广袤之形式，不据空间之运动；至若不具思维，而有想象、感觉与意志者，亦无是处。虽然，见广袤矣，不必有形式，运动与之并存；具思维矣，无须有想象、感觉、意志等事与之同起……(《哲学原理》部一项五三)

心物之赋性为思维与广袤。思维之形态，有想象（imagination）、欲望（desire）、感觉（sensation）等；广袤之形态，有形式（figure）、运动（motion）、可分（divisibility）等。夫形态善变无常，心物资之以显其形形色色，而成此宇宙之奇观，是以心物者，变化之根源也。至于神，则恒然不变，故但有赋性（无限、永在、不变、独立、全知、全能等等），而无形态。请听笛氏之言曰：

> ……诚以神者，超乎变化之外，故以谓其有形态，殊未洽也；其所具者，唯赋性乎……（《哲学原理》部一项五六）

形态有真伪之别，诚属诸物者为真，起于吾人思维之作用，而必以归诸物者为伪。例如"某物之存在历若干岁月"云云，一若时间乃事物固有之形态然，其实焉有其事，事物何有于时间，奚与于岁月？特吾人见其在彼，以与地球绕日之运动相比较，而谓其历时若干岁月耳。请听笛氏之言曰：

> 赋性或形态之中，有诚属诸物，有起于吾心思维之作用者。例如时间……所号为运动之度量者，不过吾人思维之形态，所用以纪事物之住留者也。夫物运动中之住留，与静心中之住留，吾人未尝为区而别之。设有两物于此，其动俱历一小时之久；动之速者与动之迟者，历时固同，未闻以速者为久，而迟者为暂也。是故吾人可用同一度量，纪一切事物之住留，以是住留，与最伟大、最有常之运动相比较。今夫年月日，吾人之所谓时间者，即出自此等运动者也。然则凡所用以纪住留者，并非有所加于其中也，特思维之形态耳。（《哲学原理》部一项五七）

匪宁时间不寓诸物，而乃思维之形态也，即吾人之呼物为三为五，是三五之数，亦思维之形态；推而广之，举凡所谓共理（universals）者，莫不皆然。请听笛氏之言，可以见矣；其言曰：

数与一切共理，皆不过思维之形态已。(《哲学原理》部一项五八)

共理之为物，实起于吾人之以同一观念，统诸个别事物之有类似之点者。方吾人之以一名名同一观念所举之事物也，则斯名遂成普遍者矣。例如见二石于此，不问其他，但知其有二焉，于是遂生某数之观念，若两若双是已。复见鸟二只，抑树两株，舍其有二之外，亦不问其他，于此同上之观念又起，是观念者，遂成普遍；加之以名曰两，两，遍名也。见三边之形，于吾心中，遂成一种观念曰三角形；他日凡见此等形，皆以是观念统之，是观念者，遂成普遍。更为分别言之，三边形之中，或有直角，或无之，于是又生一种普遍之观念，是为直角三角形；以视前之观念，因广狭之不同，故名为别。夫直角者，乃凡直角三角形之所以别于其他三角形也，故为二者之通差。与直角相对之边之自乘，等于其他两边自乘之和，是之品德，唯其专属于此等三角形，故为彼之通德。三角形之中，有经移动者焉，有未经移动者焉，是又其通寓矣。是故共理有五：类，别，差，德，寓，是已。(《哲学原理》部一项五九)

斯氏亦以赋性为本体所必具之义蕴，于其所著伦理学一书，部一开宗界说之四（本文前已引之），可以见矣。特笛氏之本体有三，神与心物皆是，斯氏之本体，惟一神而已。于笛氏，思维与广裒，不足以当神之赋性；神之赋性，乃所谓无限、永在、不变、独立、全知、全能等等。请听其言，可以知矣：

明乎神之存在……因而得知其赋性焉……(《哲学原理》部一项二二)

由此足以证神之存在，有方便存焉；何者？由此而得知神之为何也……盖吾人反省与生俱来对于神之观念，凡见其为永存、遍在、全知、全能；诸善众真之所自出，万事万物之所由造。总之，举凡吾人所能想象者，虽无限之极，完备之至，彼莫不有焉。(《哲学原理》部一项二二)

神无形体，亦不若吾人之以官能而生知觉……(《哲学原理》部一项二三)

自斯言观之，可知思维与广袤，非神之赋性；是二者，心物之赋性耳。斯氏之说，则异乎此，彼谓神之赋性无穷，吾人所能知，止于斯二者而已。其言曰：

若论神之所以为神之赋性，本无限也……顾即今吾人之所得知者唯二……思维与广袤是已。(《论神与人及其健全之道》，抚富译本 [Short Treatise on God, Man and His Well-Being, Wolt's translation]，页五二按语)

笛氏不以思维广袤为神之赋性，以谓是不足以显神之伟大无疆；神别具赋性，所谓无限、永在、不变、独立、全知、全能等是。斯氏则以为是数者，尽思维广袤二事，足以统之，以为形态。此亦足见斯氏思想之视笛氏为进步也。其言曰：

凡其他所常视为神之赋性者，实非神之赋性，特其形态耳。是之形态，或但混然以归其一切赋性，或以专属于一二。混然以归其一切赋性，则谓彼永存、自在、无限、不变、万事万物之因，云云。以专属于一二赋性，则全知、极智等，属于思维；

遍在、普及等，归诸广袤。(《论神与人及其健全之道》，抚富译本，页五二按语）

笛氏以形态变化无常，故神无形态；斯氏则宇宙之森罗万象，悉心归诸神之形态，而神仍不失其恒永之效，未尝变也。此理有待阐明，今请先进以斯氏之言。其言曰：

一切形体，以动静迟速分彼此，其本体则一而已。(《伦理学》部二补题一）

一切形体，皆有其所同之处。(《伦理学》部二补题二）

凡形体之动或静，必有其他形体使然；其他之中，复有其他焉，以纳之于动静；如此递推，浸至于无穷。(《伦理学》部二补题三）

一群之形体，不问其大小之不齐，方其置于一所，彼此相联，抑并纳于动，无论其速率之均不均，而彼此之推移，成固定之比例者，则谓之联合之体；唯其与其他涣散者不同，故可视为一体，与个体无以异焉。(《伦理学》部二界说）

苟于累体合成之个体中，夺其一曲，而同时以相同之体，如所夺者之数，补其虚位，则是合成之个体，安若无事，不稍变其初态。(《伦理学》部二补题四）

使个体中之部分，其大小有所转变，而转变之率，仍不毁其前此动静之比例者，则是个体，保其常态，无变于初。(《伦理学》部二补题五）

苟一个体中所涵之形体，被迫而变其运动之向，顾虽变而其动犹存，而仍保其彼此间动静之比例如初，则是之个体，未尝变其常态。(《伦理学》部二补题六）

且一个体，不论其动或静，抑动于彼方此间，但令其中之部分，各保其动，而有以达于其他，一如初态然者，则此个体，常保其旧，无转变之虞。(《伦理学》部二补题七)

从以上各例，可知合成之个体，虽受多方变动，若何仍保其固有之性质。顾向所云者，特个体之成于单纯之形体，其彼此之分，徒在动静迟速之间已耳。以云另一种之个体，个体之成于繁杂之形体，其性质彼此互异者，则虽受多方之变动，犹将有以自保其本质于弗坠也。盖其中之每一部分，成于累累之个体，而是累累之个体者，各有动静迟速，有以达于其他，而不变其初性。兹设有第三种之个体，以第二种所集合而成者，则亦将见其纵受多方变动，而不易其常态。如此递推，至于无穷，乃知自然全部，一个体也，其中之部分——一切物体——变化无穷，而其全体则如故，未尝变也。(《伦理学》部二补题七下按语)

自斯氏之言观之，可知宇宙一个体也，是个体者，成于其他个体，其他个体，复成于其他个体，如此递推，自极大以至于极小，从极小以达于极大，皆无穷也。电子合而成原子，原子合而成分子，分子合而成物质，积物质而成万物，统万物而成宇宙；其间有普遍之现象焉，动静迟速，变化不拘是已。顾是之动静变化，皆囿于个体之内，虽巧妙万端，无损于个体之本来面目。是以神之形态虽无穷，而神则恒在不变，何则？神，自然之全体，宇宙之大全；自然抑宇宙，一个体也，个体之内，变化虽多，终不脱个体之范围，是万变之中，有不变者存焉；今夫神，即此变中之不变者矣。此斯氏思想视笛氏为精进之又一端也。

斯氏之意，宇宙一形态之系统（system of modes）也。形态有无限有限（infinite modes and finite modes）之分，其最普遍者为无限，降及特殊之事物（particular things），则为有限者矣。请听其言曰：

> 于自然事物之中，吾其首察夫最普遍，而为自然全体所共见者。吾意所属，盖在动静，及其律例之为自然界所共守，而所资以运行不息者乎。（《宗教政治论》[*Theolgical Political Treatis*]，第七章页八八，转译自 Leon Roth, *Spinoza*, p.99）

无限之形态有动静等，有限之形态则特殊之事物是。特殊之事物，其特点有可说者，兹据卢斯（Leon Roth）于斯宾诺沙一书所提之三点，逐一说明如次：

（一）成一严密系统（form a closed system）。欲明此点，必先一解斯氏所谓"自动自然"（Natura naturans）与"被动自然"（Natura naturata）之义。夫自然唯一而已，何以又分自动，被动？其故有可说焉。宇宙之森罗万象，出于自然，而亦即自然；世间之形形色色，皆神所造，而神即在其中。何以言之？以偌大之宇宙，安能偶然无因？顾其因复非外铄，乃由内起，易辞言之，自因是已。故所谓自动自然与被动自然，实一物之两方面耳。从其因观之，为自动，从其果观之，为被动；自其创造言之，曰自动，自其所造言之，曰被动。其实因果一物，造与所造同体。请听斯氏之言，则其理益彰；其言曰：

> ……自动之自然者，自在自见；抑本体之赋性之表现其恒永，无限之义蕴者。是盖神之视为自由之因者也。被动之自然者，凡出于神，抑其任何赋性，必然而然者。是盖其赋性之一

切形态；凡此皆事物之存于神，脱乎神而莫能存，且无由见者也。(《伦理学》部一命题二九按语)

笛氏以神与宇宙分为两物，神为因，宇宙为果，神为自动，宇宙乃被动。今斯氏合而为一，顾造与所造之事实不可泯，因与果之现象难抹杀，故既合之后，仍权留自动与被动之两方面。此虽足见其思想之细腻，然亦其不彻底处。窃以神造宇宙之观念，乃欧洲传统思想，牢不可破，按其来源，则有二焉：希腊之第一因，与希伯来之上帝是已。此不在本文之范围，故不备论。

斯氏之分自然为自动与被动，既如上述。今夫神之一切形态——宇宙之森罗万象——被动之自然也，所谓出于神之赋性，必然而然者也。自动之自然，有自断（self-determined）之力；被动之自然，收受断（determined）之效。所以为断者（what is determined）一；而所断者（what is determinded）亦一，故神之一切形态——世间之形形色色——不过一物而已。所谓特殊之物，个别之体，皆此一物之所分，所谓全体之部分也。全体之于部分，有统合之功；部分之于全体，各有其固定之位，彼此相联，而成一体，以趋于全。故曰：特殊之事物，成一严密之系统。故斯氏曰：

> 于自然之中，凡吾人所视为茂实而不可解，抑穷凶极恶者，皆起于所见之徒囿于一曲，而昧夫自然全体之秩序与调和耳。(《政治论》[*Political Treatise*]，第二章第八节，转译自 Leon Roth, *Spinoza*, p.86)

万物有其固定之位次，宇宙有其不变之秩序，一切前定，即以神之全能，亦不能以意为转移。故宇宙自其全观之，无偶然之事物，时间之先后。吾人所见之偶然者，特未窥其全，未念其因之所致；所谓时之先后，盖智不足以摄其全，而有先知后知，先见后见之别，其实皆妄也已。故斯氏有言曰：

> 凡物之号为必然者，非其义蕴之本来如此，即别有因以使之然。盖一物之存在，或出自身之义蕴抑界说，或别有因焉以致之，二者必居其一，无可逃也。至若所号为必不然者，其故与此正同；非其义蕴抑界说之自涵矛盾，则外无因足以致之耳。虽然，舍吾人不全之知识所感觉者外，无物焉可以谓之偶然者也。何者？唯吾人不知某物之义蕴自涵矛盾，抑既审其不然，而尚以不见其因之故，于其存在之理，茫然无确识者，斯其物于我，一若莫须有，而又非必不然；于是乃谓之曰偶然，曰或然。（《伦理学》部一命题三三按语第一）

> ……意志虽亦属诸神之义蕴，顾神之造物，不以意为东西，而变其必然之势……于永在者之中，无时间之先后；是以唯神为至全也，故舍其所制定者外，不能别有制定，制定之前，神未尝在，无有制定，神莫能存。（《伦理学》部一命题三三按语第二）

斯氏以宇宙为固然，万物为前定，故无时间。于是论者以为进化之理，与斯氏之说，绝不相容；盖时间者，进化之要件也。顾鄙意窃有疑焉。按斯氏有言曰：

> ……夫所谓神权神力者非他，其动作之义蕴是已。是故谓神无动作者，其不可解，正犹以神为无存也。（《伦理学》部二命题三按语）

自其言观之，可知动作神之本性，是宇宙常动无已时也。宇宙既动而非静，则进化随之矣。

综观世之讲进化者，有三派焉：㈠达尔文、斯宾塞之进化；㈡柏格森之创化；㈢摩梗等之层化。达氏之讲进化，限于生物，与哲学无关。斯宾塞以之解释宇宙一切现象，于是始引其说入哲学范围。柏氏之论，纯属哲学——以哲学为起点，亦以哲学为指归。至摩梗等，则以科学讲哲学理；其所解之宇宙现象，固属哲学问题，其所资之材料，则取诸科学。

达尔文、斯宾塞派之进化论，乃所谓机械式者。前因后果，代代相缘。天之所覆，地之所载，止此而已；其变化无穷，日新月异者，无非以所固有，变其组织而已。柏格森派则以为宇宙进化，匪宁变其组织于固有物质之间；盖代有创新，而所创又非潜伏于前代，发现于今时，如亚里士多德所谓储能与效实者然；其来不可测，更不拘于通常之因果律。至于摩梗等，则不满于达斯二氏之机械式进化论。以谓宇宙进化，自有新物发现，又不若柏氏所云之突如其来者也。分宇宙为若干层；例如无机物一层，由无机物以至于有机物又一层，由有机物以至于人类之心灵状态又一层。各层之递嬗，下层实有以使然，非顿去突来者也。而上层确有创新，为下层所未尝有者。且上层实包下层而操纵之，以上层统驭下层可，以下层解释上层，则无当已。

今夫斯宾诺沙固不谈进化之理，以其学说，与上述三派之进化论相拟，谓其与某派吻合，固亦无当。作者之意，不过以为斯氏之说，苟为引申之，求其言外之意，似与斯宾塞派所标进化之理不背。其以万物为前定，与此派之严于因果正相垮；从一本体而生无穷之形态，其效又同于变其组织于固有物质之间也。至于此派既穷因果，则时间之效，似亦微已。总之，斯宾诺沙之哲学，与斯宾塞之进化论，其以宇宙为有变，有新花样，而无新物质，此点似不约而同。故吾以为据斯宾诺沙之说，引申而推广之，未必不容进化之观念。至若柏摩二派之特重创新，则与斯氏之说，根本不同，又属无可讳言者也。

曩所论者，本不属于本文范围，未免辞费之讥；顾以鄙意观之，此点确成问题，故不惮烦，为表而出之，以俟论者。今则续述特殊事物之特点。

（二）为每一赋性之表现（express each of the attributes）。本体唯一，时而见于思维，时而见于广袤，是一本体而可从两方面窥之也。形态者，本体之所形于外，思维广袤二赋性之表现也；故一物有心之方面，有物之方面，特心之方面，有程度等级之差耳。斯氏之言曰：

……思维之本体与广袤之本体，实同一之物之时而见于此赋性，时而见于彼赋性者也。是故广袤之形态，与此形态之意象，乃同一之物，特所以表现之途，有不同耳……例如存于自然界中之圜，与此圜之意象，存于神智之中者，宜一物之见于两歧之赋性者耳。是故不沦于思维、广袤，抑其他赋性之下，观察自然，吾人所发现之秩序与因果，唯一而已；易辞言之，于不同赋性之下，所得者同物。（《伦理学》部二命题七按语）

夫吾党一向之所诠释者，悉属普遍现象，未尝专重于人，而轻是人外之物；人外之物，举有心灵之征，特程度之高下有不同耳。（《伦理学》部二命题一三按语）

（三）各于其所固有之义蕴内自强不息（actively persist in their own essence）。夫动，神之本性，神遍宇宙，故宇宙之中，随遇皆有神之动作。一切形态，神之所形于外者也，故亦各有其动作。易辞言之，神常动不息，宇宙等于神，是宇宙常动不息。宇宙，全体也，形态，其中之部分已；部分合于全体之中，分得（participate）其所宜有之动作，而全体又因部分之各有其固定之动作，而成其大动焉。斯氏之言曰：

> 其第二赋性，所号为神德者非他，乃神之意旨。神之意旨非他，竞争之见于自然全体，与夫个物之各图保其义蕴而长存之者。夫物本性之不自趋于消灭也，固已昭昭；顾反而言之，物物争存，以维其现状，以善其自身。由是观之，吾党可为假定一通常之神虑，一特种之神虑。通常者，物因之以生以保，而成自然全体之部分。特种者，各物单独间之争竞，以保其生存，不在其为全体中之部分，而在其各自成一全体也。（《论神与人及其健全之道》，抚富译本，页四七）

> 个别之事物，乃神之赋性所因而表现之形态，其表现也，而由某种固定之途术者耳。易辞言之，是之为物，乃于某种固定方法之下，以示神力，是神力者，神之所待而有存，所资以施其动作者也。（《伦理学》部三命题六）

以上既将有限无限之形态，略为说明，尚有一点，有待注意：夫万物俱为神之形态，于自然之中，各有其固定之地位，固矣。第其彼此之间，不无高下等差。是等差者，以何为准？亦视其表现神之至全之德，至何程度耳。神之至全之德，见于全宇宙，无穷之形态，无数之事物，皆所以表现神德；若就其各个体之间言之，则所表现者，各属一曲，于是有高下精粗之不齐。且事物之不齐，匪宁程度之间已也，亦有性质之异焉。故斯氏有言曰：

夫罪人亦因其所由途术，以表神之意旨，无异于善人之所为，顾不因是而遂得与善人比肩也。一物全备之程度弥高，则其所分得之神德弥厚，而愈能表现神之至全之德。夫善人视诸恶人，全备多矣，故美德与丑德，不可同日而语。（周乾母《斯宾诺沙伦理学研究》所引斯氏之言，见页七三）

苦与乐，鼠与天使，虽同出于神，第鼠非天使之伦，苦不属于乐之类。（周乾母《斯宾诺沙伦理学研究》所引斯氏之言，见页七三）

五、论人性之比较

（一）斯氏以人为神之形态之一，自然之一曲，万物之一种也。其言曰：

此盖吾之所以以人体为宇宙之一曲，至若其心灵，吾亦如是目之耳。（周乾母《斯宾诺沙伦理学研究》所引斯氏之言，见页九二）

惟人之存在，不出于永久，故属有限，而非本体也。是故其所有于思维者，不过形态之出于思维之赋性——赋性之属诸神者耳。且其所有于形式、运动，等等，举皆其他神之赋性之形态已。（《论神与人及其健全之道》，抚富译本，页六四）

笛氏虽未明言人于宇宙之地位如何，顾从其言外之意测之，似不以人与万物同科，而乃特出庶物者也。何以言之？氏谓唯人为有心，易辞言之，心物之合而成一体，乃人类所独有之现象，自然界之事物无之。此于上文已详之矣。更谓唯人有自由，故有趋善避恶，取真弃伪之能，不若木石之无知觉，禽兽之举动一出于自然运动之律例也。关于此点，请引其言如下。

> 吾人有自由之意志，以是而否认所可疑者，因免于谬误焉。（《哲学原理》部一项六）
>
> 吾人意志之自由，盖自明已。（《哲学原理》部一项三九）
>
> 故于此可见禽兽匪特少理性，盖实无之……是故禽兽之有时而精巧过人，不足以证其有心……第所证适得其反，彼实不具理性，其一切动作，皆其体之构造，自然有以致之；正犹司时之钟，成于轮垂，而纪时画刻，以视人之心智，其准确且千百倍焉。（《方法论》部四）

（二）夫特殊事物——有限之形态——之各于其所固有之义蕴内自强不息，上文既详之矣。今夫人，特殊事物之一种也，故亦若是。然则竞争存（striving to persist in his own essence）之性，人所固有，此性在心方面，曰意志，在心身之合，曰情欲。是乃行为之根源也。斯氏曰：

> 是之努力（自存之努力 [endeavour of persist in its own benig]），专对于心而言，曰意志；兼心身而言，曰情欲。此无他，人之义蕴。本此义蕴，凡事物之有俾于其生存者，皆有必行必致之效；然则人之动作之向于此等事物也，盖出于本性之当然。（《伦理学》部三命题九按语）

行为源于人类之竞存，斯氏之论也。至于笛氏，则对此问题，另有解决之途。氏分心之本能（faculty of mind）为二：㊀理性

（understanding），㈡意志（will）。理性属于认识（cognition）方面，意志属于选择（election）方面。前者徒知（knowing）而已矣，后者则加以判断（judging）；前者限于所已知，后者则往往及所未知，而妄为肯定（affirmation）、否认（denial）之事。二者合，而行为生。徒意志而无理性，则无以行，盖无所知，则判断之事莫由起也。徒理性而无意志，则莫能行，盖无判断，则善恶莫分，是非莫辨，而行为无所向矣。请听笛氏之言曰：

> 思维之一切形态……可为统分两大类焉：理性之知觉动作，一也；意志之抉择取舍，二也。凡感觉、想象、晓喻，皆知觉之形态，好恶、肯定、否认、疑惑，皆意志之形态。（《哲学原理》部一项三二）

> ……考夫谬误之为何（是乃我之所以不全之故），乃知其出于两因也。是二因者，认识之能与自由选择之力，易辞言之，理性与意志是已。徒理性，不能对于事物有所肯定否认，其所为者，独在收受意象而已。对于意象，判断之功可以施焉，顾理性不之事也。是故徒理性无谬误之可言。（《默念》四）

笛氏分心之本能为理性与意志，斯氏不赞成也。斯氏以为心之作用，思维而已。所谓理性与意志者，皆在思维之中矣。非必见物先明其理，先悉其情，然后加以可否；故理性与意志，非截然两物，所云云者，不过抽象之作用，若谓真有其物，则亦妄已。故其言曰：

> ……心灵之中，并非俨然有所谓理性、欲望、爱好等本能也。此等本能，不出于虚构，则所谓本体，自个物所抽象而成者耳。是故所谓理智若意志者，同能施于一切意象或愿望，

犹石性之为众石所共有，人性之为彼得，保罗等等所同具也。（《伦理学》部二命题四八按语）

吾人见物而得意象（idea）此理性之事也；若从笛氏之说，则必另加以意志之能，则判断起而可否定。斯氏则以为判断已在意象之中。总之，思维即判断，判断即可否，二者实一事也。故其言曰：

……舍意象自身所涵者外，其能别求可否乎？（《伦理学》部二命题四八按语）

……意象之中，有物焉足以自见其真伪……（《知识纠正论》第七十条）

（三）笛氏以为徒理性不能有行为，徒意志亦无以行，盖理性知识之事，行为之实也，意志抉择之事，行为之力也，无实无以行，无力莫能行，二者相辅为用也。故笛氏有言曰：

吾谓判断有须理性，盖未之知者，无可施其判断。顾所已知者，亦有待于意志以为抉择去取也。虽然，判断之事，又未必限于全知备谙者，盖理性之所昧，而意志施其事者，众矣。（《哲学原理》部一项三四）

从氏之言观之，理性虽与意志相辅而行，然未必一致，而程度有不齐。理性有固定范围，意志常过之，理性囿于所已知，意志往往及于所未明者。请更听其言曰：

意志之所及，视理性为广，故为谬误之源。理智之所察者，囿于其所接之事物，故其范围甚有限也。至于意志，则可谓之无限。何者？凡意志之对象，无属人属神，我之意志，皆能及之，是故往往过所明知熟谙者焉。夫既有是，固无怪乎吾人之受绐也。（《哲学原理》部一项三五）

诚如笛氏之言，则知识与行为未必一致，有知识所未及者，行为且妄蹈之矣。斯氏之意则不然。于彼知行完全一致，知识行为之本，知识至何程度，行为亦达何境界；故知识之发达，亦即行为之进步，二者匪宁相辅而行，而乃同时并展者也。氏分知识之发展为三阶段，而行为准之；其言曰：

……吾人所接之物众，且生普遍之概念焉。个别之事物，呈于吾人理智之中，不完不备，而且乱杂无章，是之知觉，实为知识之生于浑沌，无定之经验者。次则起于符识，则如文字与传闻中所得之观念，而转成记忆，其盘旋于心，有足以为想象之资者焉。而两途者，吾统名之曰第一类之知识，意见或想象是已。迨乎对于凡百事物，起共同之概念，而于其品德，有充分之认识者，吾谓之理性，名曰第二类之知识。舍此二类，又有第三类者焉……谓之元知（亦译直觉）；此等知识，先对于神之赋性之义蕴，有充分之认识，然后及于万物之义蕴，毕尽其情，无纤介之遗焉。（《伦理学》部二命题四〇按语二）

既见上文所引斯氏之言，可知知识发展之程序，其第一段为意见，第二段为理性，第三段为元知。然则与各段相对之行为若何？请于下文论之：

第一段所以名意见者，盖唯我之是非为是非，以一己之意见为准。于是情感无制，一己亦无知识之可言，故斯氏曰：

> 人各以一己之情感，为判别善恶之标准……于是吝啬之徒，以钱财为最美，贫乏其所深疾者也。喜高骛远之人，以美名佳誉为上，而避丑若不及焉。善嫉之辈，见人不幸为最乐，人茂盛，则不快意莫甚于此者矣。凡此皆以一己之情感，断物之善恶利害。（《伦理学》部三命题三九按语）

不徒人我之间冲突已也，即我一人之身，亦且时起变化，随情感而东西，朝行夕悔，其常事也。斯氏曰：

> 人为情感所控制，致性情屡变，于是一人之身，且几换几移，无固定之态度。（《伦理学》部四命题三三）

前段之生活，囿于一己，制于情感。迨于第二段，则己之范围破，而理性代情感而起。斯氏之言曰：

> ……吾人之求自存，而欲此身之外，别无所需，与物无往来者，殆不可能。试反省吾心，使其闭塞不接于物，则理智亦日损已。是故身外之物，其有俾于我而可欲者甚众；其中之与吾性相合者，为最可贵。何则？苟性情相类者二人相契合，则二人若一人，较诸一人，功力倍矣。然则人之所需，莫过于人，其彼此相俾，无有如是之大者焉。吾谓人类自存之事，其道莫善于合众心为一心，联众体为一体，以同趣于生存之目的，以共求夫有益之事物。由是观之，凡受理性之指导者，为己牟利，而欲与人同享其利，凡己之所求者，莫不愿他人亦得之也。唯

斯人者，公平、忠实、可敬。(《伦理学》部四命题一八按语)

凡受理性指导者，其居于国群之中，守公共之法律，以视幽居独处，唯我独善，尤显其自由焉。(《伦理学》部四命题七三)

于常住之类别下观物，理性之特质也。(《伦理学》部二命题四四系论二)

理性之基础，在于概念之为众物之所共，而不囿于任何一物者也。故此等概念，脱乎时间之关系，而统于常住之类别者也。(《伦理学》部二命题四四证言)

自斯氏之言观之，可知此段之生活，已脱乎一己之私，而与众共牟生存之利，其效归于人己并存，而彼此间之幸福因而增进。易辞言之，此段已去唯己主义，而全人类合成一体；个人于社会之中，自知其为全中之曲，各有其应尽之义务，以维其全体，各有所宜享之权利，以自保其生。

第三段则从人类之一体，一推而达于宇宙之一体。尽人之性，则人类为一体，念宇宙之情，则宇宙为一体；此中仍由知识之发展，以致行为之进步。故斯氏有言曰：

诚以理智为吾人最可贵之部分，故善自谋者，莫不求纳理智于全备之境，尽其所能，不遗余力；盖至善即在其中矣。(《宗教政治论》第四章，转译自 Roth, *Spinoza*, p. 143)

此段所谓知识之发展，乃在窥神之微，吾国旧语中所谓"知天"、"知命"是已。神者，自然之全体，宇宙之大全；知神即知自然，谂宇宙，天地之所以位，四时之所以理，莫不了然于心。于是人于宇宙之间，其地位明，小己处于社会之中，其职守定，进退咸宜，不忤于人，无乖于天，而能"从心所欲，不踰矩"矣。请听斯氏之言曰：

> 诚以一切知识，与夫袪疑之诚，悉出于对神之知（盖舍神则物无以存，莫由见，一也；对神无光明准确之观念，则一切皆在疑惑之境，二也）。故至善至全，皆以此知为准。且舍神则物不能存，莫由见，故一切自然事物，自其义蕴观之，皆所以表现神意者也。是故吾人对神之知识，与对自然之知识，成正比例；易辞言之（……），关于自然之知识弥深，则知神弥审（神者，万物之因也）。然则吾人之知识，吾人之至善，匪宁有所待于对神之知，其实即在其中矣。（《宗教政治论》第四章，转译自 Roth, *Spinoza*, pp.143-144）

所谓对神之知，易辞言之，斯为对神之爱，此爱出于理智，故曰："对神理智之爱"（intellectual love of God）。何以言之？所知限于一己者爱己，是为最下；所知达于人类，则爱人类，其范围稍广矣；迨乎悉得万物之情，则爱万物，是人与宇宙为一体，吾国所谓"天人合一"、"人参天地之化"者，其意盖在斯矣。奚云乎爱？盖主乐观主义也。宇宙之间，物有其位，一切循诸固定之例，得志无可喜，失志无可忧，乐天安命，怡然自得。斯氏之人生观，盖若此矣；请听其言曰：

> ……人之全不全，视其所特爱之物之性质与全备之程度若何，而与之成正比例焉。是故使其特喜对神理智之知识，而爱是至全之主宰甚于一切者，则其人亦最全，而得福于神亦已极矣。然则对神之知，对神之爱，乃吾人至善之所向，幸福之所

指，盖无疑也。(《宗教政治论》第四章，转译自 Roth, *Spinoza*, p. 144)

　　是故纳理智于全备之境，最有俾于人生；人之幸福，即在斯矣。何则？幸福非他，心灵之安宁，起于对神之元知（亦译直觉）者也。夫纳理智于全备之境，其事无他，盖在谂悉神之赋性，与夫动作之出于神性，必然而然者耳。然则受理性之指导之人，其最后目的——欲之最大，所用以控制其他者——乃在求其途术，以遍谂夫理智所接之事物而已。(《伦理学》部四附论四)

　　吾人所追求之最后目的……乃在真诚之知识。顾此等知识，且视其所接之对象而转移：对象弥良，知识弥真。即是之故，凡与神（神至全）交者，其人亦至全，而乐且无疆。(《论神与人及其健全之道》，抚富译本，页七六)

　　苟由此道以知神（……），则必与神合；吾人幸福，在其中矣。非敢谓其能适窥神隐，抑对彼有充分之认识也，特知之至于相当程度，已足使我与之合耳。独不察夫人之于其身，何尝适得其情，遽尽其微？顾其联合之象为何如！爱护之情居何等！(《论神与人及其健全之道》，抚富译本，页一三三)

综观三段，第一段近于冥顽不灵，固无论已。第二段尚非人生最后目的；最后目的，乃在第三段，第二段不过其阶梯耳。斯氏有言曰：

　　……理性犹非吾人最大事业，特其为用，有似阶梯，由以登于所欲达之地耳。抑如先知先觉，至诚无欺，诏我以至善，鼓舞我心，使其求之，而与之合。夫与至善合为一体，亦

可谓最大幸福也已。(《论神与人及其健全之道》，抚富译本，页一四五——一四六)

(四)笛氏主张人有自由之意志，其言曰：

人之所以贵为人者，在其动作能自由，抑本诸意志，唯其有此，故褒贬毁誉可以加诸其身。夫意志所及之范围较广，与其本性固无背也。本于自由意志以行事，人之所以贵为人，行动举止，悉由自主，故有事于褒贬毁誉。夫自动之机关，无有于褒贬毁誉，盖其运动，定于结构之方式，必然而然，毫厘不差，故也。至于制机之人，乃因其所制之良否，而加以毁誉，以其所为之不出于必然，而有自由在其中耳。……方吾人之求其致诚，乃出于自由之志愿，非不得不然而后尔也。(《哲学原理》部一项三七)

笛氏之主张如此，斯氏则与之背道而驰。以谓自然之中，一切固定，各有其位，毫厘不差。以神之全能，尚且制律以自缚，律之既成，一切因之，不能任意左右。故神造如此之宇宙，乃不得不尔，舍此之外，更无他途。人为神造，但人之头上足下，出于必然，神不能使之易向也。以眇眇之人，而常感有自由者，盖起于错觉，智不足以明其因，遂若事有无因者焉，其实妄谬何过于此？请听其言曰：

石子受外铄之力而动，其力虽去，动不遽息也。其动之不息，非其自身有必然之势，特外铄之力有以使然耳。石子如此，一切皆然，盖物不论其性质与功用之如何繁杂，莫不外有因焉，以使之存于固定之方，动于固定之途。设此石方动之际，而有思虑，而自知努力于动，不肯息也；则此石者，唯其自知其所为，而非对之漠不相关，亦将自视以为自由无疆，以谓其动之不息，纯出于己之意志。由是观之，所谓自由，人之所引以自炫者，亦如是耳。此等感觉，盖起于人之自知其有欲，而昧夫所以决定其行动之因而已。（《书札》第五八，转译自 Roth, *Spinoza*, p. 113）

婴儿之啜乳，顽童之酬怨，懦夫之避险，各以其所为之出于自由。醉者多言，方其醉时，亦以其言一出于本心，不知醒后之悔之也。是以疯狂之人，喋喋之故，三尺之儿，各以其所言之由于自由抉择，其实不过无力以自制耳。故经验诏我曰……人之自以为自由者，由于自谂其所为，而复不知其因之所在，如此而已……（《伦理学》部三命题二按语）

斯氏对于自由，别有界说；其言曰：

使一物之存在，之动作，纯出于本性之必然，吾谓之曰自由；苟断于他物，则谓之受迫。例如神之存在，出于本性，无物有以使之，故虽必然，亦属自由。是以神之自谂谂物，一本于自由，盖知万物，乃其本性所必然也。于此可见吾所谓自由，非自由之选择，特无障碍之必然耳。（《伦理学》部一定义七）

宇宙之中，一切固定，物各有其所守之位，所保之性，不可转移。故尽其固定之性，虽出于必然，犹自由也；唯有逆其性，越其位者，斯不自由。此斯氏所谓无障碍之必然也。请更听其言曰：

所谓自然之权利与律例者非他,种种自然之条件,个物准之而生存于某方,动作于某途者,是已。例如鱼之游泳,出于自然,小肉大食,亦其所也;是故鱼之有水,大者之食小者,一本于自然之权利而已。夫绝对之自然,有无上之权利,以从事其所能为;易辞言之,自然之权利,与其威力同遐迩;所谓自然之威力者,即神之威力,临万物而操其无上之权利者也。顾自然全体之通力,无非部分之特力所集合而成者,是故个物各有无上之权利,以从事其所能,犹言个物之权利所及之范围,与其固定之威力同广狭也。今者尽其力以自保其生,自然之第一律例也,故个物于自然分定之内而生存,而动作,其无上之权利已。由此言之,人与其他自然事物无异,愚智之间,疯狂与清醒之伦,俱无以为别。然则凡物按其本性之律令所为者,皆有无上之权力以为之。盖其动作,定于自然,不能更出于他途矣。(《宗教政治论》第十六章,转译自 Roth, *Spinoza*, pp. 125-126)

(五)斯氏之意,以为事物自身,本无善恶之可言。所谓善恶,特人所加于物之估价耳。自保其生,人之天性,凡有俾于保生者谓之善,有损于保生者谓之恶。故善恶之辨,纯出于主观者也。其言曰:

……所谓善恶,特相对之名耳;是以一物因观点之不同,而可善可恶,正与全不全同一理也。物之自身,本无全不全之可言,且既明夫万物之出于恒久之秩序,自然之定律,则此理愈益彰矣。但人之知识,不足以与此,而自感其德之不备,另为想象一理想之标准……而求有以达之;于是凡可为达此标准之涂术者,皆所谓真善也已。(《知识纠正论》第一二、一三条)

夫以人事讲天理，斯氏之所反对，然不因是而人事遂不讲也。天有律令，自然有秩序，人处自然之中，竭力以求知之，可也；所不能知，则亦已耳，不可妄事推测，以人之意欲，拟天之律例。是故自然界中，而谓某物善，某物恶，某物全，某物不全者，皆蔽而已。夫自然界中，何所谓善恶，全不全？凡此皆以人度天而已。虽然，于人事之中，所谓人之义蕴之内，固有善恶全不全之可言。争存人之本性，尽其道者德备，否则德损。于是人类彼此相形之间，遂有己身不足之感，立为理想标准，以求达之。标准非他，生存最美之境，易辞言之，义蕴发达极致之域，是已。是之标准曰全，吾人当前之生活曰不全；凡有俾于趣求之者为善，反之者为恶。如此而已。请更听斯氏之言曰：

若论善恶两词，无有于事物之自身，不过思维之形态，抑事物相比较所得之概念耳。盖一物可同时而善而恶，而不善不恶。例如音乐，善于忧思抑郁之人，于悲伤哭泣之声，斯为不入耳之欢；至若聋者，则无同焉，更何善恶之可言？虽然，善恶等词，固不可不保而存之也。盖人既能创为理想，以为众所共仰之模范，故善恶等词，于斯为有用矣。是以……吾所谓善，乃凡所以达此理想人格之方；所谓恶，则凡所以阻我就此模范者，是已。且一人之全不全，亦以其距此模范之远近为准。顾所宜注意者，方一人由不全进于全，由全退于不全，非其义蕴有所移易之谓；譬如马而变为人，或化为虫，则马之为马，既已无存，尚何全不全之可言？吾意盖指其本性内动作能力之增减耳。（《伦理学》部四序言）

凡作某事，其功既成，斯谓之全；不特作者云尔也，即他人之知其计划之所在者，莫不以全目之矣。例如见一未成之工程，而复知作者之意在建屋也,则谓其未全;反之,一旦作者之计划实现,斯谓之全矣。顾使见所未曾见之事,而作者意之所属,又莫明也,斯无由判其全否。此盖全不全之第一义也。……是故全不全者,不过思维之形态;易辞言之,即概念之成于比较同一类别中之个物者耳。以此之故吾谓实与全同物而已。盖吾人每好以个物归于一类之号为最普遍者;易辞言之,以与遍包毕举之概念相参拟,是已。今夫个物既与其所于属之类相拟,而复经比较对于彼此之间,于是遂起实不实,全不全之差,而谓此全彼不全,彼全此不全云云。至若以制限、终极、不足等概念归诸某物,则其物斯目为不全;所以是目之者,非以其物自身之诚有所亏,抑自然之有所倒行逆施于其中也,特其物之影响于吾人之心意,不若其他吾所号为全者之甚耳。(《伦理学》部四序言)

斯氏以为善恶之辨,全不全之分,纯起于人类之主观,所谓思维之形态是已。笛氏书中,对此问题,虽未明示其意,顾可从其全部系统而推知其一二焉。氏以神之观念,生而有之。此等观念,至全至善,而我则自知其不全不善,是全备美善之观念,不由心造,而自外来者也。若然,则善恶、全不全之标准在外,不出于主观,一也。笛氏一神,尚未尽脱宗教窠臼,前此既详之矣。凡宗教之神,皆具人格,是非善恶之标准,悉以归之。神为至全至善之模范,而人乃不全不善之罪人,日唯趣就此模范,斯为进德之阶。笛氏之神,既略有宗教意味,可知其善恶标准,在于人心之外,而存诸神,二也。

(六)笛氏以为人乃心物之合体,其属心者有灵魂,其属物者有肉体,二者皆本体(substance)也。灵魂有思维为之赋性,肉体有广袤为之赋性。思维之形态为意志与理性,广袤之形态为运动、形式等等。然则心物之合如人体者，其徒然耶？无特致之效耶？曰，有之，情感（emotion）是已。笛氏谓之情欲（passion）；情欲起于灵魂与肉体之合，人所独有者也。兹录氏之界说如下：

> ……吾人可以知觉，情感等词，作为情欲之界说。是之情感，与灵魂之关系既切，复起于血气之激动，而亦赖之以支持者也。(《论情欲》部一项二七，见哈定等辑译《笛卡尔哲学论著集》[Haldane Ross, *The Philosophical Works of Descartes*]，第一册页三四四）

灵魂属心，血气属物；情欲与灵魂之关系既切，而复起于血气之激动，其为心物联合后之产品也，盖昭昭矣。心物之合，独见于人，故情欲人所特有。

情欲之意义既明，请进而述其类别。笛氏分情欲为基本与特殊两类，特殊出于基本。其言曰：

> 夫单纯与基本之情欲，固无多也。……其数唯六：愕、爱、恶、欲、欣、戚（wonder, love, hatred, desire, joy, sadness）是已。至于其他，举不过是数者之合体，抑所分出者耳。(《论情欲》部二项六九，见哈定等辑译《笛卡尔哲学论著集》，第一册页三六二）

所谓愕者，对物而起惊服钦仰之心，物固如彼，吾力无以致之，而亦所不能动者也。至于欲，则其对象，在吾能力范围。对象有善恶之分，善者吾欲致之，恶者吾欲去之，于是爱恶之情起矣。凡所欲者，有遂不遂之别，欲善而不可得，恶恶而不能去，斯为不遂；

遂则喜，不遂则忧，于是欣戚之感生焉。由是观之，六者之中，又可合并为二：愕一，欲一，其他如爱、恶、欣、戚，皆出于欲者耳。愕与欲，二者虽平分情欲之领域，顾后者有兼并前者之势。何以言之？见物而愕，虽不为我取我动，然愕者我也，我对之终起一种心理状态，虽不同欲得欲去之心，要有近于爱憎之情，欣戚之感者焉，是故愕者，犹广义之欲也。然则所有情欲，一言以蔽之，一欲而已。

知识方面有不刊之律曰，唯明确者为真；今道德方面亦有不刊之律曰，唯明确之情欲乃善。明确云者，属于吾人能力范围之谓，是为可欲。力所不及，为不可欲。不可欲而欲之，无所不至，遂陷于不义。此之谓意志不自由，是灵魂受制于肉体。情欲有节，力所能及者欲之，否则舍之，意志乃得自由，灵魂乃行统驭之权，而德立矣。顾成德不在涤除情欲至于无余也，有节斯可，意志得以自由斯可，灵魂制驭肉体斯可；是又不可不知者也。请听笛氏之言曰：

……凡欲之出于真知者恒善，故出于误见者，无不恶已。且欲之过者，常起于不明何种对象为人所能及，何种对象而不尔。(《论情欲》部二项一四四，见哈定等辑译《笛卡尔哲学论著集》，第一册页三九五)

至若物之非吾力所能及者，虽善亦不可欲，盖匪宁其苦我已也，且将分我心焉，使其对于能力所及之事物，而弛于求。(《论情欲》部二项一四五，见哈定等辑译《笛卡尔哲学论著集》，第一册页三九六)

有物焉灵魂所独享其乐，至若灵魂与肉体之所共者，其情欲之所从事者矣。凡人之最为情欲所动者，所享此生之乐，亦云多已。顾使此等不善用其欲，则苦亦独众，盖天公往往拂人意也。是故思虑，自节，诏我以制欲之道，诚吾师也。欲起则节之，导之，其所致之苦既皆可当，而常感其乐焉。(《论情欲》部二项二一二，见哈定等辑译《笛卡尔哲学论著集》，第一册页四二七)

笛氏之论情感，既如上述，今请窥斯氏之意如何。斯氏以为生存之性，人之大欲在焉，故为一切行为之所自出，而亦所有情感之根源，此就广义言之也。具体论之，人于自然之中，不过一部分耳，人外之物尚多，故于竞存之际，往往与外物接。外物于人，或有利，或有损；利者增其生存之力，损者减其生存之效，于是苦乐之感生焉。斯氏之言曰：

是故吾所认为首基之情感者唯三：乐、苦、欲是已……(《伦理学》部三附论情感界说第四下解语)

自斯氏之言观之，可知基本之情感为欲、苦、乐三者，顾欲不与其他二者同轻重，盖欲生存之欲，人之义蕴，一切行为之原动力，而苦乐特竞存之效，抑生存中转变之程序耳。故斯氏有言曰：

乐之于人，乃由不全状态趋于较全状态之谓。苦之于人，斯从较全状态转于不全状态之谓。(《伦理学》部三附论情感界说第二第三)

以范围论，则欲广，苦乐狭，欲诚有以统之也；以体用论，则苦乐具体，欲较为空泛，必因苦乐而其效乃见，故斯氏之为其他特殊情感立为界说，恒曰某种之苦，抑某种之乐云云，盖以此耳。

笛氏以基本之情感为六，六者可并而为二，再并而归于一；斯氏以基本之情感为三,一并而为一。二氏之最后情感皆为欲,顾笛氏所谓欲,其范围不及斯氏之广。斯氏之欲,出于人之义蕴,等于意志,一切行为之本根也;笛氏之欲,则与意志相峙者,抑且处其下风,盖氏以灵魂为主,肉体为奴,意志纯出于灵魂,故于情感有统驭之权,盖情感涵有肉体成分故也。且笛氏以愕为基本情感之一,斯氏则不尔,其言曰:

……即是之故,吾不以愕归诸情感之列……是以吾所认为首基之情感者唯三:乐、苦、欲是已……(《伦理学》部三附论情感界说第四下解语)

笛氏以为情欲无度(求所不当求——非力之所及者),则有碍于保生,于是必有所以制裁之者,意志是已。夫灵魂一身之主,灵魂以思维为事,思维以意志为推行之力,以理性为辨别之具,故意志之制裁情感,常与理性相辅而行;是灵魂之胜肉体也。今斯氏于此,不分灵魂肉体二事,以人为全体,与自然界其他全体并存,至于心物之两方面,非所论矣;且认定生存之意志(sile to presene)为人之义蕴,一切行为情感,皆于是乎出。故情感之无度,罪既不专属于肉体,何灵魂之控制为?情感既源于意志,意志安能纠正之?唯一之途,其在假手于其他相反而较强之情感以抵消之乎!故其言曰:

凡情感,不可抑,不可除,其唯藉其他与之相反而较强者以抵消之乎。(《伦理学》部四命题七)

情感无度,赖其他情感以抵消之,迨乎其极,则以对神之情感,抵消一切情感。此最高工夫，为人之楷则也。斯氏曰：

> 心灵能使肉体之变化，抑外物之印象，统归于对神之观念，而以之为准。（《伦理学》部五命题一四）
>
> 凡自谂明，而能自见其情感者，斯能爱神；唯其爱神，故自谂益明，而孰能自见其情感。（《伦理学》部五命题一五）
>
> 对神之爱，当占心灵中之首位。（《伦理学》部五命题一六）

所谓对神之情感者，对神之爱是矣。何谓对神之爱？乐天知命是已。然夫一切皆由命定，万物各有其分，尚复何欲之太过？何求之太奢？凡此皆统宇宙之全观之，不拘于一曲，不囿于个物者也。更听斯氏之言曰：

> 于此可见明确之知识——第三类之知识之纯以对神之知为基础者——之于情感，其力为何如矣。此力虽未必果能洗除一切情欲，固将使其但占心灵中极小之部分。且对于不变恒久之对象，吾人所果能分得者，致有爱慕之心，此爱不为缺陷所累，一似寻常之爱然者，但日大日深，浸至占有心灵全部，而施其莫大之影响焉。（转译自 Roth, *Spinoza*, p. 151）

康德之论意志自由、灵魂不灭及上帝存在

康德之讲伦理，以至善（summon bonum; highest good）为人生目的。"至"之为义有二：最高（supreme）与最完（complete）是已。今夫所谓至善，盖指最完之善。何以言之？请听其言曰：

至之概念，含义有二，为避混淆，不可不辨。夫至之为言，或最高，或最完。最高云者，自身之外，别无条件，抑不附隶于他物之谓。至于最完，则全体之不为其他同类而更大之全体中之部分者也。今夫德，抑幸福之代价……乃凡一切所可欲者之最高条件，故即追求幸福之最高条件。由是观之，德者，最高之善也。顾犹非完全之善，吾辈——有限而具理性之动物——之所欲得者也。最完之善，实包幸福……设有主宰焉，全智全力，吾知其必不愿见众生之不获幸福。幸福因为人性之所需，且既服膺于道德之律，有其代价，宜得而不得之者，非神之本旨也。是故斯世之至善，必于德性与幸福并集于一人之身者见之；易辞言之，所得幸福与道德相称，斯为至善。然则至善于此，最完之善之谓也。于最完之善中，德性实为最高之善，获得幸福之条件，舍此无更高者矣；至于幸福，得之莫不可喜，其自身则未必善，亦不随遇而尽善，必也其人之行为，合于道德之律，具此条件，然后善耳。（Watson, *Selections from Kant*, pp. 291–292）

康氏之道德，本建基于内心之自愿，无待于外界之条件，故只有法则，而无内容。法则者，行为之规律；内容者，苦乐利害是已。故一本于道德律，不计苦乐利害者，行为之极轨也。由是观之，道德为道德而存，别无其他条件；易辞言之，道德脱乎自身之外，无有目的。今言人生目的在于至善，何耶？更谓至善必涵幸福，又何耶？细玩"人生"、"斯世"等词，康氏之意，思过半矣。夫人自然界之一物也，自不能免于自然律之支配，而另一方面，则有理性，能自立规律，以自检束。故人实跨两界："可理解界"（the intelligible world）与"可感觉界"（the sensible world）是已。唯其属于后者，故具肉体，有嗜欲之好，有苦乐利害之感；唯其兼属于前者，故有理性，能自立法则以自守。但人不能无肉体而有存，故苦乐利害不可不计；既具理性，故不得不守道怀德，以自别于异类。是以德性重矣，而幸福亦不可阙。此康氏所以以德性为最高之善，犹非最完之善，犹未得为至善也。顾德性幸福之条件，德性有亏，则幸福无价值。幸福必与德性相称，然后可宝；二者兼全，乃为至善。

至善虽为人生目的，然人之意志，并不为其所决定，而趋赴之。人之意志，纯决定于道德律；易辞言之，人之守道德，不为求至善而然，乃起于良心之自责，毫无条件加乎其中。康德之说，所以号为形式伦理，而被目为严肃主义者，即以此耳。请听其言曰：

夫道德律，必其自身已足以决定纯粹之意志。顾此律徒形式而已；易辞言之，其所俾于行为之方者，只属一种形式，可为普遍之律例者；是以脱乎一切质材，置意欲之对象于度外。唯此之故，至善虽为纯粹实践理性抑纯粹意志之唯一对象，犹非决定意志者也。决定意志者，独道德律耳，其唯一职志，在于产生此种意志。……夫谓在有道德律之先，意志即已决定于某种对象之号为善者，而行为之最高规则，皆于是乎出：斯说也，引入理性受制之途，而且毁是道德原理。（Watson, *Selections from Kant*, pp. 290-291）

综上所论，可知康德伦理学说之要点二：（一）道德建基于超越界（the transcendental world），即"可理解界"。人之守道德，出于心愿；易辞言之，道德律之羁縻人心，由于人类意志之自决，外界毫无条件存焉。（二）顾人乃自然界中之一物，故虽有理性，属于"可理解界"，而一方面有嗜欲，属于可感觉界；势不得专顾前者，而置后者于度外，故为兼全计，不得已将幸福收入至善范围，以谓幸福与德性相称，二者俱备，乃为至善。但即此而问题起焉，问题惟何？曰：（一）人之意志，何以能自决，以趋赴于道德律？（二）至善如何可达，如何获得？（三）幸福奈何能与德性相称，至善若何可能？唯其有此三种问题，故有三种假设：（一）意志自由，（二）灵魂不灭，（三）上帝存在，是已。易辞言之，欲谓意志能自决以趋赴于道德，必有意志自由之前提；欲云至善可以达到，乃属可能，则必先承认灵魂之不灭，上帝之存在。此等假设，非知识之事，吾人对于自由、灵魂、上帝，无充分之认识，以云一无所知，未尝不可；但于实行方面，确有此种需要，无此则道德不能成立，人生漫无归宿。故是三者之假设，纯出于道德上之要求（moral demand），于实践理性（practical reason）之领域内，自有其客观之存在（objective reality）也。兹以次论之：

康德所谓自由，非漫无羁束之谓，尤非政治上所谓之自由，乃意志能自律之谓。夫人处于自然界中，触火则烫手，操刀不慎则割肤，此等现象，一循因果律，必然而然，无例外也。虽然，于理解界中，人类之守道德，谁或迫之，而必令其然？乃纯出于心愿，所谓意志自律是矣。意志既有自律之效，必有自律之能，是意志有自由，不然，安能自律？意志自律，必先有自由而后可，犹言意志自律之事，必先以意志自由为前提，故谓之假设。假设云者，于知识方面无可证明，于道德方面有其需要，而行为实收其效之谓也。请听康氏之言曰：

> 凡生物之具理性者，意志为其行为之动因。此等动因，唯其无待于外，不再见决于他因，故为自由。自然界之必然律，乃一切无理性之类之所守，其动作一决于外铄之因者也。……夫因果之概念，常涵律令制裁之意，盖因定于果，人之通见。故自由必非无律之谓，但指与自然之律令分立而已。夫自由之因，正合于不变之律，特其为律，异于寻常者耳。且脱乎律令，自由意志辄无意义。今夫自然界之必然律者，动因复受制于他因之谓也，盖其因苟不受制于他因，则并其果亦莫致矣。然则舍意志自制自律之外，自由更何指者？今谓凡意志所行所施，皆自成律例一语，犹云行为应遵某种规则之不失为普遍之律例者也。是乃断言命令之公式，道德之原则。是故自由意志，实等于意志之合于道德律者耳。(Watson, *Selections from Kant*, pp. 250-251)

但康氏所谓自由，独限于超越世界已也，于经验世界，固无自由之可言。行于经验界中者，只有因果律，前因后果，秩序井然，绝不见有自由在其中也。唯意志之自决，之服从道德律，乃出于自由，无人强我使然，亦无人阻我不使然；顾自由止于此矣，不能更进，而侵入经验界半步一武。例如杀身成仁，我之心愿，我有自由行之；至以刃加诸颈，而欲不死，则非我之所能，于此我无自由，必受因果律之制裁矣。康氏之言曰：

> 夫某事由于某因云者，含义有二：或由自然界之因，或一出于自由而已。自然之因果云者，盖谓于感觉界中，某境与另一境相连，一先一后，而后之接前者，一循固定之例。今夫现象之因果关系，以时间为条件；且前境不能久已有存，苟如是者，则所致之果，不必今而乃见也。是以一事物之因，必亦有所自来，故揆以悟性之原则，因上更有因焉。自由云者……某境之自致，不受外铄之力之谓。此等之因，其上别无他因，以决定之，不若自然界之因上有因，而成时间之先后者。由是观之，自由乃一超验之意象，盖其中不涵经验之成分，一也；其对象不待决于经验，二也。夫一物之存在，必有其因，通例也；不然，安有经验之可言？诚以此因必有所自来，故必另有因在。如是，则经验之范围，不论其广至于何极，所包终不过自然之现象而已，因果关系之大全，末由见也；于是理性为创自致之观念，以示其能肇动于自身，无待决定于他因，一若自然界之因果律者然。（Watson, *Selections from Kant*, pp. 182-183）

人生之目的在至善，至善乃德性与幸福兼全之一物。幸福以德性为最高条件；易辞言之，唯德备者，乃具幸福之代价，幸福乃有价值，始得称为至善中之一部分。德备云者，意志无纤息不合于道德律之谓，以吾国旧语言之，"无过"之谓，西语谓之"成圣"（holiness），此唯造物主宰能之，非人之所敢望也。虽然，人生既以至善为目的,而德行乃至善之最高条件,然则此固人之所孜孜矻矻以追求者也;顾此非旦夕之事,今生未必能达,唯期于来世而已。夫既有所望于来世,则必先假定灵魂不灭,不然,何来世之可言?故康氏有言曰:

> 意志之对象……至善之实现是矣。至善之最高条件,乃在心意与道德律完全吻合。此等吻合,必属可能……盖达此对象,乃道德所加于我之命令也。今夫意志与道德完全吻合,是为成圣,其完全之度,非有理性之物,在感觉世界内,于任何时间中之所能者也。顾成圣于实行上视为必须,其可能存于无穷之进展,以趋于意志与道德律吻合之境。是故实践理性必令我假设有此进展,以为吾人意志之真实对象。此等无穷之进展,必先假定吾生之无穷,能保其人格于无尽期然后可。此即吾人所谓灵魂不灭矣。必先假定灵魂不灭,至善乃属实践上可能之事。由是观之,灵魂不灭与道德律,两不可分者也。是乃实践理性之假设;易辞言之,命题之不可以理论证,但赖先验而自明之实践律以为根据者耳。(Watson, *Selections from Kant*, pp. 294-295)

人生之目的为至善,至善成于德性与幸福之兼全。必有德性以为幸福之代价,幸福必与德性相称,然后乃达至善。顾德性属于理解界,幸福属于感觉界;前者范于道德律,有自由,后者囿于因果律,无自由,但必然而然耳。然则两界俨若鸿沟,奈何而能调和?德性若何而能自行其是,不背于自然界之因果律,而得相当之幸福?幸福如何——本其自然界之因果律,而与德性相剂相称?人自为之耶?顾人无此大力,非所能也;能之,唯宇宙之主宰乎!于此则必假设上帝之存在。此等假设,所以使感觉界与理解界调和,幸福与德性相合不背；易辞言之，所以使至善为可能也。请听康氏之言曰：

> 道德律所使我假设者，匪宁灵魂不灭已也，且亦上帝之存在焉。盖此等假设，所以示幸福之若何能与道德相称；夫幸福者，至善之第二要素也……幸福之为物，有理性之人类，处于现世之中，毕生有欲必遂，有志必逮之一境也。是故必先假定自然与其目的，以及所决定其意志之根本原则，能相调和。今夫道德律——自由人之律——贻我一切行动举止，一本于内心之动机，与自然界完全分立，即自然之律例，与欲望有不调和处，亦所不恤。顾人之立于斯世，不操其机械，不为自然界之因。然则对于斯世之一分子，而不能独立之人类，责其道德律必与幸福有合，而幸福必与道德相称，殆无是理。何者？其意志不为自然界之因，无力以使自然律与行为律完全调和故也。虽然，于纯粹理性之实践问题——至善之追求——此种联合，乃假设以为必须者也。夫人既应促至善之实现，则至善必属可能。于是必须假设自然之总因，与自然分立，而复有以使幸福与道德适相调和。……吾人既可假定一有所本之至善，抑至美世界，则亦必假设一原来之至善，上帝是已。今者促至善之实现，吾人之天职也，故其可能之假定，乃属天职上所必须之事，非但在所许可已也。至善之可能性，唯于上帝存在之条件下，始能成立，故至善之假定，与天职息息相关，不可或离；易辞言之，承认上帝之存在，乃属道德上之必须。(Watson, *Selections from Kant*, pp. 296-297)

于实践理性中，有此三种假设，然于知识方面，毫无所补；易辞言之，是三问题，理想理性（speculative reason）莫能解决。故康氏有言曰：

> 从实践理性中之假设，吾人乃得某种概念，理想理性之所尝发为问题，而不能解决之者。（Watson, *Selections from Kant*, p.298）
>
> 关于灵魂，可理解界，与无上主宰等自身，实践理性不能供我以理论上之认识。（Watson, *Selections from Kant*, p.299）

虽然，是三者于道德方面，有其需要，行为之间，有其效用，其于人心，成为信仰，牢不可破；故康氏曰：

> 尽人之智慧，无足以了解灵魂不灭，上帝存在之如何可能；顾其实在，虽不思之徒，亦且服膺不失，纵诡辩之术甚精，亦不能夺其信仰也。（Watson, *Selections from Kant*, p.300）

释黑格尔哲学中"有"等于"思"之义

黑格尔之哲学——形上学——系统伟大，无所不包，迹其源泉，则一部哲学史耳。黑氏于哲学史非常精熟，故前人之学说，皆能吸收，然后以自己之方法，为之结构，以成其系统。以其大而显者言之，其一元论，实受希腊巴门尼底斯（Parmenides）之影响；其唯理主义，实源于柏拉图；其变之观念，则得自哈拉克赖图斯（Heracleitus）；而其进化主义，则蒙启发于亚里士多德者也。此乃哲学史之问题，不俱论已。

从来讲形上学者，其职志在解宇宙之谜。凡从事乎此者，有一中心之问题焉：宇宙之最高原理为何是已。于是有人以为原理可于因果之中求之，但能发现第一因（first cause），则宇宙一切秘密，前此所不可知者，今悉迎刃而解矣。此辈之徒，其意可嘉，而其所出之途，则恐有迷失也。何则？宇宙种种现象，倘据果以求因，则必上溯于无穷，而所谓第一因者，终不可得。此其困难一也。纵令可得，尚有困难在焉。夫就事求因，其意云何？亦曰解释之而已矣。然则一事知其所以然之因，则其事乃解，无或疑也。夫第一因之义何在？非曰自致其然，别无他物以为其因者乎？然则是第一因者，乃不可解，不可解，是不可知。夫以不可知之物，为解释宇宙之原理，无乃虽有而若无，虽解而犹未尝解乎？此其困难二也。且因果之事，或有空间之彼此（here and there），或具时间之先后（now and then）。前者犹以棍撞球，棍撞因也，球动果也，是空间中之因果关系也；后者犹农夫之耕，农夫春种秋获，种因也，获果也，是时间中之因果关系也。夫范于时间与空间者，皆具体之事物，换言之，特殊个别者耳。以特殊个别之事物，解释宇宙一切现象，为其普遍原理，是乌乎可？此其困难三也。

第一因既不足以为宇宙之根本原理，黑氏遂别出心裁，更求其他以当之。其所认为原理者，理性（reason）是已。理性乃宇宙本体，即造物之主宰，所谓上帝者此也。以理性为宇宙根源，是宇宙一理而已，随处皆理，故学者称为泛理主义（panlogism）。顾此理性，非尔我心中之推理作用，乃屹然自存，既不宿于吾人之心中，亦无待于认识而始有。且亦自行发展，变化无穷者也。总其品德，有如下列：

（一）自存（self-existent）。既为宇宙之根源，则万物皆出于彼，而彼则无所自出。其存自存，不因其自身以外之物而得其存在。

（二）自定（self-determined）。凡属最高原理，其条件有二：㊀可以解释一切事物，㊁能解释自身。此两条件，唯理性具之，而于后者，尤属难能仅有者也。盖舍理性而以其他为最高原理，则最高终等虚语，何则？原理之上，更有原理，高上有高，最上有最故耳。夫问此屋此书之理何在，抑善恶美真之理奚属，固可通也；若问理之理为何，岂非矛盾，而成笑资？故曰理性自解（self-explanatory），自解之为言，自定之谓也。

（三）普遍（universal）。凡原理必非物，原理为物，则拘于时空，不能成普遍。物皆有理，理在物中，所分为理为物者，亦赖提摄（abstracting）之功，即物而提摄之，取其理之部分，而专言之耳。凡所提摄，莫非普遍，故理性普遍。黑氏之发现此理性也，由于逻辑之推论，故以理性为宇宙之最高原理，实属逻辑上之必要（logical necessity）。据此以为根源，宇宙森罗万象之所自出，其出也，犹逻辑之逐层推演，必然而不可免也。其所谓上帝，亦正此耳。

以上既将理性之性质，模略陈之，此下请入正题，释"有"等于"思"之义。黑氏之作哲学之冥想也，以为欲知宇宙之谜，必先探得其根源。思索结果，发现理性焉。是理性者，得自逻辑之推演，成逻辑上之必要。既得之，遂据之以推知万物；万物之出也，以此为大前提，然后逐层推演，以呈今日之奇。由是观之，是理性者，实即造物主宰，所谓上帝是已。上帝亦称绝对（the absolute）；上帝未创宇宙之先，具有范畴（categories）：意念（idea）、自然（nature）、精神（spirit）是也。意念存于己，发于外而成自然，二者合而复归于己，乃成精神。故虽三而实一，皆自意念推演而来；其间之相递，以对演之法（dialectic process）为枢纽。黑氏以此三段式之对演法，贯通一切。最初三段之中，每段复分为三，长此三三，可至于无穷也。此非兹篇所能详，所待知者，在其意念一段之所分为有（being）、为义蕴（essence）、为概念（notion）而已。主宰造物之先，其意念之中，固存"有"之概念，是"有"仅概念而已，未成物也——形相，色相，及一切相，举皆未具，混然一"有"而已。"有"之概念，向外表现，由虚趋实，由晦而显，由浑而定，于是义有所归，相有所附，而万物生焉。万物生而日臻完备，而精神作用（如人及其社会国家种种之精神组织）起。由有而义蕴，而概念，其间实含如此变化，变化之由，对演之法有以使然也。

宇宙之森罗万象，不过造物胸中一念之动，故万物实理性之表现。有等于思，其故一也。

希腊之埃理亚学派（Eleatic School，巴门尼底斯即此派之巨子），尝倡宇宙唯一"有"之说。以谓宇宙之变化无穷，新奇百出，皆属感官之幻象（illusion of senses），非真也。真在（reality）唯"有"而已。"有"非感官之所得知，赖理性之力以审识之；不范于空间，不拘于时间。由是观之，此派之徒，既知分感觉（sensation）与理性（reason）为二事，现象（appearance）与真在（reality）为两物，盖无疑矣。

柏拉图之说，以视埃理亚派，更有进焉。柏氏从分析感觉入手，以为徒感觉不能使人有所知，必有概念然后可。夫举目见一平铺之物，其形方，其色白，而名之曰白纸；是白纸者，乃吾人所加于外之种种概念（concept）——白也，方也，皆概念已。概念悉属普遍，何则？盖物之白者不可胜数，而方者亦复若是。吾人一言及白及方，即以所言之物，归诸白与方之概念之类之中。故吾人每识一物，其物不过一群之概念（a group of concepts），加诸外而使其实现化（objectified）耳。使吾人而不以彼白而方者为心中之幻象，而认为确有其物，存于心外，则概念固有外在之性，换言之，心中之概念，可以使其实现化。然则"有"等于"思"，岂不诚然？此其故二也。

揆以上之所言，物赖概念而存；物现象也，概念真存也；物特殊，概念普遍；然则径谓物生于概念，特殊出自普遍，可也。职是之故，柏氏设为概念世界（world of ideas），世上一切事物，皆出乎是，分得其精蕴（participate its essence）而成物。此柏氏之所以号为唯理主义者也。黑氏之以理性为宇宙根源，上帝为造物主宰，其意亦本此耳。

黑氏"有"等于"思"之义，其受启发于希腊哲士者，有如上述。其蒙暗示于近代哲学，亦有可论者焉。康德之讲知识，以为经验之先，人心具有若干范畴，是范畴者，普遍之格式，人操之以观物，无往而不利。无之，则经验不成，而宇宙之秘密，并万一而亦无从窥测，是乃必要者也。顾康氏之范畴，乃属诸心，所谓主观者耳；黑氏则一变而为客观之本体，于人心为独立，是其创见之所在也。

康氏之所谓物自体（thing-in-itself）不可知者，于黑氏乃矛盾之观念。何则？既不可知，安知尚有物自体者？物之为物，悉在吾知觉之中。知与物不可严分甸域，主观与客观莫能谨划界限，二而一，一而二也。然则所谓物者，悉与心思相对，故曰思等于物。此其故三也。

"有"者知觉中之"有"，知觉之外，虽有而若无。物与知觉无关，则无以为物。知觉与"有"，永不可分；主客二观，终能辨。使知觉之外尚有物在，则其物必不可知，是又陷于矛盾之弊。

康德实践理性中所谓自由与柏格森之所谓自由其异同如何？

欲答此问题，必先将二家学说之要点，略为说明：

（一）康氏学说之要点。

康氏之哲学，有三大部分：㈠真——认识论，㈡善——人生观，㈢美——美术与价值等问题。本篇范围，限于第二，即人生观中问题之一。顾氏治学，从认识入门，此中所得之真理，遂以应用于一切；故谈伦理问题，不可不先悉其认识上之主张如何。认识论中有一根本问题：吾人研究一物，目的在求知其真相。所用之工具，为认识之能力。然则此种工具，其能运用无阻，换言之，认识之能力，果能深入一物之真际，而窥其本相乎？康氏以前之哲学家，如休言，有一答案曰：不能。其理由如下：吾人认识之所接者，止于纷呈于感官之森罗万象而已。是皆旋生旋灭，无有秩序可求者也。于是作为结论曰：经验界中之一切，举无条理可寻，无不变之物，无必然之事。一切莫非片段零星之印象而已。康氏固亦承认此点，特"不可则止"，彼之所不甘心耳。于是进求秩序于经验而不可得，其惟退反诸心，庶几尚有出路乎？探索之中，发现心有范畴，范畴不变，而具必然之性。是范畴者，心之所固有，不得自经验者也。执范畴以观物，犹操模型以铸钱；范畴，模型也，物，铜铁也。物象入范畴而成知识，铜铁入模型而成钱，其机悉操诸我；故知识为我所构成之知识，钱为我所铸成之钱，其在自然世界，固如此否，我不可得而知也。故有物如（thing-in-itself）不可知之说。一切知识，不过物象与范畴凑合后所生之结果耳。范畴与物象相对而言，则范畴为式型（form），物象为质材（matter）。于是康德研究之结果如次：㈠ 向前求之于经验世界，所得止于乱杂无章之现象。㈡ 向后求之于心，则发现有固定之条理（式型），是条理者，不得不认为本体之一端（其全虽无由见，其隐约之态，因可由内心之式型窥其一二）。

以上既将康氏关于认识论之主张，模略陈之，此下请及其伦理上之见解。认识之事，于知觉界（the sensible world）中，不能得可靠之条理，唯理解界（the intelligible world）中有之，是为纯粹理性（pure reason）。行为之事亦然。行为之中，不过种种之动作而已，欲得条理，亦必求之于心（即理解界），所得者，实践之理性（practical reason）是已。纯粹理性以先验之式型（a priori form），摄乱杂无章之经验；实践理性以自定之意志（self determined will），范盲动不规之行为。顾先验之范畴，必有所对待，后验之质材（a posteriori material）是已，故其为用，尚有限度；自定之意志，则无待于行为，故其用为绝对者也。知识之对象为自然界中之事物，因果律行乎其中，有"必然"而无"应然"。道德者，"应然"之事也，故自然界中无道德之可言。然则道德将乌乎求？曰：于理解世界中求之。理解世界超乎经验之上，故道德先验之事，道德律先验之律令也。唯其超乎经验之上，故无具体内容，而仅为一种格式，可应用于任何人、任何时、任何所。道德无目的，换言之，以自身为目的；故其律令为"无前提之训条"（categorical imperative）。苟以他物为目的，如快乐、功利、幸福等，则此种道德所出之律令，不过"有前提之训条"（hypothetical imperative）耳。道德上之训条，立于人心之自愿，换言之，人之意志，甘心作茧作缚也。故道德者，绝对反乎人欲之事，行善必须自觉自制，苟顺性而然，则无善不善，道德不道德之可言。

（二）柏格森学说之要点。

柏格森之学说，与康德有根本之不同，不同盖在出发点——康氏以认识论为出发点，而柏氏则以形上学为出发点。康德之问题，柏氏所不讲；柏氏之问题，亦康德所未曾论。柏氏之讲形上学，又有其出发点焉，曰：生命是已。氏以为宇宙虽森罗万象，要皆出于一源。一源惟何？生命之冲动（vital impetus）是矣。于是柏氏遂据此理以讲进化。按世之讲进化者，迹其远始，实胚胎于希腊之额勒克拉图（Heracleitus）。盖额氏主万类无不变之说，变，进化之根本观念也。虽然，其创为有系统之学说，著书以诒后世者，厥自达尔文始。顾达氏之讲进化，限于生物而已；引申其说，以释宇宙一切现象者，则斯宾塞其人矣。要之，自达尔文以至斯宾塞，进化学说，皆所谓机械式者耳。前因后果，代代相缘。天之所覆，地之所载，止此而已；其变化无穷，日新月异者，莫非以所固有，变其组织。柏氏则不慊于斯达二氏之说。彼谓宇宙进化，断非止于变其组织于固有物质之间而已。盖代有创新，而其所创，绝非隐伏于前代，发现于今时，如亚里士多德（Aristotle）所谓储能（potentiality）与效实（actuality）者然。其来也，不可预测，更不拘于因果律。柏氏以谓宇宙之万物，其种类之高低，于进化历程中，不若梯之逐级上升，乃同源之分枝而已。以图表之，有如次者：

㊀柏氏所不赞同者：

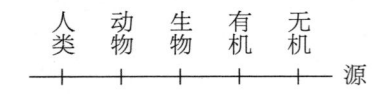

```
人    动    生    有    无
类    物    物    机    机
├─────┼─────┼─────┼─────┼──── 源
```

(二) 柏氏所主张者：

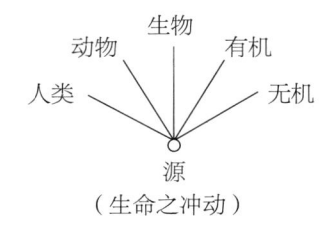

```
        生物
   动物   |   有机
     \   |   /
  人类 — · — 无机
         |
         源
      （生命之冲动）
```

宇宙之森罗万象，皆此生命冲动之爆发，万物其爆发后之灰烬耳。爆发无已时，故宇宙之进化无穷。顾其爆发之中，无因果可寻，顿去突来，无可推测者也。科学家对于宇宙之解释，为求因果关系，不过追其已经之痕迹耳。是皆人类智慧（intellect）之作用，以自求方便而已。唯智慧不能窥宇宙之真相，必有待于本能（instinct）而后可。本能对付方生之冲动，智慧对付已死之陈迹；本能有事于实物（concrete things），智慧从事于提摄（abstraction）。柏氏对于宇宙之观察，示有适当之方法，方法惟何？直觉（intuition）是已。直觉之为言，感通（sympathy）而已。唯此乃足以窥宇宙之根源，生命之秘奥。直觉实兼本能与智慧之长，而去其所短——有智慧之明察，而不分析过度，有本能之直截，而不偏于一曲。

以上既将康柏二家学说之大要，模略陈之。以下所为，则在比较二氏对于自由（freedom）之观念如何。

康氏对于自由之界说，可分正负两方面陈之；㊀负方面意志无所障碍，脱离外界一切束缚之谓。㊁正方面——意志自主（autonomy）、自断（self-determination）、自律（self-legislation）之谓。柏氏对于自由之界说，则大异于康氏。柏氏之自由，乃宇宙变化，不可预测（unforesee ability），偶然无定（contingency）之谓。

二氏对于自由之界说既明，以下从事比较：

（一）康氏之自由为伦理的，柏氏之自由为玄学的（metaphysical）。

何则？柏氏之全部学说为玄学，其所谓自由，乃宇宙根源——生命冲动——爆发之表征。康氏则唯伦理范围有自由之存在。而伦理范围，于彼又分为两方面——式型与质材。道德律，式型也，行为，质材也；而自由复限于道德律之规定，换言之，意志之自律而已。

（二）康氏所谓自由之范围狭，柏氏所谓自由之范围广。

柏氏之自由，及于宇宙全体；康氏之自由，限于人事之一曲，更退而限于意志之自律。其间之广狭，于此可以见之矣。

（三）康氏之自由为假定的（postulate），柏氏之自由为绝对的。亚里士多德曰：人者政治之动物；吾意康德亦曰：人者道德之动物。人生而有道德之观念，此等观念，非得自经验，唯人自觉之（self conscious of it），不能求证明于经验。顾道德之成立，必先有所假定，假定有三，自由其一耳（自由之外，尚有灵魂不死与上帝存在之假设）。无自由，则道德无以立。何则？道德，意志自律之事，意志苟受外界束缚，而无自由，则唯任性所之，受自然界因果律之支配，安能自定法则，以自行约束耶？故即道德之自觉，已足以证自由之存在矣。至于柏氏之意，则宇宙之森罗万象，变化无穷，莫非生命冲动之爆发，其爆发也，即自由之表现，如此而已，绝无范围与制限，其为绝对可知。

（四）康氏之自由，限于人类内心；柏氏之自由，则遍于自然界。康氏以为自然界中，只有因果关系，无自由之可言，自由乃人类内心之所独有。自然界有必然（necessity），而无应然（ought to be）；前者因果之事，后者意志之事，自由，意志之第二身也。柏氏则不承认自然界之因果律，以为此乃人类智慧所假造，以自求方便，以解释已然之陈迹而已。其实宇宙真相，何尝如此？宇宙浑然一动，生生不断，变化无穷，岂可宰割分裂，成为零星断片，如因果律之所诏示者然？

读柏格森哲学后几句毫无价值的话

予天资鲁下，而不善用功，致大学四年光阴，悠忽间行将度过；虽列名哲学系，为一主修生，然自问对于哲学之所知极浅，实无以对师长也。本学期从张东荪师听讲，题为柏格森哲学。听讲四阅月于兹，中间虽将柏氏所著之《时间与自由意志》(*Time and Free Will*)一书，读过一遍，然对于柏氏之思想，尚未能得万一之了解，况敢有所批评乎？其间所提各点，多于课堂上，已经师友讨论者，席人之基，惭愧无地；间亦略加己见，空虚妄道黑白，尤所不宜；望吾师友，其共谅之。

（一）柏氏思想，有一统贯趋向：反对科学是已。氏以为科学所讨论之问题，皆抽象的；名为研究自然界之对象，其实只限于试验室内所限定之特别环境之下，寻其固定不变之因果关系，其成绩固极可观；然苟无限定之特别环境，直接趋入素朴之自然界中，则恐实际情形，未必如是简单，而因果关系，似亦不能若是之显而易见。故科学之所研究者，无非习惯的（conventional）、人为的（artificial）对象，揆诸实际情形，不如是也。

此意诚是，科学上所研究之问题，确多抽象的；且科学愈发达，其问题愈抽象，就今日之物理学观之，适如是也。故今日吾国一般学科学者，动辄攻击哲学为谈玄，殊不知科学之谈玄，其去哲学几希；例如今日物理学之新假设（hypothesis）、新学理（theory），皆尽玄妙之能事，且往往以数学公式表之，直论理上（logical）之推论

(inference)与组织(construction)耳；然则非科学谈玄之铁证乎？

然柏氏之攻击科学，似亦不免无的放矢之讥；盖科学固未尝否认其所研究为抽象的，其研究之报告出，固已详细叙明限定某种特殊环境之下，乃得某种结果，固未曾做概括与混沌之说明；是则科学之精神，即亦其长处；凡欲成精密之学问，固莫不如是也。至于应用科学(applied sciences)之切于实用，是乃科学之小部分耳，未足以代表科学；严格言之，应用科学，实非真科学也；真科学不以实用为前提，乃以"真"(truth)为前提，其方法为分析的、抽象的；然则以抽象讥科学，亦失慎之故耳。

虽然，柏氏之讥科学，固亦不无价值，其价值乃在反面(on negative side)。世有自然科学迷者，以为自然科学，无所不知，无所不能，包括宇宙一切。宇宙一切，以自然科学解之足矣；其他学问，如哲学宗教等，皆置之不讲可也。其实此乃不通之论也，夫宇宙乃多方面的，其秘密府库甚多，非一钥所能启发，有赖分工研究，非一门学问所能胜任者也。关于物质方面，自然科学既任其劳矣；其他方面，尚有待于别门学问，以分工也。就物质方面，自然科学，复分为若干门，如物理、化学、生物学等是也；盖科学愈发达，则所分之门类愈多，此自然之趋势也。今欲统宇宙一切，于自然科学之下，吾知自然科学，必拱手称谢，谓鄙人不能独胜其任，请另选贤能也。且此举最背科学原理，盖科学极重分析，原来一物，科学且分为数段，以便研究；今欲将已分之物，而强合之，以纳于科学之门，无乃太不惮烦矣乎？

（二）柏氏以精神生活为"真"，物质生活为受外界环境逼迫之结果；良知良能(instinct)，精神生活之工具；精神之反观(to reflect)，在乎直觉；故生命(即精神生活)也，良知良能也，直觉(intuition)，皆"真"也。反之，从对付环境，物质生活中，所产生之工具，智慧（intellect）是也。由智慧而产生语言文字，与一切科学。智慧也，语言文字也，科学也，皆为对付环境之工具，故伪。人类往往眩于灿烂光明之文化，而忘凡此一切，皆己之出产品耳。为自己生活方便所创造之文化，而认为实在（reality）、生命（life）向外发展之结果，反而支配生命；宾夺主位，附庸蔚为大国，其亦可悲也已。故为人类计，无如时时反观（reflect），毋忘自己本色；且宜抛弃物质生活，反于精神生活。

窃谓人类之有智慧，乃生物进化之结果，人类之所以别于禽兽也，奈何弃之？且抛弃智慧，势所不能；如老之教人复古反朴，其难正犹导江河之水，而使之在山也。夫人之智慧，固未可以言完备；但人不能离环境，对付环境，非智慧之以而何以？柏氏谓语言文字，不能尽达人意，此诚实情；然语言文字，可随文明之进步而变迁者也；试观科学发明之后，有几许新术语发现；交通便利之后，各国之语言文字，皆互相影响；吾国今日，正在此情形之中也。君看与外国交通以来，吾国文字之变迁为何如？虽今日未能称为完备，适用于科学昌明之世界中；然数十百稔之后，吾国必有适用之语言文字，则无疑也。

柏氏谓心理状态，语言绝不能表之。例如凝立不动：甲之凝立，为心中有所思索故，乙之凝立，为闻友人死而悲愕故；二人之凝立，其心理状态不同，而语言上皆以凝立二字表之，不闻前之凝立，有何专辞以别于后之凝立也。夫人欲察己之心理状态，唯以直觉；欲知他人之心理状态，不能由其语言得之，亦赖直觉；直觉即所谓感通，人之心与我之心相感应，如合而为一也。奇哉柏氏之所谓直觉也！语言文字既不能表人之内心状态，直觉何以能之？所谓直觉，究意如何？实无从揣摩也。夫人类思想之交通，端赖语言文字；即如上文所举之例：甲乙二人之凝立，其心理状态各异，凝立二字不足以表之，然尽可旁伸曲喻，详加解释，以使旁观者了悟；如是而仍不能，则旁观者可以设身处地，推测对方之心理状态；此即语言路穷，求助于柏氏所谓直觉也。故直觉者，或能补助语言之不及处，断无弃语言，专用直觉，而能彼此思想相交通也。质诸柏氏，不知以为然否？

总之，谓语言之用有穷则可；因其有穷，而遂废之则不可。譬如五房只有一子，可谓祚薄矣，然一子犹愈于无也；因一子太少而遂杀之，天下有是理乎？然柏氏之攻击语言文字，亦自有其反面之价值在，盖能教人毋以辞害意也。

（三）科学之长处，在能测量；能测量，然后有准确之结果，可靠之智识。测量之法，在化所研究之对象，而纳之于空间；例如欲量时间，则制为钟表，以其针于空间上之循环，计时候之早晚；欲量气候，则制为寒暑表，以水银于空间中之伸缩，断寒暑之变迁。此真人类文明之关键也，奈何攻击之？柏氏曰：为其尽出人为，而非"真"耳。然则何者为"真"？曰：极朴素之精神生活。然则必掊斗折衡，尽去世间一切文物，而后极朴素之精神生活乃见，乃能无所障碍。苟如是，则人类之始祖，必不胜风雨之飘摇，禽兽之侵略，其亡也久矣；安得有柏氏者，生于今日，而创此惊人之论乎？假令柏氏生于原人时代，可以免于一切文物之眩烁，尽量发展其精神生活矣；然试问柏氏何由得古今之书而遍读之，然后洞见旧说之非，创为新说以代之；创为新说而犹未足，必求所以证明，安得有所谓神经病院，以供柏氏五载之研究？故柏氏之学说，即智慧与文明（civilization）之产品也。非止此也，柏氏谓真挚之思想，至为活泼细腻，不可以言传；然则柏氏何必著书，斤斤为世人道之，何柏氏之不惮烦？且语言文字，不能代思想；则柏氏所笔之于书者虽如此，而其胸中之所念者或如彼，其所言者，未必即其所思；然则柏氏之学说，全部不可信矣，柏氏其承认乎？

斯牧次"全体"进化论之鸟瞰

世之讲进化者，迹其远始，实胚胎于古希腊之额勒克拉图（Heracleitus）。额氏主万物无不变之说，夫变，进化之根本概念也。额氏之后，继起无人，直至近世，生物之学大盛，而进化之说始昌。其承前启后者，厥唯达尔文氏。

顾达氏之讲进化，限于生物而已，引申其说，以解宇宙一切现象者，则斯宾塞其人矣。要之，自达尔文以至斯宾塞，进化学说，皆所谓机械式者耳。前因后果，代代相缘。天之所覆，地之所载，止此而已；其变化无穷，日新月异者，莫非以所固有，变其组织，譬如以木制桌矣，复毁之以制椅，桌之与椅，虽异其形，而其所用材料，则无以异也。

三十年来，有柏格森者，起于法兰西，不慊于达斯二氏之进化学说。彼谓宇宙进化，断非止于变其组织于固有物质之间而已。盖代有创新，而其所创，绝非隐伏于前代，发现于今时，如亚里士多德所谓储能（potentiality）与效实（actuality）者然。其来也，不可预测，更不拘于通常之因果律。

十数稔以还，复有所谓层化论（emergent evolution）者兴。此派不满于达斯二氏之机械的进化说。以为宇宙于进化中，自有新物发现，而其发现，又不若柏氏所谓之突如其来者也。彼分宇宙进化为若干层，例如无机物一层也；由无机物以至于有机物，又一层也；由有机物以至于人类之心灵状态，又一层也。其各层之递嬗，下层实有以使然，非顿去突来者也。而上层确有创新，为下层所未曾有者；且上层实包下层而左右之。以上层统驭下层可，以下层解释上层，则无当也。此说诚上正前人之谬见，下开后世之先河，其成功未有艾也。综观此派，其代表人物有三人焉：英之摩梗（Morgan）、亚力山大（Alexander）与斯牧次（Smuts）是已。三公各有著述，而其代表作，则摩有《层化论》（*Emergent Evolution*），亚有《时空与神》（*Space, Time, and Diety*），斯有《全体主义与进化》（*Holism and Evolution*）。

兹篇之所从事，在略述斯氏之说，至于所根据之书，则其《全体主义与进化》是已。

斯氏英产，出身行伍之间。欧战时，尝率大师战于非洲。其学博涉多通——科学固所精娴，哲学亦多心得。其为学也，以科学讲哲理。其"全体"学说，即以科学之知识，窥宇宙之秘缄。其系统不为不大，其见明，其思精。呜呼伟矣！

一、根本观念之改造

吾人于学理上，有三事焉，绝对分立，不可联合。三事惟何？（一）物质，（二）生命，（三）精神。顾吾人之经验中，三者不无联合之现象。其证正不在远，试问吾人之身，岂非三者之混合体耶？且是三者，大有次第相生之势——生命起于物质，精神起于生命——三者俨成连续阶级。然则谓是三者始终判若鸿沟，永无沟通之一日，殆未可耳。故曰：物质、生命、精神三者，表面上虽若隔绝，究其本根，或有相通之处。居今之世，学子正宜努力研究，以求沟通之道，不可久缚于固有观念之中也。

前此之进化观念（达尔文与斯宾塞派）为机械的。以为生命既起于物质,而精神又从物质演进而来,则宇宙最根本之物,一言以蔽之,物质是已。生命也,精神也,有如树上之花,皆物质之幻影耳。明乎物质之理,则生命与精神,不复有秘藏矣。

由前之道,则宇宙虽变化无穷,新物层见叠出,究其本根,不过固有物质之分合聚散而已。唯其分合聚散,代代相承,故宇宙乃有进化之象。

今日之进化观念,则有大不然者,其异点盖在机械与创造之别。由前之说,则宇宙有新"花样",而无新"产品"。由后之说,则进化历程中,不徒固有物质之分合聚散而已,代有新物发现,于旧有之物质中,断无其储能可寻也。

新旧二说之不同,盖其因果观念有以使然。前之因果观念,为狭窄的。某因产生某果,固定不可移易。果中之物,早为因中之所前定,用亚里士多德之语,则果为效实,因为储能,见于果者,因中早有之矣。故创造之观念无从生,而所谓进化,无非固有物质之分合聚散而已。

今日之因果观念,则有变乎前者。以论性质,则视前者为广泛,而其注意之点,则在"围场"(surrounding "fields"),不若前者之剔除繁芜,专事断节,而置四旁之关系于度外。故创造之观念,应势而生,而进行历程中,代有新物发现,绝非前定者也。

复次:今世为学之法——科学之利器——最重分析。每一事物,必先分析,然后综合之,以观其全。此诚窥探宇宙神秘之不二法门。顾亦不无流弊,是又不可不注意也。(一)分析时不免有所遗漏,于是综合时,其物遂不复保其故态,而失真矣。(二)分析往往一去不复返。或迷其综合之方,或以综合为莫须有。因认所分析之分子为真物,而以其物之原状为虚妄矣。是二弊者,学子所不可不察者也。

二、"全体"之根本概念

物质、生命、精神三者，于学理上，虽有分明之区别，而异其概念；于经验上，实有互涵之势，必有共同原理，为是三者之所同本。是之原理，即斯氏之所追求者也。

对于宇宙之秘藏，人类不能自已于窥探，要不出于两途，哲学与科学是已。前者从事普遍原理（general principles）之追求，后者从事特殊事实（particular facts）之研究。二者相互为用——徒具原理，而无事实以为例证，则蹈于空疏；徒具事实，而无原理以贯通之，则事实自事实，无补于人类之知识。斯氏有见于此，故其寻求普遍原理也，即以此为准，不令原理流于空疏，必与事实吻合而后可。

斯氏以为遍观宇宙一切，有共同趋势焉——万物趋于"全体"是已。下自草木金石以至于人类，再进于社会国家，与夫理想（ideals）艺术（arts），莫非"全体"。以电子原子之微，社会国家之大，金石草木之质实，理想艺术之抽象，皆以一理贯之，"全体"是已。宇宙之进化，即此"全体"趋势之实见，从最低级以至于最上级，代代相沿，无有止境。电子而原子，原子而分子，以至于累累之物质，扰扰之人生，皆为全体之演进。其级弥高，则其为全体也弥显，而其内力与动作（intrinsic energy and activity）亦弥大，其中之部分，益能分功合作，以达共同目的。

综观宇宙一切，其进化之历程（全体之演进），可分五大级焉。请以次列举如下：

（一）物理上之混合（physical mixture）。其全体之结构最昧。其中之部分，不失其分立之特性（separate characters）。

（二）化学上之组合（chemical compound）。其全体之结构已显。其间各部分分立之特性，已不易见，而受"全体"之动作与功用（holistic activities and functions）之支配。

（三）有机体（organism）。全体之结构益显。其联合之功用（unified functions）愈能支配其中之部分。甚至中枢之统治者兴焉。较高之动物，如牛羊犬马是已。

（四）心灵（mind）。其中枢统辖机关，有知觉之能，自由之权，创造之力焉。综观万类，共唯圆颅方趾者之所有乎！

（五）人格（personality）。自开辟以至于今，人格为最高之"全体"，进化之最高阶级。前程虽无止境，然非吾人之所能知也。

全体之趋势，即创造之趋势也。各物之自身，皆有创造之力。譬如氢气之分子与氧气之分子，唯其有创造之力也，故二者合而成水；此其"全体"趋势之表现也。既成为水，水之自身，复有创造之力，"全体"之趋势，于是入动植物之体中，遂为细胞之一部分。如此类推，可见每级所组成之"全体"，莫不各有其创造之力，与夫"全体"之趋势也。

各"全体"皆有其围场。围场之所及，实兼现在、过去、将来之三时期。每言"全体"，必兼及其围场而后可。所谓一物之围场，非外物之加乎其中（not something added to the thing）者也。盖其物之牵延性，在吾人经验上感觉范围之外者（the continuation of the thing beyond the sensible contours of experience）是耳。设在南方制桌一具，然后移至北方，则见其缩；复移于南方，则渐伸如故态。此无他，气候之冷暖燥湿，有以使然，然则气候为此桌之围场矣。请再以小儿为喻，其现在之家庭环境，固莫逃其为此儿之围场；而未生时其父母之身体习惯等，又皆此儿之围场，是其过去者也；而此儿日后之事业等，亦此儿之围场，是其将来者也。其先天之环境，固有以影响此儿；而合其过去与现在，又可影响其将来也。然则是三时期者之为此儿之围场也,固显而易见矣。

综上观之,宇宙乃"全体"之制造厂,日新月异,无时或息。其性质为创造的,非若机械论所谓之分合聚散而已也。

三、"全体"之功用

前节谓哲学重在追求普遍原理,以解释宇宙。万物趋于"全体"之说,即斯氏所用之普遍原理,以解释宇宙者也。顾所谓"全体",非徒原理而已,盖即结构也。故氏为"全体"立为界说也,则曰:

> 全体者,部分之组合或结构。其结构益趋于精密,浸至影响及于部分之功用与动作,使其益臻于团结之境,愈形其全体之态。(斯牧次《全体主义与进化》,页一二五)

既具结构,必有功用,盖二者相随而来也。故论"全体",不可不知其功用。斯氏之言曰:

> 全体者,显然关于部分之结构,及功用之调理(regulation)与合作之能力也。(斯牧次《全体主义与进化》,页一二五)

"全体"之功用,可分数层论之如下:

(一)"全体"为创造之根源。宇宙自浑沌初开,以至如今之文物灿烂,创造无时不行乎其中。创造奈何?全体之实现是已;其实现也,以级相承。故进化之全程,以"全体"为枢纽。下自无机之原子、分子、有机之细胞、机关(organism)、草木禽兽,以达于人类,逐级有所创新,要皆全体之实现使然也。

（二）全体为有机体之要件。有机体之要素三：㊀ 组织（organizing），㊁ 合作（coordinating），㊂ 调制（regulating）。组织者，各部分之联合也；合作者，各部分间分功之事，以完成其共同之目的也；调制者，各部分中单独动作或功用之制裁，使其不碍于共同之目的也。是三者皆以实现"全体"为准。至于高等动物，则"全体"之趋势益显，中枢统辖之机关生焉。是之机关，神经是矣。神经之为用，即所以使有机组织，益臻于"全体"也。

（三）"全体"为宇宙之根本动作与范畴（categories）。宇宙之范畴有多种：㊀ 物理的（physical），㊁ 化学的（chemical），㊂ 有机的（organic），㊃ 心理的（psychical），㊄ 人格的（personal）。动作亦仿此。然推根究源，唯"全体"之一范畴而已，向所举者，莫不出乎是也。

（四）全体为形上之事物之所从来。宇宙间一切结构，不论其为有机无机，皆以全体为范畴；至于形上之事物，如价值（value）、爱（love）、美（beauty）、善（goodness）、真（truth）等，亦皆全体也。"全体"乃精神世界与理想世界之根基与原理。吾人之认识之也，以"全体"之理，其解释之也，亦以"全体"之理。

四、心灵与人格

于进化历程中，有三大结构焉：（一）原子，（二）细胞，（三）心灵；是三者即进化之三大阶段也。原子为无机体之始基，细胞为生命之始基，至于心灵，则为人格（personality）之枢纽，与夫一切抽象之事物——如价值、理想（ideal）、爱、美、善、真等之根源也。

心灵来自二种趋势：（一）继有机体之共同趋势，（二）完成个体（individual）之趋势。有机体之共同趋势为何？曰：调制、合作是已。心灵亦无所逃斯二者，且其效益显，而其用益备。统观万物，愈下则个体愈昧。金银可冶于一炉而成器，树木可互接而成株，至于人，则我自我，尔自尔，虽彼此之思想，能互相影响，要皆各有主张，尔我至为分明。故进化至于心灵，其个体之发达，可谓至矣。

物质方面，心灵之演进，可得而言焉。迹其远始，无机物之紧张（tension），实心灵之胚胎。浸至最低级之动植物，如亚米巴（amoeba）、含羞草等，触之皆有反应，反应虽微，其为心灵之前期也固矣。积渐发达，由被动以至自动，进化之一大级也。至于人类之心灵，则自由生焉，其调理之能，合作之力益备，而个体之发达至矣。

故就广义言之，心灵与生俱来者也。唯物论者之以身体（body）生心灵固谬，唯心论者之以心灵生身体，亦无当也。顾心灵虽与生俱来，然有赖于生命以养；其发达之程度，与生命相比例，是又不可不知者也。

心灵虽有待于生命以养，然反而控制生命。唯其能控制生命也，自由生焉。且身体一调制之系统（regulative system）也，心灵寓于其中，而操制驭统治之权焉。故曰：自由（freedom）之权，杞柳（黏性，plasticity）之性，创造（creativeness）之能，三者乃心灵之关键也。

虽然，是三者不过限于个体发展（individual development）之一方面耳，犹未足以见心灵之全部也。尚有其他方面，理性是已。理性者，心灵之所用以与宇宙其他"全体"相见者也，于是心灵成为宇宙大系统（universal order）中之一部分矣。夫绝对之个体，世上殆无其物。个体之自觉（consciousness of the individual），端赖有社会人群与之相形相较。个体之观念，实因之而弥著，是则不可讳言者也。

心灵之围场，亦不可不注意也。围场有二部分焉：（一）光明之部（illuminated part），（二）潜伏之部（subconscious part）。光明之部为自觉的；潜伏之部为非自觉的——举凡遗忘之经验，与夫先天之遗传，种族之特性等皆属之。潜伏之部，虽为非自觉的，然于人生占莫大之势力，是非之心，好恶之情，与夫性格之倾向，皆于是乎断！心灵不徒负过去之背景而已，实亦预包将来。心灵立为志愿（purpose），以窥将来，改造现在环境，以趋理想中之将来。唯心灵之有志愿也，正足以见其有自身解放之能力，自由在其中矣。心灵之处现在环境之中，犹飞鸟之禁于笼中，千谋百计以求自脱，自脱之具，志愿是已。故斯氏曰：

> 心灵以其志愿，终脱于囹圄，而入自由之地，以行使其无上之威权焉。（斯牧次《全体主义与进化》，页二三五）

宇宙进化，至于人格，可谓达于最高级矣，此后再进何境，不可知也。以言"全体"，则人格为最高最后之"全体"。事实建基于物质、生命、心灵三者，世之谓其与是三者绝无关系，孑然独立者，盖无当也。心灵之于人格，固为第一要素，而身体亦不可缺，盖无身体，则人格无所寄托。夫鄙夷身体，视为人格之蟊贼者，乃浅陋宗教家之谬见也。故斯氏曰：

> 心灵启迪身体，身体培养心灵，则理想之人格生焉。盖二者易体则同物也。（斯牧次《全体主义与进化》，页二七〇）

哲学史上，心身问题之纠纷久矣。自笛卡尔（Descartes）氏倡心身二元论，二者之关系如何，遂为哲学家争论之鹄。柏克莱（Berkeley）以上帝为二者联合之媒介；来不尼斯（Leibniz）则谓二者之吻合，赖有先天之和谐（pre-established harmony）；斯宾路塞（Spinoza）则谓心身乃一本体之形态（modes of one underlying substance）。众说纷纭，莫衷一是。斯氏则谓二者皆组成人格之原素（elementes），人格乃一"全体"，心身为其中之部分。心身自身亦为"全体"，二"全体"合，而成人格，亦足以见全体之以级递进，进化之程序也。

人格具创造之能，个体之性。进化弥深，则此能此性，弥强弥备。

每一"全体"，重在自见（self-realization），至于人格，其自见之力，亦已极矣；故意志（will）为人格之要素，自见之具也。至于智慧（intelligence），乃所以辅成意志者也。智慧如此，情绪（feeling）亦然。意志立为鹄的，智慧求所以达之之方，情绪与人以兴奋之力，斯乃不失实行之效。故人格者，乃一均衡之结构（balanced structure），其中种种之趋势与动作，皆配合得宜，极和谐之能事，以共趋于"全体"之实现。

人格有如有组织之社会国家，其中秩序井然。国家之统治者为中央政府，人格之统治者则心灵是已。人格愈趋于"全体"，则其心灵愈能行使其统治之权，其种种趋势愈调和，而其意志、智慧、情绪三者，愈能相辅为用。

人格不徒自完自保而已，且亦吸取外物焉。社会上之种种思想习惯，彼且收为己有。然其所取于外者，必能与其所固有者冶为一炉，然后乃为己有；不然，则格格不相入，徒增矛盾而已。

自由为宇宙间不可讳之事实。人格以自由为理想（ideal），其日趋于自见,即自由之表现也。自由之极则,在洗除矛盾,日趋于"全体",日达于纯一。能如是,则人生安宁快乐,而幸福无穷。

五、"全体"之宇宙

统观万物,自电子原子以至心灵人格,莫不一理以贯之,全体之实现是已。宇宙间之动作(activity),莫非此也,宇宙间之结构,亦莫非此也,然则谓宇宙为一"全体",不亦宜乎?

全体学说,科学家或视为科学范围外之假设,其说为玄学的(metaphysical),而非科学的(scientific)。审慎思之,则此见有未然处,其故有二:(一)夫进化之事实,科学界之所共认也。万物不论其为有机无机,所以成为今体者,皆进化之结果,无可讳也。其间必有基本原理焉,以贯通之。徒谓一切乃机械的本来如此,不足以厌学者之心,而今日科学界之新潮流,愈足以见机械论之不足以解释宇宙之现象。(二)科学界固亦有假设。夫以太之于物理,乃莫大之假设,讲光学者,无不用之。进化论之有需于"全体"学说之假设,且有甚于物理之于以太。然则以"全体"学说为进化论之假设,以为解释之资,不亦可乎?

物理学界之新思潮,以为宇宙根本为一大动作(action);相对论则益之以时空,以为动作之媒介。时空结构也,宇宙一切动作,皆以是为起点。以时空为体,动作为用,而新物层出无穷,是为进化。

前此对于宇宙之解释,如自然论(Naturalism)、唯心论(Idealism)、莽纳论(Monadism)、多心论(Spiritual Pluralism or Panpsychism),皆偏至之诣。其失当处,可得而言焉。自然论失在昧于创化之理,不知宇宙时有新物发现,不永保其物质状态

（physical condition）于不易也。唯心论失在不知心灵为进化后起之物，创造之结果。心灵于今日虽为宇宙间之要素，而原始固无是物也。莽纳论小有进步，似有见于"全体"之理，而失在以为万物皆有心。夫电子原子之为物，虽属"全体"，固未必见其有心灵之作用也。心灵于进化为后起，是固彼之所昧耳。多心论虽对于莽纳论有所匡正，然亦不明创化之理。综上数说，虽互有异同，其昧于进化之理则一也。

对于宇宙之解释，虽多方殊途，要不外唯物唯心二大派而已。全体论则兼二派之长，不偏于物，亦不倾于心。心物俱为创化之结果，以论次序，则物居先，心在后耳。然不可因次序之有先后，而有所畸重畸轻也。

快乐主义与心理上之快乐论

人生于世，外察则见宇宙万物，内审则觉自己之存在；于是于自然而然之间，有两问题生：（一）对物，（二）对人；前者为自然之研究，后者为人事之研究。吾国古代思想，关乎前者，则有日月星辰、山川水土、虫鱼鸟兽之研究；关乎后者，则特见发达；自孔子以后，吾国思想界，几局于伦理之一问题矣。若论西方，则苏格拉底（Socrates）之前，专事自然之研究；自苏氏始，对于人事之研究，则大盛矣。

按希腊思想，其根源有二派：（一）柏拉图（Plato）派，（二）德莫克奈塔斯（Democritus）派；前主唯心（Idealism），后主唯物（Materialism）。本题所论之快乐主义（Hedonism）派，盖承德氏之余绪也。今请略及德氏之学说。德氏以为宇宙一切，以两物组成：空间（empty space）与原子（atoms）是也。各物之有性质之别，盖因所以组成该物之原子，其分布（arrangement）之法，各有不同故也。一切原子，皆属一类，无性质之分，不过有精粗之别耳。物类之低者，为粗原子所组成；物类之高者，为精原子所组成。人之心（mind），乃最精原子所组成者也。物之变化，起于原子之常动不息；人之见物，乃外物原子之动（motion），影响及于心之原子，所生之感觉也。

快乐主义之所本——德氏之原子论——既已略见其端倪，今请入于本题。快乐主义之首创者，为亚列斯狄朴斯（Aristippus）；亚氏立一学派，名为斯尔任纳克斯（Cyrenaics）。亚氏之根本主张，以目前之快乐（immediate pleasure），为人生最高目的；所谓至善（the highest good）者，快乐是已。其学说有下列数点：

（一）所谓快乐，即目前之欲望（desire）。

（二）快乐无种类之分，故性质上无别，纯以强弱（intensity）计算。例如饮水所得之快乐，其强度不及饮茶，则饮茶之快乐高于饮水；吾人应饮茶，不饮水。

（三）智识与所得快乐，略系正比例；人之智识愈多，则愈善求快乐。

（四）所谓道德（virtue），非人生目的，乃人生方法；人生目的在求快乐，故道德不过求快乐之工具耳。

（五）一切行为，皆以其所得快乐之多少，断其善恶。

快乐主义之首创者亚氏之主张，既已略见于前，今请另及一派。此派名为意斐邱理安斯（The Epicurians），以其领袖意斐邱理亚斯（Epicurus）得名。其主张不过修改前派而更进一步耳。上文既已提及快乐主义之所本，为德氏之学说，今可于此派见之矣。此派继斯尔任纳克斯之主张，而加以德氏之原子论，遂自成快乐主义之另一派。

意氏以为智识之标准，在于当前之感觉（direct sensation），或记忆中之感觉（memory of past sensation）；舍是之外，别无智识之可言。智识如此，道德标准，亦莫不然；故所谓善者，快乐之谓，恶者，痛苦之谓；二者皆感觉之事也。行为之标准，在于当前苦乐之感觉（immediate feeling of pleasure and pain）；正犹智识之标准，在于当前之知觉（immediate perception）也。此说盖即所谓心理上之快乐论（Psychological Hedonism），意氏用以作其伦理上之快乐论（Ethical Hedonism）之根据者也。

意氏谓人生目的，在求快乐，舍是之外，别无所谓善（good）者矣。其理由有二：（一）举凡有知觉者，莫不趋快乐，而避痛苦；（二）众人之经验中，莫不以感觉为标准，定一物之善恶。欲知意氏如何修改斯尔任纳克斯派之主张，必将二派不同之点揭出，然后其修改之处乃见。

（一）斯派以快乐无种类之分，只有强弱程度以为标准。意派以为快乐可分种类；例如肉体上之快乐，与精神上之快乐，性质不同，前者卑鄙，后者高尚是也。又强弱之外，犹须需视快乐之能持久，巩固否；后之两标准，似较强弱，更为重要。

（二）斯派主张只求目前快乐足矣；意派则重毕生计划，故眼下快乐，尽可牺牲，以求日后更大之快乐。

（三）斯派之所求者，绝对必为快乐；不特去痛苦而已，而界乎苦乐之间者，亦所不取也。意派以为真正快乐不易得，故凡不苦者，已可取矣，盖不苦即乐也。

（四）斯派以快乐从动作中得来，意派以快乐沉静中得来。斯派之主张，必身行某种可乐之事：如食美，见美色，方为快乐。意派则凡无有苦恼，得过清闲之生活，便为快乐矣。

（五）斯派以快乐即满足欲望；意派以为欲望永无满足之日，故其中无快乐可寻。欲寻快乐，无如节制欲望；欲望减少，则利害之心死，而清闲之生活见。

以上所论二派，皆以个人为中心，故谓之自我主义之快乐论（Egoistic Hedonism）。迨乎近世，辄一变而为普及主义之快乐论（Universal Hedonism）矣。近世之快乐论，名为实利主义（Utilitarianism）。实利主义之根据，在所谓心理上之快乐论。以为快乐既为人人感觉上之所同求，则为一种天性或良能也。自己有此天性，欲求快乐；则知他人亦必有此天性，亦皆欲求快乐。故每求快乐，必以多数人为准；专限于一人者，不得谓之至大快乐，必人人共有之快乐，方能为大。是以个人之感觉在求快乐，推知全体人类之感觉，亦在求快乐也。

以上大略论述快乐主义之内容，及其变迁之大势，以下请论所谓心理上之快乐论。心理上之快乐，其意义已见于前，其为快乐主义之根据，亦已于上文提及之矣；今兹所论，在其价值问题：即能否为快乐主义之根据也。

（一）如自我主义之快乐论言，人类之求乐避苦，乃出于心理上之自然趋向，所谓天性也。此中有问题焉。人类有杀身成仁者，杀身固属苦事，而成仁亦非快乐论所谓当前感觉上之快乐也，其为一种理想目的（ideal）无疑；然则人类固未必皆趋于求乐避苦也。

（二）夫心理上所谓快乐，限于感觉；而感觉上之快乐，限于目前。纵令人生目的，在求快乐，固皆限于目前乎？夫齿腐拔之，可以谓之求目前之快乐乎？拔齿之顷，其痛苦实属难堪，然则奈何拔之？为求免将来之痛苦耳。由是观之，人生纵皆以快乐为目的，断亦不限于目前；往往以将来重于现在，宁肯受苦于当前，以求将来之幸福。

（三）近世之快乐论（实利主义）谓：正唯人人皆求快乐，故人人皆应顾及他人之快乐；不徒不侵犯他人之快乐，且宜求多数人之共同快乐。是以个人之心理状态为立脚点，定社会之伦理标准也。殊不知此间无因果关系，人人皆趋求乐，未必人人皆肯顾及他人之快乐，甚或正因人人皆求快乐，故人人皆自私自利，不顾他人之快乐也。

以上述诸原因，可见所谓心理上之快乐论，不足为伦理上之快乐论之根据也。

科学、哲学与宗教

科学、哲学、宗教，这三个名词都是从西洋翻译来的。科学，英语叫作science，源于拉丁语之scientia；scientia的字义是指知识，源于动词scire，意指求知，原义是分别的意思。哲学，英语是philosophy，源于希腊语之 φιλοσοφία，直译应为"爱智之学"——σοφία是指智慧，φίλος是爱慕的意思。宗教，英语是religion，源于拉于语之religio，指虔诚敬畏的意思。

科学、哲学、宗教，再加上美术，构成人类文化的全部。讲到它们产生的次序，宗教在先，哲学稍后，科学更后；而美术起初只是宗教的附属品，后来才渐渐独立起来。

文化起源于人类生活上的要求。人类天生在身体方面是软弱的，处于自然环境之中，没有羽毛鳞介抵抗寒暑，也没有爪牙抵抗异类，他们受尽种种威胁：凡自然界的天、地、山、川、风、雨、雷、电、虫、蛇、禽、兽等等，都能压迫他们，引起他们恐惧的心理。恐惧便想求安慰，于是宗教就产生了；换句话说，宗教是起源于人类因恐惧而求安慰的心理。安慰是情感方面的满足，所以宗教是建立于情感上的。宗教的基本条件是信仰，由信仰而崇拜，崇拜必有对象；崇拜的态度是虔诚；崇拜的方法是仪式；崇拜的目的是追求，所追求的，是理想，这理想就是崇拜者的希望。总而言之，宗教是根据一个信仰、用虔诚的态度、借某种仪式、崇拜一个对象，在这个对象上，追求所希望的理想。宗教上所信仰的、所崇拜的、所追求的，都随着文化的演进而转移,崇拜的仪式也因时代的变迁而改革;至于信仰、崇拜、希望和虔诚的态度、崇拜的仪式,却是任何时代的宗教、任何文化阶段上的宗教,所不能免的。

初民时代的宗教所崇拜的对象是自然界的物:有拜日月的,有拜山川的,有拜水火的,还有拜禽兽的。这都是因为:当时的人感觉自己的能力薄弱,被那些东西的淫威所慑服,反过来,很虔诚地、用繁缛的仪式,崇拜它们,目的在讨好它们,同它们妥协,不至于再受它们的压迫;并且还借它们的力量,保护自己的身家财产。可见初民时代的宗教是多神的,所崇拜的对象和所希望的目标是物质的,崇拜的仪式也是物质的——如祭禳、豢养、舞蹈、歌唱等等。总而言之,这种宗教的出发点是物质上的恐惧,归宿点是物质上的安慰。

后来人类的知识渐开,他们的宗教观念也渐渐提高、渐渐净化(purified),于是他们所信仰和所崇拜的,由具体的物转到抽象的主宰,如中国人的"天"、犹太人的上帝。"天"与上帝观念的产生,是人类开始用理智来思索的结果。他们在茫茫的宇宙中,眼见形形色色的万物及其森罗万象的变化,不禁引起一个疑问:这么多的东西、这样复杂的变化,究竟是那里来的,有谁在主持着?他们的答案是:有个主宰,创造宇宙万物、管理宇宙万物。他们崇拜的仪式渐渐变成象征化(symbolized),不像以前那样具体、那样纯物质的表现,如基督教的圣典(sacrament)、儒家的礼,都是重其意义,不重其仪节。"林放问礼之本,子曰大哉问。"礼之本即仪节所象征的意义。孔子说"大哉问",是称赞林放知道考究礼的根本意义。他们所追求的目标也不是以前那样纯物质的安慰,而是精神上的寄托;这是因为,人类文化发展到这个阶段,控制自然的能力稍强,身体上的压迫不像以前那样严重,物质上的需要不如以前那样迫切。这个时期的宗教，或是一神的，或是寡神的。一神的宗教，基督教是个例子。寡神的宗教，则中国自"天"之观念产生以后，大约从周朝起到宋朝之间，都是寡神的宗教。寡神的宗教，特点在于：那少数的神与神之间有尊卑、有统辖，仿佛一国的政府，有元首、有百官，百官归元首统辖，诸神归"天"统辖。无论一神或寡神的宗教，有一个重要的趋向，就是：由散而总、由多而一。这个趋向正是理智作用的趋向。理智作用还有三个趋向，就是：由具体而抽象、由特殊而普遍、由物质而精神。"具体"、"抽象"两个名词是由西洋介绍来的。"具体"，英文是 concrete；"抽象"，英文是 abstract。concrete 源于拉丁字的 concretus，concretus 是动词 concrescere 的分词，指凝合的意思。abstract 源于拉丁字的 abstractus，abstractus 是动词 abstrahere 的分词，指抽取的意思。意义的引申，凡凝合成体、有形象可以感官接的，叫作具体；凡抽取形象、感官所不能接、只用心官去想的，叫作抽象。如当前一件东西，可以看得见、摸得着，这叫作具体的；存于心里的概念，如"白"、如"方"，看不见、摸不着，而只能想的，这叫作抽象的。"白"的概念、"方"的概念，是由某时某地的东西里抽出来的，某时某地的东西受时间空间所限制，是特殊的；由其中所抽出来，如"白"与"方"之概念，不受时间空间的限制，这是普遍的。特殊的必是孤立的，普遍的必是无所不到的。又如人之坠楼、水之就下，这是一件一件坠下的事实，是特殊的；至于地心吸力，能够包括所有坠下的事实，这是普遍的。事物是具体的，也是特殊的；理则是抽象的，也是普遍的。感官对于一事一物的知觉是具体的，思想关于事物理则的概念是抽象的。（中国有"形而上之谓道，形而下之谓器"的话，"形而上"即抽象，"形而下"即具体，"道"即理则，"器"即事物。）宗教进展到信仰崇拜抽象的、普遍的主宰，追求精神的寄托，也是理智作用的自然的步骤。

宗教愈进步，愈和伦理道德发生关系，所信仰的、所崇拜的和所追求的愈加净化，仪式也愈变象征化。如中国到唐宋间，道学兴起以后，以"天"统辖诸神的寡神教就变成了"纲常名教"。所谓纲常，是伦理上的各种关系，如君臣、父子、夫妇、兄弟、朋友；所谓名教，是那各种关系间的名分，如"君君、臣臣、父父、子子……"之类。在这种名教之下：大家所崇奉的教条是：君义、臣忠、父慈、子孝、兄爱、弟敬、夫唱、妇随；所希望的是"名正、言顺、事成"。名是名分，"名正"是说各人在社会上所处的地位和所得的名义相符，例如以臣僭君，则君与臣空有其名，他们实际的地位早已"君不君、臣不臣"了；"言顺"是定义准确合理，也就是礼法严正彰明；"事成"是说各人在各人的地位上做成礼法所规定的事。如果名、言、事都能正、顺、成，那么家就会齐，国就会治，天下就会太平——社会上的一切都上轨道了。由此可见，中国的宗教，起初因探求宇宙万有的根源而找到主宰的"天"，信仰它、崇拜它，以为精神的寄托；后来演进到名教，便从天道转到人道，"天"退居傀儡的地位，出了许多圣贤，称天为治，定了一些名分伦常，来维持社会的秩序，于是这种宗教变成了维系社会人心的工具。讲到西方的基督教，又何尝不是这样：基督教的演进也是渐由神道转到人道，它的信条也是逐渐人性化、社会化，教会的事业也是渐趋于为社会谋福利，如办学校、开医院，便是明显的例子。

宗教由天道转到人道、变成社会性的，那就必须加入新的要素，以为团结社会、羁縻人心的枢纽。在基督教方面，这种枢纽就是耶稣所宣传，并且自己舍生救世所表现的爱。人人心中都有个爱，便能万众一心，共趋一途，人心也就借此而羁縻了；人人扩充此爱于彼此之间，社会也就因此而团结了。在儒教方面，这种枢纽是孔子所提倡、宋元明儒家所特别发挥的仁。仁这东西是善恶相感、休戚相关的一种情绪，用现代语说，就是所谓同情心。"同情心"，英语叫作sympathy，源于希腊语的 συμπάθεια——συν 是相与相共的意思，παθεια 源于动词 παθεῖα，是感受的意思，合起来，是说"感受与共"，就是痛痒相关的意思。仁或同情心行于社会之中，人与人虽然身分彼此，却能心相感通，团结起来，等于万众一心、万人一身。不但人与人成为一体，人与物也成为一体，所以宋朝的张载说："民吾同胞，物吾与也"，民既是我的同胞，物既是我所相与，便能仁民爱物，立身行事，不至于残害民人、暴殄天物；不残害民人，人与人能够相处，社会就安宁了，不暴殄天物，人与物相资相保，物得其所，人得所用，经济方面也上轨道了。

可是进一层说，宗教虽然由天道转到人道、变成社会性的，然而它从事社会事业的时候所抱的热诚和牺牲的心，还是由天道出发，有形而上学的根据（metaphysical basis）：因为它发现了"天地之道其为物不贰"，宇宙万物虽然形形色色、森罗万象，却是同出一个根源，即主宰的"天"或上帝如一干之枝叶、一身之肢体；所以信仰这种宗教的人认定己身与万民万物同出于造物主宰，一方面仰慕它、追求它，要和它同在一起、合而为一，另一方面便觉得己身之外的民物也能追慕主宰、同它合一，在这种感觉之下，便与民物不分彼此，就是摩顶放踵、舍弃性命，以赴人之难、救物之灾，也是甘之如素，因为人物彼此本是一体，为人为物即是为己，己死人生、己亡物存，等于割弃一指一臂，而保全全身。这不是空谈，不是高调，历史上那些宗教家和圣贤豪杰，他们为人类，为国家民族，舍身就义的时候，的确感觉自己一身与天地民物合为一体，舍了自己的身，救了人类，保全了国家民族，乃至天地以位，万物以育；所以耶稣钉在十字架上，气快绝的时候喊句"完成了"，文天祥临刑的时候，从容对吏卒说："吾事毕矣"——这两句话说出他们最后的经验，觉得他们与天地民物暂分彼此的身，在那一刹那间，真正和天地民物合成一体，复归于宇宙的本体、造物的主宰。孟子所体认的"浩然之气"，文天祥所歌颂的"天地正气"，耶稣所说的"父在我里面、我在父里面"，这都不是欺人的话，他们确有这种经验，千秋万世的伟大人格，最低限度会做到不骗人，不说假话，我们不能体会，因为我们没有他们那种经验罢了。这种经验是情感上的经验，情感净化到了顶点、虔诚热烈到了极度，会有这种经验。而情感上的经验，他人不能领会，是不可传递的，只有理智上的经验，他人能了解，可以传递。可是情感上的经验是不可否认的事实，因为情感与理智同是人性的一部分，情感的作用和理智的作用同是人类本能的表现，两方面不容有所轻重，所以不能承认一方面，而抹杀另一方面。

以前说，人类原始的时候，因生活上受自然环境的压迫而引起恐惧的心理，因恐惧的心理而想求安慰，宗教就是由此产生的。安慰是情感方面的满足，所以宗教的诞生表示人类情感作用的开始。可是理智与情感同是人类本性的一部分，此一部分发生了作用，另一部分自然也会发生作用，所以宗教稍为演进，理智部分就渗进来，于是所信仰和所崇拜的对象便由具体的自然物转到抽象的主宰，如中国人的"天"、犹太人的上帝。然而宗教这东西，本质上毕竟属于情感的领域，所以它用思索的工夫找到了抽象的主宰，跟着就信仰它、崇拜它，从此以后，理智在宗教的范围内，就不能再发展下去。并且在信仰与崇拜的心理之下，不容分析，不容批评，这是和理智的精神背道而驰的。然而理智又是人类本性的一部分，势必发生作用，无法压制的；它在宗教的路上走不通，自然会向别处找出路，它所找到的出路是什么？是哲学与科学。并且宗教的效果只是给人情感上的安慰。这种效果是消极的，对于人类实际生活上的压迫并不能减轻，因为宗教并没有力量抵抗自然，只叫人类心理上对自然妥协。于是人类得到一个新的觉悟，就是：要抵制自然的压迫，不能在自然以外想办法，必须在自然以内，求其压迫的原因，然后执因以驭果，才能得到积极的功效。哲学与科学就是在人类这种新觉悟之下产生的。

哲学界有一句名言，说："哲学起于惊疑"（philosophy begins with wonder）。原始的人类受自然环境的威胁，头一个反应就是惊疑。由惊而生恐惧，由疑而起好奇心。恐惧，就要求安慰；好奇，就要求了解。可是恐惧是情感方面的作用，好奇是理智方面的作用。情感的发动是冲的方式，理智的发动是推的方式；冲比推快，所以人类求安慰的动作比求了解的动作先一步，因此宗教的产生比哲学科学的产生早。

哲学是理智活动所开辟的园地，理智的活动是什么？是思索。思索也者，是用思想来探索。凡有待于探索的，必非近在目前的。近在目前的是四肢五官所接触的具体的东西，而这些东西不能满足理智的好奇心，所以理智用其思想的能力另求探索一番。它所探索的是当前具体东西背后的实体。它把当前的具体东西认为现象（appearance），其背后的实体认为本体（substance）。现象是幻的；本体是真的，所以又叫作真如（reality）。例如一条竿子在水里，看去是弯的，实际是直的，弯是它在水里的表现，直是它的原样——这种分别就是现象与本体或真如的分别。我们四肢五官所接触的东西都可以有这种分别，乃至整个宇宙及其无所不包的万有，也都可以有这种分别；因为宇宙万有是客观的，无论人见它不见它，它总是那样。可是人们观物，有种种的内因与外缘，凑合起来，而使所见与那物的原样有差。如一张图画，正面看，侧面看，从上看，从下看，阳光里看，灯火中看，所见各各不同。这是外缘方面的地位、方向与光线、种种之足以促成这张画的现象与实质的分别。至于内因方面，有人类共同的，有个人私有的：人类共同的，如感官的构造和理解的作用，会把一个实质上平面的图案及其中颜色的配合，看成一件立体的东西；个人私有的，如那人艺术上的素养、当时的情绪、眼睛的状况等，都能使一张画对他起某种特殊的现象。哲学的工作就是探索宇宙万有的本体和本体如何演变而成宇宙万有，以及宇宙万有的结构、安排、秩序，等等。此外，哲学还回过头来研究理智活动的本身，考察它探索外界的时候，所用的工具是什么、其能力如何、感觉与思想活动的界限何在、感觉如何觉物、思想如何知物、觉与知的步骤如何等，这些问题都是知识之产生和知识之构成的问题。哲学上研究本体问题的，叫作本体论（Ontology）；研究宇宙问题的，叫作宇宙论（Cosmology）；研究知识问题的，叫作知识论（Epistemology）。

哲学上本体和宇宙的问题比知识的问题发生得早，而知识论之成为哲学的一门，尤其是后起的事。原因在于：理智的作用以感官为导火线，而感官的作用天生是向外的。感官首先和外界的环境接触，便产生了本体和宇宙的问题，在这方面问题的研究成了本体论和宇宙论；这等于说人类理智的作用首先发现客观方面的对象，就在这对象上探讨了一番，后来又发现主观方面的我，感觉主观的我和客观的对象相对，然后知识的问题才产生的。由此我们可以知道，哲学的发展大致分三个时期：第一时期的特点在于发现外界而探讨外界，所以这一时期的哲学大都是自然哲学；第二时期的特点在于发现了人而讲求人事，所以这一时期的哲学大都是人事哲学；第三时期的特点在于发现人与自然的关系，自然与人事的研究双管齐下，并且较前更加周全，更加精密，而成无所不包的系统。最初人事简易，对付自然却比较繁杂得多，所以人类首先用其心思在自然方面；

并且，如方才所说，人的五官四体天生是向外活动的，因此发现外界比较早些。心官的作用发达较迟，所以自觉的能力是后起的。有了自觉的能力，才知道有我，渐由一己之我扩充到同类之我；有了同类之我，才会讲求人事。"我"的观念产生，然后知道我与物对，主观与客观才能分得出来。能够分别主观客观，才会回头检查自己的知识，看看是否与外界的真实情形相符。主观客观之分，算是理智作用的过程上一个大进步。经过这一关，才能充分了然人与自然的关系，自然与人事的研究才能双管齐下，而成更周全、更加精密、无所不包的系统。现代所谓自然科学和人事科学（包括伦理学、社会学、政治学、经济学），都是由哲学上宇宙论的问题分出来的，因为自然界和人事界都是宇宙万有的一部分，同是属于宇宙论的范围；而现代的哲学上的宇宙论应当包括自然科学和人事科学。

哲学的方法是逻辑。逻辑包含两部分：归纳法和演绎法。归纳法是由特殊的事物找出普遍的理则，演绎法是由普遍理则推到特殊的事物。例如由许多东西下坠的事实找到地心吸力的原理，这是归纳的工作；知道了地心吸力的原理，推知悬空的某物必定下坠，这是演绎的工作。哲学的观点是整个的，因为它的对象是整个的宇宙和全部的万有。哲学的态度是批评的，也是综合的，因为它要汇集其他学问所得的结果，加以批评排比，综合起来，对于全部的宇宙万有作一个完整的看法、周密的了解、彻底的解释。

起初的时候，理智的作用所产生的结果只是哲学，换句话说，人类最初的学问只有哲学一门，一切都归哲学研究；宗教只是信仰，不是研究，所以宗教不是学问。后来渐渐发现，那么大的宇宙、那么复杂的万有，研究起来，非分部门不可，于是科学就诞生了。从它的西文名词的字源来看，拉丁语的 scire，原义是指分别，由此可见，科学之求知重在分门别类，所以科学是分门别类的知识。哲学的研究分门别类是科学的诞生，积日既久，哲学的儿女皆已成人，哲学的附庸蔚为大国，便和父母分家，便向其祖国宣告独立，成了今日科学林立的局面。

科学的方法也是逻辑，可是各门科学还有它们所特有的技术（technique），如物理学的技术是称、量等，生物学的技术是采集标本、剖解、制片（making slides）、画图、用显微镜等。而各门科学的技术的功用在于搜集材料，材料搜齐以后，再用逻辑上的归纳法和演绎法去研究。理论科学多用归纳法，因为它是找原理的；应用科学多用演绎法，因为它是用原理的。科学的观点是局部的，因为它的对象是宇宙万有的一部分。科学的态度也是批评的，然而是分析的批评，因为它的对象既是局部的，就得逐步分析，而批评其局部之局部的真假得失，不像哲学那样综合的批评，把所有的部分汇合起来，排比而考察其彼此之间调和与否、一贯与否，进而批评其全体的真假得失。

科学与哲学同是理智作用的产品，它们的对象同是宇宙万有，不过哲学治其整、科学治其分，哲学观其全、科学观其曲，哲学是大刀阔斧的、科学是细针密缕的。它们同是由于不满当前的环境出发，想拨开幻变无常的现象，而直追其真实不变的本体，想就散漫的、特殊的、具体的事物中，求其统一的、普遍的、抽象的理则，只是它们的工作有精粗深浅的不同：如竿子在水里，常识固然也能辨得出来它是直的，过此以往，如竿子是什么、何以在水里会显得弯的等问题，就不再追问了。科学便进一步，如关于竿子是什么的问题，就不满于常识的看法只把它认为一件圆而细长的实质，就把这条竿子析成纤维，再析成细胞，再析成细胞核与细胞质……再进而分子，而原子，而电子。哲学却更进一步，对于科学最后所承认的物质，都要问问是什么。人类知识的存在，科学视为固然，哲学却要问它是什么、如何产生、如何成立。可见哲学之求真，比科学更要彻底，科学所认为真实的，哲学还是不满意，还要把它当作现象，更进而追求其背后真实的本体；科学所认为统一的、普遍的、抽象的，哲学以为还不够统一、不够普遍、不够抽象，还要更求其统一、更求其普遍、更求其抽象。总而言之，科学所求的真是部分的真、相对的真，哲学所求的真是全体的真、绝对的真；科学所求的理则是部分的理则、相对的理则，哲学所求的理则是全体的理则、绝对的理则；科学所求的本体是局部的本体、相对的本体，哲学所求的本体是全部的本体、绝对的本体。科学可谓求幻之真、求事之理则、求物之本体；哲学可谓求真之真、求理则之理则、求本体之本体。所以哲学比科学更精深、更广博，是学问中最精深、最广博的。

哲学和科学之所以有深浅、精粗、广狭的不同，换句话说，科学之所以比哲学粗浅狭窄、哲学之所以比科学精深广博，是因为它们所用理智上的工具有所偏重：科学由感觉出发，根据感觉之所得，用思想参考校核，至终还是感觉为主、思想为辅；哲学却专用思想，凡感觉部分的，乃至以思想参核感觉部分的，那些初步工作，都可以不必做，只要根据科学已成的基础，用思想来检查一番，看看调和与否、一贯与否、详密与否、彻底与否，因此哲学反而能够审查科学的结果，而批评其真假得失，所以哲学的工作比科学来得精深广博。例如竿子在水里显得弯的，可以拿出水外看看，再用手摸摸，所得结果便有以纠正方才所见其在水中的样子。这是以前后同类与不同类的感觉互相校核。假如认为感觉与感觉难分高下，莫辨孰真孰假，还可诉诸思想，用物理学上折光的原理证明竿在水里何以会显得弯的——这是以思想校核感觉。以思想校核感觉，得真的可能性比感觉彼此校核还要大些。以上是物理学的工作。哲学可以利用物理学上折光的原理和物理学上别的原理，乃至其他科学所有的原理，把它们汇合起来，排比批评，构成一个完整的宇宙观，对于万有，得到综合的了解，作个彻底的解释。

根据前面的话，可知科学脱离哲学，自成独立的学科以后，哲学仍然存在，反过来，哲学倒能够利用科学研究的结果，来充实它的材料。好譬哲学把自己的园地分给儿女以后，转过来，却由这些儿女们耕种所得的东西，抽出若干的精华，供他自己使用，而坐享无所不备的繁荣；这就是把一切科学所研究的结果综合起来，对于宇宙万有，得到一个完整的了解，提出一个彻底的解释。哲学对于宇宙万有的了解与解释，和科学的不同，也是科学所办不到的。因为科学只见到宇宙万有的一部分，正如那些儿女，在他们各自分得的园地里，所收获的只是一种或若干种的果子。以往各哲学家的系统，可说都是如此，不过精粗详略的程度稍有不同而已。例如古代的亚里士多德（Aristotle），虽把一切学问都叫作哲学，却专设一门为第一哲学，即后来所谓形而上学。他的第一哲学就是撮合各门学问所研究的结果，从中抽出最高最基本的原理，对于全部宇宙万有作最精深最广博的解释。又如近世的笛卡尔（Descartes）、现代的怀德海（Whitehead），他们的哲学也都是各自根据当时的数学与天文物理，对于宇宙万有，作一种整个的看法和解释。我认为这种哲学的地位是站得住的，换句话说，这种哲学是永远会有的，因为对于宇宙万有，晓其局部的情形，更进一步，求个完整的了解，这是人类本性上的要求，而这种工作，只有哲学能做，科学无能为力。然而，就地位说，这种哲学会站得住，不会没有；就内容说，这种哲学却是随时代而变迁的，因为它是利用科学的材料，建筑在科学的结果之上，而科学的材料与结果是随时代而变迁的。于是我们可以说，哲学只有态度和方法是永远不变的，无论何时何代的哲学，总是用同样的方法与态度，去综合、去组织那时那代的科学的新结果，而成那时那代的新哲学，就是，对于宇宙万有的新了解、新解释。并且，哲学的对象总是那一个、总是那么大，就是宇宙万有，不过对于那对象及其范围内的材料的运用和运用的结果，是随时代而变迁。

自从科学发达以后，哲学老是趋近科学，拿科学的结果做材料，来扩充自己的内容，修改自己的看法。尤其是在知识论方面，要利用现代的心理学关于感官作用研究的结果和生理学关于神经作用研究的结果。另一方面，科学也渐渐趋近哲学，不像先前那样关起门来，只顾自己的事；最近科学界所提倡的科学混一（integration of Sciences）运动，就是这个倾向的表现。这个倾向的原因在于：理智的欲望毕竟是要了解全部的宇宙万有，为研究上的方便，姑且分科探讨，先从部分入手，而最终的目标还是要达到全体；所以各门科学在自己的范围内尽其能事以后，不免要知道别门的结果如何，借此可以晓得自己这一部分的结果如何和人家的结果配合起来，对于了解全体的工作上，究竟有什么贡献。

在人类的文化史上，科学、哲学和宗教常起冲突，其实它们都是不满于当前环境的现象，而追求现象背后真实的本体的境界，为什么还会起冲突呢？原因在于：科学与哲学找到本体以后，去研究它、批评它，对于它的看法，可以随时修改，能够逐渐进步；宗教却不然，它发现了主宰（宗教上的主宰等于哲学上的本体）便信仰它、崇拜它，把它认为神圣不可侵犯的，不容研究，不许批评——这是它们所以会起冲突的原因。并且宗教信仰崇拜的态度是虔诚的、保守的，即便受了科学哲学的刺激，想修改而起革命，也是十分困难，往往经过流血，所以宗教的进步很慢。科学哲学研究的态度是认真的、前进的，所以修改容易、进步得快。

第三部分
中国哲学研究及其他

说老之"道"
——老子思想之分析与批评

摘录道德经之言，次其先后，发其义蕴，析其条贯，评其得失；然后老子之"道"，其体用途术，及其所施于伦理政治者，庶几可明。

一、道之体

（一）"有物混成，先天地生。寂兮寥兮，独立而不改，周行而不殆，可以为天下母。吾不知其名，字之曰道，强为之名曰大。"（廿五章）

"物"者，非"物事"（即口语所谓"物件"）之物，弗可得而分彼此者也，故曰"混成"。其为物也，唯其混成，无形状可见，故曰"寂""寥"。"独立"犹云"自在"（self-existing），犹云"无对待"（absolute）；"不改"，不变（immutable）也。"周行"犹言普及；"不殆"，不失坠、无差误（infallible）之谓。唯无对待者乃能不变，盖变必有其所以致变，则致变者因，变者果，因果斯对待矣。唯普及者乃能不坠无差，盖普及乃常，即今恒言所谓"无例外"者矣。"天地"，宇宙也，四方上下为宇，古往今来曰宙，空间时间是已。"天下"犹言宇宙之中，盖指存于空间时间之事物。"先天地生"，谓开辟之前，"道"已存立。开辟之后，万事万物皆自此出，故曰为"天下母"。"吾不知其名，字之曰道"者，其为物非自有名，亦不可得而名之（其不可名之故容于下文详之），为便立言，则不得已而"字之曰道"，"字"犹"名"也。名以指物。其物无对待，则"一切在一切"（all in all）；一切在一切者，无穷（infinite）之谓。无穷之物非有穷（finite）之名所可得而指，"字之曰道"，亦知其不可而为之耳。知其不可名，无已而名之曰"道"，复觉"道"之一名之不足，则又益之曰"大"。以"大"指其物，果相称乎？无亦挂一漏万而已，故曰"强为之名曰大"。

（二）"视之不见，名曰夷；听之不闻，名曰希；抟之不得，名曰微。此三者不可致诘，故混而为一。其上不皦，其下不昧。绳绳不可名，复归于无物。是谓无状之状、无物之象；是谓惚恍。迎之不见其首，随之不见其后。"（十四章）

（三）"道之出口，淡乎其无味；视之不足见；听之不足闻；用之不可既。"（卅五章）

（四）"大方无隅……大音希声，大象无形，道隐无名。"（四十一章）

（五）"道之为物，惟恍惟惚。惚兮恍兮，其中有象。恍兮惚兮，其中有物。窈兮冥兮，其中有精。其精甚真，其中有信。自古及今，其名不去，以阅众甫。吾何以知众甫之状哉？以此。"（廿一章）

（六）"天下皆谓我道大，似不肖。夫唯大，故似不肖；若肖，久矣其细也夫。"（六十七章）

视者目之所有事，听者耳之所有事，味者口之所有事；视而不见，听而不闻，尝而无味，抟而不得，是"道"之为物，非五官四体之所能接，形而上（abstract）者也。非官体之所能接，则无以分彼此，斯"混而为一"矣。"皦"明也，"昧"暗也；无明无暗，所以不可见。"绳绳"言其无穷，无穷者无起讫始终，亦即无首无尾也。"名"所以为指，"不可名"犹云弗可得而指；弗可得而指，以其无起讫始终也。无起讫始终，所以不可以手抟；无首无尾，所以不得以身迎、以身随。"无物"犹言非形下之物，"无状之状"谓非形下之状，"无物之象"谓非形下之物之象。此物、此状、此象，唯其不得以官体接，辄在若有若无之间，故曰"恍惚"。以言其"有"，则非形而下之有，斯又"无"矣；若谓之无，则又有之，所无，特形而下者耳。

"大方"之隅，以其大也，超乎目力之所能及，故若"无隅"；"大音过乎听之量，大象逾乎视之域"（从祖几道公评语），故曰"希声"，故曰"无形"。此言"道"大之极。若卅五章所云"不足见"、"不足闻"，则又言其小之极。谓"道"有形，则其大无外也可，其小无内也亦可。——此盖西哲所谓两歧之论（antinomy），一原而生相克之委，斯其原无以存立，然则"道"之无形也必矣。

"道"虽恍惚，顾非无也，故曰"有象"、"有物"。此"象"、此"物"，非形下之象、形下之物；"象"犹徵也，"物"犹代数所谓 x，弗可得而断其为何，断其为何，斯成物事，拘于一曲矣。"窈冥"状其深远，以其"先天地生"、"为天下母"；天地万物乃在目前，若夫其先其母，则湛然深矣，悠然远矣。顾使以冥契之功探之，则又觉"其中有精"；"精"，精华也，宇宙万物，特其糟粕耳。"精"犹西哲所谓 essence，宇宙万物之所资而存立，而己则独立自在者也。唯"精"乃"真"，"真"犹西哲所谓 reality，亦称本体（substance）。本体乃真，宇宙万物，其现象（appearance）耳。本体不可见，缘现象而通其信息，故曰"其中有信"。

"甫"，父也，始也；云"母"云"父"，俱言其"始"。"众"，宇宙万物，"众甫"，宇宙万物之始。"名"所以指物，指生于别，彼此别，然后有可指也。太初混然而已，寝假而彼此分；彼此分，然后万物万事出；"名"者所以指事若物，无"名"，则事若物不得其指而莫由见，故曰"其名不去，以阅众甫"；"不去"犹云不废，"阅"，见也。然则"名"之由来古矣，自有万物之始，名亦与俱，有名，乃有以见万物之始。夫此所谓"名"，非必形诸人之语言文字者也，但有可名，斯不可去，故曰"名"者可名之谓耳。缘"名"而彼此之始别为物若事者见，故曰"吾何以知众甫之状哉？以此"；"此"者，"名"而已矣。虽然，道本无"名"，以其无分，"混而为一"，故无彼此之可指，无可指，斯无所用于"名"，故曰"道隐无名"；"隐"者无形状之谓，唯分，乃有形状耳。

老子恒以"大"状"道"，顾此所谓"大"，非与"小"为对之大，与"小"为对之大，未能极其为大也。此所谓"大"，实即无穷之谓；无穷者即亦无对，无对，斯无可比拟。"肖"，似也，"不肖"犹云无所似；无所似，即无可比拟之谓。唯无可比拟者乃极其为大，有可比拟，斯未极其为大，容或有所对而为小矣，故曰"若肖，久矣其细也夫"。

（七）"道可道，非常道；名可名，非常名。无名，天地之始；有名，万物之母。故常无欲，以观其妙；常有欲，以观其徼。此两者同，出而异名。同，谓之玄；玄之又玄，众妙之门。"（一章）

"可道"犹云可以言说。"常"者，"独立"、"不改"、"不殆"（是三者解见前）之谓。"常道"，唯其俱是三者之德，故为众道（即散见于万事万物之道）之道，即亦众道之真源。众道，"非常道"。"非常道"，曲；"常道"，全。可言说者，"非常道"，以其可思议故。夫思议者，比拟之功。以一曲之道互为比拟，然后思议之事集。"常道"，道之全，此外无道，即所谓"一切在一切"者，更有何物可与为比拟？必也自为比拟乎？自为比拟，非比拟也。无可比拟,则不可思议;不可思议者弗可言说,盖言说,思议之形于言语者耳。"可名"犹言可立为名,可立为名之名,乃非"常名",故曰"名可名,非常名"也。盖夫常名,必无是处,何则?"名",所以指;指者,有所指,有所不指。或指或不指,必也有彼此之别乎!夫"常",既为一切在一切者,则无可为彼此之别,斯即无可指,而无所用乎"名"矣;是故"名"而曰"常",特辞费已。"天地之始"犹云宇宙开辟之先,开辟之先"混而为一",无所用乎名,故曰"无名,天地之始"。混一之道体判,而后万物生;既号为"万",斯有待于识别而指其彼此,不然,则是累累者复泯而为一矣,故曰"有名,万物之母"。

"无欲"犹言无所祈向(即今术语所谓"观点");"妙",眇也,微也。眇而微者,官体所不能接,形而上之道也。"有欲",有所祈向也。"徼"与"皦"形音近,意者即"皦"之讹。"皦"明也,明者形而下之事若物;盖唯有所分画,然后彼此之界域明,而分画出于有所祈向。无所祈向,正有以徵夫眇微之形而上之道,以其"周行不殆",所谓体物无遗,无施而不可也;有所祈向,乃足以见形下之事若物之界域分明,所祈向乎此者必非所祈向乎彼也;故曰"无欲,以观其妙,有欲,以观其徼"。"两者",谓"无欲"、"有欲"。"此两者同",言"无欲"、"有欲"同属于此混一之道体:无所祈向乎,无所祈向于此道体也;有所祈向乎,有所祈向于此道体也;道体一而已,所以"同"也。"出而异名",谓此道体以祈向与判别之有无,而曰"无欲"、"有欲"、"无名"、"有名","无"若"有"虽异名,而其实则同此道体而已。"同"者形而上之"道","异"者形而下之"器"(即所谓"物事"):"器"多"道"一,"器"繁"道"简,"器"散"道"总。"道"之所以一、所以简、所以总,以其玄故;"器"之所以多、所以繁、所以散,以其察故。"玄"者悬也,"悬"犹云悬虚,不囿于形体之谓,俗谓之"抽象"。"察"者言明,有形体可接,俗谓之"具体"。唯"道"能"玄",唯"玄"乃"同",以其能一、能简、能总故也。"器"多而繁且散,一"道"可摄数"器",是以"器"异"道"同。然此"道"亦有所摄所不摄,此即散见于万事万物之众道,所谓"非常道"者已。"非常道",以其能摄数"器"也,亦可谓之"玄"矣,顾其为"玄",尤有浅深之程度存焉,则"玄"上有"玄",以至夫其极,斯众玄之所同归,故曰"众妙之门"。"妙"者眇微也,眇微言"玄",形而上之道也;"众妙"犹云众道,所谓"非常道"者已。"门"者"常道","常道"摄一切"非常道",而为其所指归,故曰"门"。

（八）"谷神不死,是谓玄牝。玄牝之门,是谓天地根。"（六章）
"谷"言虚,"神"谓因应无穷,"不死"谓不屈愈出（从几道公解）,是三者之德为"玄牝"之所苞,故曰"是谓玄牝"。"玄",悬也,"牝",虚也（大戴礼曰:"虚谷曰虚牝"）;唯悬虚者乃能谷、能神、能不死,唯"道"足以当之。顾散见于万事万物之道,所谓"非常道"者,亦俱此三者之德;如地心吸力之道,不著（陟约切,作"附"解,下同）于某一下坠之物,岂不虚乎? 有以统一切下坠之事,岂不无穷乎? 其统夫下坠之事也,不失坠、无差误（即所谓"无例外"）,岂非不屈乎? 然此道之应物也,尽于下坠之事,他事则不逮,是犹有穷矣;不著于某一下坠之物,而囿于一切下坠之事,是犹有所著矣;于凡下坠之事无例外,他事则不然,是犹有所屈矣。可知散见于万事万物之道,所谓"非常道"者,犹未极"玄牝"之能事,极"玄牝"之能事者,其唯众道之道,所谓"常道"者乎?"常道","非常道"之所指归,故曰"玄牝之门";"玄牝之门",犹云:太玄者,众玄之所自出也。故曰,"常道",太玄也,是乃众道众玄之真源,夫是之谓"天地根"。

（九）"道盅（各本并作'冲'，今从陈登澥据《说文》所引改），而用之或不盈。渊兮似万物之宗。挫其锐，解其纷，和其光，同其尘，湛兮似或存。吾不知谁之子，象帝之先。"（四章）

"锐"、"纷"、"光"、"尘"，皆形而下之物象。"挫"与"解"云去，"和"与"同"言泯。凡形下之物，去其象，则湛然似或存者，唯厥本体而已。物象可以官体接，皦然即在目前；本体"希"、"夷"、"窈"、"冥"，其存也翻在若有若无之间，故曰"或"。物象，西哲谓之赋性（attributes），依附本体而存立，如毛之于皮，毛前皮后，毛浅皮深，拨毛而后见皮，本体亦然，是以"渊"且"湛"也。顾物象虽皦，可以思议之功抽而去之，故于"锐"也、"纷"也、"光"也、"尘"也，可得而"挫"焉、"解"焉、"和"焉、"同"焉；本体则不尔，恒为事物之根底，故谓"万物之宗"。"不知谁之子"者，言其无所从来，"自在"之谓也。"帝"谓造物主宰，"象帝之先"，言开辟之前，"道"体已立。"道"在"帝"先，可知"道"非"帝"也，则老氏所谓"道"，虽为宇宙本体，而非造物主宰；盖"道"之为物，自然而然，宇宙万物之从而出也，亦自然而不得不然，夫"道"固未尝施其创造之功，故二十五章有之曰："人法地，地法天，天法道，道法自然。"

（十）"朴散，则为器。"（廿八章）

（十一）"道常、无名——朴；虽小，天下莫能臣也。"（卅二章）

"朴"者，"混而为一"之道体；"器"者，万物万事。道体判，散见而成彼此，然后万物生、万事出，故曰"朴散，则为器"。"朴"盖西哲所谓 substance，译为本体。本体，万事万物之底蕴，西哲谓之 substratum，故 substance 又译为本质。"本"，底也；"质"，无文之谓。"文"者物象，物之所以见其形形色色者。物之本质无文，文之所于附而呈其万象者也。

"道常"者，道之常，"常道"也。"常道""混而为一"，无方所，无声、色、形、体——举凡分画而可指为彼此者俱不可见，故弗可得而名，是以"无名"。无名之"常道"即所谓"朴"矣，故曰："道常、无名——朴。""小"非形而下之小，必以小大言，则其小无内，其大无外；盖"常道"希、夷、窈、冥，官体弗可得而接，辄若叹其小者。"臣"，宾也；"天下"，宇宙万物也。道虽希、夷、窈、冥，不为宇宙万物之宾，而为之主，故曰："虽小，天下莫能臣"——此本体之真谛也。

综上所录老子之文十有一则，一言以蔽之，明夫道体而已矣。其一：始见有物焉，无始终，无生灭，无增减，普住恒住，而为宇宙万物之源，强为言诠，名之曰"道"。其二、其三、其四、其五、其六：继明"道"无声色形体，形而上者也；无分画判别，混而为一者也。顾其浑沌窈冥之中，有精有信，而为宇宙万物之真源。"道"本无名，强为之名，以见万物之始生，及其既生之情状。其七、其八：伸言"道"之不可说，名之不可立；天地之本无名，万物之始有名。"道"由混而画，由"常"而"非常"；"非常道"散见，而成万物。此混一之道体，以其至玄极虚，为一切所自出，复为一切之指归。其九：言形下之物，其象可泯，独有湛然似或存者存。此独存者无所自来，为宇宙万物之所从出，而未尝施其创造之功。其十、其十一：言朴质而无名之"道"体散，而成宇宙万物；顾此道体恒居其主，宇宙万物为之宾焉。

间尝思之，老子生于晚周之际，目睹世变之亟，百家纷起，其盛者，若儒之文，若墨之质，若法之刻，若施龙辈之辩，要皆各是其所是，而非其所非，是非不一，遂若世无真是非者。老子忧之，奋然欲有以去繁就简、弃杂取纯、舍多求一，于是出于形上之途，而探宇宙万物之本源；本源既立，则纷纭之物论可齐，形下之是是非非可泯，而真是真非乃见。若因论世而知人，则老子之世与古希腊苏格拉底之世相若，其人其志又相仿也。苏氏之世，智者（the sophists）革命之世也。其时宇宙哲学（cosmological philosophy）盛极而疲，智者辈起而排之，尽弃其说，是其所非，而非其所是，是非诉诸个人一时一地之观感，于是真是真非之标准无以立，而知识之道断。苏格拉底忧之，慨然以斯道为己任，求得是非标准，以复知识之源。特其所出之途与老子异。老子厌于物论之纷纭，探得混然之道体，以见万物之出于一本，其万者伪，则加于万物之间纷纭之物论，益见其无谓也已。苏氏则承智者辈之疾，夫宇宙哲人（cosmological philosophers）于本体所见之不一，以为本体不可探，转而及于人事，求其画一之伦理概念（ethical concepts），以为善恶之准绳。一言而蔽之，老子舍物而天，弃物象而求道体者也；苏氏则舍天而人，弃天道而求人理者也。顾不佞所不惮烦而为二氏较其异同者，亦以见夫西洋哲学，其始也详于天而略于人，偏乎形而上者也；自苏氏出，然后致其全力于人事之讲求，而开后世伦理政治之法门。中国哲学，大都详于人而略于天，偏乎形而下者也，老子独探天道之隐，为形下之人若物求其形上之根基。赖有老子之言，后世佛说输入，好学深思之士乃能受之，以与儒道两家之说汇合，而成光明灿烂之宋明道学；然则老子于吾国哲学，其启后之功，顾不伟哉。

窃忖老子之意，以为物论之不可齐，以其拘于形下之象。形下之象，幻变无常者也，安可得齐而归于一？虽然，以老子之上智，为能视于无形、听于无声，于耳目所接之万变中，有以窥其不变者焉。不变者何？万物动静成毁所率循之理例，老子所谓"道"者是已。数物数事统于一理一例：物事殊而理例共，物事散而理例总，物事繁而理例简，物事变而理例居，物事幻而理例常，物事察而理例悬——如燃烧之事之与氧化之理、下坠之物之与地心吸力之例，斯若此矣。顾宇宙间之物事无穷，缘所部居，而分辖于专理专例，则是专理专例者，亦已众矣。虽然，是累累之理例，又有其所于属，则西哲所谓极则（summum genus）、所谓第一理（first principle），老子之"常道"，盖即此已。万事万物，依其部居，所率循之专理专例，老子谓之"非常道"，其为共也、总也、简也、居也、常也、悬也，犹未至乎其极也，若夫"常道"，则至乎其极矣。"非常道"者，万事万物动静成毁之故，"常道"，则"非常道"发动流行之因；西哲有所谓第一因（the first cause）者，"常道"，盖此因也。"非常道"者事物之理例，理例者物之所以为物（即《中庸》所谓"诚者物之终始，不诚无物"之"诚"）；物之所以为物，西哲所谓 essence，译云"精蕴"者也。精蕴者，物之真体，（非有形之体，下仿此）西哲谓之 reality；真体者，物之本质，质犹体也，故亦称本体，西哲谓之 substance。本体者，物象之所于附，恒居其底，若皮之于毛者，故又曰"底蕴"，西哲谓之 substratum。"非常道"者众物众事之本体，众物众事，依其部居，而有其所分别于属之本体，则"非常道"之为本体也，犹其散殊者耳；顾此散殊之"非常道"又同归于"常道"，则"常道"者，本体之共之总，一而不二，无有对待者也。独一无对之本体，一切之所从出，亦即其所于归，盖宇宙万物，动静起伏、生灭成毁而已，其动、其起、其生、其成，必有所自来，其静、其伏、其灭、其毁，亦必有所于归也。老子曰："万物并作，吾以观复。夫物芸芸，各复归其根；归根曰静，是谓复命；复命曰常。"（十六章）"作"者，动也、起也、生也、成也；"复"者，静也、伏也、灭也、毁也；"以"，因也。因其"作"而有以知其必有"复"，故曰"吾以观复"。"芸芸"，森罗万象之谓；物虽森罗万象,究其终也,亦各复归其根而已矣,故曰:"夫物芸芸,各复归其根。""根"者本也,芸芸之物所自出、所于归,独一无对之本体,所谓"常道"是已。"静"者,本体未发动流行之初,混然未判之境;"命"者定命,自然而不得不然者也;"常",常理也。今夫芸芸之物之复归于混然未判,自然而不得不然之本体也,则亦物之常理而已,故曰:"归根曰静,是谓复命;复命曰常。"虽然,哲人之徒,无东西中外,所了然于此本体者,亦不过若是而已,至于本体自身之究为何物,弗可得而明也。是故尽谓之曰"极则"、曰"第一理"、曰"第一因"、曰"常道",究而此则、此理、此因、此道之果为何物,则又人异其说,何则?其为物也,极玄无对,比拟之能事穷,斯亦不可思议、莫可言说也已。老子深知其故,故其书开宗明义,即明常道之不可道、常名之不可名;为立言故,不获已而著书,是以一则曰"吾不知其名",再则曰"强为之名"。然则此中消息,学者亦可从而窥其不传之妙矣。

虽然,老子之本体,可以其名字,引申而得其义蕴焉:道者路也,路者所由者也;则其本体,宇宙万物所率循之秩序已。其"非常道",相对之秩序也;其"常道",绝对之秩序也。秩序,形而上非物质(material),而为物质之法则,物质赖之而见其条理界域。以今世术语出之,则秩序者精神(spiritual)之事;然则老子之"常道",殆与西哲黑格尔(Hegel)之绝对精神(absolute spirit)相仿。黑氏倡唯心实在论(idealistic realism),其绝对精神乃宇宙之真体实质,世之森罗万象,无论有形无形,皆此绝对精神之创作;由斯而言,黑氏之本体观,盖亦所谓唯心一元论(idealistic monism)也。然则老子之说,其亦可谓之唯心实在论、唯心一元论乎?曰:唯唯否否。若夫其言,则有之曰:"反者道之动。……天下万物生于有,有生于无。"(四十章)"道生一,一生二,二生三,三生万物。"

（四十二章）"道"，"静"也，"动"者，其"反"也；非唯此也，"道"者，"一"也、"混"也、"形而上"也，其"反"者，"多"也、"画"也、"形而下"也。"道"之自然不得不"反"，"反"，则"动"矣；"动"，则所出者莫非"道"之"反"，若多、若画、若形而下是已。"有"犹云有别，"无"犹云无别。混一之道体无别，道体判，则别起；别起，而后万物生。"道"本无别，有别，其"反"也；万物生于别，则万物出于"道"之反。"一"者，别之始也；有别，则与之为别者合之而成"二"；"二"，则与之为别者又合之而成"三"，如此递进，以至于无穷，相与为别者累累，而万物出焉。顾"道"之本，混也，别，其反也；由别而万物出，是万物生于"道"之反也。今夫所谓物者，物质之有条理界域者也。其条理界域出于"道"，固矣；若其物质，揆以老子之言（即上方所引者），宜亦同出于"道"者也。则一切皆出于"道"，道为宇宙万物独一无二之元矣。"道"，精神也，心（mind）也，则其为元也，又属唯心者矣。宇宙万物唯"道"所生所成，"道"者，宇宙万物之真体、之实质，则老子之宇宙观，宁非唯心实在论耶？"道"反，而物质之有条理界域者出，是心生物（matter）、精神产物质。心与物、精神与物质，相反而相克者也，而能相生而相成焉。黑氏谓绝对精神之演进而成宇宙万物也，其途术亦犹是已。虽然，黑氏之以绝对精神为本体，而倡一元之唯心实在论也，盖承前人心物二元论之后，思以物合心，而祛心物判不相俟之蔽；其发为相克相生之宇宙万物生成之逻辑（即宇宙万物生成之方式或途术）也，则所以泯心物之分，合心物而一之耳。若老子之世，固无心物二元之说，老子胸臆之中，盖无所谓心物之判，暨夫判后复合之问题，故其心物一本、相反相成之论，乃不自知而持之耳。今特引申其说，觉其含义（implication）有如此者，故表而出之；若谓老子之说同于黑氏，则犹不佞所唯唯否否者也。

　　古者希腊大哲亚里士多德之论宇宙万物之生成也，有所谓四因之说焉。四因者，曰质（material）、曰形（formal）、曰动（efficient or moving）、曰鹄（final）。形者，一物之条理界域；质者，其物之材；鹄者，其物所祈向之完成之域；动者，所以使质合形而成物（即抵其完成之域之谓）。质合形而为物，而抵于完成之域；一物完成之域，其物之鹄；则质与形，二而一也。顾所以使质合形者，亦唯形而已；则形实有以致动，动之源在形，斯形与动又莫分矣。是以亚氏之形、动、鹄三因，究其极也，复归于一；一者何？亚氏谓之"上帝"。上帝者，宇宙万物之主宰；主宰造物，因其既有之质材，施之条理界域，质材得其条理界域，然后成形、完性，而物出矣。且夫上帝非他，条理之大全、形性之极轨耳；具为条理形性，不与乎质材，形而上者也，故曰纯思（pure thought）、纯形（pure form）。然则上帝者，精神而已，唯心而已；其造物也，但于既有之质材，赋之形性，则质材不出于上帝，上帝之与质材，犹精神与物质、心与物之对峙耳。若老子之"道"则不然：宇宙万物之条理（亚氏谓之形因）固自"道"出；"道"反而动，动而万物生，是动亦"道"之自然而不得不然之情性；且唯其以"反"为"道"之自然而不得不然之情性也，物质（亚氏谓之质因）辄亦自"道"出焉。则精神之与物质，心之与物，犹一物之首尾、一事之始终，可分而不可离者矣。是以老子之"道"，以亚氏之术语出之，则形、质、动三因合而为一者也；特亚之鹄因，于老之"道"，无是处耳。盖老之"道"，其反其动，而演为宇宙万物也，皆自然而不得不然，此犹西哲自然主义（naturalism）与定命论（determinism）之旨；"鹄"者目的（end）之谓，定命论无以为"目的"地，则老子之"道"不兼亚氏"鹄因"之义，固其宜也。且夫亚氏之"上帝"，唯其为鹄因也，长为宇宙万物之所向所趋，宇宙万物向之趋之，而"上帝"自若；故其为动因也，不动而有以致动，亚氏谓之"不动之致动者"（unmoved mover）。不动者恒静，其所致于动者恒动，则静与动判然二境，非若老子之"道"，静必有反，反而至于动，动复必反，反而归于静也。质材之始向始趋夫"上帝"也，动斯肇矣；既动，则愈动不息。质材之初，混沌而无条理界域，亚氏谓之纯质（pure matter）；纯质动，则从"上帝"而得其条理界域，而成草昧之"物初"（rudiments of things）；愈动不息，"物初"弥趋弥向夫"上帝"，斯条理界域愈出，愈出而愈精愈繁——此宇宙万物之所以层出无穷，进化（evolution）之迹也。若夫老子之"道"，静反而出于动，动反而归于静；其静其动，俱非一往直前者也。唯动非一往直前，故宇宙万物画而复混，混而复画，其条理界域非层出无穷、弥精弥密者也。且夫亚氏之"上帝"，其为宇宙万物之鹄，而为其所向所趋也，乃在宇宙万物之外，而致之于动，而愈动愈出也。若老子之道，则存乎宇宙万物之中，宇宙万物，特其动静往复之形迹耳。以宗教之术语出之：亚之"上帝"，超神（transcendent deity）也；老之"道"，泛神（pantheistic deity）也。老之言曰："大道泛兮，其可左右？"（卅四章）"大道"，"常道"也；"泛"者，泛滥之谓。"其可左右"，置疑之辞，言其无所不在，弗可得而指其方所也。庄生答东郭子问："道恶乎在？"曰："在蝼蚁，在稊稗，在瓦甓，在屎溺。"（《知北游》）——其意盖与此同。凡此皆泛神论之语调也。

二、道之用

（一）"道生一，一生二，二生三，三生万物。"（四十二章）

此"道"亦称"常道"，厥体（指其实质言，非形下之体）混然未判。判而别生,"一"者别之始也。有别,则与之为别者合之而成"二";"二",则与之为别者又合之而成"三",如此递进,以至于无穷,相与为别者累累,而万物出矣。

(二)"道生之,德畜之,物形之,势成之。是以万物莫不尊道而贵德。"(五十一章)

"道"者"常道","常道"散见,而万物生。"德"者得也,万物所得于"常道"以为其条理界域者曰"德","常道"散见于物而为之条理界域者曰"非常道"。——自其在物者言,谓之"德";自其出于"常道"而散见者言,谓之"非常道",其实一耳。"畜"者保也,物之所得于"常道"以为条理界域者,乃物之所保而成物,无之则不足以为物矣。此即《中庸》所谓"不诚无物"之"诚",《诗》之所谓"民彝""物则",亦即西哲所谓 essence,译言"精蕴"者也。"物形之"者:"物",物象也;"形",犹见也;物象形而下者,形下之象有以见物,物因形下之象而后形,故云"势"者,不得不然之谓。道体之初,混而为一;混反而画,一反而万,斯道体判而别起,然后万物生焉。——所谓"朴散而为器"者,此之谓也。顾"道"若"朴"之反、之判、之散,有其不得不然者,其不得不然者即所谓"势"已。"尊"犹祖也,"贵"犹保也。"万物莫不尊道",犹言万物皆以道为祖,谓其生于道也;物之所得于道而为德者,乃物之所保以成物,故曰:"贵德"。

(三)"昔之得一者:天得一以清,地得一以宁,神得一以灵,谷得一以盈,万物得一以生,侯王得一以为天下贵(各本皆讹作'贞',据下'贵高'二字,知其应作贵)。其致之,一也。天无以清,将恐裂;地无以宁,将恐发;神无以灵,将恐歇;谷无以盈,将恐竭;万物无以生,将恐灭;侯王无以贵高,将恐蹶。"(卅九章)

"昔"者,自道体始判,开辟以来之谓也。"一"者,所得于道以为德者：天之德曰"清"，地之德曰"宁"，神之德曰"灵"，谷之德曰"盈"，万物之德曰"生"，侯王之德曰"贵"。"致"，至也，天、地、神、谷、万物、侯王，所以至乎清、宁、灵、盈、生、贵之德者，其所得于道之一体者有以使然，故曰："其致之，一也。"然则"一"者，道之一体，对其全体言，是为"非常道"；道之全体，"常道"也。"常道"混然而已，无所谓"一"；"常道"判，"朴"散，而后别起，而后此"一"有以别于彼"一"，斯则万物生焉。顾此"一"者，物之所以为物，物有之则成，无之则毁：若裂、若发、若歇、若竭、若灭、若蹶，毁之谓也。天所以覆物，地所以载物；神、谷，所以运物，使之因应无穷，虚而不亏、盈而不溢；侯、王则所以治理万物（合民与物而言）者也。举夫天、地、神、谷、万物、侯、王之德，则物之所得于道以为德者，其大经具于此矣。

（四）"夫唯道，善贷且成。"（四十一章）

"贷"者，资（犹《周易》所谓"万物资始"之资）也，借也。道之所贷所成者，宇宙万物，万物各得道之一体以成物，而道则周行不殆、体物无遗，莫不资而成之，故曰"善贷且成"。顾道之资物也，贷之而已，贷必有归，是万物又必由画复混，由万返一，而终归于道；——所谓"夫物芸芸，各复归其根"，此之谓也。

（五）"道者万物之奥……"（六十二章）

"奥"者，主也，要也。物得道之一体以为物，则其所得于道之一体，所谓"非常道"者，乃其物之主之要；而道之全体，所谓"常道"者，更为一切物之主之要，故曰"万物之奥"。物之主、要即物之精蕴；其为精也，恒蕴藏而不可窥见（以其形而上故），故"奥"有蕴藏之义。形形色色之物象非主非要，物之宾也。物之主、要乃物之实质真体，而为形形色色之物象之所于附，物象在前，实质真体在后，蕴而不可得见，故曰"奥"也。

（六）"道之尊，德之贵，夫莫之命而常自然。"（五十一章）

（七）"天之道：不争而善胜，不言而善应，不召而自来，繟然而善谋。"（七十三章）

"命"，犹言使然；"莫之命"，莫使之然也。莫使之然，则自然矣。道之生物而为尊，德之畜物而为贵，皆自然而然，莫或使之然也。凡自然而然，必其不得不然者，此道之用之所以出于必然（necessity），而老子之宇宙观之所以为定命论也。

道而冠之以"天"，言其自然。道之体，自然而然；其见于用，而成宇宙万物也，亦一循自然之轨，所谓"莫之命"也。天行与人事无争，而天行常胜，人事常绌，故曰"不争而善胜"。物之动静成毁，人之吉凶祸福，其间因果之相寻，应也无言，来也不待召，故曰"不言而善应，不召而自来"。谋者恒苦心积虑，而自然之道之流行也，绰然无所用心，其周至乃莫之能及，故曰"繟然而善谋"。

（八）"道生之，德畜之，长之育之，亭之毒之，养之覆之。生而不有，为而不恃，长而不宰，是谓玄德。"（五十一章）

（九）"生之畜之，生而不有，为而不恃，长而不宰，是谓玄德。"（十章）

道体判，朴散，而后万物生，故曰"道生之"。物所得于道之一体以成物者为"德"，"畜"者保也；德所以保持物之为物，故曰"德畜之"。"长"、"育"，言其演进；"养"、"覆"，言其存立；"毒"，治也（《周易》："以此毒天下，而民从之"）；"亭"，平也，均也（《汉书》："张汤平亭疑法"），言其治理（亦称条理或秩序）。盖混一之道散见于物，物辄有其存立之效、治理之功、演进之能。顾道体之判，散见而成物也，自然而然；物之得道之一体，而有以存立、而臻于治理、而演进无疆也,又皆自然而莫或致之然;然则道虽生物,而不据为己有;物虽存立、治理、演进,而不恃道之力;道虽为宇宙万物之祖,长之,而不宰制之。"玄",言道;"德",道之散见于物。道体混然而已,原无德之可言。道散见于物,物资之而为物、而为彼此之别者,是为德。故曰,道体无德,道见于用,然后德立,德在物而不在道也。"不有"、"不恃"、"不宰",三者之德,乃道之用之见于物而后立者,故曰"玄德"。且夫有所有,则有所不尽有;有所恃,则有所不可恃;有所宰,则有所不能宰——特殊而有待之人若物乃然。若道,于体则无对(老子谓之"独立"),于用则普及(老子谓之"周行"),故其流行于宇宙万物而见其用也,辄显其"不有"、"不恃"、"不宰"之德焉。

(十)"万物恃之而生,而不辞,功成,不名;有衣养万物,而不为主。常无欲,可名于小;万物归焉而不为主,可名为大。以其终不自为大,故能成其大。"(卅四章)

"辞"者,辞说之义;"名",犹言也。道散见而万物生,是万物出于道,恃道而生,而道无说无言,自致之然,未尝谆谆然命之,故曰"不辞"、"不名"。物既生,乃曰"功成"——犹云生物之功成也。"有"读若"又","衣养",保持之也。道匪特生物而已,又复保而持之,使不失其为物;顾保持之矣,而不据为己有,故曰"不为主"。"无欲",无所祈向之谓;道之本体混然无所祈向,无分画辨别,湛然眇然,隐而不见,强为之容,若觉其小,故曰"可名于小"。逮其用见,则万物生焉。顾万物生于道,而复归于道;归于道,道不据为己有;盖有所有,则有所不有,唯不有者乃能无不有,其有也,无偏全去取,而为无对待之有,其量莫可得而名,强为之名,名之曰大,故曰"可名为大",——此"大"非有对之大、对焉而或小者也。"不自为大"者,无对无争,自成其大,始终如此，不增不减，故"能成其大"，非若有对有争之大，大矣而复或小者也。

（十一）"功成身退，天之道。"（九章）

"功成身退"者，"不有"、"不恃"、"不宰"之谓。盖道之散见而成物，自然而然；物之存立、治理、演进，亦自然而然；夫道，其体其用，一任自然，无所干涉乎其间，辄若功成身退也者，故云。且道之施其用也，体物无遗，不与物分彼此，故无身，何有于退（此即泛神论之旨）？言退，以喻其一任夫自然，而无所用于干涉耳。

（十二）"三十辐共一毂，当其无，有车之用。埏埴以为器，当其无，有器之用。凿户牖以为室，当其无，有室之用。故有之以为利，无之以为用。"（十一章）

辐，车轮之直木，辏于一毂者也。毂，车轮中心之圆木，辐辏其外，轴贯其内者也。"无"谓毂内空虚，唯其空虚，乃能贯之以轴，而行车也，故曰："当其无，有车之用"。埏，和也；埴，土也。和土为器，器中空虚，乃能受物，故曰："当其无，有器之用"。惟室亦然，室中空虚，乃能居人，故云"当其无，有室之用"。"无"者，用之未效；"有"者，用之既效，既效，则为利矣。效于此者不能效于彼，此利无以为彼利，犹载人之非同受物或居人也。顾物之用虽未效，有其将效之界域存焉：未效之前，其界域隐，既效之后，其界域见。若车与室，车之可载而不可居，室之可居而不可载，固已隐然定之于载焉居焉之前，其未效之界域有彼此之制限也。是知：物之用，有所可，有所不可，则其为利，有所及，有所不及。故其为"无"，有所无，有所不无，相对者也；其为"有"，有所有，有所不有，亦相对者也。若道（指常道言），则其用无不可，其利莫不及——其为"无"也绝对，其为"有"也亦绝对。唯绝对之无乃能成绝对之有，绝对之有无所不有，故曰，道者万有之源也。

（十三）"天下之至柔，驰骋天下之至坚；无有，入无间。吾是以知无为之有益。不言之教，无为之益，天下希及之。"（四十三章）

道：生而不有、为而不恃、长而不宰，其为用也，非至柔乎？无形象方所、无起讫始终，其为体也，非无有乎？若莫破质点（今者原子可破，莫破者其电子矣），非至坚乎？非无间乎？然而秩序井然，非道运行于其中乎？无体之道，行其无事，厥用乃靡不至，故曰："以是知无为之有益"。道之流行于宇宙万物之间，好学深思之士，穷其智虑，积其年岁，以究研之，而道无名字言辞，非不言之教乎？顾其不言之教、无为之功，积累千百世之力，而不能穷其妙，故曰"天下希及之"也。

（十四）"天长地久，天地所以能长且久者，以其不自生，故能长生。"（七章）

"天地"，物化（下亦称万化或运化）之总称也。道体之见于用，混而画、画而混，而物化出，其动静往复无已时，是以长且久也。顾其动静往复之间，万物生生灭灭、成成毁毁，而道用之流行自若，故曰"长生"；且其流行也，无始终、无增减、无缓急、无弛张，一循乎常轨，故曰"不自生"。唯其无始终、增减、缓急、弛张，乃能流行自若，故曰"以其不自生，故能长生"。

（十五）"玄牝之门，是谓天地根。绵绵若存，用之不勤。"（六章）

"门"与"根"，"常道"也（参看前节第八则解）。"常道"反而动，动而散见，散见而为"非常道"，"非常道"立而万化出；——犹根发而柯干枝叶生也。万化之流往复循环，无首尾始终，是道体之用之但见其绵绵，"绵绵"，犹"绳绳"也（参看前节第二则解）。顾道体之用而成物化也，其数曰万，万犹言无穷，无穷之物化非有穷之知觉之所能察，故曰"若存"，"若存"犹言"恍惚"。"用之不勤"者，道体之动而见其用以成万化之迁流也，自然而然，行所无事，故能"不勤"。

（十六）"天地之间，其犹橐籥乎？虚而不屈，动而愈出。"（五章）

"橐"排橐也，"籥"，乐籥也（从王弼解）。"屈"，竭也。橐籥以其中虚，乃能受气鼓风，而出声不竭。此以喻万化之层出无穷。万化源于道体，道体虚不著（附著义）物（谓著于此物彼物），其用乃能不竭，以生物无穷，是以"动而愈出"也。

（十七）"……用之不可既。"（卅五章）

"不可既"，不竭之谓。道体虚不著物，而物不离道，道之用普一切物；物层出无穷，道之用亦无穷，故曰"用之不可既"。且夫其用之不可既，亦以其不勤故。力之小者勤而后有功，小力有竭，是勤有已时，而功有所限。若道之用于万化之中也，运其大力，大力常住不竭，故无有于勤，厥功遂亦无限也已。

（十八）"天地不仁，以万物为刍狗；圣人不仁，以百姓为刍狗。"（五章）

"天地"，言物化；"圣人"，法道知化之王者；"不仁"，无偏爱之谓。刍，兽之所食；狗，人之所饲。"天地不仁，以万物为刍狗"者，言道之行于物化之中，溥然而大公，一任物竞之自然，而呈其优胜劣败之果：败者为刍为狗，胜者食刍饲狗，夫道固无所爱憎而使然也。夫是之谓莫之命而命，莫之择而择；——莫之命而命，天命也；莫之择而择，天择也。唯圣人法道知化，其为治也与道之用同符，厥效辄亦冥契乎自然之化功，故"以百姓为刍狗"，任之自展其性能，而无所用于干涉之政也。

（十九）"……不可得而亲，不可得而疏，不可得而利，不可得

而害，不可得而贵，不可得而贱，故为天下贵。"（五十六章）

道之运行一循自然之轨，自然者常然而不得不然，弗可以人意为私请，若亲、疏、利、害、贵、贱，则私请矣（陶渊明云："寿夭永无私请"，盖得老氏之旨者）。此目的论与自然主义之所以不相容也。且夫可得而亲，则可得而疏；可得而利，则可得而害；可得而贵，则可得而贱——于溥然而大公之运化中必无是处，盖运化行其所必然，此其所以为大公耳。"天下"，犹云两间（空间，时间），宇宙万物之谓；"贵"，保也。道之运行大公无私，万物皆保其所得于道之一体而为物，而各守其分位，故曰"为天下贵"。"为天下贵"，犹云为宇宙万物之所贵也。

（二十）"天道无亲，常与善人。"（七十九章）

所谓"善人"，必其思虑云为一循自然之理法者也；反之，则为不善人矣。天道无亲善人而疏不善人也，善人顺天，故为天之所与而获存，不善人逆天，故为天之所不与而邀亡——此天择之效也。

（廿一）"天之道其犹张弓与？高者抑之，下者举之，有余者损之，不足者补之。天之道损有余而补不足。"（七十七章）

张弓者，弛而张之，发而复弛，此以喻道之必有反与复也。道体混然而已；厥用之行于运化之中也，高者、下者、有余者、不足者，其反也；反而必复，则高者低之，下者上之，有余者损之，不足者补之是已。盖夫宇宙万物之存立，必其所得于道之分量有以持其平（in a state of equilibrium），不平则反，反而复平——此天行之所以有生灭成毁，人事之所以有治乱兴衰也。

（廿二）"天网恢恢，疏而不失。"（七十三章）

"天网"谓自然之理法，道之用之行于运化之中者也。"恢恢"言其宽大，"不失"言其不坠无差。道"生而不有、为而不恃、长而不宰"，夫非宽大之至者耶？宽大诚若疏矣，顾复"不争而善胜、不言而善应、不召而自来、繟然而善谋"，斯又"疏而不失"者矣。——"道常无为，而无不为"（卅七章），其此之谓与？且夫自然理法之所以不失者，亦以其大公无私、常持其平故：使其可得而亲、疏、利、害，使其有高、下、余、不足，则所得于此者，必失于彼，乌在其能不坠无差耶？

（廿三）"天下有始，以为天下母。既得其母，以知其子；既知其子，复守其母，没身不殆。"（五十二章）

"天下"，宇宙万物；"始"，道也。宇宙万物生于道，故道为母。道，因；物，果；犹母子也。执其因，有以逆其果，故曰"既得其母，以知其子。"因本果末，因能御果，明乎因果之相寻，则慎于造因，厥果之为福为祸，有所不足计者矣，故曰："既知其子，复守其母，——没身不殆。"

（廿四）"执古之道，以御今之有。能知古始，是谓道纪。"（十四章）

道先天地，不可得而溯其始初，无所从而计其年代，混称之曰"古之道"，笃而言之，道无所谓古今也。"今之有"者，即时即境之殊物殊事。事物囿于即时即境，即时即境莫非"今"也。道无物有，故谓之"有"；即时即境之物若事，乃谓之"今之有"。道者事物所以然之故——道，因；物，果。道之本体，超时与境者也；其用之行于运化之中，周行、常住——周行，遍一切境，常住，括古、今、来。其与物为因果也，因召果应，因前果后，故因亦谓之"故"。"故"者古也，言其在时先于果也。顾因有以致果，欲是果，造是因，因果之相寻，有其必然者也，故曰："执古之道，以御今之有。""古始"犹云故始，一切因之因，西哲谓之第一因，"常道"是已。道之用行于运化之中，散见而为"非常道"；"非常道"者，散殊之事若物之所以然之故。顾此散殊之故，又有其总而共者焉，是为故始（即"古始"）；故始者，"常道"也。"纪"犹纲也，"道纪"犹云道之纲。此"道"，"非常道"也。纲，所以总散殊之绳而成网；"常道"，"非常道"之故，犹纲之于网，所以总其成者也，故曰"道纪"。能知故始者，则于散殊之"非常道"得其纲纪矣，故曰："能知古始，是谓道纪。"

（廿五）"为学日益，为道日损。损之又损，以至于无为。无为，而无不为。"（四十八章）

"学"者，察乎殊物殊事，以求其共理公例；察之弥广，所得之理例弥精且确。"道"，共理公例也。物事繁而理例简，一理一例可摄数物数事，理例弥简，其所摄弥泛。故学贵博，而道贵约；为学之途日益，为道之途日损。学愈进，则理例愈简，此为道之所以"损之又损"也。"损之又损"，假而至于一，此一理例者有以摄众理例，而为其所指归；即"常道"之摄诸"非常道"，而为之门——所谓"无为"，"常道"是已。"常道"，自然之极则（老子曰："道法自然"，犹云道以自然为其法则耳），是以"无为"。而其用乃遍行于万化之中，是以"无不为"也。

（廿六）"不出户，知天下；不窥牖，见天道。其出弥远，其知弥少。是以圣人不行而知，不见而名，不为而成。"（四十七章）

"天下"，谓宇宙万物之情状；"天道"，谓道体之流行。有识者据往知来，执因逆果，故能不出户而知宇宙万物之情状。有道者明乎道体之自然，有以知厥用之必然，则其运行之途术了如指掌，故能不窥牖而见夫天道也。凡此皆执因求果之事，名学外籀（亦称演绎）之功也。"其出弥远，其知弥少"者，谓博学而不约之以道，匪特无用，愈益昏迷。"圣人"，得道之士；"行"，行远也；"名"，言也；"为"，责果而逐末；"成"，成夫事、致夫果也。得道之士：不行远，而知远方之事；不见物，而能言其情状；造其因、立其本，而厥事自成、厥果自致——故曰："不行而知,不见而名,不为而成。"

　　以上所录老子之文廿六则,皆明道之用也。其一、其二:言道生万物,万物所得于道之一体者为德;德所以为物,众所以见物,势所以成物——势者,道用之流行,其自然而不得不然者也。其三:综举万物及其所以载之、覆之、运之、理之之天、地、神、谷、侯、王之德,以概见夫宇宙万有之各得道之一体以为德——物有其德则成,无之则毁。其四:言道之资物而成之,贷之而已,物必由画与万复返于混于一,而终归于道。其五:言道为物主,象为物宾;物象附道而存,道隐于物象之后而为之底蕴焉。其六、其七:言道之生物,德之成物,皆自然而不得不然,是以其胜弗争,其应无言,其来不待召也。其八、其九、其十、其十一:言道之用一循自然必然之轨,是以道生物,不据为己有,无言说,不名功;道保物,为之长,而不宰制之;物生于道,而存立、治理、演进,亦不恃道之力。——凡此,以人事为喻,皆所谓功成身退者已。道之体,混而无所祈向,眇然湛然,隐不可见,辄若小者;其用,则为宇宙万有之所自出、之所于归,可谓无所不包矣,无所不包者非至大而何?十二:言道以"无"为用,以"有"为利——其无也绝对,故其为用也蔑不可;其有也亦绝对,故其为利也亦靡不至。十三:言道,唯其于体无有,于用无为,厥用厥为乃入乎至坚无间之域。十四:言道之用之行于运化之中也,长而且久;其所以长久,以其无为;无为者不自生,不自生者乃能生生无穷。十五、十六、十七:言道之用不勤——以其无为,是以不勤。唯其不勤,所以"虚而不屈,动而愈出",而"用之不可既"矣。十八、十九、二十:言运化大公无私,一任物竞之自然,而呈其优胜劣败之效。唯其如此,所以自然之中,无亲、疏、利、害、贵、贱之可言,顺天者存,逆天者亡，如此而已。廿一、廿二：言自然物竞之中，常持其平，不平则反，反而复平；是以自然之理法，貌虽若疏，其实不爽于毫厘也。廿三：言道生物，道、因、物、果，执因有以逆果；是以有道者慎于造因，可以终身不殆。廿四：言道有以御殊物殊事，因能制果也。执一切因之因者明夫"常道"，可谓得诸"非常道"之纲纪矣。廿五：言为学贵博，为道贵约；约之又约，寖至于独一之"常道"；"常道"，自然之极则；自然无为，而厥用靡不至。廿六：言有道者执因求果，不骛乎外，守道以逆天下之变。

以西哲之术语出之，老子之论道体，其本体论也，其言道之用，则宇宙论已。本体论探万有之根源，英语谓之 ontology，源于希腊字之 ὄντος 与 λόγος。λόγος 言"学"言"论"，ὄντος 言"在"。此所谓"在"，无所因依，是为自在；靡分彼此，是为普在；永不流迁，是为常在；无有幻变，是为真在——此数德者，唯本体俱之，则于宇宙万有之中，拨其幻变、流迁、彼此相依之物象，而追其自在、普在、常在、真在之本体者，是为本体论。宇宙论者，讲夫本体之发动流行，万物之如何出于本体，由混而画，而见其条理界域。宇宙论，英语谓之 cosmology，其字源于希腊字之 κόσμος 与 λόγος。λόγος 之义见前，κόσμος 之为言秩序也，安排也。是宇宙论详于万有之分画，而见其结构与统系焉。

老子之本体，"常道"也。"常道"之初，混然而静，反而动，动而分画，分画而散著，散著而宇宙万物生焉。"常道"散著于物，曰"非常道"；物各得"常道"之一体，各秉"非常道"，以为其条理界域者，为德。"道"者，物之所自生；"德"者，物之所保以为物；"象"者，物之所资而后形；而物之生、之成、之形，皆自然而不得不然，此自然而不得不然者为"势"。"德"者，物之主；"象"，其宾耳。"象"见而"德"隐，"象"变而"德"居，"象"幻而"德"真。"德"犹西哲之精蕴,"象"犹西哲之赋性。

"道"之体为"无",其用为"有"。"无"者"道"之混然,未反以前之态;"有"者"道"之画然,既反以后之状,一言以蔽之,所谓万有,所谓森罗万象是已。顾"有"虽未形,其将形之势已存于"无"之中,是由体之用,亦自然而必然者耳。道之用,唯其自然而必然,厥情厥状有非言语所能尽,无已,乃反复以消极(negative)积极(positive)之辞出之:消极之辞,若"无为"、"不争"、"不言"(亦即"不辞","不名")、"不名"、"不有"(亦即"不为主",犹云不为"物主"也。)、"不恃"、"不宰"、"不勤"、"不屈"、"不既"、"不仁"("不仁"故"不亲"、"不疏"、"不利"、"不害"、"不贵"、"不贱")、"不失";积极之辞,若"绰然"、"无不为"、"自来"、"愈出"、"善贷"、"善成"、"善胜"、"善应"、"善谋"是已。"道"由体之用,既出于自然而必然之势,则用之情状虽无穷,要皆势所必然,夫用未行之前,其将然之势固已隐然于体中。若以西哲之术语出之,"体"可谓之储能(potentiality),用可谓之效实(actuality)——厥能无所不储,厥实靡所不效,而由能之实,又其必然者也。

"道"由体之用而后画,画而后对待起,对待起而后条理界域生,条理界域即所谓"非常道"矣。道之用弥展,相与为对待者弥伙,而条理界域亦弥繁。条理虽繁,有其统摄之者焉,"势"与"反"是已。势,自然而必然者;反,混画动静之起伏。顾势与反,名二而实一也,何则?自然而必然者,混画动静之起伏而已;混画动静之起伏,自然而必然者,混画动静之起伏而已;混画动静之起伏,自然而必然者也。然则势者反也,反者势也——是乃条理之条理,"非常道"之"常道",道用之极则也。运化匪他,势与反之流行耳。道体者,势与反之未形,"常道"之未散著而为"非常道",

所谓"众妙之门"、"玄牝之门"是已。以西洋之哲学术语言之，势与反乃老子宇宙论之最高原理，此原理出于其本体之常道——"常道"储能，势与反则其效实也。

唯势与反恒流行于运化之中，宇宙万物之生灭成毁，辄往还起伏，循环无已。若今之宇宙，以老子之道观之，可谓分画之尤者矣。夫人之类智巧日滋，禽兽之大且猛者，或驯或灭，几至于尽；顾害生之菌与卫生之术俱孳，同类之相残与智巧之增进并甚，论者且谓今后之战争殆有以毁天地而灭万有，夫非斯"道"之将由画而复混、由万而归一也与？老子之世，人之智巧争夺，视今殆犹具体而微，老子忧之，故教人以"古始""道纪"，以"为学日益，为道日损"，以"既知其子，复守其母，没身不殆"。虽然，老子不云乎："天之道其犹张弓与？高者抑之，下者举之，有余者损之，不足者补之"；又曰："天网恢恢，疏而不失"。使世而"高"矣、"下"矣、"有余"矣、"不足"矣，则其见"抑"、见"举"、见"损"、见"补"也，亦犹自然而必然之势耳，焉可得而逃夫疏而不失之"天网"？是知老子之若口谆谆，亦知其不可而为之，既无以挽其当世之狂澜；则吾徒之所遇，固亦无可奈何。夫人之类生耶灭耶？天地万物存耶毁耶？俱无可容心于其间，一任自然之流迁，而为之"刍狗"而已矣。

前节不云乎：万物生于"道"，物涵物质（犹西哲所谓 matter）与条理界域（犹西哲所谓 form 即本节所谓"象"与"德"），条理界域固出于"道"，若其物质，揆以"道生一、一生二、二生三、三生万物"之言，宜亦同出于"道"；"道"，精神也，心也，则其为万物唯一之元也，宜亦唯心者矣。其实笃而言之，老子之"道"，其为一元之本体也，与其谓之唯心，毋宁谓之心物两泯。本体之初，混然而已：既无心之厘然井然，又无物之块然累然。顾此本体实存相反之势，则其混然而静而形上者，必出于画然而动而形下焉，于是万物之兼具无厘然井然之条理暨其块然累然之物质者，亦因此相反之势而生矣。由斯而言，"道"者，精神与物质之底蕴（substratum of mind and matter）。以西哲之名学论，精神物质相反而不相侔者也，宜若不出于一元——此西洋哲学欲合心物两概念于其既分之后之所以难也。老子之名学则有异乎是，老之名学，相克相生之名学也。西哲之名学以人之思路衡夫自然之理法，于是心与物二者辄若相反而不相侔焉。老子之名学，自然之理法也，自然之中，相克者恒相生，相生者常相克，此心物所以不见其不相侔，二者有若一事之始终、一物之首尾，而同出于一元之"道"焉。唯老子以相克相生之理为其名学之原则，而此原则实即自然之理法也，故其观物察事，恒以相反相成之势为准，他先知先觉所目为奇离而必不可通者，老子皆视若自然必然，而各得其解，此其思想系统之所以包罗万象也。

曩言老子之道体犹西哲所谓储能，厥用则其所谓效实。按西哲储能效实之说，盖自希腊之亚里士多德始。亚氏以其所谓纯质为绝对之储能，缘其一无条理界域，诸象皆不可见也；以其所谓纯形（即其所谓上帝）为绝对之效实，缘其尽为形上之理，绝无形下之质杂乎其中也。纯质动，则从纯形许稍得其条理界域，而成草昧之物初；愈动不息，物初弥趋乎纯形，斯条理界域愈出，愈出而愈精愈繁焉。由此而言，万有之出乎混沌之质（即绝对之储能），而进于分画之条理界域（即相对之效实），愈出而愈益分画，是其物化之途，由混而画、由纯而杂、由简而繁，一往直前，永无止境。西洋学者之格物致知，每务分析而不厌其繁者，盖承亚氏之风也。老子则不然，其"道"之由体之用，万有之出于"道"，由混、纯、简而趋画、杂、繁也，极则必反，非一往直前，而乃往复循环、周而更始者也。易辞言之，其储能之趋于效实，适可而止，止而复返于储能焉。故老子有"多言数穷，不如守中"之训（见第五章）。后世承其风，为学每重内心之涵养，轻外界之探求。阳明所谓穷阶前一竹之理，七日而病，乃反求诸心，守此方寸之间而已足者，盖实受老氏之影响而莫之知，即知亦弗肯承也已。

三、道之术

（一）"反者道之动，弱者道之用。天下万物生于有，有生于无。"（四十章）

道体本静。动，其反也，故曰"反者道之动"。顾道不动，厥用莫能起，则动者自然而必然之势也；动，反也，则反亦自然而必然之势耳。道之用无所不可，故曰弱。世之所谓强者，皆有所不可、所不容，其靡不可、蔑不容者，乃谓之弱。老子因此义，故称无所不可之道之用曰弱。"有"，有别也；"无"，无别也。道体之初，混然而已，其中无彼此之别；道体动，然后混者画，画而别起，是谓之"有"。动而愈出，斯画者弥画，始为别者寖假而至于万，是为万物。顾"万"之数实始于"一"，犹森罗万象之始于别；而别又起于无别——故曰"天下万物生于有，有生于无"。而由无之有，道之动也，动之途必出于反，自然之势也；反之始，唯有与无而已；是由有而无，道体之始动，其反之势之始见于厥用也。

（二）"大曰逝，逝曰远，远曰反。故道大、天大、地大、王亦大；域中有四大，而王居其一焉。人法地，地法天，天法道，道法自然。"（廿五章）

"曰"读如"者"，犹云"大者逝，逝者远，远者反"。"逝"犹往也，道体之静之反而动也；往则必至于远，动之愈出也；往既远，动愈出，极，则又反而复静焉。道之用有反，天地之运行覆载有反（如岁时之周而复始，万物之生灭成毁），王者之治人理物亦有反（所谓"化而欲作，吾将镇之以无名之朴"者，王者之知反也）——反者反与所反兼包并容，夫是之谓无所不容，无所不容乃大，是以"道大、天大、地大、王亦大"。四大，王居其一，以其知反，不知反，不足以为大矣。"法"者，范围而不可过之谓（从南昌熊季廉解，见几道公《评点老子》）。地不出乎天之范围，以其为宇宙（"天"犹言宇宙）之一体也；天不出乎道之范围，以其为道之所弥纶也；道不出乎自然之范围，以道之用常循自然而必然之势也。此势唯何？"反"而已矣。

（三）"致虚极，守静笃，万物并作，吾以观复。夫物芸芸，各复归其根；归根曰静，是谓复命；复命曰常。知常曰明；不知常，妄作，凶。知常，容；容，乃公；公，乃王；王，乃天；天，乃道；道，乃久。没身不殆。"（十六章）

"致虚"、"守静"皆连读，"极"所以状"致虚"，"笃"所以状"守静"；"致虚极，守静笃"，言致虚至于极，守静而已笃也。致虚既极，守静已笃，则势所必反，反，而万物生；万物生生，又将必至于极，吾有以知其必反，而复归于虚静，故可得而观之也。"夫物芸芸"者，道之用既行以后之情状，道体反而动之效也；顾反之极，又有反焉以反之，则亦复归于道体而已矣；"根"，道体也，道体静，故曰"归根曰静"（"曰"读如"者"，犹云"归根者静"。下仿此）。"命"者，定命之谓，自然而必然之势也。今夫芸芸之物，芸芸已极，其反而归于混一而静之道体也，则亦自然而必然之势耳，故曰"归根曰静，是谓复命"——"复命"犹言依乎势也。万化之依乎势而往复循环也，则亦常理而已矣，故曰"复命曰常"。知万化之常理者明，不知者恒逆乎势，是为妄作，妄作则凶矣。知常者，于天行人事莫不能容，故曰"知常，容"；无所不容，则不以己意为私请，恒以天地之心为心，民物之情性为情性，斯则大公无私矣，故曰"容，乃公"；公，乃得为王者而治人理物，故曰"公，乃王"；王，则有如天地之覆载，故曰"王，乃天"；能如天地之覆载，则与道之用同功，故曰"天，乃道"；与道之用同功，则与道并久，而无所失坠矣，故曰"道，乃久，没身不殆"焉。

（四）"天下皆知美之，为美斯恶已；皆知善之，为善斯不善已。故有无相生，难易相成，长短相形，高下相倾，音声相和，前后相随。是以圣人处无为之事，行不言之教。万物作焉，而不辞；生，而不有；为，而不恃；功成，而不居，夫唯不居，是以不去。"（二章）

"之"泛指夫物事，"美之"犹言以为美；"为"犹则也，"斯"犹乃也。"天下皆知美之……皆知善之……"云云，犹言天下皆知以某物为美，则其所美者乃或转向为恶矣；皆知以某事为善，则其所善者或转而为不善矣。物事之美、恶、善、不善，虽出于人之褒贬，要亦物事之间有别存焉，足以应乎此褒贬也。则人之所指以为美者，必有所不指以为美者与之别焉，其所不指以为美者谓之不美或恶。夫善亦然。是知物德莫非对待者，以其出于道体既反，厥用已行之后也。唯道体无对待，厥用行，则对待起。道体之初混一而已，道体反，然后混者画，而对待形；画者弥画，则对待者相生相成，由一而寖至于万矣。顾唯对待之出于道体之反也，其孳乳增多亦由于反之无已焉；——唯其反之无已，是以生生不息。如美之为美、善之为善，其反者为恶、为不善；反者又有反焉，则恶者不善者又有美者善者相与为反；兹之美者善者与曩之美者善者不能并美并善，则必有一焉转而为恶为不善矣，故曰"为美斯恶已"，"为善斯不善已"。有无、难易、长短、高下、音声、前后，言对待之物事；相生、相成、相形、相倾（犹言相为上下）、相和（音声有长短缓急，故能相和）、相随，言其对待之情状；对待者有所偏废则不可，所以言"相"也。对待言"相"，是知反与所反恒相依而存立：所反之有反，反之出自所反，自然而必然之势也。此犹道必因用以见体，存体以为用；道之演为万物，势也，万物之返于道，亦势也。于此可见，老子如斯之本体必成如斯之宇宙，如斯之宇宙必出自如斯之本体，其本体论与宇宙论相辅相成，互为因果者也。唯万物之莫非对待、相反而相成也，治人理物之圣人明乎此（所谓知常），故处事则无为，行教则不言，一任民物自展其性能，而收其相反相成之效焉。卅四章言：道，"万物恃之而生而不辞，功成不名"，此章言：圣人，"万物作焉而不辞……功成而不居"；五十一章言：道，"生而不有，为而不恃……"，此章言：圣人，"生而不有，为而不恃……"——是圣人之治理与道用之运行、天地之覆载同功，此所以"域中有四大，而王居其一焉"。王之所以居四大之一，亦以其能法夫自然而必然之势耳。"夫唯不居，是以不去"云者，去与居，相反而相成：居，则去矣，去，则居矣；圣人不居，是犹去也，去，则居矣，所以不去——不去即居也。

（五）"大道废，有仁义；智慧出，有大伪；六亲不和，有孝慈；国家昏乱，有忠臣。"（十八章）

道体混然而已，厥用之始行而生夫民物也，朴犹未大散，故太古之世，"其政闷闷，其民淳淳"，所谓"失道而后德之世"也。斯世之中，万民万物各得其所，各安其分，其所以致夫闷闷淳淳之效者，大道所赋于民若物以为德者，民物尚能保之，去道未远，犹混然有以相容也。逮乎后世，朴大散矣，民物寖失其德矣，斯去道远，其始之混然而相容者，终致画然而互为彼此矣；于是有所爱、有所不爱，有所宜、有所不宜，而仁与义出焉。仁者所以为爱，义者所以制宜；爱而有待于为，宜而有待于制，亦见其有所爱、有所不爱、有所宜、有所不宜也已。智慧所以为诚，而"有大伪"，则诚与伪相反而相生也。太古之世，淳朴未散，民质混然而已，无所谓诚，故亦无伪；淳朴反而散，民质之混反而画，斯智慧以出；智慧所以为诚，诚反而伪生，亦自然而必然之势耳。孝慈所以和六亲，忠臣所以治国家，和者不和之反，治者昏乱之反；顾使无不和、不昏乱，则其相与为反之和、之治，奚所自而生焉？是以必也六亲不和，孝慈乃得其用，国家昏乱，忠臣始见其功；孝慈、忠臣，所以为和与治之利，而和与治必无之（即不和不治），然后孝慈、忠臣乃有以成其利——此即所谓"无之以为用、有之以为利"，亦即所谓"有无相生"者也。

（六）"物或损之而益，或益之而损。"（四十二章）

损与益，相反而相成者也，故或损之而适足以益之，益之而反至于损之，其间有必然之势焉，不得以人意为私请也。明乎相反相成之势者，待人接物，常循此势，是为得道之术。道而言术，谓其运行而见厥用也，有其所必出之途术焉。人得道术，是为顺天；顺天者为善人，善人天之所与——"天道无亲，常与善人"，其斯之谓欤！

（七）"重为轻根，静为躁君。……轻则失根（原作'本'，陈登澥据《永乐大典》改），躁则失君。"（廿六章）

（八）"……贵以贱为本，高以下为基。"（卅九章）

君，国之所赖以强固；根、本、基，物之所因以存立。轻、躁、贵、重、静、贱之反也，而必因之以强固、以存立，是相反而相成也。"躁"者，所谓"化而欲作"（卅七章），欲作，则"天下多忌讳，而民弥贫，民多利器，国家滋昏，人多伎巧，奇物滋起"。（五十七章）"静"者，所谓"无名之朴"（卅七章），朴则无欲，无欲者静，静则天下自定（见卅七章）——是静能持躁，而为之君。不此之图，而"法令滋彰"（五十七章），是为君者舍静而躁，躁无以持躁，则"盗贼滋起"（五十七章），篡夺行，而社稷倾，故曰"躁则失君"也。

（九）"祸兮福之所倚，福兮祸之所伏；孰知其极？其无正邪（陈登澥据《老子》章义增邪字）。正复为奇，善复为妖。……是以圣人方而不割，廉而不刿，直而不肆，光而不耀。"（五十八章）

祸与福，相反而相生者也，故互为倚伏：福极则反，反而祸生；夫祸亦然；——此自然而必然之势也。极而必反之势无可逃，特所谓极者，其几难明，唯知常者能明之，故有"孰知其极"之叹也。正与奇，善与妖，亦犹祸福之相为倚伏。世非无正也，"正复为奇"；世非无善也，"善复为妖"。奇者妖者，正者善者之反也，极乃反耳。顾反亦有极，极则又反矣，此奇者妖者之必有时焉而复至于正于善也。正、奇、善、妖之往复循环，理乱兴衰之所以迭相更代也。"方"者"大方无隅"之方，唯其大，隅不可见；割，则小之，小，则隅可见矣。"廉"犹隅也，隅之可见者也；廉而刿之，则益峭而小矣。"肆"，放也，直之极也。"耀"，灼也，光之盛也。圣人明乎相反相生之势，知祸与福、奇与正、妖与善之相为倚伏也，故其处世，常存物极必反之心：方而无隅，隅而不峭，隐然方圆之间，直而不放，光而不灼，约然屈直明昧之际；——其心之量有以兼包祸福、奇正、善妖，亦犹其行之途之超乎方圆、屈直、明昧之外，而行其无所不可也。

（十）"天长地久：天地所以能长且久者，以其不自生，故能长生。是以圣人后其身而身先，外其身而身存，非以其无私邪？故能成其私。"（七章）

"天地"，运化之总称（参看前节［十四］）；"不自生"者，自无生灭成毁之谓；"长生"，常住也。运化中之一物一事有生灭成毁，运化之全流则无之（即无始终、增减、缓急、弛张之谓）是以"不自生"。物事有生灭成毁，故不"长生"；运化无生灭成毁，其流行一循乎常轨，"故能长生"——"长生"，常住之谓耳。且夫"不自生"者，无生也；无生与长生，相反而相成者也：唯其无生，乃能长生，唯其长生，是以无生。圣人洞察乎相反相成之势，故其处世，一循此道：其置身于人群之中，"后其身而身先，外其身而身存"。"后其身"、"外其身"，公也；"身先"、"身存"，私也。"后"与"先"、"外"与"存"、"公"与"私"，皆相反而相成者也；后之、外之、公之，而所得适当其反，而先、而存，以成其私焉。

（十一）"人之生也柔弱，其死也坚强；万物草木之生也柔脆，其死也枯槁。故坚强者死之徒，柔弱者生之徒。是以兵强则不胜，木强则折（陈登澥从俞樾《老子平议》据《列子·黄帝篇》所引老聃之言改'兵'作'折'）。强大处下，柔弱处上。"（七十六章）

"柔弱"言其身躯，"坚强"谓其尸体；"柔脆"云枝叶，"枯槁"言柴薪。柔弱、柔脆，生之象；坚强、枯槁，死之象。生必有死，亦相反相及之势；故生而具死之象者，有以知其将至于死也。且生之德，刚也、强也，而有柔、弱之象；死之德，柔也、弱也，而有坚、强之象——此亦相反而相成者也。是以坚强者适足以至于死，柔弱者适足以成其生——故曰"坚强者死之徒，柔弱者生之徒"。"不胜"则死，"折"亦死也；兵以强而不胜，木以强而折，亦犹坚强之为死之象，坚强者之必至于死也。上显下晦，上贵下贱。强大者行晦居贱，方有以保其强大；唯柔弱者，乃可以行显处贵；故曰"强大处下，柔弱处上"——此亦相反而相成之势也。

（十二）"明道若昧，进道若退，夷道若纇。上德若谷，大白若辱，广德若不足。建德若偷，质真若渝，大方无隅。大器晚成，大

音希声,大象无形。道隐无名。"(四十一章)

据暗而窥明,乃觉明之为明;光天化日之下,原野之中,无树木屋宇之荫翳,反不显其明,是以"若昧"。舟行大海之中,无崖岸岛屿之定者与之较,舟不觉其前也,是以"若退"——退犹不进也。"夷",坦也;"颣",疵也。一向坦途之中,无荆棘块石之疵累,不觉坦之为坦,途长或疲于进,是以"若颣"也。"上德",德之厚,"谷",虚也。太古淳朴之德未散,混然有以相容,是以"若谷"。"大白",心地皦洁、"内省不疚"(《中庸》语)之谓;"辱",犹污也(《淮南子·说山训》曰:"以洁白为污辱")。"内省不疚"者,无关乎毁誉荣辱,虽"袒裼裸裎于我侧,尔焉能浼我哉?"是以若可得而污辱焉,故曰"若辱"。"广德",德之普者,唯其靡所弗容,无偏私而市惠,以视市惠之辈,其德反"若不足"也。"建"犹健也(《释名·释言语》曰:"健,建也";是"建"通"健"),"偷"犹惰也;德健者无不为,而无所偏为,自偏为者视之,反觉其惰,是以"若偷"已。"渝",变也;质之真者,莫若本体,道体是矣。本体,万物之底蕴,森罗万象所于附;万象幻变无常,本体未尝变也。道体为用,而成运化,运化流转不居,而道体自若。然则质之至真不变,若道体抑本体者,自其流行而见于物象者观之,诚若变矣,故曰"质真若渝"。方之大者,其隅不可见,是以"无隅"。器之大者,难成而用在远,故曰"晚成"。"大音"过乎听之量,"大象"逾乎视之域,故曰"希声"、"无形"。"道隐无名"者,"名"所以指别,道体之初,混而无别,是以"无名";无别,则无形象可见,故曰"隐"也。今夫"明"、"进"、"夷"者,道之德也,其见于外,而有"昧"、"退"、"颣"之形焉;"上"、"广"、"建"者,德之性也,其形于表,而有"谷"、"偷"、"不足"之象焉。皦洁,白之质也,而外若可污。不变、恒住,本体之实也,而其现象幻变不居。"大方",方之至也,乃无隅而若圆。"大器",用之尤也,辄难成若不切于用。"大音"、"大象",音、象之极也,而"无声"、"无形"。道之用,至显也,而厥体实隐。凡此皆相反而相成之势也。

（十三）"大成若缺,其用不弊;大盈若盅,其用不穷。大直若屈,大巧若拙,大辩若讷。躁胜寒,静胜热。清静为天下,正。"（四十五章）

"大成"靡所弗给,而不偏给,自偏给者视之,诚若不足矣,故曰"若缺";然偏给者,其给有穷,"大成"之给,则无穷焉,故曰"其用不弊"。独不观夫大海乎?大海不若潢污行潦之盈盈滔滔,而能注百川,岂非不穷乎?于此可见,"大盈若盅,其用不穷"也。大空,至直也,望之如穹,非"大直若屈"乎?造化,至巧也,而不名巧,非"大巧若拙"乎?唯人名巧,名巧者,有所巧,必有所不巧,是乃真拙耳。"大辩"者以事实示人,不出一言可也,故曰"若讷";唯口给者乃习言词以为辩耳。"躁",犹动也。寒者动其四体,有足以祛寒;热者动而弥热,静乃其热自消——故曰"躁胜寒,静胜热"。"清静",无事也。天下汹汹,以无事处之,汹汹者将自平,故曰"清静为天下,正"——"正"犹平也,犹言以无事处天下,则天下平也。"成"与"缺","盈"与"盅","直"与"屈","巧"与"拙","辩"与"讷","躁"与"寒","静"与"热",皆相反而相成者也。以无事处天下之有事,相反而相成之政也。云"若"者,状尔实不尔也。是乃物象与物德之分,现象与本体之别,道之体用之所由判也。且唯相反相成之为必然之势也,斯静而居之道体必出而为动而不居之运化,混一之本体必转而成万殊之现象;——此老子之本体观与宇宙论之所以贯彻而无名学之疵累也。

（十四）"信言不美,美言不信;善者不辩,辩者不善;知者不

博，博者不知。圣人不积：既以为人，己愈有；既以与人，己愈多。天之道，利而不害；圣人之道，为而不争。"（八十一章）

"信"，实也，言之实者无所用于辞藻，故曰"信言不美"；言之美者往往华而不实，故曰"美言不信"。善者以行自见，无所用于多言，故曰"善者不辩"；辩者往往口如悬河，而志在饰非，故曰"辩者不善"。知者以明理为务，探夫事物之本，而不逐其形象之末，故曰"知者不博"；博者以逐物为能，而反失其理，故曰"博者不知"。"积"者居积，聚敛之谓。"圣人不积"，言圣人在上，不务聚敛，以四海之富还富四海之民，四海之民戴而养之以为君，则己亦得长与其富，而不病乏患寡矣，故曰："既以为人，己愈有；既以与人，己愈多。""道法自然"，故天之道，自然而已。自然者任物：生成者自生成，灭毁者自灭毁，顺之而已，故曰"利"之——"利"者，因物之性，听其自展而已矣。若夫违物之性，生成者而必灭毁之，灭毁者而务生成之，斯则反害之矣，故曰"害"之。圣人法天之道，为政亦任民物之自然，因其性能，利导而顺展之，以无为为为，而不与物争胜，故曰"为而不争"。夫"信"与"不美"，"美"与"不信"，"善"与"不辩"，"辩"与"不善"，"知"与"不博"，"博"与"不知"，"为人"与"己有"，"与人"与"己多"，皆相反而相成，自然之势也。圣人知此，为政一循夫自然之势，唯其无为，乃成天下之至为。今之所谓"独裁"者，概乎其未闻老氏之道，而昧于自然之势也！试问曩者德之希特勒、意之莫索里尼、日之军阀，其所为果安在哉？呜呼，"独裁"之余孽，亦知其所以为戒矣。

（十五）"曲则全，枉则直，洼则盈，敝则新，少则得，多则惑。是以圣人抱一为天下式。不自见，故明；不自是，故彰；不自伐，故有功；不自矜，故长。夫唯不争，天下莫能与之争。古之所谓曲则全者，岂虚语哉？诚全而归之。"（廿二章）

"曲则全、枉则直、洼则盈、敝则新"者,犹云曲可至于全、枉可至于直、洼可至于盈、敝可至于新也。夫"曲"与"全"、"枉"与"直"、"洼"与"盈"、"敝"与"新",相反者也,而能相及,何哉?诚以相反之势,道体之所包;道体见于用,则相反形,用之未行,此势固已隐然于体之中——此道体之所以为储能、为底蕴也。取譬斯明:"原子弹"之掷于扶桑者,爆发矣,其于他所,不待掷而知其必将爆发也。夫非曲而可至于全耶?爆发之曲者可至于爆发之全,以自然界之有统一性(the uniformity of nature)耳。则自然界之统一性实包爆发之曲与全(实包一切之曲与全),犹道体之包相反之势,而为之储能若底蕴也。"少"者,言事事物物所以然之故,若地心吸力之为凡物下坠之故,共理公例是已。"多"者,言夫事事物物,若人之坠楼、花之落地……皆是也。既得其所以然之故,虽不见其事若物,亦灼然有以知其必然之情状也,故曰"少则得"——犹云理之简者可得而明事之繁者。执其"少"之理例,虽"不出户",可以"知天下"矣。夫是之谓"执道"以"御有"——此为道之所以"日损"也。反之,不明其理例,虽广汇夫事实,则闻见弥多,其惑滋甚,故曰"多则惑"耳。"一"者道体,其用之行而为相反相成之势者也。相反相成之势,万化之最高理例,理例之总者,所谓"道纪"是矣。"式",法则也。此最高之理例,所谓相反相成之势者,自然而莫不然之法则也;圣人执之以为"道纪",准之而待人接物、处事度理,无往而不收其治理之效焉,故曰"圣人抱一为天下式"。若夫"不自见"、"不自是"、"不自伐"、"不自矜",则圣人执此理例为道纪,准之以为待人接物之途术者,约而言之,亦唯"不争"而已矣;而其效乃"明"、乃"彰"、乃"有功"、乃"长",总之,是为"莫与之争"——"莫与之争",即"胜"也已。以"不争"之途术而收"胜"之实效,是为"不争而善胜"——亦相反而相成之势使然也。"诚全而归之"承"岂虚言哉"而发，谓其固非虚语，果能全而归之也。"归"者，归于道体；"全"者，相反相成之效著。相反相成之效著，则有合于自然之势，与道之用同符，而复归于道体矣——此圣人"为天下式"之功既成，而终于"抱一"也。

（十六）"将欲歙之，必固张之；将欲弱之，必固强之；将欲废之，必固兴之；将欲夺之，必固与之，是谓微明。柔弱胜刚强。……"（卅六章）

"歙"，合也，与"张"对举，犹云开合；"固"通"故"，即口语所谓"故意"也。"歙"与"张"、"弱"与"强"、"废"与"兴"、"与"与"夺"，皆相反而相及，势之所必然也。张必至于歙，强必至于弱，兴必抵于废，得必出于失，知此势矣，则亦张之、强之、兴之、与之而已，彼将自致于歙、于弱、于废、于失焉。"微明"者，道由体之用，其发动流行之几，形而为相反相及之势者也。势之未形，其几甚微，默察玄览，而后乃明，故曰"微明"。圣人默察运化流行之几，知其形于势之必相反而相及也，则于待人接物之间，示之实际之途术焉，一言以蔽之，曰"柔弱"而已；柔弱之效必有以制夫刚强，故曰"柔弱胜刚强"也。

（十七）"知其雄，守其雌，为天下谿；为天下谿，常德不离，复归于婴儿。知其白，守其黑，为天下式；为天下式，常德不忒，复归于无极。知其荣，守其辱，为天下谷；为天下谷，常德乃足，复归于朴。朴散，则为器；圣人用之，则为官长。故大制不割。"（廿八章）

"雄"者，刚也、强也、上也；"雌"者，柔也、弱也、下也——相反而相及者也。"谿"犹谷，言其虚也。"白"，皦洁也；"黑"，污辱也。"白"与"黑"，"荣"与"辱"，亦相反而相成者也。"婴儿",像道体之混然;"无极",无穷之谓;"朴",无文之称——皆言夫道体也。"式",法则也;"忒",差也,悖也。知雄而守雌、知白而守黑、知荣而守辱者,明夫相反相及之势,取反之途,以法夫道术也——道之用,常相反而相成,故取反之途者,乃法道之用,而行其术已。一道体而兼包反与所反,是道无所不容;无所不容者,虚也。道之体无所不容,厥用乃靡所不至。取反之途者法道之用,是其为用亦靡所不至;为用靡所不至,斯其为体亦无所不容矣,故曰"为天下谿"。"常德不离"者,朴未大散,去夫道体犹未远也;去道体未远者,像道之混然,故曰"复归于婴儿"。——言知雄而守雌者,处反之势,如道体之无所不容,像道之体,庶几复返于道矣。知白而守黑,亦犹知雄而守雌者之处反之势,而像夫道体之无所不容,故能"为天下式"。"为天下式",犹言为宇宙万物之法则。法则虚不著物,而应物无穷,不坠而无差失。应物无穷、不坠无差之法则,必其有合于道体之见于用之途术者,此亦其去夫道体未远者也。去道体未远者,其唯"常德"乎?"常德"不离道(前有"常德不离"之语),故不悖道,是以"不忒"也。知荣而守辱,亦犹知雄而守雌、知白而守黑者然,故能"为天下谷"。"谷",至虚者也。至虚,无所不可,储能之至者;唯不离道、不悖道之"常德",其庶几乎?故曰"常德乃足"——"足"者,无实不效之储能也。"常德",唯其如此,乃能"复归于朴"——"复归于朴",犹云返于道体也。"朴"者,无文之谓,无文,乃有以附众文。道体无象,无象,乃有以寓万象——此其用之所以有相反相成之势,而包夫无穷之反与所反之事若物也。"朴散"而为文,道体判而分著,然后"器"出——"器"者,万物万事也。"用",犹御也。万物既生,万事既出,圣人则以"官长"御之;"官长"执道以准夫事物,常以相反而相成之势御之,所谓"镇之以无名之朴"(见卅七章），以"知止"（见卅二章）之"止"止之也。"制"，犹裁制；"大制"，裁制之至者，天地、圣人，所有事者也。"割"，亦裁制之谓；"不割"，犹云无裁制也。天地之覆载，圣人之治理，一任民物之自然，因其相反相及之势，利导而顺成之。夫是之谓无为之为、不裁之裁，为之至、裁之大者也，故曰"大制不割"。以不裁为裁，亦相反而相成之术耳。天地、圣人以不裁为裁，是以相反相成之术，应夫相反相成之势也。

按此章之文，"知"与"守"对举，揣其用意，盖重"知"而能"守"，"守"而有"知"。天下之物事，不可不知，而必守道，以立其纲纪，以存其本源，然后乃有以御万变，而免于迷途失津。其云"不出户，知天下，不窥牖，见天道"，"不出"、"不窥"，守道也，而犹有"见"有"知"焉，有"见"有"知"，亦赖其有所守之道耳。道体不可不守，而必因物因事以著其用，故曰："既得其母，以知其子"，"得母"以"知子"，道之所以为用也；又曰："无为，而无不为"，"无为"，守道也，而又"无不为"，道必达于用也。顾物事至繁至杂，道体极简极纯，此所以"为学日益，为道日损"耳。于斯可见，老子固非绝学弃智者也，特主为学以明道，明道贵能守之；其徒事于学，而不明道守道者，斯则老子之所不取也已。

（十八）"……甚爱必大费，多藏必厚亡。……"（四十四章）

"爱"者欲其不"费"，而竟"费"之；"藏"者冀其毋"亡"，而终"亡"之——此相反相及之势所不可得而逃者也。呜呼，今之在位者所取于民，其所"甚爱""多藏"者也，吾有以知其必"大费""厚亡"也已。

以上老子之文十有八则，皆明道术；道术者，道之用之行于运化之中，其所由之途术也。其一、二：总言"道"之有"反"，"反"者，"道"之动也，自然之势也。其三：言"道"反而动，动而万物生；又反而静，静而万物灭，复归于混一之道体焉。其四、五、六、七、八、九：条举相反之物态，如美恶、有无、难易、长短、高下、前后；相反之事情，如和争、治乱、损益、轻重、静躁、贵贱、祸福、奇正、善妖——以见相反相成之势之遍行于万物万事之中。其十、十一：就具体之物，若天、地、人、物，以示相反相成之例。其十二、十三、十四、十五：更就抽象之事，若明昧、进退、夷纇、白污、厚薄、广狭、健偷、真幻、成缺、盈虚、屈直、拙巧、辩讷、美信、博约、曲全、枉直、敝新、少得、多失，以示相反相成之例。其十六、十七：于待人接物之间，示之相反相成之术，一言以蔽之，曰"柔弱"而已——"柔弱"者，以反制夫所反也。其十八：目夫处世之患，常生于"厚爱""多藏"，因以"爱"与"费"、"藏"与"亡"之相反相及之势，垂戒于世之有身、家、国、天下者焉。

老子之"道"，实兼体用二者。道之有体用，犹物之有首尾，犹事之有始终，二者相辅相资，缺一则不足以为道。体，潜能也；用，效实也。潜能至于效实，自然必然之势，则道之由体达用，亦自然必然之势耳。厥势唯何？相反相成、相克相生是矣。道之体静，动其用也；动者静之反，则道之由体达用，行乎反之势也。反者有反有所反，二者互更迭代：向之为反，转而为所反，向之为所反，转而为反——此静之所以必出于动，动之所以必归于静，道之所以由体达用、由用返体，万物之所以有生灭成毁，人事之所以有治乱兴衰，往复循环，周而复始也。夫是之谓道术，道术匪他，道体发动流行而著于用者，其所由之途术是已。道术，老子谓之"势"，以其自然而必然故。此自然而必然者何？相反相成、相克相生而已矣。相反相成、相克相生，宇宙万有运化之极则，其散著于民物者，若生灭、成毁、盈虚、屈直、理乱、兴衰、祸福、真幻、美丑、善恶……其数累累，不胜枚举也已。

反之势存于道体之中，故静必有动，道必由体而达于用。静与动、体与用，唯其相反相生，是以互为对待；则无对之道体实包对待之理。世之讲本体者，有难解之问题焉：夫本体之必为绝对，固矣，而万有之莫非相对，不可掩之事实也；本体之不动不变，又固矣，而万有之变动不居，又不可掩之事实也；然则无对待、不变动之本体，焉能演成对待而变动之万有？以名学言，绝对与相对、静与动、常与变，皆不相容之概念，不相容者焉能相生？若希腊之帕儿门尼底士（Parmenides），其以"有"（being）为本体，亦绝对而静且常者也，斯宇宙万物相对而动且变之现象，不可得其解矣；无已，则目之为"无有"（not-being），而宇宙论无以立，勉为缀旒，若其书所谓"逞臆之途"（the way of opinion）者，亦见其莫须有也已（参看拙著《希腊埃类亚派唯静主义的一元论》）。又如恩魄铎克类士（Empedocles）之火、气、水、土，昂那克萨哥拉士（Anaxagoras）之物种，其为本体亦皆不动不变者也，顾宇宙万物之生灭成毁，徒不动不变之本体不足以使然，乃于本体之外别求其致动之因（efficient or moving cause），若恩氏之"爱""恶"二力，若昂氏之"心"（nous; mind），是矣（详见拙著《希腊恩魄铎克类士心物二元下的唯物四行论》及《希腊昂那克萨哥拉士心物二元下的唯心意匠论》）。然于本体之外别求动因，则动因与本体相对待，宇宙万有不独出于本体，而必济之以动因，斯其本体非一元者矣。唯老子之道实包对待之理，故静能致动，体能达用，斯一元之本体有以立。何则？变动不居之宇宙万物，皆于此焉得所自来、有其归宿故也。其兼包动静、体用之本体既立，则生灭成毁之宇宙万物，皆此本体所必致之果——此余所以谓其若斯之宇宙必出自若斯之本体，其本体论与宇宙观之所以一贯，而无名学之疵累也。顾其所以如此，亦赖其明夫相克相生、相反相成之势，以谓此势道体之所固有，此势形，则凡相克相反之象莫不致其相生相成之效，而万有出矣。然则此势实本体宇宙间转移演进之枢纽；明夫此势之效，乃老子本体论与宇宙观之所以一贯，若锤之两端焉。

　　间尝论之，老子之所以能明夫相反相成之势者，端在观物察事之际，不囿于人之思路，而直探夫万有自然之理法。所谓人之思路者，夫人用思所率循之途辙，所谓思律（laws of thought）是矣。思律者，（一）即一律（law of identity），曰：物然者然；（二）相反不相容律（law of contradiction），曰：物不能亦然亦不然；（三）无两可律（law of excluded middle），曰：物必或然或不然。思律所明者，一言以蔽之，曰，思之一贯（the consistency of thought）而已。夫人用思之际，必据其即时即地之观点，而有所指称：指物而谓之甲，则其物之义止于甲，不得兼为非甲，或徘徊于甲与非甲之间。是知人之观点有所囿也，所指者然，所不指者非然。然与非然，以人观之，诚若相反而不相容也者，就物言物，则并为物而已矣，夫何相反之可言？指物为马，其所不指者为非马，非马则牛则羊……，世固无非马其物也。谓之非马者，观点所不在，概之以"非"，以别于观点之所在者耳。物之为物，在其有别，别或多或少，如热与冷，其为别多，热与温，其为别少，固非冷与热反，温与热不反也。与热反者，唯"非热"耳，所谓"非热"，存于人之概念（concept）之中，言语之标识，以便运思而已矣，非有物焉为"非热"也。物莫不变动流迁，热散而温，更散而冷，自然必然之势也。热与冷，于概念判然为二，在物则一事之原委始终。于概念为二者，相反而不相容，于物为原委始终者，寖假而相及焉；积概念为思议、为言语，则以谓相反相及，其实在物诚相及矣，相反则未曾也。老子盖有见乎此，故其假思路以观物、资言语以载思也（知识之事莫能离乎思议之途与言语之具，虽为所障，无如之何也），乃揭万化之中相克相生、相反相及（亦称相反相成）之势，以见相克相反之实非相克相反，而常有一焉以贯之，此一唯何？曰道而已。且老子之有见于相反者之相及，以其能破概念之障，而得事物之真，以谓于人若相反者，于事于物实不相反，故能相及；其仍云"相反"者，以常人之言语诏夫常人，唯期共喻而已矣。唯老子以相反相成之势观物察事，其名学辄异乎寻常之名学。寻常之名学以一贯之思律为始基，老子之名学以相反相成之自然之例为极则；寻常之名学，其一贯在于一时一地之观点，老子之名学，其一贯存于绝对之道体。观点，夫人运思所有事，道体，运化流行之枢机；则老子之名学，非人类求知之法则，乃运化流行之途术，以西哲之术语出之，盖所谓形而上学之名学（metaphysical logic）也。

四、道与伦理

（一）"……失道而后德，失德而后仁，失仁而后义，失义而后礼。夫礼者，忠信之薄，而乱之首；前识者，道之华，而愚之始。是以大丈夫处其厚，不处其薄；居其实，不居其华；故去彼取此。"（卅八章）

此章论人事演化之迹：由混而画，由合而分，由纯而杂，由朴而华。道体之初，混合纯朴，静之境也；反而动，散著而人若物以生。人亦自然运化之一境，与物俱秉道之一体以为德。其始也去道未远，德全而各得其所，混然有以相容。寖假而德或亏，有弗得其所，则不相容而争端起；圣人辄倡为仁，以期失所者之相容，而争端以泯——是仁所以救夫德之亏也。仁所以为爱，唯爱乃能相容。德亏，倡仁以资弥补；顾弥补之术，其用有穷，则又倡为义，以济其穷。义所以制宜。盖为仁有心于用爱，厥爱辄亦难普，不若德全者之无心于相容，而混然有以相容也；则立之义，以示用爱之厚薄等差，期于爱不遍及之中，其所及者，等差厚薄咸得其宜，则失德者虽不能混然相容，有厚薄等差之爱行乎其间，固亦犹愈于已也。顾有等差厚薄，则节文起，而礼兴焉。义所以制夫等差厚薄之宜，礼则义之节文也。且夫等差厚薄，别之事也；有别，则不能无心；有心，则有诚妄真伪。节文之所以示等差厚薄者，往往不诚不真，而妄与伪辄于是乎寓，此礼者所以为"忠信之薄，而乱之首"也。"忠信"者，真诚之谓，行礼往往真诚不足，故曰"忠信之薄"。忠信薄，则诈伪起；诈伪者，争夺之阶；故曰"乱之首"也。"前识"者，智之事也。智之小者见道不全，未得"道纪"，而动辄执古御今，自诡以为前识，不知因果之间，其几甚微，其事至赜，用智以弄巧，其效乃反拙，以其所识于前者，非道之实，区区之智，适足以滋其愚，故曰"前识者道之华，而愚之始"。"大丈夫"，有志学道之士。"厚"者，道、德；"薄"者，仁、义与礼。"实"，道也；"华"，智也。学道者服膺乎道德之实，其淳朴之怀混然与物相容，无所亲疏厚薄乎其间，无所用于仁义礼智，故曰"去彼取此"——"此"，道德也，"彼"，仁义礼智也。

夫道、德、仁、义、礼、智，人生之要，故老子之论人生，首标是数者，明其发生之序，见厥本末，然后知所去取。唯老子重道德，而轻仁义礼智。盖晚周之世，诈伪繁兴，争夺大起，儒家者流倡仁义礼智以救之，其效适足益滋乱离；老子辄立其本，明道德之要，期人复淳反朴，而风俗以移。老子固知世运之行，常往复于合分治乱之间，晚周之世，分乱已极，势宜反矣，老子乃假立言以辅之反，俾生民稍免于涂炭——其用心可谓苦矣。

（二）"为学日益，为道日损。损之又损，以至于无为。无为，

而无不为。"(四十八章)

（三）"执古之道，以御今之有。能知古始，是谓道纪。"（十四章）

（四）"不出户，知天下；不窥牖，见天道。其出弥远，其知弥少。是以圣人不行而知，不见而明，不为而成。"（四十七章）

上三则，第二节（［廿四］［廿五］［廿六］各条）录而详解之矣。兹所待言者：老子于人生，不重仁义礼智，于礼尤所菲薄。智以为学，学以益智，而人生之鹄不在智，乃在见道明、守道笃。道者自然之法则，学所以求此，智所以明此。道既得，则固守之，自然之法则已明，则思虑云为，一以循之而已，不复用智而矫揉造作乎其间。为学用智，所以求道明道，学愈广，智愈深，则得道弥多，见道弥明。顾事物虽繁，各以其部居而有所于属之道；道虽众，有一焉以统摄之，是为道纪（即所谓"古始"。古始犹云故始，即一切故之故，众道之道，"常道"是矣）。道纪之实，"自然"而已；自然者，相克相生、相反相成之势。得夫道纪，则立身行己、待人接物，一循此自然之势，无所作为于其间，是谓"无为"；循夫自然之势，则其必然之效自致，无偏曲差谬，胜夫有为者之或逆天道、背自然，为于此而常失于彼也，故曰"无为而无不为"。若夫见道既明，守道已笃，则身与道为一，举凡思虑云为，莫非道体之流露、道用之运行，辄与夫道之行于宇宙万物之间者相响相应，无所用乎智虑作为，自能"不行而知，不见而明，不为而成"矣。道用之效，于得道之士有如此者，厥功固出仁义礼智之上也。

（五）"古之善为士者，微妙玄通，深不可识。夫唯不可识，故强为之容：豫兮若冬涉川，犹兮若畏四邻，俨兮其若容，涣兮若冰之将释，敦兮其若朴，旷兮其若谷，浑兮其若浊。孰能浊以静，之徐清？孰能安以（'以'字下原有'久'字，陈登澥据《永乐大典》

删）动，之徐生？保此道者不欲盈。夫唯不盈，故能敝（王本河上本并作'蔽'，陈登澥据《永乐大典》改），不新成。"（十五章）

第一节（二）所录十四章之文有曰"抟之不得，名曰微"；（七）所录一章之文有曰"常无欲，以观其妙"，"玄之又玄，众妙之门"；（八）所录六章之文有曰"玄牝之门，是谓天地根"。曰"微"、曰"妙"、曰"玄"，所以强容夫道体。此章强容得道之士，则亦曰"微妙玄通，深不可识"。可知得道之士与道为一，其心身内外、思虑云为之间，莫非道体之流露、道用之运行，故所以强容夫道者，即亦可以强容得道之士焉。得道之士，即老子所谓圣人，圣人与道为一，其玄功妙用与道同符。儒家谓之至诚能化至圣，其质则"生知""安行"；其事则"尽己之性"、"尽人之性"、"尽物之性"以至于"经纶天下之大经、立天下之大本"；厥用则"不见而章，不动而变，无为而成"；厥功则"知天地之化育"、"赞天地之化育"，而"与天地参"矣。此老氏与儒者之理想人格，亦吾国先哲思想之特色，他族所罕觏（独希伯来族有此理想人格，其基督教主之耶稣是矣），欧西殆无有也。此等理想实出于天人合一之观，以谓宇宙人物同出一源，此一源者，在老谓之"道"，在儒谓之"诚"。"道"与"诚"，静而能动，一而能分；静而一为本体，动而分则成宇宙万物。人者万物之一，特其最灵者耳。唯人为万物之灵，故其所得于"道"于"诚"之分量独全，其秀者辄能与"道"若"诚"同体用——其气象则宛若道体也，其事功则俨然道用也。且唯吾族抱天人合一之观，故言本体，则无心物之分，言知识，则知与所知之间，无主客之判。心物不判，故无唯心唯物之辩，其影响于人事者，乃无欧西往者政教（谓政治与宗教）之争。知与所知不分主客，故不若西人之偏重理智，乃乏精密之知识论，与分析入微之科学。

得道之士，所形于容貌举止，宛若道体之自然，所施于言语行动，悉符道用之法则，故其立身行己、待人接物，相反相成之势常行其间，有非凡人思路所可得而解者，是以"深不可识"。所不可识，以其微妙，无迹可寻，以其玄通，不拘一辙。"玄"者悬也，唯悬乃通，无不可也。如是，乃能顺物无违，因时制宜，随境取适，儒家所谓"圣之时"者，其庶几矣。"豫"、"犹"言其审慎；见道深者不轻举妄动，非若用智之徒之鲁莽灭裂也。"俨兮其若容"者，谓得道之士，所蕴蓄者深，其外无象，"其中有物"，望之俨若有容，而莫测其方——所谓"仰之弥高，钻之弥坚，瞻之在前，忽焉在后"（颜渊赞孔子词，见《论语》）者，得其"无状之状"矣。"涣兮若冰之将释"者，言其忠信有余，真诚流露。"敦兮其若朴"者，谓其质实纯简。"旷兮其若谷"者，言其虚怀无所不容。"浑兮其若浊"者，谓其有所守于中，浑然与物化，而不矫情绝俗——所谓"大白若辱"者是矣。自"强为之容"至此，俱强容之辞。"微妙玄通，深不可识"，无已，而强容之，故言"若"，以示所容之恍惚，未足以见其真也。"之"，犹至也。浊者，激之扬之，则益浊；唯静以待之，则将有以至于徐清。躁而动，则不能久，非开物成务者之所尚也；唯安以动者，乃积渐而生焉。道之为用，其自然演进之势常如此。得道者之处事理物亦然，不若用智者之有所为，而反败于为也。由斯可见，老子之于人事，主循自然之演化（evolution），无取于一蹴而几之革命（revolution）；然世之明此者希，老子乃作疑辞，实寓感叹之意也。"盈"，满也；满则溢，躁于为者以智虑与自然争巧，其巧常绌，是盈之弊也。"敝"者，故也，弊也。"敝，不新成"，言于人事之间，若伦理政治，其故而弊者，因其故有之基，顺其自然之势，而损益之，无使扫荡无余，而一易之以新；不然，则鲁莽灭裂，以智巧强为，既乖自然之势，又逆演化之序，其不败也难矣。盖得道之士，知智虑之不足与自然争巧，人事之无以胜夫天行，故其处世，不用智而守道，因而弗作，顺成而已，不敢贪天之功以为己力也。

（六）"绝学无忧。唯之与阿，相去几何？善之与恶，相去若何？人之所畏，不可不畏。荒兮其未央哉！众人熙熙，如享太牢，如登春台；我独泊兮其未兆，如婴儿之未孩，儽儽兮若无所归。众人皆有余，而我独若遗。我，愚人之心也哉，沌沌兮。俗人昭昭，我独昏昏；俗人察察，我独闷闷。澹兮其若海，飂兮若无止。众人皆有以，而我独顽且（原作'似'，陈登澥据傅奕本改）鄙。我独异于人，而贵食母。"（二十章）

"绝学无忧"，开下两句。"唯"与"阿"，虽有差，皆应声耳；"善"与"恶"，虽有别，犹相对也。此皆凡人之学之所辨者。凡人为学，囿于凝固之概念，拘于一贯之思律，唯则不阿，善则非恶；苟通之以"道"，则互异者可至于同，相反者有以相及——是凡人之学，见异而不见同，不能泯相对于绝对之中也。今兹所绝，此等学耳，以其徒劳心志，而益滋昏迷；若夫为道之学，奚可绝也？人之所畏，常在异同、相对之间，若唯与阿、若善与恶之伦；人畏而我不可不畏者，犹"时中"之义，圣人之权耳，若夫其实，则荒兮其去道远矣。"央"者，中也；"未央"，犹云未中"道"也。盖世乱俗迷，得道之士，溷迹其中，明哲保身，以俟其变，逮其势（即相反相及之势）至，则助之反，挽而复之于道，而有以至于太平郅治焉。顾圣人外虽溷迹以保身，中实皦然守道，其所操常异乎众人之撰，故下文辄有"众人……"云云、"我独……"云云之辨，以见圣人之终异乎众人也。"熙熙"，应作扰攘解（《史记》："天下熙熙，皆为利来；天下壤壤，皆为利往。"壤与攘同），太牢之享，春台之登，人所竞趋——此喻众人孜孜矻矻于唯阿善恶之末学，荒兮其未中夫"道"也。"泊"，舟附岸之谓；"兆"，形象也。"泊兮其未兆",喻守道(亦即所谓"守中")无适,泯迹象于浑沦之中,不若用智于末学者之圭角毕露——有如婴儿之未能笑("孩",婴儿笑也),好恶未萌,儞儞然无可无不可,故"若无所归"也。"众人皆有余",谓众人"为学日益";"我独若遗",谓圣人守道于中,于形下之末学有所未遑,是以"若遗";虽然,圣人之遗夫形下之学,非真遗也("若"字须玩味),圣人志在道而不在器,常守"道纪",时焉执古以御今,辄无往而不通,故能"不行而知,不见而名,不为而成"焉。"愚人"者,圣人以视众人,辄若愚人;圣人之智内敛,不逐物以为智,纯纯然若无识无知,自众人观之,其愚不可及——此大智之所以若愚也。"昭昭""察察",众人小智之外溢;"昏昏""闷闷",圣人大智之内敛。众人用智于物,故有昭昭察察之效;圣人用智于道,道无形象,是以昏昏闷闷。顾圣人之昏昏闷闷,非如众人以下之昏昏闷闷也,圣人用智而"超智"(用黄冈熊子真先生语),唯道是从,不役于物,故能昏昏闷闷。盖唯用智而超智者,乃有昏昏闷闷之效;世臻昏昏闷闷之境,然后太平有日。目今西人之理智文明,非所谓昭昭察察者耶?唯其用智而不能超智,斯为智役,寖致于攘夺残杀,而人道苦矣。"海"者,完整之象,无所不容之象。沤波之起伏,海水之表耳。沤波之起伏增减,无有于海水之完整。圣人之言语行动,道体之用也,言语行动因时制宜、随境取适(即所谓"能化"),而守道不渝,是以"若海";且唯其匪所不容,乃无偏好偏恶,所以"澹"也。"飂兮"犹漂兮(从陈登澥解)。圣人守道,道,悬虚者也,应物而不著(即"执著"义)物,故能役物而不役于物,是以"无止"——"无止",犹云"无所系絷"(用王辅嗣语)也。"众人皆有以",承上"有余"而言,谓众人以末学为智,厥智不能悬虚,执著乎形下之器物,其效显而易见,辄若有所把握也者。"我独顽且鄙",承上昏昏闷闷而言,昏昏闷闷,众人视之，诚若顽且鄙焉。"母"者，道也；道，万物所自生，道与物，犹母子然。"食母"，犹言守母（五十二章曰："既知其子，复守其母"），即守道也。人皆逐物，我独守道，此圣人之所以异于众人也。

（七）"载营魄抱一，能无离乎？专气致柔，能婴儿乎？涤除玄览，能无疵乎？爱民治国，能无为乎？天门开阖，能为雌乎？明白四达，能无知乎？生之，畜之。生而不有，为而不恃，长而不宰，是谓玄德。"（十章）

"载"，托寄之谓；"营魄"，犹魂魄；"一"，道也，"抱一"，言守道也。魂者人之精神，魄者人之身躯——以西哲之术语言之，精神属心，身躯属物。精神寄于身躯，道托于精神；合而言之，是心与物，道之所托寄也。"抱一"云者，道托寄于心若物，而不蔽于心、无役于物；蔽于心则逞智，役于物则徇物，逞智徇物，斯离道矣。唯世之能守道而不离道者盖希，故老子发为此问，以致其疑难之意焉。"气"者，道之所假以流行，而见其用者也。气之在人，则为情感（emotion），情感者，生之力（vitality）也。"柔"者，道之用之情态，所谓"不争而善胜"者也。"专"，守也；致，极也。"婴儿"，所以象自然。自然见于为人，则天真（不逞智、不徇物之谓）而已矣。道之流行而见厥用，不争而善胜也，亦自然而然，无所作为乎其间。人能守道，专心致志乎此，则情感发于真诚（即天真之谓），无诈伪偏倚，斯与物无忤，其效乃不争而胜，厥用与道同功矣。由斯而言，"专气"，谓专壹其情感于道（亦即"抱一"之实耳），"致柔"，言致极其无为不争之用；夫是之为，亦唯若婴儿之天真而已，故曰"专气致柔，能婴儿乎？""玄"，悬也，物理之所通摄、而不滞于物者，即六章所谓"玄牝"，夫"道"是矣。"疵"，累也，蔽也。"玄览"，观道之谓。所涤除者，心之蔽、物之累。众人观道，常蔽于心而累于物，故有待于涤除，涤除然后"无疵"，乃能见道。盖"道"者，万物之源，物偏道全，物见道隐。思议之能事止于物物之相与（俗云关系），是思议之功偏而不全；唯道为全，故思议所不逮，观道而假途于思议，是蔽于心也。道缘物见，然观道而滞于闻见之域（俗称经验），又累于物矣。然则"玄览"云者，超乎思议之途，观道于闻见之外也；西哲所谓直观（intuition），佛家所谓正觉，盖即此已。以上言修己之事，以下则示治人处世之方。盖玄览抱一，所以全体，斯明道守道之功备；然后出而治人处世，则因体以达用也——体全用达，为道之能事尽矣。爱民，任其自由（即自展其性能）；治国，不以刑政（即不干涉之治），是"无为"也——无为，法道之自然已。"天门开阖"，谓世运之治乱兴衰，言"天"者，示其自然必然之势。处于世运之中，无所强为，顺之因之，是"为雌"也。"明白"者，明夫体也：见道既明，守道已笃，则中心皦然，无累无蔽；"四达"者，达夫用也：既得道纪，斯有以执古御今，无往而不通焉。——夫如是，则一循自然之势，无所用智乎其间，无识无知，委心任化而已矣。此下总结前之所云，以见有道者之治人处事，生物畜物，常施其"不有"、"不恃"、"不宰"之功（参阅第二节［八］［九］解）——夫是之谓"玄德"，玄德者，悬虚之德，唯其悬虚，是以周行不殆，道用之及物者如此，有道之士，厥功辄亦与道同符焉。

（八）"上善若水：水善利万物而不争，处众人之所恶，故几于道。居，善地；心，善渊；与，善仁；言，善信；政，善治；事，善能；动，善时。夫唯不争，故无尤。"（八章）

此章以水喻道。水性就下，犹道之为万物之底蕴也；水生物而滋润之，犹万物之出于道，道为物之所保以为物也；水无隙不入，犹道之"无有入无间"也；水之用普物无遗，犹道之周行不殆也；水至柔而能攻坚，犹道之"不争而善胜"也；水受污秽而不辞（谓能洗涤容纳尘垢），犹道之善恶美丑莫不容也。水几于道，上善若水，则上善亦几于道矣。"几"者，几及而犹有间之谓；盖道无体（谓无形体），而水有物，道神化无方，而上善有善之迹，是以于道犹有间耳。"居"者，身之所处；"心"者，神之所藏。"地"，底也，下也；"渊"，深也；"善"，宜也。身宜处下，神宜深藏——身处下则与物不争而无忤，神深藏则不劳不耗，而能因应无穷。"与"者，身与人接："言"者，意与人通。"仁"，爱也；"信"，诚也。身与人接，则宜以爱相容；意与人通，则宜以诚相感。"政"，治事也；"治"，理也；"政善治"，谓治事宜有条理。"事"，处事也；"能"，临几应变之谓（"能"涵"储能"之义，储能富者有以临几应变也）；"事善能"，言处事宜临几应变。"动善时"，言举措贵能因时制宜、随境取适——是亦临几应变之功也。凡此皆于立身行己、处心积虑、待人治事之间，示其所宜之条目，而又有一焉以贯之，则亦"不争"而已；不争，则与物相容，物我俱无尤矣。

（九）"知者不言，言者不知。塞其兑，闭其门，挫其锐，解其纷，和其光，同其尘。是谓玄同。故不可得而亲，不可得而疏，不可得而利，不可得而害，不可得而贵，不可得而贱。故为天下贵。"（五十六章）

（十）"……塞其兑，闭其门，终身不勤；开其兑，济其事，终身不救。"（五十二章）

知者之所知，道也；言者之所言，物物之相与耳。道全物偏，思议之功偏而不全（以思议之能事止于物物之相与故），故道者思议之所不逮。言以载思，道者思议所不能举，故亦言说所不能尽，是以"知者不言"（知道以玄览，不以思议，故道不可言）。言者所言，物物之相与，以思议之能事止于物物之相与；物物之相与，道之用之一曲，遑论道之全体大用（犹言全用）耶？故言者所言，未能言夫道也；未能言，以其不知，故曰"言者不知"。四章强容道体，有云："挫其锐，解其纷，和其光，同其尘，湛兮似或存"者，言去形下之物象，则湛然若存，唯本体之"道"而已。此章自"塞其兑"以至"玄同"，与四章所言者同，盖为道之士，正亦去其心身内外之物象，而探其在我之道体（即"道"之本体）；修养之正法眼藏，其在斯矣。"兑"，穴也（陈登澥引《韵会》曰："兑穴也"；俞樾曰："兑当读为穴"），"门"，穴之大者；此以喻身之欲、心之智（逐物之智，智之末者）。欲不可纵，智不可启，故曰"塞"之、"闭"之。夫欲无穷，而智无止，纵之启之，则终身勤矣（"勤"，谓徒劳）。"事"者，自然之化功；"济"，犹助也。"济其事"者，言以人之小智夺自然之大巧，是贪天之功以为己力，无有不败者也，故曰，"终身不救"；七十四章有云，"代大匠斲者，希有不伤其手"，其斯之谓矣。"锐"者，圭角之在己；"分"者，与人之纷争；"光"者，身之表现；"尘"者，世之情态（谓人情物态），挫其在己之圭角，解其与人之纷争，则真诚见，是以本体相向也（真诚即本体）。"和其光"，谓表现不求卓越；"同其尘"，言处世无乖人情物态。盖人情物态，亦本体之流行，厥用之见于实事者；和光同尘，正所以即用显体。夫是之谓"玄同"。"玄"者悬也。"道"之谓也；"玄同"，犹言同于道也。道悬虚，无不可，莫不容，得道之士，亦如是而已矣。得道之士，唯其尚同于道，不乖情绝俗，一视同仁，故不可得而亲、疏、利、害、贵、贱（参阅第二节［十九］解），是乃"为天下贵"，而领袖群伦也。

（十一）"知人者智，自知者明；胜人者有力，自胜者强；知足者富，强行者有志，不失其所者久，死而不亡者寿。"（卅三章）

（十二）"祸莫大于不知足，咎莫大于欲得，故知足之足常足

矣。"(四十六章)

"知人"者,外求知也,外求知者有以益智,"为学"之事耳;"自知"者,求其在己之本体,"为道"之事,明道守道(亦即"致虚"、"守静")之功也,故曰"明"。智者未必能明,明者有智而超智,此明之所以出乎智之上也。"胜人"者,外求得于人以济己私;"自胜"者,内袪用智之蔽,外制物欲之累。胜人者诚有力矣,未足以为强。自胜者乃强,以其不蔽于智、无累于物,则道明而本体存;道或本体,至强者也,故明道体而操存之者亦强。《易》曰:"天行健,君子以自强不息。""天行",道之流行;"君子",得道之士;"以",因也,体也。君子体道之健,是以自强不息。子曰:"克己复礼为仁"。"克己",自胜也;"仁",道也,本体也;"礼",仁之实,本体之流行、厥用之见于待人接物者也。"克己复礼",则身心内外,莫非本体之用之流露;即用以显体,是以"复礼"者,仁在其中矣。然则《易》言自强,《老》言自胜,孔主复礼,老主守道,名异而实同也。"知足"之"足",足于道也,足于道者,不逐物以为智,不欲得以济私,无假外求,是以"富"也。"强行"者,强行夫道也;"强行"非强为之谓,道本至强,行道者因道之强而强,行所无事耳。"志"者,心之所之;强行者心在道(即《论语》所谓"志于道"之意),是心有定向(即有所之之谓),犹射之有鹄(《书》曰:"若射有志"),故曰"强行者有志"。"不失其所",谓待人接物不悖人情物态之自然。不悖人情物态之自然,则顺乎道之势;道本至强,顺道之势,则亦强矣;强,然后能久。"死而不亡者寿",又何谓也?盖身躯有死,心灵能散,独本体常存;明道守道,则识本体而操存之矣,身躯虽死,心灵虽散,"道"之本体实与万化之源(即本体)合一,是以"不亡",不亡曰"寿"。

"不知足"者,心用智而身逐物:用智,则辨析乎形下之器,而致较量于是非同异之间；逐物，则企求乎为生之具，而患得失于利害苦乐之际；究之于性命之源，所谓本体之"道"者，概乎其无见而莫操也。用智所以弄巧，逐物所以济欲，巧匪尽而欲无穷，是以不知足也。弄巧则相凌，济欲则求得。相凌、求得，争夺之阶；巧愈进，欲愈多，争夺之风弥炽，而祸不可胜言，故曰，"祸莫大于不知足，咎莫大于欲得"。呜呼，卅稔以来，环宇之中，一战再战，犹未有艾，将致人类于无遗者，宁非用智、逐物、心身内外俱不知足之明效耶？老子固于三千年前，提其耳而预为之诚矣，其言俱在，惜乎世人既聋且昧，而莫之能省也！

（十三）"见小曰明，守柔曰强。用其光，复归其明，无遗身殃，是为袭（或作'习'）常。"（五十二章）

（十四）"……知和曰常，知常曰明。益生曰祥，心使气曰强。物壮则老，谓之不道，不道早已。"（五十五章）

"小"，即卅四章所谓"常无欲，可名为小"之小（第二节［十］解此句曰："无欲"，无所祈向之谓；道之本体混然无所祈向，无分画辨别，湛然眇然，隐而不见，强为之容，但觉其小，故曰"可名于小"）。盖道无形体方所，隐于形下之物之中，物以官体接，能见其大，道不可以官体接，所以但觉其小；且道之流行，其几甚微，其为用悬虚而不著物，弗可得而亲、疏、利、害、贵、贱，是以不易见也；果能见之，则可谓之明，故曰"见小曰明"。"和"者，道之流行中自然必然之相反相成之势；以其相反相成出于自然，是以能和。和者道之用之常理（理谓条理，即相反相成之势），故谓之"常"；"知和曰常"，犹言知和者知常。知常则明矣，故曰"知常曰明"。曩曰"见小曰明"，今言"知常曰明"，可知"常"者恒"小"，盖以道用之常理之行于物事之间，其几甚微，可以玄览，而不可以官体接耳。"柔"者，道之体用，道之体用既明，则进而守之，道，至强者也，守道之效，斯能强矣，故曰"守柔曰强"。卅三章曰："自胜者强"，此曰："守柔曰强"，"心使气曰强"。自胜者不蔽于智，无累于物，道明而本体存，则自胜所以自返于道体也。"守柔"，则服膺此道体——道体悬虚，无不可，莫不容，故谓之"柔"。"气"者，情感之谓，服膺道体，道存于心，则有以驭情感而制节之，毋使泛滥，斯接物应事，常符道体流行自然之势，而不乖物情事态；不乖物情事态，乃与物无忤，其效辄"不争而善胜"，是以强也，故曰"心使气曰强"。——"使"者，令也，役也；"心使气"，谓心以气为役，而令之也；心能以气为役，以其有道为之主耳。然则自胜者，明体（即本体之"道"）之方；"守柔"者，存体之实，"心使气"者，存体之效，即体以为用也——三者并致于强，而工夫之先后浅深，可以概见矣。"用其光，复归其明"，云何？"光"者，道流行之表，厥用之见于物情事态者也。接物应事，不可不因其情态而利用之；顾利用之矣，犹贵能和常（知常曰明）、守常（知常守常即所谓"复归其明"）。斯乃不蔽于智，不累于物；不蔽于智，不累于物，则不弄巧逐物；不弄巧逐物，则不相凌求得；不相凌，不求得，则可免于争夺残杀，故曰"无遗身殃"。"袭"者，衣也，被也；"袭常"，谓道之用之常理衣被其心身内外，习以为常，有不可得而离矣。夫唯与道成习，犹身体发肤之与衣被相习者，乃能无往而不相容，斯心宁而身安，可以无殃矣。"生"者，生之理，性命之源，即死而不亡之道体。性命之源，赋于天，得于自然；蔽于智，累于物，斯源或滞或塞，则疏通之、瀹发之；"益"者，疏通瀹发之谓；性命之源畅，则生理益富，处于万化迁流之中，有以应接无穷，故曰"祥"——祥者，利也，亨也。且祥有兆义，"兆"者，事之未形，而将形之势已具，是兆有潜能之用。生之理，性命之源，处世之潜能也；生理富者潜能备，乃能应接无穷。然则"益生曰祥"者，犹言：富其生理，畅其性命之源，然后潜能备耳。潜能备者，道体在心为用无穷，乃能使气以为强，故言"益生曰祥"，则继之曰"心使气曰强"。"物壮则老"云云，又何谓也？"壮"者，非守道者自然之强，气不役于心，恃气以为强也；气盛则衰，气满则竭，"老"者，衰也，竭也。心不主于道以使气，是为"不道"，"不道"犹云不"法道"，不"法道"，斯不自然矣。"已"，止也，不"法道"，宜早止，不可任气而妄作，妄作则凶。

（十五）"企者不立，跨者不行，自见者不明，自足者不彰，自伐者无功，自矜者不长。其在道也，曰余食赘行。物或恶之，故有道者不处。"（廿四章）

"企者不立，跨者不行"，谓企者不能久立，跨者无以行远；夫企与跨之于立与行，皆逆其自然之势，是以不能久立，无以行远。此二句实衬后四句，以物理喻人事也。自见者急于明，自是（"是"读作"示"，"自是"，犹云自以示人）者急于彰，自伐者急于有功，自矜者急于为长，而其效乃不明、不彰、无功、不长，以其逆自然之势也。自然之势，躁进者不进，是相反者之相及也。企者、跨者、自见者、自是者、自伐者、自矜者，皆躁进也，故其反者及焉，反者唯何？不立、不行、不明、不彰、无功、不长是矣。余食赘行，食之或病、行之反累者也；厥病若累，以其逆自然故，是以在道曰"余"曰"赘"。"物或恶之"，谓于物于事为不宜，"故有道者不处"——"不处"犹不为也。

（十六）"为无为，事无事，味无味，大小，多少；报怨以德；图难于其易，为大于其细。天下难事必作于易，天下大事必作于细。是以圣人终不为大，故能成其大。夫轻诺必寡信，多易必多难，是以圣人犹难之，故终无难矣。"（六十三章）

"无为"、"无事"，自然之所为、所事，"为无为、事无事"，言以无为为为、无事为事，顺乎自然之所为、所事也；顺乎自然之所为、所事，不以人意为为、为事，盖人意之为之事，恒反自然，不以人意为为、为事，则不反自然，而顺之矣。自人之观点言，以无为为为、无事为事，无为、无事之效辄至有为、有事，相反之相及相成也；自道之用言，则自然之流迁而已，自然莫非为也，无不事也，无为、无事，特人无为、无事于自然流迁之中耳。"无味"，道之自然；"小"，即卅四章所谓"可名为小"之小（参阅第二节［十］及本节［十四］解）；"少"，言道之混一纯简。道本自然，如如而已，原无"无味"与"小""少"之可状，谓其"无味""小""少"，亦以人之观点撮为概念（参阅第三节末）而言之耳。以无味为味，以小为大，以少为多，则无味者辄至有味，小者少者辄成大者多者，亦在人所谓相反之相及相成也；在道之用，唯有自然之流迁而已矣。"德"者"怨"之反也，"报怨以德"，是以反者（谓德）施于所反（谓怨），则所反且至于反（谓怨反为德），曩之于我为怨者将反而为德矣。"难"者"易"之反也，"大"者"细"之反也；"图难于其易"，"为大于其细"，是以反之功求所反之效，亦相反相成之理耳。"天下难事必作于易，天下大事必作于细"云者，"作"起也，兴也，难起于易，大兴于细，亦相反之相及已。顾怨与德、难与易、大与细，在人之概念为相反，于自然之流迁，则一事一物之始终原委，如锤之两端，相续而不相离也。"圣人终不为大"者，常为其小也；为小则下人后人（谓居人下人后）其效适至于反，"故能成其大"，而上人先人矣。"轻诺"，易于诺也，易于诺者多许人以信，得反之效，乃寡信矣。"多易"者，常以事为易，得反之效，难斯见矣；是以圣人以易为难，厥效适居其反，则无难焉。

（十七）"其安易持，其未兆易谋，其脆易泮，其微易散。为之于未有，治之于未乱。合抱之木生于毫末，九层之台起于累土，千里之行始于足下。为者败之，执者失之。是以圣人无为，故无败，无执，故无失。民之从事，常于几成而败之。慎终如始，则无败事。是以圣人欲不欲，不贵难得之货；学不学，复众人之所过。以辅万物之自然而不敢为。"（六十四章）

安而至于危，未兆而至于兆，脆而至于坚，微而至于显，相反相及之势，自然而必然者也。不欲危、兆、坚、显，莫若持之于未危（即安），谋之于未兆、泮之于未坚（即脆）、散之于未显（即微），此以反制所及，执因以御果也。以反制所反，执因以御果，顺夫自然之势，所以"易"也。"未有"，谓"未兆"与"微"；"未乱"，言"安"与"脆"。"为之于未有，治之于未乱"，则无为不治，而自为自治；以无为不治之功收自为自治之效，亦相反而相及也已。"合抱"，大也，"毫末"，小也；"九层"，重也，"累土"，轻也；"千里"，远也，"足下"，近也。"合抱之木生于毫末"，大出于小也；"九层之台起于累土"，重成于轻也；"千里之行始于足下"，远基于近也——是皆相反之相及，自然必然之势耳。小者、轻者、近者，即所谓"未有""未乱"。为于未有，治于未乱，是无为不治；无为不治，顺夫自然，无所强勉，是以不败不失。若夫不即毫末以培合抱之木，不从累土以筑九层之台，不自足下以成千里之行，是不以反制所反，不以因求果，有为有执于自然流迁之中，乃逆自然之势；逆自然之势，无有不败不失者也，故曰"为者败之，执者失之"。圣人知此，其处运化流迁之中，一循自然之势，"无为""无执"，故能"无败""无失"。"民之从事，常于几成而败之"者，亦以其于几成（犹言垂成）之际，逆夫自然之势，违道之用，是以败也。"慎终如始"，谓慎终一如慎始，兢兢然唯自然之势是循，斯"无败事"矣。"欲不欲"者，欲众人之所不欲；众人之所欲者难得之货，圣人志于道，不欲众人之所欲，是以不贵难得之货。"学不学"者，学众人之所不学；众人之学逐物逞智，圣人学道，不逐物以逞智，故反众人之所学。——"复"，反也，"众人之所过"，犹言众人之所过于学者；众人不"守中"（犹言守道，见第五章），而逐物逞智，此其学之所以过也。"万物之自然"者，道也，"道法自然"（第廿五章），道行万物之中，万物"尊道而贵德"（王辅嗣曰："道者物之所由，德者物之所得"，所得，得于道以为物也），"莫之命而常自然"（并见第五十一章）；圣人志道学道，故其治民理物，常因运化自然之流迁，辅而成之，不以私意强为，强为恐败恐失，故曰"辅万物之自然而不敢为"。

（十八）"天之道其犹张弓与？高者抑之，下者举之，有余者损之，不足者补之。天之道损有余而补不足，人之道则不然：损不足以奉有余。孰能有余以奉天下？唯有道者。是以圣人为而不恃，功成而不处，其不欲见贤。"（七十七章）

"天之道"者，"道"之用之流行而见于运化之途也。此途之平陂起伏，常持其平，不平则反，反而复平；是以其高者、下者、有余者、不足者，则抑之、举之、损之、补之。此自然必然之势，所谓相反相及者也。"人之道"者，人与人之相与而见于行事之迹也。人之行事常违夫天道之自然，而昧于相反相及之势，是以有余者不损、不足者弗补，而逆行倒施，"损不足以奉有余"。"有余以奉天下"者，言以天下之有余补天下之不足；唯有道者能之，以其明夫相反相及之势也。圣人（即有道者）明夫相反相及之势，行事一循天道之自然，为则天道之自为，成亦天道之所成，不恃己力，不居己功，故曰"为而不恃，功成而不处"（"处"，犹居也）。"贤"者，智巧之谓；圣人不恃己力、不居己功，盖不欲自见其智巧，故曰"其不欲见贤"。圣人不欲自见其智巧，盖知人之偏智小巧无以敌自然之全智大巧，人事不足以胜夫天行也。

（十九）"……圣人去甚、去奢、去泰。"（廿九章）

"甚"者，待人接物之过；"奢"者，饮食服用之过；"泰"者，起居动息之过——皆所谓"有余"者也。己有余，则人必不足；去之，以己之有余补人之不足也。圣人知天道之常持其平，不平则反，故自去其不平（即"甚""奢""泰"之谓），以复于平，所以应相反相及之势耳。

（二十）"……人之所教，我亦教之。强梁者不得其死，吾将以为教父。"（四十二章）

"强梁"者不能"专气"（谓专一其情感于道），"致柔"（谓致极其无为不争之用），"自胜"之强（见卅三章）、"守柔"之强（见五十二章）、"心使气"（言心以气为役，即节制情感之谓）之强，盖非"不争而善胜"（见七十三章），好胜而必遇其敌者也。遇其敌，则屈于力，而死于非命，故曰"不得其死"。盖以力不以道，是不以静持躁，不以柔制刚（力，躁也，刚也；道，静也，柔也），逆夫相反相及之势也；逆夫相反相及之势，无有不败者矣。"人之所教，我亦教之"者，事所必至、理所固然，人以是为教，我亦不得不教之也——此即所谓公例，天下古今所不可背者也。"教父"，犹公例也。"强梁者不得其死，吾将以为教父"，谓将以此一语立为待人接物之公例焉。

（廿一）"勇于敢，则杀；勇于不敢，则活。此两者或利或害。天之所恶，孰知其故？是以圣人犹难之。"（七十三章）

"勇于敢"者，敢于贪天之功以为己力，其待人接物，则好勇斗狠，好胜而遇其敌者也；遇其敌，力屈而死于非命，故曰"勇于敢，则杀。""勇于不敢"者，不敢逆自然必然之势，顺夫天道而辅成之也（即六十四章所谓"辅万物之自然而不敢为"者）；乃为天之所与（七十九章曰"天道无亲，常与善人"，"善人"，即顺天而为天之所与者），而获活焉，故曰"勇于不敢，则活"。"两者"，谓"勇于敢"与"勇于不敢"；"利"，言"活"；"害"，言"杀"；"天之所恶"，谓为天道之所不容。同是勇也，或利或害，有故存焉，亦曰天道之容与不容耳。天道之起伏平陂，其几其微，有难明者，"是以圣人犹难之"。

以上录老子之文廿有一则。其一：总论"道"、"德"、"仁"、"义"、"礼"、"智"——是六者，伦理之要；老子尚"道""德"，而黜"仁""义""礼""智"。其二：言为道之术异于为学，为学贵博，为道贵约；"无为"者，约之极，其效乃无不为——唯得道者能之。其三、其四：言得道者（亦即得"道纪"者）之效，以"道"御"有"，以"古"御"今"——故能处近识远，不出而知，不窥而见，不见而明，不为而成。其五：强容得道之士。得道之士其体用与道同符，犹道之"微妙玄通"，是以"深不可识"；无已，则强容之，强容之状，亦"恍惚"耳，是以但能言"若"，未足以见其真也。其六：言圣人（即得道之士）与众人之别，众人竞趋末学，圣人孜孜守道（即所谓"食母"），故其所形于容貌举止，则众人熙熙、圣人儡儡，众人昭昭、圣人昏昏，众人察察、圣人闷闷……其七：言得道之途术：曰"抱一"、曰"专气致柔"、曰"涤除玄览"、曰"无为"、曰"为雌"、曰"无知"。其八：具论居心、言语、行动、待人、为政——而有一焉以贯之，曰"不争"（即"柔弱"）而已。其九、其十：分论居心之方，曰"塞兑"、"闭门"；言语之方，曰"不言"（以道非言语所能尽，故不假言语以明道）；待人接物之方，曰"挫锐"、"解纷"、"和光"、"同尘"；——凡此皆以人体道，即其用而像其体也。其十一、十二、十三、十四、十五：分论立身行己。立身贵有自知之明（求其在己之道体），见小之明（求其隐于事物之道体），知常之明（求道用之流行中相反相成之常理。此理又谓之"和",以其自然而必然故);自胜之强(明体之方),守柔之强(存体之实),心使气之强(存体之效);——其效则归于袭常(谓道之用之常理衣被其心身内外,习以为常)而已;行己务能不自见而明,不自是("是"读作"示",犹言自以示人)而彰,不自伐而有功,不自矜而长,知足而富(足于道者不逐物不欲得,无假外求,是以富也),强行而有志(心志乎道,法道之强,是以行强而心有定向也),不失其所而久(谓待人接物不悖人情物态之自然,则顺乎道之势,因道之强而强;强,则能久矣),死而不亡而寿(谓在己之道体不与身躯之死心灵之散而俱亡也)——厥功则在益生致祥(谓疏通瀹发性命之源,则生理益富,道体之在我者乃全其用,有以应接万化之流迁,无往而不亨也)而已矣。十六、十七:言处事应依相反相成之势,以反之功求所反之效,若:"为于未有"、"治于未乱"、"图难于易"、"为大于细"、"报怨以德"、"重诺多信"、"慎终如始"、"欲不欲"、"学不学",一言以蔽之,"辅万物之自然而不敢为",厥效则"无败""不失","不为大"而"能成其大"矣。其十八、十九:以天道之持平示人道之不平,诫人宜去甚、去奢、去泰。其二十、廿一:立处世之公例,曰"强梁者不得其死",戒人以"不争","不争"者,"为无为、事无事"之谓也。

间尝论之,老子之人生观,一言以蔽之,曰明道以守道而已。物与我皆道体(即本体)之著于用。物我俱出于道,其形虽异,厥体(谓本体,即道也)则同。形隔于时间空间,有彼此之分;道一而已,其发用流行于人物之间,超时空而泯彼此。形者"器"也,在人之躯干肢体,在物之块然累然者是已。人物所同秉于道以为人若物者,曰"德";德者,道之在人若物,假其躯干肢体及其块然累然者以为器,而见其用者也。明道之功,在能破时空之限,泯人物彼己之分,通于一本之道,而识万有之同源焉。守道之事,则本万有之同源，各保其德，各安其分，不相侵凌残害，以共存于运化之中。运化之中，物有成毁，人有死生，成毁死生，运化之大流中，沤波之起伏耳。道之发用流行而为运化也，常因相反相成之势，则成毁死生，亦相反相成之事，自然而必然者也。人物之死生成毁，无害于道体之常，亦犹沤波之平陂起伏，无损于海水之全。明乎此，斯生无可喜，死不足恶。不喜生恶死，则死生一矣；死生一，则立身行己，靡所罣碍，乐天安命，而生畅矣。识万有同源，泯彼己之分，保德守分，不相侵害，则人物齐矣；人物齐，则待人接物，有以相容相剂矣。立身行己乐天安命，待人接物相容相剂，斯人情洽而物理顺，天下可臻于郅治焉。

人物死生成毁，成化流迁不息，是道即用以为变也。顾此变动不居之中，有其不变常行之势，则相反相成是已。相反相成之中，反者不终为反，所反不终为所反，互为起伏更代；起伏更代之中，无人物事为常住不变，常住不变者，唯道之本体，及其发用流行之途术（即相反相成之势）耳。道之本体，及其发用流行之术，皆自然而必然，明乎是，守乎是，因乎是，则立身行己、待人接物，无所亲疏爱憎，斯无所用于仁，无所利害宜否，斯无所用于义，无所贵贱厚薄，斯无所用于礼，无所造作施为，斯无所用于智——故曰，仁义礼智，"道""德"之赘疣，守道保德者所不取也。

唯老子之人生观：于立身行己，则一死生而乐天安命，故内常自足（足于道也），而无假于外求；于待人接物，则齐人物而泯彼己之分，故智恒内敛，而鄙夷夫逐物之末学。今夫所求于外者，济生之具耳；唯喜生恶死，乃求济生之具；生死不喜不恶，则弗趋生避死，复何所须于济生之具？是以不求。人皆不求济生之具，斯天地有余财，无地用于争夺矣。齐人物而泯彼己，则我与人物同体（谓本体），而无主客之分。我即人物，主即是客，明我之体即所以明人物之体，知主即所以知客，其"万物（兼人与物言）皆备于我，反身而诚"（用孟子语，见《尽心》上）。无待于逐物以为学，皆智之所以内敛，无所用于外溢为也。且夫主观客观（subject and object）之分，今人所谓理智（intellect）之枢纽也。主观客观云者，以己为知者（the knower），以物为所知（the known）；以知者观所知，犹主临客，主客判而为二矣。老子泯人物彼己，故主客之观不分；主客之观不分，理智之用莫由起。由斯而言，以谓老子反今人所谓理智，无不可也。

虽然，老子自有其智之用，厥用何之？则以体认其在我之道体而已。"体认"云者，即体以明体，非以体为"所知"而求知之也。体认，老子谓之"玄览"。"玄"者悬也，道体之谓；道体悬不著物，著物乃分彼此，悬则一矣。即道之悬以览道体，乃见道体为一；见道体为一，则破我执，我之道体同夫人物之道体矣。顾道兼体用，体以为用，用以见体，二者相待相须，不可离也。然而体隐用显，明道之功，唯即用以识体耳。万化之流迁，若人之思虑云为，若物之动静成毁，皆道体之发用；则明道之为，亦唯于万化流迁之中，验其人物思虑云为、动静成毁之迹，以见人物之同源，其思虑云为、动静成毁，俱此道体之发用流行也。然则体认之事，实兼体验之功，验所以为认，认存于验之中，认与验，二而一，一而二也；"认"者"知"义，"验"者"行"义，于斯可见"知""行"之合一焉。《易·辞》言之，体验之事，唯于立身行己（即己之思虑云为，——道之见于用也）、待人接物（即人若物之动静成毁，——亦道之见于用耳）之间行之，验之真，然后认之审，亦即行之熟，而后知之详——是即用（道之用）以明体（道之体）之功也。

即用以明体，则体不空不寂；明体以达用，则用弗迷弗乱。体，常也；用，变也。体，静也；用，动也。知常守静（即明道守道），然后处变靡惑，应变不屈，迹变而体常，外动而内静，身劳而心逸，修为之功，此其至矣。故曰，老子之人生观，一言以蔽之，明道守道而已。——明道守道，知常守静也；知常所以应变，守静所以御动，变得其所，动合其宜，立身行己无不贞，待人接物靡不利矣。

五、道与政治

（一）"将欲取天下，而为之，吾知其不得已。天下神器，不可为也；为者败之，执者失之。"（廿九章）

（二）"取天下常以无事，及其有事，不足以取天下。"（四十八章）

"天下"者，人事之相与、人事与天行之相资，而为道之体用之所包者也，故曰"神器"——"神"所以状道，道体"微妙"，厥用"玄通"，所以神也。道法自然，厥体之发动流行而见夫用也，一循自然必然之途辙；自然必然者"不可为"。以有为取天下则不得，故曰"为者败之"；既无为以得之，而有为以守之，则虽得复失，不可以久，故曰"执者失之"。

（三）"圣人无常心，以百姓心为心。善者吾善之，不善者吾亦善之，德善；信者吾信之，不信者吾亦信之，德信。圣人在，天下歙歙焉。为天下，浑其心。百姓皆注其耳目（王辅嗣本脱此句），圣人皆孩之。"（四十九章）

"常心"者，小己之私心（私心易流为偏见）；"百姓心"者，国群之公心。百姓之心，夫人之类性能之发现；"以百姓心为心"，任民自展其性能也。民之性能，道之发用之自然；任民自展其性能，因道之用以为治，是为"袭常"之治；"袭常"之治，今世所谓民主之治也。"德"者，人之所得于道以为人，性之本体也。人之所得以为性者，同此道耳。道，自然而已，自然无善无不善；善与不善，出于形气之分。——盖形气分，然后彼此立；彼此立，然后私意起；不善匪他，私意而已。"善者"，道全德备，朴之未散者也；"不善者"，道德有亏，朴之既散者也。"信者"，真也，道之本体（亦即性也）之流露；"不信者"，伪也，隔于形气，而有彼此之私也。圣人道全德备，其与人接，泯彼此之分，一物我之界，不执私见，以道之真诚相向，是以无善不善，吾皆善之，无信不信，吾皆信之；盖圣人明夫人性之同源，厥德秉于混一之道体（人之德，一也；一者，一于道之本体；斯无善不善、信不信矣），靡不善，莫不信，故辄一视同仁，而收感通之效焉。"歙"读若翕，"翕"者合也；圣人在上，天下同心合力，以相生养，故曰："圣人在，天下歙歙焉。""浑"者一也，圣人临民"无常心，以百姓心为心"，是其心与百姓心浑而为一，故曰："为天下，浑其心。""百姓皆注其耳目"，谓人各怀其彼此之心以相向。"孩"者，婴儿未能笑之貌，天真之至也。"圣人皆孩之"，言圣人以真诚遇天下人，天下人皆化其德，彼此之见泯，浑然以真诚相向，一若婴孩之相与焉。

（四）"……圣人常善救人，故无弃人；常善救物，故无弃物，是谓袭明。故善人者不善人之师，不善人者善人之资。不贵其师，不爱其资，虽智大迷，是谓要妙。"（廿七章）

善人与不善人，有用之物与无用之物，皆运化流行之迹，道之发用，以见其相反相成者也；故其善者、有用者，则收之，其不善者、无用者，则救之——善不善、有用无用，并容而不悖，各因其固有之天明（即道之本体）而齐之，"是谓袭明"。"袭"者，被也，因也。被之久，则习焉；习焉，则因之而已，无所容心于其间也。道之体用，衣被圣人之心身内外，久而成习，斯其立身行己、待人接物，一因夫道之体用，无心于选择去取，故能靡所不容，于人物之间，无善不善，无有用无用，一视同仁，而兼包并涵，故曰"无弃人"、"无弃物"；其效则人物咸化其德，不善者善焉，无用者有用焉，故曰"善救人"、"善救物"。此治化之极功，圣人与造物同智而并巧也。"善人者不善人之师"，谓善人于不善人，能以善相感，而化之于善。顾人秉道以为德，德者人所固有，生之性也。性无不善，不善起于形气之分，彼此之私意耳；善人与不善人处，破形气彼此之隔，泯私意而以道体之真诚相遇，则善者之天明与不善者之天明相感召，斯不善者复其性之本然，而同于善者矣。"资"犹用也。圣人学道守道，体备于己，静之功至矣；犹有资于不善人，以致其感通之用，而成其动之事焉，故曰"不善人者善人之资"。明道守道，独善其身，以道化人，兼善天下；为治无他，兼善天下而已矣。顾不独善，则无以兼善，此为治之所以非圣不为功也。独善，存夫道体，兼善，即体以为用；体与用，一道之本末，独善与兼善，为治之始终——本末始终，一事之原委，此修己治人之所以可分而不可离也。"不贵其师"者，所师者道，所贵者有道之人（即善人也），有道之人乃可以为师耳；且古者政教（谓政治与教育）不分，君师合一，有道者固宜为师，而又君临天下，以施其教化于万民，此为师者所以必为天下贵也。为天下贵而君临天下，苟不爱其不善人（即失道失德之人）以为教化之资，则弃人矣；弃人无以为治，是独善而不能兼善，有体而无用，静之功备，而动之事阙如也。"虽智大迷"者：其为智也，囿于形气之彼此，小己之私智；其为迷也，迷于尔我之执，不知尔我起于形气之分。破形气之障，通之以道，斯大我见；大我见，则亿兆一人，天下一家，然后善人与不善人，互为师资，相贵爱，而无弃人；无弃人，则太平郅治，而人道进矣。所谓"要妙"，"要"者为治之要，"妙"者道之妙用。道之妙用即为治之要：为治贵能法道之用；道之用，无不包、莫不容；

法道之用，则无弃人而已矣。

（五）"天下莫柔于水，而攻坚者莫之能胜，其无以易之。弱之胜强，柔之胜刚，天下莫不知，莫能行。是以圣人云：'受国之垢，是谓社稷主；受国不祥，是为天下王。'正言若反。"（七十八章）

此章以水喻道：水无定形定体，缘器以为形体，像道之无形无体，假事物为形体也；水不拒物，是天下之至柔，而无物不入，乃至溃堤钻石，是"攻坚者莫之能胜"，犹道之"无有入无间"（四十三章），以"天下之至柔驰骋天之至坚"（四十三章）也。"弱之胜强，柔之胜刚"，道之发用流行，见于人物事为之公例也；是之公例，天下人虽知而莫之能行，老子于此盖三太息焉。"受国之垢"，"受国不祥"，谓为君者"先天下之忧而忧，后天下之乐而乐"（范文正语，见《岳阳楼记》），任劳任怨，功则归人，罪则归己；夫如是，乃有领袖之气量，而可以为"社稷主"、"天下王"，主若王，国若天下，天下之领袖也。"正言若反"者："正言"谓合于道之言；"反"者，若"国之垢"与"社稷主"，"国之不祥"与"天下王"——二者于思议之意（即概念）、言语之名，诚若（"若"字吃紧）相反而不相容者，于为君之治民理物、领袖群伦，则亦一事之始终原委，相反而相成者已。故能"受国之垢"，乃为"社稷主"，"受国不祥"，斯"为天下王"——"垢"与"主"、"不祥"与"王"，相反相成，自然必然之势，道之发用流行之常轨也。

（六）"……圣人后其身而身先，外其身而身存，非以其无私耶？故能成其私。"（七章）

（七）"……功成身退，天之道。"（九章）

"圣人"，有道而居君师之位、以治民理物者也。"后其身"、"外其身"，谓置己身之利害祸福而不计，唯天下人之福利是图；如此，则大公无私矣。顾无私而"能成其私"者：盖小己（为君亦小己耳），部分也，国群，全体也；部分托存于全体之中，未有全体存而部分亡者；故为君谋国不谋己，成国之事即所以成己之事也。是以处群之道，贵能轻己重群——群存己存，群亡己亡，群己不刊之公例也。

"功成身退"者，谓圣人为治，因民物自然之势而利导之，俾自展其性能；利导之功，在除其障碍而已，过此以往，不代庖也；民物之性能既展，以至于成功，皆其自展自成，圣人不事干涉，亦不居其功，故曰"身退"。谓之"天之道"者，言为治而能功成身退，则有合于天之道；盖天道之流行（即道体之著于用），"生而不有，为而不恃，长而不宰"，亦犹为治者之功成身退也。道之为用之"不有"、"不恃"、"不宰"，圣人为治之"功成身退"，皆任物之自化，在道为无为之用，在人乃不治之治——不治之治，民主之治也。

（八）"我有三宝，持而保之：一曰慈，二曰俭，三曰不敢为天下先。慈，故能勇；俭，故能广；不敢为天下先，故能成器长。今舍慈且勇，舍俭且广，舍后且先，死矣。夫慈：以战则胜，以守则固。天将救之，以慈卫之。"（六十七章）

"我"者，老子自谓之词；"三宝"，为治之纲，体道之用而后得之者也；"持而保之"，谓守之毋失。守之固，则体备；著于用，斯人情洽而物理顺，天下郅治矣。"慈"，所以居心；"俭"，所以行己；"不敢为天下先"，所以待人接物。慈以居心，则消物我之见、泯彼己之分，不以一己之利害祸福为心，天下事勇于为矣，是以"能勇"；且慈则兼包并容，善恶才不才皆为之用，斯则有以赞其事为，而益成其勇矣。俭以行己，则薄取寡费，以天下之财，还养天下之人，斯所畜者众，故曰"能广"。"不敢为天下先"，则与物无争，任劳任怨，天下归之，"故能成器长"。——"器"者，天下之万民万物，道之所假以见其用者也（即所谓"天下神器"之器）；"成器长",犹言领袖群伦,而君临天下也。若夫舍慈而言勇,则己与天下忒,是以一敌万;舍俭而取奢,则财用绌,求广适足以兴争夺;舍后而争先,则以身争天下,天下之所不容——君临天下,而以一敌万,而兴争夺,而为天下所不容,其岌岌乎危哉,故曰"死矣"。"慈:以战则胜,以守则固"者,言既能泯彼己而兼包并容,则得于人而足于物,斯万众一体同心,以战以守,无有不胜不固者也。"天将救之",谓能慈者之兼包并容,有合于天道之无所不覆载,则为天之所与,虽困于敌,亦将有以自解,若为天之所救也者;其所尽于己,则亦以慈自固而已,故曰"以慈卫之"。

(九)"治人事天莫若啬。夫唯啬,是谓早服;早服,谓之重积德;重积德,则无不克;无不克,则莫知其极;莫知其极,是以有国;有国之母,可以长久。是谓深根固柢,长生久视之道。"(五十九章)

"治人",治夫人人相与之秩序,伦理之事也;"事天",制夫天人相及之礼仪,宗教之事也。"啬"者俭朴之谓,俭所以为朴,朴则返乎道矣(道体本朴。卅二章曰:"道常、无名——朴";廿八章曰:"朴散,则为器。"盖器出然后节文生)。朴尚质不尚文,若子女玉帛,人事相与之节文也,牺牲粢盛,天人相及之节文也。朴则玉帛可捐,牺牲可弃,一以真诚相向,斯人情可通,天心可格。——盖人同此情,天同此心,皆一道体之所苞,以道之真诚通之,则民胞物与,一天人而泯民物,何所用于节文为?加以节文,翻见其厚薄而形其彼此也。"服"读若"复"(返也),"早服"谓早复于道(王辅嗣注"早服"曰:"早服常也",亦通,盖"常",即道已);啬则能朴,朴者道之体也,故曰:"夫唯啬,是谓早服。""德"者,人之所秉于道以为性之本体;"重积德",谓积德厚,朴未散,未离夫道德也;"克"犹去也,所克者形气之私(形气分彼此,私见之所由起也），"无不克"，谓去形气之私至于无余；盖德厚者道之在己者全，此道与夫民物所禀以为性若德者一体而同源，斯不缘形气之分而生彼己之私见焉，故曰："重积德，则无不克。""极"者，穷也，道之用无穷，重积德者，一己之私见既除，其心身内外纯乎道体之流行，厥用与道之用同量，斯有以应番变而驭众动，故曰："无不克，则莫知其极。""天下神器"也，道体发用流行之巨迹，造化之极功；心身与道之体用同量，则有以御"神器"（"神"者道之妙用。"神器"，道之所假以见其妙用，国天下是矣）而不屈，故曰："莫知其极，可以有国。""母"者，道之体用，为治之本也；"有国之母"，谓以道术为治平（谓治国平天下）之事。以道术为治平之事，则可以久，故曰："有国之母，可以长久。""深根固柢"，言为治之本既立，不可复摇。"视"，活也（陈登澥引《吕氏春秋·重己篇》莫不欲长生久视句，高注云："视，活也"）。盖为治之本既立，其国可以长存于大宇长宙之中，而传其族类于无穷，故曰："深根固柢，长生久视之道。"

（十）"江海所以能为百谷王者，以其善下之，故能为百谷王。是以欲上民，必以言下之；欲先民，必以身后之。是以圣人处上而民不重，处前而民不害，是以乐推而不厌。以其不争，故天下莫能与之争。"（六十六章）

"百谷"，犹百川也；江海净秽清浊靡不纳，犹道之用之无所不包，以其善处下故。"上民"、"先民"，谓君临天下，领袖群伦；"言"，心之声也；"身"，心之表也。为君师，为领袖，必无弃人弃物而后可；无弃人弃物，必有以容人济物而后可；容人济物，则所以接之待之之声、容、举、止，"温、良、恭、俭、让"（用《论语》语），然后与物无争，与人无忤，而有以相容相济矣——夫是之谓"以言下之，以身后之。""重"犹累也，"害"犹妨也；圣人"上民""先民",而"下人""后身",则能慈能俭,牧民不以为累,不妨功害能,故民不以为妨。"推"犹戴也;民不以为累为妨,则戴之以为君,乐而不厌;此无他,亦唯"不争"(与民不争利不争功,所谓无为之治)而已,不争而无敌于天下,故曰"天下莫能与之争"(无为之治,治功自成,莫之能御)。

(十一)"治大国若烹小鲜。以道莅天下,其鬼不神;非其鬼不神,其神不伤人;非其神不伤人,圣人亦不伤人。夫两不相伤,故德交归焉。"(六十章)

"治大国"犹言治天下;"小鲜",小鱼也。烹小鱼,不可挠,挠则糜烂而不全。"治大国若烹小鲜",谓治天下务全民物之性而葆其真,因厥自然之势而利导之,不可以刑政为干涉,犹烹小鲜者之不可挠也。"鬼神"靡他,造化之玄功妙用耳;人之智小,无以窥夫造化体用(即道之体用)之所以然,与造化之大巧接,于其功用之微妙幽眇,辄滋昏迷恐惧,一若有所陵铄也者,而鬼神之念兴焉。"以道莅天下",谓圣人临民,与道之用同术,一因自然之势,任民自展其性能,无所矫揉造作乎其间;则圣人之治,民之自治也。圣人之治化非不玄妙也,民不觉其出于圣人,一若自然而然者,则虽玄妙,而不妨性害能(谓民之性能),故曰"非其鬼不神,其神不伤人"——犹言非其治化不玄妙也,玄妙而不伤人之性能耳。圣人之治化因民之性能而顺展之,诚不伤人矣;顾其如此,乃缘圣人明道守道,其待人接物,破形气之隔而泯彼此之分,以道之真诚相向,则人无不容、物靡不包;故曰:"非其神不伤人,圣人亦不伤人"——犹言圣人治化之不伤人,乃在圣人以道体夫民物,与民物为一,不以形气彼此之私而妨能害性也。"两不相伤"者,谓上下(谓圣人与民)相安,浑然一体,则其德相感召,而莫不相容,故曰:"德交归焉"。

（十二）"道常、无名——朴；虽小，天下莫能臣也。侯王若能守之，则万物将自宾。……民莫之令而自均。始制有名，名亦既有，夫亦将知止。知止不殆。"（卅二章）

道体混一，无形气彼此之分，无事物森然之别，故无所用于名，盖名所以指物划事者也。混一之境，是谓之"朴"；朴者无文，匪有形象可见，眇然其若小也。顾朴虽小，万物万事之所自出，朴主物宾，是以天下莫能臣也（"臣"犹宾耳）。治天下者若能守道之朴，则道之体用备，坐致其感通之效，无为而民物自附，故曰"万物将自宾"。民物之既附，圣人任之自展其性能，不以刑政为干涉，国自治而天下自平，故曰"民莫之令而自均"——"均"者平也。道之用著，然后民物出；民物出，生养之务起，而器物事为兴；器物事为兴，乃制为名，以指物别事。顾器物事为不可侈，名不可繁，物侈名繁，则智巧生、诈伪作，争夺乱亡之阶也，故曰："名亦既有，夫亦将知止，知止不殆。"

（十三）"道常无为而无不为。侯王若能守之，万物将自化。化而欲作，吾将镇之以无名之朴。无名之朴，夫亦将无欲。不欲以静，天下将自定。"（卅七章）

"道常"，道之常理（云"理"者，道之用之著为秩序条理者也）之行于运化之中者也，夫是之谓道术；道术运其自然之势（即相反相成之势），无所施为，而厥效自著，故曰"无为而无不为"。侯王治民理物，苟能守道之体，因其用而行其术，则万民万物将自化而臻治理之效。顾治化之行，日久而弊生，盖朴无不散，民物之由昏昏闷闷渐移于昭昭察察，亦相反相及之势所必至者也。"化而欲作"，谓民物之初，浑浑噩噩，涵泳于道体之中，寖假而智巧出，斯祈向起而嗜欲生；则复"镇之以无名之朴"——"镇"犹持也，"无名之朴"，无所祈向，混一之道体，静而不动者也。欲之既作，民物一发于动，并至于分，圣人则敛之以一，而持之以静（即以静持躁），是亦以反救反，行乎道之途术也。唯"无名之朴"无所祈向，故嗜欲莫由起，乃云"夫亦将无欲"。"不欲"，则无所用于扰攘，而争夺以泯，故曰"天下将自定"。

（十四）"……故圣人云：我无为，而民自化；我好静，而民自正；我无事，而民自富；我无欲，而民自朴。"（五十七章）

无为、好静、无事、无欲，皆法道之用，以为治平（治国平天下）之术也。"化"者，化其德，圣人为治不以刑政，唯德固于己，其心身内外莫非道之体用之流行，民与圣人同秉此道以为其性之德，故与圣人之德相感而自化焉。"静"者道体之本然，圣人法道，不用智与民争功斗巧，是为"好静"；民化其德，不逐物逞智而兴诈伪争夺，是为"自正"。"无事"，谓任民自展其性能，民习自治，则自谋多福；且政简事希，斯无所取于民，以天下之财还养天下之人，则民"自富"矣。有所祈向而后有欲，圣人守道，无所祈向，是以"无欲"；民化圣人之德，故亦无欲，浑浑噩噩，恍若道体之淳朴也者，故曰"自朴"。

（十五）"天之道，利而不害；圣人之道，为而不争。"（八十一章）

"天之道"，道体（即本体，亦即所谓"常道"）之发用而著于运化之法则也；"利"言顺也，"害"犹妨也。道体之发用而化生万物，唯顺成之而已，无所施为而妨能害性，故曰"天之道利而不害"。圣人守其在己之道体，此道体与"天之道"同体，一而不二，故其发用而见于治民理物也，其途术与运化流行之法则同符，则亦顺成而利导之，是以"为而不争"。——圣人之"为"，顺成而已，圣人之不争，不与民物争功斗巧，一任之自展其性能而已矣。

（十六）"民不畏死，奈何以死畏之？若使民常畏死，而为奇者吾得执而杀之，孰敢？常有司杀者杀。夫代司杀者杀，是谓代大匠

斲；夫代大匠斲者，希有不伤其手矣。"（七十四章）

夫民蚩蚩，"日出而作，日入而息"，"无识无知，顺帝之则"（"帝"言天，"则"言道。谓优游于天道之中，而不自知其所以也），不知生之可喜，死之可畏；苟以死畏之，则凡可以避死偷生者靡不为，而机心起、诈伪兴，天下几于乱矣，故曰："民不畏死，奈何以死畏之。"且夫生者性也，能也，在上者因其性能而利导之，以为生养之事，则民有赖，而上下相安；反是而妨能害性，寖至民不聊生，铤而走险，则死有所弗畏，杀且不可胜杀矣。使民常畏死，则作奸犯科者（即所谓"为奇者"）执而杀之，宜乎其不复有敢者矣；顾其效有大谬不然者，何则？不教而杀，不养而戮，则杀戮之效不行。夫教养之道无他，因民之性能而利导之，使之自谋多福而已矣。在上者不妨能害性，民皆得展其性能，则洪钧大冶之中，优胜劣败，自有权衡，为民上者无所用其生杀，而天生天杀自行，故曰"常有司杀者杀"。——"司杀者"，天道也，天道行于运化之中，民物自致其优胜劣败之效，有若为天之所择者，是为天择，故"司杀者"天择也。天择择于自然，司杀杀其自取，无好恶偏私，故民不怨。人主临民，而孜孜于赏罚生杀之事，是为"代司杀者杀"；代司杀杀者，以人意代天心，好恶存而偏私见，则民怨而犯上，犹小工代大匠斲，虑不周，巧未至，"希有不伤其手矣"。

（十七）"民之饥，以其上食税之多，是以饥；民之难治，以其上之有为，是以难治；民之轻死，以其上求生之厚，是以轻死。夫唯无以生为者，是贤于贵生。"（七十五章）

"治于人者食人，治人食于人"（《孟子·滕文公上》），"食于人"，是为"食税"。"食税"，取于民以自养，足以为生而已矣；过此则为奢，奢于此者啬于彼（谓民啬也），啬之又啬，则民饥矣，故曰："民之饥，以其上食税之多。"上有为，则妨能害性，上下不相安，是以难治。且在上者有为，则刑政繁；刑政繁，则必多取于民而后济；多取于民，则民贫而寖至于饥；民饥，则无赖而走险，此又难治之一端也。上有为，则民逢迎之心生；民逢迎之心生，则"人多技巧，奇物滋起"；技巧多，奇物起，则所以求生者厚，而嗜欲无穷；嗜欲无穷，不能济，则轻死以赴之——故民之轻死，实在上者之有为有以致之也。"无以生为者"则得生，"贵生"则不得生，故曰："夫唯无以生为者，是贤于贵生"——"贤"犹胜也。贵生，则厚其生（犹言重其生）；厚其生，则所以为生者侈；人人侈于为生，则天地之财绌，不足以厌其求（纵以技巧生财，财之生终不逮其欲之长，犹不足以厌其求也）；供不厌求，必出于争夺残杀，则贵生者反不得生矣。"无以生为者"，则所以为生事者啬，斯天地有余财，人人取之而足，无所用于争夺残杀，而皆得生矣。故曰，贵生则不得生，不贵生则得生，此亦相反相及，自然之势也（曩者日本、德意志、意大利之以拓地而战，非所谓贵生而厚生者耶？而其效适致于死。是以"君子不以其所以养人者害人"也）。

（十八）"使我介然有知，行于大道，唯施是畏。大道甚夷，而民好径。朝甚除，田甚芜，仓甚虚。服文采，带利剑，厌饮食，货财有余，是谓盗夸。非道也哉。"（五十三章）

"介"者坚确之谓（《易》曰："介于石"），"介然有知"，言于道有真知灼见。"行于大道"，谓行大道于天下，而治民理物。"施"，施为也。老子之意盖谓：使我于道有真知灼见，而得君师之位，行其教化于天下，则唯顺夫民情物性之自然而利导之，不敢假刑政而有所施为也。"大道甚夷"，谓处世之道甚坦平，顺性遂生而已矣；"而民好径"，谓民不知守朴存性，好逞智逐物，寖假而入诈伪侵陵之途。民既如此，在上者益之以施为，是推波扬澜，天下事将至于不可为矣。"朝甚除"，谓人君宫室华丽；人君役民以治宫室，则民不暇于耕，斯田芜，而仓廪虚。此言为君侈于居处，则夺民时，民无以为生事，而致于困乏。至于侈于衣食，而"服文采，带利剑，厌饮食"；勤于聚敛，而"货财有余"——则皆取逾其分，盗于民而已，故曰"是谓盗"。"夸"，大也，华而无实之谓；华而无实，非道之本，故曰"非道也哉"。"夸"，总上而言，谓为君不务治民理物（治民理物，因民情物性而利导之耳），唯以其一己之衣食居处为事，则是华而无实，失其所以为君之道矣。

（十九）"古之善为道者，非以明民，将以愚之。民之难治，以其智多。故以智治国，国之贼；不以智治国，国之福。知此两者亦楷式。能知楷式，是谓玄德。玄德，深矣，远矣，与物反矣，然后乃至大顺。"（六十五章）

"非以明民"，谓不以昭昭察察临民；"将以愚之"，言为政昏昏闷闷，无为而收其顺成之效。"智"者技巧之谓，"民多技巧，奇物滋起"，而嗜欲以生以长，寖至于争夺残杀，是以"难治"。"以智治国，国之贼"者，言以昭昭察察之心著为法令，则妨能害性，是谓贼民。"不以智治国，国之福"者，谓昏昏闷闷以临民，民得自展其性能，而自谋多福。"知此两者"，谓知"以智治国，国之贼，不以智治国，国之福"；"楷式"，法则也；言治国不以智而用朴，则得其治国之道，可以为法则矣。"玄德"，朴也；朴者道之本体，道体无为，而其自然之用无穷，故曰"深矣远矣"。道体之朴，混然而已，人君秉之，是为"玄德"；"玄德"无为，而顺成之效自著，顾其如此，一反夫民物形气彼己之私、技巧诈伪之华，故谓"与物反矣"。反私而公，反华而实，去人为而复天道之自然，是为"大顺"——"大顺"，顺夫天道之自然也。

（二十）"天下多忌讳，而民弥贫；民多利器，国家滋昏；人多技巧，奇物滋起；法令滋彰，盗贼多有。"（五十七章）

"天下多忌讳，而民弥贫"者，谓人君昭昭察察，政令繁，民多触犯，不遑于生养之事，废业而弥贫也。利器所以长机心，机心长，则诈伪生，而国乱矣，故曰："民多利器，国家滋昏"——"昏"，乱也。技巧多者逞智逐物，唯瑰异可喜者是求，是以"奇物滋起"；奇物起，则欲心生；欲心长不可歇，欺诈争夺匪所不至，然后以法令禁而防之，则"民免而无耻"；人皆盗贼其心，法令虽彰，以禁以防，有所不胜者矣，故曰："法令滋彰，盗贼多有。"

（廿一）"不尚贤，使民不争；不贵难得之货，使民不为盗；不见可欲，使民心不乱。是以圣人之治，虚其心，实其腹，弱其志，强其骨。常使民无知无欲，使夫智者不敢为也。为无为，则无不治。"（三章）

为君尚贤，立为标准程限以进贤，则人相竞以求进，是以争也。况人竞于求进，则饰伪诈欺，所进未必真贤，以佐人主，鲜有不乱政者矣。且夫尚贤之治，人为之治也，人存政举，人亡政息，非所以持久之道也。孰如任自然以为治，听民自展其性能，而自谋多福；为君之事，因民之性能而利导之，求自然之进境，无所强为；进则民之自进，治则民之自治，民自操其进治之机，厥进厥治，乃能持久，而无起落兴废之剧变烈迁——今世所谓民主之治，其在斯乎？"难得之货"，即所谓"奇物"也。匪唯物之奇者不贵，才之奇者亦不尚焉。贵奇物，则民争取之以牟利，而盗心生；尚奇才，则人竞饰之以徼进，饰才以徼进，犹为盗已。"可欲"者奇物异才，为君不好奇尚异，则民不争取竞饰，故曰："不见可欲，使民心不乱。""虚其心"者，心不著（读若"执著"之著）物之谓；唯不逞智以逐物，乃能心不著物；而"不贵难得之货"，"不见可欲"，又所以使智内敛而不逐物也。"虚其心"，所以受道；道不著物，而兼包并容；心能受道，以道为体，则其见于用以待人接物也，辄亦如道之兼包并容，而与人无争，与物无忤矣。"实其腹"者，足食足衣之谓；盖蚩蚩者氓，以衣食为本，衣食足，无口体之累，然后可进于道——此所以欲民之"虚其心"，必先之以"实其腹"也。然民能虚其心以受道，则心有所主，嗜欲不长，不逐物而启争夺残杀之端，斯天地有余财，人人之生事足，而腹益实；且心受道，然后与人相容，浑然无彼此之分，举天地之财以相生养，生养之事均，治化可期于进——此进民于道，转而有以使民生养之事足而且均，而可期于治化之进也。"志"者，心之所之；道之为用至柔，心之所之在道，则志"弱"矣。此所谓"弱"，"专气致柔"之谓——"专气"者，专壹其情感（"气"，情感也，生之力也）于道，"致柔"者，致极其无为不争之用（无为不争，乃能与人与物相容相济）。"骨"，喻体也；守道不渝，则体固而强。"志"，言用也，道体至健，厥用极柔，乃收其体物无遗、周行不殆之效，人能守道以为用，则待人接物，莫不相容相济。圣人为治，使民心虚、腹实、志弱、骨强，究而言之，亦所以"使民无知无欲"而已（所谓"非以明民，将以愚之"，即此意已）。所知所欲，知欲夫饰才以幸进、难得之货以牟利；民心虚、腹实、志弱、骨强，则权、利、名、位皆非所慕所趋，其智者亦不敢弄巧以取败，故曰"使夫智者不敢为也"。"为无为"，总上而言："不尚贤"，无为于用人也；"不贵难得之货"，无为于理财也；"不见可欲"，无为于名利权位也；"虚其心"，受道以无为也；"实其腹"，充口体之养以无为也；"弱其志"，法道之用而无为也；"强其骨"，守道之体而无为也。极其无为之用，民乃无知无欲，虽智亦不敢为，然后天下治矣——是无为者天下之至为也。无为而为，不治而治，亦相反之相及，道体发用流行之途术已。

（廿二）"五色令人目盲，五音令人耳聋，五味令人口爽，驰骋畋猎令人心发狂，难得之货令人行妨。是以圣人为腹不为目，故去

彼取此。"（十二章）

五色、五音、五味、驰骋畋猎、难得之货，皆物也，道体之发用流行而著于形气之间者耳。倘能即用以明体，因物以见道，则声色犬马之纷纭繁扰，适足以昭性体（即在心之本体）之虚明纯静。不然，而拘用失体、逐物忘道，于色则目盲，于音则耳聋，于味则口爽（差忒也），于驰骋畋猎则发狂，于难得之货则行妨，盲也、聋也、口爽也、行妨也，皆争夺之端，乱天下之阶已。"是以圣人为腹不为目"。——"为腹"者，实腹（亦言果腹）之谓，"为目"者，侈于耳目口体之享；盖实腹生事之本，过此与不及此，而鹜乎五色、五音、五味、驰骋畋猎、难得之货，是舍本逐末，心役于物而失所主，寖假而耽然者昧，是以圣人不为，故曰"去彼取此"——"彼"谓目也，"此"谓腹也。

（廿三）"绝圣弃智，民利百倍；绝仁弃义，民复孝慈；绝巧弃利，盗贼无有。此三者以为文，不足，故令有所属，见素抱扑，少私寡欲。"（十九章）

此所谓"圣"，有为之圣，其为政也，法令如云而赏罚如雨；此所谓"智"，昭昭察察之智，其治事也，彼此之分严而利害之计审——此圣此智，以之临民，则妨能害性，民不堪命，故曰："绝圣弃智，民利百倍。""仁"者爱有差等，"义"者制其宜也——此差等之爱而义以制其宜者，用于朴之既散、失道失德之后（参阅第四节［一］），盖出于所不得已，不可以为倡也。何则？以此为倡，则世风日趋浇薄，去淳朴益远，每况愈下，寖至于不可挽焉；曷如保淳守朴，不使失道失德，人皆浑然有以相容，不知用爱而爱自普，弗用制宜而无不宜，则老者莫不孝之，幼者莫不慈之——夫如是，固胜于仅仅于差等之间，较量于宜不宜之际，而徒滋诈伪也，故曰："绝仁弃义，民复孝慈。""巧"者，奇物之所从起；奇物起，民竞趋之以牟利；利心炽，则诈伪出、争夺兴，而盗贼充斥矣，故曰："绝巧弃利，盗贼无有"。"文"者，道之发用流行而见于形气之表、人物事为之际、典章制度之间者耳。道体之用无穷，则圣智、仁义、巧利三者不足以尽夫道之用而见其文；苟拘于是三者以求道之用，则小之矣。"属"犹托也、寄也。治国莅民，圣智、仁义、巧利之文，不足以为托寄，其唯托寄于道乎！莅民托寄于道，任之展其性能，而自谋多福，犹树之根底既固，得所培养，则枝叶自茂。"素"者，道之本质，无文而众文之储能毕备。"见素"者，祛文而返质，拨用而明体（即道体）；返质明体，而固守之，是谓"抱朴"。明夫道体之素朴而固守之，乃见森罗万象之文之出于一质，纵横错杂之用之源于一体，则一人物而泯彼己，然后形气之私消矣。欲出于私，私少则欲自寡，故曰："少私，寡欲。"欲寡，则争不起；天下之乱始于争，民不争，天下平矣。

（廿四）"小国寡民，使民有什佰之器而不用，使民重死而不远徙。虽有舟舆，无所乘之；虽有甲兵，无所陈之；使人复结绳而用之。甘其食，美其服，安其居，乐其俗。邻国相望，鸡犬之声相闻，民至老死不相往来。"（八十章）

国小民寡，生养之事简，人唯凿井而饮，耕田而食，蚕桑而衣，此外无求，盖欲诚寡矣；欲寡则不尚奇物，不贵难得之货，故无所用于并十兼百之器。且人事简易，民安其居，则怀土重死，不远徙而舟车可捐；奇物不起，难得之货不滋，斯无所用于贸迁之具，舟车又可弃矣。民寡欲，舍衣食居处，别无所须，则内自给，无取于外，斯不与邻国争土地货财，而无所用于甲兵为攻守矣（盖宇内尽小国寡民，地丑德齐，其民皆内自给，无取于外，彼此不相侵凌，则攻守之事可废）。"抱朴"不尚文，则文字可废，复上古结绳之制，取足纪事而已，不弄刀笔之巧，斯免口舌之争；且事简政稀，文字记载乃成赘疣。民"见素抱朴,少私寡欲",辄自足其足,无外慕之心,是以自甘其食,自美其服,自安其居,自乐其俗。天下之国皆地小民寡,则"邻国相望,鸡犬之声相闻";其政事民情尽"闷闷""淳淳",斯"民至老死不相往来"——怀土乐生,至治之世也。

此老子想象之乌托邦也。春秋战国之际,诸侯务拓地辟疆,兼并之风炽:内则政繁赋重,民不堪命,外则兵火连岁,民流离失所。老子疾之,故其著书,旨在匡时救世,欲以无为不争之治易之,乃悬想夫太古小国寡民之境,政简事稀,人人遂性乐生,以为是乃至治之也。盖其持论,与西哲卢骚之鄙夷后世之文物声华,唯希太古自然之淳朴者,若合符节焉。

(廿五)"太上,不知有之;其次,亲而誉之;其次,畏之;其次,侮之。信不足焉,有不信焉。悠兮其贵言;功成事遂,百姓皆谓我自然。"(十七章)

(廿六)"其政闷闷,其民淳淳;其政察察,其民缺缺。"(五十八章)

"太上",谓上古至治之世;"不知有之",言不知其有君也。上古至治之世,其君无为,其民浑浑噩噩,上下涵泳于"道""德"之中,匪分人物彼己,故在下而不知上之有君:君无为,民得展其性能,厥治自治,不知其出于君也。稍降,则"失道""失德",人物彼己之分形,犹能以"仁""义"弥缝乎其间,君不能无为,而政令一本仁义;在下虽不能浑然噩然自展其性能,以自致于郅治,以其治出于为君仁义之政,民知上之有君,而不觉其妨能害性,故犹"亲而誉之"也。再降,则假托仁义,或舍仁义而以刑赏,民畏刑怀赏,唯避刑趋赏之不暇,浸至"免而无耻",盖其威信足以使民畏,厥德不足以服人,故曰"畏之"而已。其下,则刑赏滥而威信不足以使民畏,斯民"侮之"矣。"信不足焉",言在上者刑赏滥而威信不足；"有不信焉"，谓在下者因其上之威信不足，而不之信，进而侮之，至乎其极，则犯上而革命兴焉（今夫吾国之执政，非所谓民侮之者耶？此不佞所以旦夕殷忧，有若覆亡之将至者。附记于此，以观其后。卅七年六月六日）。"犹兮"，犹豫之谓；"贵言"，慎惜其言也。为政假法令刑赏以为言，贵言，则法令简而刑赏稀，任民展其性能，而自谋多福。"功成事遂"，谓治功成而民事遂；功成事遂民不知其在上者成之遂之，咸谓其自成自遂，故曰"我自然"也。综上老子之论治四等，其上：无为之治，窃揣老子之意，尧舜之世是矣；其次、再次：皆有为之治，前者以仁义为治，汤武之世是矣，后者以政刑为治，五霸之世是矣；其下：覆亡之治，则桀纣之世已。

"其政闷闷"者，上无为，民不知有君在上而为政，则上下相忘，浑而为一，是以其民淳淳——"太上不知有之"之治是已。"其政察察"者，法令如云而赏罚如雨，"缺缺"，惶惶不暇给貌；在上为政察察，民唯避、趋是务，穷日力有所不暇给——再次"畏之"之治是矣。

（廿七）"大国者下流。天下之交，天下之牝。牝常以静胜牡，以静为下。故大国以下小国，则取小国；小国以下大国，则取大国。故或下以取，或下而取。大国不过欲兼畜人，小国不过欲入事人。夫两者各得其所欲，大者宜为下。"（六十一章）

"下流"水就下也；流之就下者，如海，天下之水归之。"大国者下流"，言大国于小国，谦让卑逊，若水之就下；夫如是——乃为天下之会归，如海之纳污含垢，匪所不容，故曰"天下之交"（"交"，会也，归也）；又虚而能受，故曰"天下之牝"（"牝"，雌也。雌与雄交，虚而受之，故云）。"牝常以静胜"者，雌静雄躁，静以待躁而劫持之，躁者耗而屈，静者自若而恒有所受，故曰"胜"也。且夫雌与雄交，雌静而居下，故曰"牝以静为下"。"大国以下小国"，犹云以大国下小国；以大下小，斯小者附，故曰"则取小国"——"取"犹附也。"小国以下大国，则取大国"，言小国于大国，辞卑礼至，则见容于大国，而得所依附。"下"者，谦恭之谓，礼让于朝聘会盟之间，以外交为樽俎，不以军旅相折冲也。"以取"，谓抚而字之，大国下小国，则有以抚小国；"而取"，言见容而受抚，小国下大国，则见容于大国而受抚焉。"兼畜"者，己力有余，而欲覆庇及人；反之，己力不足，则欲托庇于人——是有生之类之良能，在人为尤甚，故言"欲"。顾兼畜以德不以力，则为仁；以力不以德，则为暴，今之恒言所谓侵略者是矣。大国下小国，是以礼让相遇，故其兼畜之也，以德不以力：抚字之，扶植之，非夷其社稷、毁其宗庙，而奴虏臣妾其君臣民人也。"两者"，谓大国与小国；"各得其所欲"，言大国得小国而抚字之，小国得大国以为托庇。然一抚一附，抚者尤须谦让容忍，故曰"大者宜为下"——盖春秋战国之际，灭国之风炽，大之于小，极侵陵之能事，故老子于此尤三致意焉。

（廿八）"用兵有言：吾不敢为主，而为客；不敢进寸，而退尺。是谓：行无行，攘无臂，扔无敌，执无兵。祸莫大于轻敌，轻敌，几丧其宝。故抗兵相加，哀者胜矣。"（六十九章）

"吾不敢为主……"四句，盖老子引古兵法之语，以戒有国者不可轻敌，"轻敌，几丧吾宝"，丧吾宝，国且不国矣。此所谓宝，即六十七章所云"三宝"（曰"慈"、曰"俭"、曰"不敢为天下先"）；三宝者，为治之纲，不可丧也。"轻敌"，谓轻于与人为敌。盖敌，起于物我之见、彼己之分；能慈，则物我之见消、彼己之分泯，而天下一家、民物一体，故曰"轻敌，几丧吾宝"。（三宝以慈为本：能慈，则"货恶其弃于地也，不必藏于己"[《礼运》语]，故能俭；"力恶其不出于身也，不必为己"[《礼运》语]，故与人无争，而不为天下先。盖财在人犹在我，焉用聚敛，以自奉为乐？人居其功，犹己之劳，奚必事集于我，与天下人争先后？）我慈，人不慈，而以兵加诸我，不得已而应之，是我不为主而为客。为客之战（为客之战，犹今世所谓自卫之战［defensive war］；为主之战，则所谓侵略之战［aggressive war］是已），可退斯退，故曰"不敢进寸，而退尺"焉。"行无行"（音杭），谓行军意不在行阵之间；"攘无臂"，谓不以臂交攘；"扔无敌"，言不怀雠仇敌忾之志以向天下之侵我者；"执无兵"，云不以干戈与天下人相见。凡此皆弭兵息战之论，重外交，轻军事；无已而用兵以守御，则犹以慈存心。人侵我以兵，我应之以守御之战，而复以慈存心，此其哀足以动人，则侵我者或感悟而自罢；即不然者，天下人亦将曲彼直我，群起而助我；彼以一敌天下，我以天下为友，彼屈我伸，胜算在我——故曰："抗兵相加，哀者胜矣。"

（廿九）"以道佐人主者，不以兵强天下，其事好还。师之所处，荆棘生焉，大军之后，必有凶年。善，有果而已，不以取强。果，而毋矜；果，而毋伐；果，而毋骄；果，而不得已。是：果，而毋强。"（三十章）

"人主"，谓一国主权之所托寄者，非必指夫帝王也。"佐人主者"，谓政府之大员，与政府共商国是，而筹定治国之大计者也。"以道佐人主"，是法道之用以为国。道之用柔，于物靡所不容，为国法道之用，故不以兵示强于天下。"还"者，反也，弱者强之反，强者必至于弱，相反相及之势耳。师之所处，杀伤践夷，民物荡然，都邑为墟，则荆棘生焉；是以人而受制于草木，用兵之效，转强而为弱矣。"大军之后，必有凶年"，谓率民以战，耗农时于残杀之事，且残杀则壮者死于疆场，老弱转乎沟壑，大军虽已，人力（men power）难复，连年累岁五谷不登，民无以为生养，则又困于年岁；

以曩之强易今之弱，用兵之后效已。"善"，谓善用也，承上以道佐人主者之用兵而言。以道用兵，或以自卫，或以济弱扶倾、除暴救民，是皆所谓"有果"者也。"已"犹止也。以道用兵，得其所期之果而止，不以示强于天下，故曰"不以取强"。唯具"有果而已"，是以"毋矜"、"毋伐"、"毋骄"，以其不得已而用之也；苟以取强，则必矜、必伐、必骄矣。"是：果，而毋强"句，总结上文。盖以道用兵，期于"有果"，以"取强"，则莫须有；莫须有而用兵，斯不慈、不俭、为天下先——丧其三宝矣。"三宝"，为治之纲，体道之用而后得之者也（参阅本节［八］）；丧三宝，是为治不法道，不法道，其治难久——故老子重申此说，以结上文之意，亦见其于体道为治之义，往复叮咛焉。

（三十）"兵者，不祥之器，非君子之器，不得已而用之，恬淡为上。胜而不美；而美之者，是乐杀人。夫乐杀人者，则不可以得志于天下矣。"（卅一章）

兵主杀戮，死器也，是以"不祥"。"君子"，体道有德之士、在位而治民理物者也。天地之德好生（"三宝"之"慈"，即体天地之德而为德也），体天地之德而治民理物，则志在生民存物，故不以兵为常器，必不得已而后用之耳。所谓"不得已而用之"者，或以自卫，或以济弱扶倾、除暴救民，则"有果"而止，不矜、不伐、不骄，故曰"恬淡"。且夫不得已而用兵，志不在杀，或杀寡而活众，或锄暴以存良，亦趣于生而已矣。是以不得已之战，虽胜不以为美，常存哀矜之心，是杀人于不获已，非乐之也。乐杀人者，或见杀于人（乐杀人者之见杀于人，若古者马其顿之亚力山大、罗马之恺撒，今者德之希特勒、意之莫索里尼，是矣）。或为天下所不容，而为囚为虏（若法之拿破仑）。究其终也，无有得志于天下者。嗟乎，今之图革命者，"未有不嗜杀人者也；如有不嗜杀人者，则天下之民皆引领而望之矣"(《孟子·梁惠王上》)。

（卅一）"善为士者不武，善战者不怒，善胜敌者不与，善用人者为之下。是谓不争之德，是谓用人之力，是谓配天（各本有'古'字，陈登澥从俞樾删）之极。"（六十八章）

"士"，卒之帅也；"武"，尚先陵人（从王辅嗣注），匹夫之勇，匹夫之勇取强于人，终必有挫之者；——是以"善为士者不武"。自卫而战，济弱扶倾、除暴救民而战，是过在人而不在我，人屈我伸，无所用于怒，从容以应之，故"善战者不怒"（程明道答张横渠论定性书有云："圣人之喜，以物之当喜，圣人之怒，以物之当怒，是圣人之喜怒，不系于心，而系于物也。"可与此相发明）。善战者不得已而战（即自卫而战，济弱扶倾、除暴救民而战）。不得已而战者善胜敌，敌败我胜，其败自败，于我无有，故曰"善胜敌者不与"。善用人者，功则归人，过则归己，利则己后，害则己先，是谓"为下"；以斯御卒，则得万众之心，而乐为之致死，致死而获生，不得已而用兵之效（即相反相及之效），所谓"有果"者也。"是谓不争之德"，结前三句：盖不争之德，于士则不武，于战则不怒，于胜敌则不与。"是谓用人之力"，应"……为之下"一句，谓用人而为之下，乃能得人之力而用之也。"极"者至也，不增不减、不生不灭之极则，所谓"常道"是矣。常道，弥纶天地，纲纪万方，故亦称天道。"是谓配天之极"，言"不争之德"，体天道以为德；此德著于用，以御众，则能"用人之力"，厥用有合于天道之用焉。

以上录老子之文卅有一则。其一、其二：言取天下之道在于"无为"，盖天下者道之体用之所包，道法自然，厥体若用一循自然必然之途辙，自然必然者，不可为也。其三、其四：论治天下之根本精神，曰，"无常心，以百姓心为心"；无常心者，无弃人弃物，一视同仁，兼包并容而已矣。其五、其六、其七：言治天下者自处之道，贵能弱能柔；能弱能柔者，受国之垢、居其不祥，是"后身"、"外身"，后身外身者，功成身退。——此有合于道之用，故能为社稷主、天下王，犹道之为万物本体，靡不包、莫不容，而万物自宾也。其八之十八：论治天下之纲，曰慈、曰俭、曰不敢为天下先。其九，明俭之义；谓人与人之相与，人与神之相接，无所用于节文，一以真诚相向，涵泳于道体淳朴之中，斯人情久洽、天心长格，而国祚永矣。其十，明不先天下之义：以江海之处下而能容百川，喻治天下者之下民后民而不妨能害性；不妨能害性，则民不以为重为妨（即民得自由），上下相安，而国休矣。其十一，以烹小鲜喻治天下之道：有因性依能之利导顺成，无妨能害性之干涉烦扰，——是谓无为之治，无为者，不为天下先也。其十二，自道体之朴，进而言守道之体、法道之用，以治天下，则为俭。其十三，从道用之无为，推明夫以无事处天下（即不为天下先）者之坐致民物自化之效。无为所以返朴，朴则无欲，无欲乃静，天下自定。此两则并明俭与不为天下先所以返朴之义。返朴则自然，故治天下以俭、以不为天下先，自然之治也。十四，言无为、好静、无事、无欲之效，——此皆不先天下之效也。十五，言圣人之治民理物，为而不争，犹天地之生育覆载，利（顺也）而不害（妨也）——是圣人之治与天道之用同功。十六，言天道之于民物，自有其选择去取之用，无待于治民理物者之代庖，强而有为，智未周而巧不至，则反败焉。十七，合言不俭有为之害：不俭则民饥，有为则民轻死。十八，申言有为之违道之用、不俭之华而不实，——华而不实，去朴远，失夫道之体矣。其十九之廿三：论治天下之目，曰，不用智、不尚贤、不用仁义、不贵难得之货、不见可欲（言"不"者，亦足以见治主消极而不务积极，无为之治也。无为之治，但为民祛其妨能害性之事物，此外听之自谋而已。此固民主政治之意也）。十九，明不用智之理；二十，言用智之害。廿一，言不尚贤之故。廿二，言见可欲与贵难得之货之害。廿三，合论不用智、不用仁义、不贵难得之货之效。其廿四：论理想国家，曰小国寡民。其廿五、廿六：论治体之等第，其上者太古无为之治，民不知有君焉为政于上，浑浑噩噩自展其性能，所谓"其政闷闷"、"其民淳淳"是已。其廿七：论外交，——大国下小国而抚字之，小国下大国而依附之；而二者之相下，大国尤宜谦让容忍。其廿八之卅一：论军事。廿八，言用兵不可轻敌（谓轻于与人为敌），不得已而应战，犹宜以慈存心。廿九，言以兵示强于天下者必至于弱，兼言善用兵者必出于所不得已，则"有果"而止，不以取强也。三十，言兵非体道为治者之常器，不得已而用之，志不在杀而在生（盖自卫所以生己，济弱扶倾、除暴救民，乃或杀寡而活众、或锄莠以存良）。卅一，言善帅卒者不陵人以取强；善战者敌屈我伸，故怒不在己；善胜敌者敌自致败，故于我不与（读如预）；善御卒者任咎而辞功、后利而先害，是谓为下。——凡此皆有不争之德，乃能得人之力而用之，犹道之无为，一任民物展厥性能而自宾也。

老子以天下为神器；"神"者，道之玄功妙用；是天下者，道之用之著于人事之相与、暨夫人事天行之相资也。道，自然也；天下，道之用之所著；则天下亦出于自然而已矣。由斯而言，可见国家（老子所谓"天下"与"国"，其义不分）之起源（origin of the state），自然而然，非有人焉用其智巧，为之撮合，立其纪纲，而创厥法制也。

国家起源于自然，则治国之道，亦唯任其自然之发展，无所容于人事之施为，故老子特主无为之治。无为者，无为而无不为：无为在人，无不为在天。人事之施为，施于此者失于彼，为于彼者败于此；天行之演化（即自然之发展），则"周行"（言普及）"不殆"

（言不失坠、无差误）——是人力有尽，而天功无穷也。且夫老子无为之治，委天任化之治也：民物生于运化之中，自展其性能，一任天择之去取，而呈其优胜劣败之效——则无为之治，以天演为宗，为政所有事，辅夫民物自然之进展（进谓进步，展言发展），应天而顺成，非逆天而强施也。唯人事所以辅天行，则为政贵因革损益。猛烈之革命，揆以老子之意，盖非其所取已。

任天为治，应而弗逆，顺而不强，故"无常心，以百姓心为心"；百姓之心，天心之所假而表现（孟子引《泰誓》曰："天视自我民视，天听自我民听"，亦此意也）；然则任天无为之治，民主之治，貌虽有君，无害其精神之为民主也。唯其治本民主，故"无弃人弃物"，存其固有之天明，任之自展而为性为能，以致其最宜之用，则民物各得其所，天下郅治矣。

民主之治，民之自治，为政者因民意之向背，利导而顺成之：其政之未施，不执一己之私见，唯舆情是瞻，是谓"毋意"（用《论语》语，下同）；其政之方施，不拘一定之途术，应时势而顺潮流，是谓"毋必"；其纪纲法度无一成不变，常依宜否而因革损益，是谓"毋固"；其君临天下，泯民物彼己之分，民胞物与，遂致天下一家、民物同体，所谓"毋我"是矣。为治能毋意、必、固、我，则"处上而民不重，处前而民不害"，民浑浑噩噩，不觉有人在上为君、为治人者，己在下，为民、为治于人者也——夫是之谓"太上，不知有之"。"太上不知有之"之治，人间之极治，老子之所寤寐向往，慨叹当世之无有、后世之未易几及，而悬想于上古混沌淳朴之世也。

附记：此篇谨以纪念先父伯鋆府君归根复命之十四周年，上距从祖几道公评点《老子》，盖亦四十有五载矣。1948年春著者谨识。

《大学》全书思想系统

一、思想系统表解

表解见附表一。

二、原文摘录

（1）大学之道，在明明德，在亲（从程子作新）民，在止于至善。(《朱子章句经》)康诰曰："克明德"；太甲曰："顾諟天之明命"；帝典曰："克明峻德"。皆自明也。(《章句·传》第一章)汤之盘铭曰："苟日新，日日新，又日新"；康诰曰："作新民"；诗曰："周虽旧邦，其命惟新"。是故君子无所不用其极。(《章句·传》第二章)[1]

（2）古之欲明明德于天下者，先治其国；欲治其国者，先齐其家；欲齐其家者，先修其身；欲修其身者，先正其心；欲正其心者，先诚其意；欲诚其意者，先致其知；致知在格物。物格，而后知至；知至，而后意诚；意诚，而后心正；心正，而后身修；身修，而后家齐；家齐，而后国治；国治，而后天下平。自天子以至于庶人，

---

[1] "原文摘录"部分的序号和"原文摘录新解"部分以及附表一中的序号一一对应。——编者注。

壹是皆以修身为本。其本乱，而末治者，否矣；其所厚者薄，而其所薄者厚，未之有也。(《章句·经》)

（3）所谓致知在格物者，言：欲致吾之知，在即物而穷其理也。盖人心之灵莫不有知，而天下之物莫不有理，唯于理有未穷，故其知有不尽也。是以大学始教，必使学者即凡天下之物，莫不因其已知之理而益穷之，以求至乎其极；至于用力之久，而一旦豁然贯通焉，则众物之表里精粗无不到，而吾心之全体大用无不明矣。此谓物格，此谓知之至也。(《章句·朱子补传》之第五章）

（4）所谓诚其意者，毋自欺也，如恶恶臭，如好好色，此之谓自谦（读作慊），故君子必慎其独也。小人闲居为不善，无所不至，见君子而后厌然，掩其不善，而著其善；人之视己，如见其肺肝然，则何益矣？此谓诚于中形于外，故君子必慎其独也。曾子曰："十目所视，十手所指，其严乎"！富润屋，德润身，心广体胖，故君子必诚其意。(《章句·传》第六章）

（5）所谓修身在正其心者，身（从程子作心）有所忿懥，则不得其正；有所恐惧，则不得其正；有所好乐，则不得其正；有所忧患，则不得其正。心不在焉，视而不见，听而不闻，食而不知其味。此谓修身在正其心。(《章句·传》第七章）

（6）所谓齐其家在修其身者，人之其所亲爱，而辟（读如僻下仿此）焉；之其所贱恶，而辟焉；之其所畏敬，而辟焉；之其所哀矜，而辟焉；之其所敖惰，而辟焉；故好而知其恶，恶而知其美者，天下鲜矣。故谚有之曰："人莫知其子之恶，莫知其苗之硕"，此谓身不修，不可以齐其家。(《章句·传》第八章）

（7）所谓治国必先齐其家者，其家不可教，而能教人者，无之。故君子不出家，而成教于国。孝者，所以事君也；弟者，所以事长也；慈者，所以使众也。……一家仁，一国兴仁；一家让，一国兴让；一人贪戾，一国作乱；其机如此，此谓一言偾事，一人定国。尧舜帅天下以仁，而民从之；桀纣帅天下以暴，而民从之；其所令反其所好，而民不从。是故君子有诸己，而后求诸人，无诸己，而后非诸人，所藏乎身不恕，而能喻诸人者，未之有也。故治国在齐其家。《诗》云："桃之夭夭，其叶蓁蓁，之子于归，宜其家人"；宜其家人，而后可以教国人。《诗》云："宜兄宜弟"；宜兄宜弟，而后可以教国人。《诗》云："其仪不忒，正是四国"；其为父子兄弟足法，而后民法之也。此谓治国在齐其家。（《章句·传》第九章）

（8）所谓平天下在治其国者，上老老，而民兴孝；上长长，而民兴弟；上恤孤，而民不倍；是以君子有絜矩之道也。所恶于上，毋以使下；所恶于下，毋以事上；所恶于前，毋以先后；所恶于后，毋以从前；所恶于右，毋以交于左；所恶于左，毋以交于右；此之谓絜矩之道。诗云："乐只君子，民之父母"；民之所好，好之，民之所恶，恶之，此之谓民之父母。……好人之所恶，恶人之所好，是谓拂人之性，菑必逮夫身。是故君子有大道，必忠信以得之，骄泰以失之。（《章句·传》第十章）

（9）……《诗》云："殷之未丧师，克配上帝，仪监于殷，峻命不易"；道：得众则得国，失众则失国。是故君子先慎乎德，有德此有人，有人此有土，有土此有财，有财此有用。德者本也，财者末也。外本内末，争民施夺。是故财聚则民散，财散则民聚。……康诰曰："惟命不于常"；道：善，则得之，不善，则失之矣。楚书曰："楚国无以为宝，惟善以为宝"。舅犯曰："亡人无以为宝，仁亲以为宝。"《秦誓》曰："若有一个臣，断断兮无他技，其心休休焉，其如有容焉。人之有技，若己有之；人之彦圣，其心好之，不啻若自其口出，寔能容之。以能保我子孙黎民，尚亦有利哉。人之有技，媢疾以恶之；人之彦圣，而违之，俾不通，寔不能容。以不能保我子孙黎民，亦曰殆哉。"唯仁人放流之，迸诸四夷，不与同中国；此谓唯仁人为能爱人，能恶人。见贤而不能举，举而不能先，命（从郑氏作慢）也；见不善而不能退，退而不能远，过也。……生财有大道：生之者众，食之者寡，为之者疾，用之者舒，则财恒足矣。仁者以财发身，不仁者以身发财。未有上好仁，而下不好义者也；未有好义，其事不终者也；未有府库财非其财者也。孟献子曰："畜马乘，不察于鸡豚；伐冰之家不畜牛羊；百乘之家不畜聚敛之臣，与其有聚敛之臣，宁有盗臣"；此谓国不以利为利，以义为利也。长国家而务财用者，必自小人矣；彼为善之。小人之使为国家，菑害并至，虽有善者，亦无如之何矣。此谓国不以利为利，以义为利也。（《章句·传》第十章）

（10）知止，而后有定；定，而后能静；静，而后能安；安，而后能虑；虑，而后能得。物有本末，事有终始，知所先后，则近道矣。（《章句·经》）

（11）《诗》云："邦畿千里，惟民所止。"《诗》云："缗蛮黄鸟，止于丘隅。"子曰："於！止，知其所止；可以人而不如鸟乎？"《诗》云："穆穆文王，於！缉熙敬止。"为人君，止于仁；为人臣，止于敬；为人子，止于孝；为人父，止于慈；与国人交，止于信。（《章句·传》第三章）

三、原文摘录新解

（1）"大学"之"大"字，旧读如"太"，盖本郑康成注，指其地，对小学而言；朱子更定读如本字，指其书，对小子之学而言。朱子之言曰："大学之书，古之大学所以教人之法也"；（《大学章句·序》）又曰："大学者，大人之学也。"（《大学章句·经注》）所谓"古之大学",所谓"大人之学",盖古学制之高级者,其年齿在童齿乞以上,其所学则由"洒扫应对进退之节、礼乐射御书数之文",进而为"穷理正心修己治人之道"也。其学制所定之年龄如此,教材又如此。顾其所教乃治人之道,则"大人"之与"小人"对,正犹"治人者"与"治于人者"对也。大人之学即治人之学,亦犹小人之学之为治于人之学。治于人者,学夫"洒扫应对进退之节、礼乐射御书数之文",足矣;若夫治人者,则必更上而学其"穷理正心修己治人"之道,而学之之年,又非童齿乞以上不可也。由斯而言,大学乃吾儒言治之书,唯其治本于人(按儒家主人治主义),故又及于修身正心,而修正之途,舍学问莫由,因复详于格致之事——此其书之所以由言治而及于为人为学,终复归于言治也。而综夫为治之方,在于行仁而已,故《章句·传》第三章曰:"为人君,止于仁。"仁者,仁民爱物之谓,盖我与人物同是天地所生,形骸有别,性理无殊,然则自其小者而观之,分人物彼己,自其大者而观之,人物与我皆一体也。形骸有别,起于耳目之官之蔽塞;性理无殊,由于心思之官之感通。耳目之官为小体,心思之官为大体,故孟子曰:"从其大体为大人,从其小体为小人。"(《告子上》)推而广之,我,小体也,人与物,大体也;囿于我之小体者,为小人,通彼己、一人物者,为大人,故王阳明曰:"大人者,以天地万物为一体者也,其视天下犹一家、中国犹一人焉。若夫间形骸而分尔我者,小人矣。"(《大学·或问》)总而言之,大人之学讲治人之道,而治人之道,在于祛耳目之蔽塞,旷心思之感通,以明夫彼己人物之一体,然后推其所以修己者而治人理物,其功即孟子所谓"正己而物正者也"(《尽心上》)。

"明明德"者,讲明其所以明夫德也。前贤以"明德"二字连读。朱子训上"明"字曰"明之也",而谓"明德者,人之所得乎天，而虚灵不昧，以具众理，而应万事者也"。此解固亦可通。盖德以其虚灵不昧而为明，其虚灵不昧固有以具众理而应万事，然德存于内，其机止于虚灵不昧而已，若夫理之众，事之万者，乃在于外，有待于学问思辨之功而后能具能应，而学问思辨之功即朱子所谓"明之"者也。愚谓此所谓"德"或"明德"者，盖即《中庸》所谓"达德"，所谓"德性"。"达"者通也，实兼"明"字之义；"德"者得也，人之所得于天以为性者也。达德云何？知、仁、勇是已。三者乃人所得于天之虚灵不昧之德，内所固有者也；接乎外，则知以具众理，仁勇以应万事，而知行之能事备矣。

"亲民"二字，程子谓当作"新民"，《朱子章句》从之，盖缘《大学》一篇，自首至"其所薄者厚，未之有也"，朱子所谓经者，显系全篇纲领，以下朱子所析以为传者，莫不于经引其端，于此竟其绪焉。篇中有论新民一段（即《朱子章句·传》第二章），而"新民"二字独不见于前之总段（即《朱子章句》之经）可知总段中"亲民"之"亲"字乃缘与"新"形音相近，而致传写舛误耳。至若阳明所谓"作新民之新，是自新之民，与新民之新不同，此岂足为据"云云，殊不知新民之新正存自新之义。夫新民云者，人君自明其德，然后推己及人，有以使其民亦各自明其德之谓也；所谓明明德于天下者，使天下之人皆有以自明其明德，故引康诰、太甲、帝典云云（《朱子章句·传》第一章），则继之曰"皆自明也"。"自明"犹自新也。尝论《大学》之明明德，即《中庸》率性之事，新民则修道之功。修道云者，人君使民自修其道，以复其性分之自然。是乃教之真义。人君教民，非自外铄之也，先修乎己，然后其在己者充，发于外而民为之动，莫不兴起而各从事于自修也。孔子曰："为政以德，譬如北辰，居其所，而众星共之"（《论语·为政篇》），斯言正可与此相发明也。阳明又曰："下面论治国平天下处，皆于新字无发明。如云'君子贤其贤而亲其亲，小人乐其乐而利其利'；'如保赤子'；'民之所好好之，民之所恶恶之，此之谓民之父母'之类，皆是亲字意。"试问治平非新民之事而何？必有一致其民之自新，然后国乃治、天下乃平耳；其民未能自新，即强以政刑道而齐之，虽幸致于治平，殆亦不能久已。至若阳明所引贤贤、亲亲、保赤之类，谓皆"亲"字之意，余曰岂不然乎？盖新民即教民之事，教民重以德化；人君化民之德唯仁，而行仁之方，舍亲民莫由。今夫治平者新民之事，新民者教民之功，然则论治平而标亲民之义，固不宜乎？要而言之，新民，为治之志；亲民，为治之方；亲民所以新民，新民乃亲民之效。故曰，从程子"亲民"读作"新民"，则其义长，而亲民之意亦在其中。然则朱王之争，皆所谓莫须有者矣。

至善者，万事万物之至道定理，《中庸》所谓"诚"者是已。人之思虑云为见于处事接物，莫不准乎至道定理，而无过与不及之弊，则谓之"中庸"。明德之功，于知，则识此道理者，知也；于行，则所以体验此道理者，仁也；所以推行此道理者，勇也。然则明德云者，明其性内知仁勇之德，使之有以识夫天地之至道定理，而以思虑云为准之也。推其所以明己之德者，而明天下人之德，无亦使天下人自明其知仁勇之德，以识夫天地之道理，而以己之思虑云为准之耳。夫是之谓新民。然则无修己而明德，无治人而新民，皆以天地之至道定理为所当止之域。此所当止之域，虽分见于"众理""万事"，而其至道定理则一而已。一者非他，天地间一贯之道，即《中庸》所谓"其为物不贰"者，亦即今世术语所谓自然之统一性也。

"克"，能也；"克明德"，犹言能明其德；德者，人之所得于天以为性，其条目则知、仁、勇是已。"顾諟"，犹今术语所谓"集中注意",其在心之态,则谓之"敬",口语所谓"认真"者也。"天之明命",犹云天之通命,我与人物同者;天之通命,人受之而为德,德者人所遍得,故曰达德。达德有三,知、仁、勇是矣。"峻",大也,高也;"峻德",夫人至大极高之德,所以"具众理而应万事"者也。自天所予而言,谓之"命";自人所得而言,谓之"德";其实一也。敬是天之所予我,明夫我之所得于天,云予云得,要皆在我而已,敬而明之,皆自我出,非外有以铄之也,故曰"自明"。

汤之盘铭所云云者,自新之事,即明德之功;"日日新,又日新"者,谓其工夫无时或辍,然后德有以明,而臻于至善之域。《康诰》所云,则新民之事,所谓明明德于天下也;"作新民"者,振起其自新之民,使之日进无疆,以达于至善之境。至若文王之诗,则兼前所引盘铭《康诰》之意,谓文王既自新矣,又推其所以自新者以新其民,天下归之,犹天命之也。始而自新,继而新民,终而受天之新命,是乃修己治人之效,伦理为因,政治为果,亦足以见大学一书之以伦理辅成政治也。若夫民意所归即亦天命所在者,盖民,天之所生,其秉彝出于天赋,即亦天道之一曲,新民,所以修其秉彝,其事为遂性,厥功为顺天,顺天遂性者昌,自然之势也;若以天为主宰,则天意即亦民意,民意所归亦即天命所在,故曰"天视自我民视,天听自我民听"。是乃自然主义与泛神论推理所必至者已。所谓"君子无所不用其极"者,"极",至善也,君子,有德而在位者也;谓有德而在位者,无论自新新民,皆以至善为归。

(2)明明德于天下者,人君推己及人之事,盖其心感通之德,所谓"仁"者,有以深觉夫人我之一体,徒明其在我之德,而不人是图,辄若其事未尽,于我有所不足也者,则必有以使天下之人皆自明其德焉。然而天下者,国之合也,故必先之以治国;国者,家之积也,又必先之以齐家;家者,身之聚也,复必先之以修身。身之修不修，乃在动静云为之间；顾身之主在心；然则动静云为虽发于身，心实有以驱遣而左右之，心不正，身亦弗可得而修，故曰："欲修其身者，先正其心。"心之发动而见于思虑者为意；心者，意之统体耳。诚者，天地之至道定理；意诚云者，谓心之所思虑，莫非天地之至道定理，而无纤介之虚妄杂乎其中也。"欲正其心者，先诚其意"，盖意，心之部分，心，意之全体，未有部分不诚，而全体能诚者；而所谓正心，即诚心耳。"知"，犹知识也，知道识理，所以为诚。"致"，至也，极也；知识不至于极，则其诚有未尽，故曰："欲诚其意者，先致其知"。所谓"致知在格物"者，"格"，及也，穷也；"物"，统事物而言。道理寓于事物，欲知道识理，必于事物之间求之。知不及物，则所知虚而无据，及物而未穷其理，则所识偏而不全。凡格物、致知、诚意、正心、修身，皆所以自明其德，自新之事也；若夫齐家、治国、平天下，则所以使人自明其德，新民之功已。而格、致，所以明夫至善，知也；诚、正、修、齐、治、平，所以达乎至善，行也。自"天子以至于庶人，壹是皆以修身为本"者，修身实兼格、致、诚、正而言，此五者之事备，则不失为善人，退有以立己，进有以立人；立己为民，立人为君，为民者进而可以为君，为君者退而可以为民，夫非民主政治之真意也欤？故曰，儒家之政治理想，所谓王政者，貌虽有君，其意则民主也已。"其本乱，而末治者……"云云，"本"谓己，"末"谓人。盖吾儒以伦理为政治之本，治道之要，在于培育善材，出而推其所以修己者而治人，《中庸》曰"为政在人"，即其意已。苟不教养其民，使之各尽修己之事，而徒以政刑道而齐之，则来日秉政者，悉皆今日免而无耻之民，其所望于其民者，亦不过免而无耻之治，其治卑卑，寖假必及于乱，此无他，其本既乱，欲求其末之治，不可得也。"其所厚者薄，而所薄者厚"者，"所厚"言家，"所薄"言国与天下。

夫为政在于行仁，行仁之方，推爱而已。人之所爱莫过其家，为政之道，在使天下之人推其所以爱家者，而爱国，而爱天下。苟薄于家，斯爱之源塞，将无以为推而及于国、于天下。吾儒务本之论，盖深明夫人性，图就其所发而利导之。人性唯何？各爱其家，是已。利导又何？明夫人我之同生于天地，人性我性之并出于天理，人我原属一体，充其爱家之爱而爱国天下，亦在为与不为、顾与弗顾之间耳。反之，人而不能爱其家，而求其爱国，爱天下，斯则拂性之事，故曰"未之有也"。

（3）自欺者，谂其未然，而姑以为然，知其不可，而苟以为可；又复曲为之说以自容，犹今心理学所谓"自解"（rationalizing）者焉。以是居心施于格致之事，则求诚穷理之为，皆视若莫须有，一出于苟且姑息，终则自欺成习，而意莫可得而诚矣。是以格致之事，必期于自慊而后可，"自慊"云者，事当理诚，于心无所缺然之谓也。盖唯口语所谓"认真"者，乃能无往而不自慊焉。且夫自慊者，尽其在我者，以求此心之所安，非以为人，而慕外来之毁誉，故虽处独之际，其整饬严谨，犹若对千万人焉，夫是之谓慎独。"厌然"犹云忸怩，"闲居"即处独也。"小人闲居为不善，无所不至"者，不知天地之间，有至道定理焉，体物而无遗，顺之者生，逆之者死，固无待于刑政以齐之，毁誉以匡之也。小人唯其不明乎此，其思虑云为不准于至道定理，徒希冀乎幸免于刑罚非毁，及见君子，则好誉恶毁之心生，思有以"掩其不善，而著其善"，不知道理恢恢，疏而不失，其间因果之相寻，有其不可逃者焉；即如"人之视己，如见其肺肝然"，斯则"诚于中"之因必致"形于外"之果，亦理势所固然，所谓道理恢恢，疏而不失者耳。是故曾子所云"十目所视，十手所指"者，未必鬼神之察，刑政毁誉之严，有如此也，其居心行事之间，所自立之因有其所必致之果，"种瓜得瓜，种豆得豆"，莫非自然之法则，所谓至道定理是已。若夫意诚于中，则德充乎外，于身犹有润然。"心广体胖"者，此心之意既诚，则一思一虑莫非至道定理，所接乎身为苦乐祸福者，于心悉皆自然理法之当然，无所喜忧好恶乎其间；是则此心之广，能祸福兼包、苦乐并容，无适而不安，斯其发于外，将自见其体胖矣。

夫《大学》之讲伦理也，修身，行为之事，正心诚意，则动机之实已。其言正心，在于诚意，而论诚意之功，犹于慎独毋自欺之义，再三叮咛；于斯可见，其动机与行为并重，无稍偏倚焉也。至若自欺之辈，乃坐未尝真知夫善恶之所在，而实有以好之恶之，如目之于好色、鼻之于恶臭然者；于是苟且姑息之心存，而自欺之弊生。欲祛此弊，亦唯致知焉耳，故曰："欲诚其意者，先致其知。"然则又足以见其以知识为道德之本，实行无忘理论，为人不废学问也已。

（4）"人心之灵莫不有知"，其"知"有可说焉：官接物而为感，感达于心而成觉成知。顾此知觉之能，常存于心，应感而成知成觉。《墨经》曰："知，材。知也者，所以知也；而不必知。若明。""知，材"云者，所以为知之本能也；不与物接，则知之材无所施其用，而所以为知者未必有知，故曰"不必知"。如目虽有明，苟不视物，犹无以为见也。吾心既有所以为知之材矣，至若其所知者，莫非事物之理，盖事物之接于我心，舍理无他途焉；故欲致吾心之知，亦唯即物而穷其理，理有未穷，则其知有不尽也。且夫知之材之施于事物、撮其理而为知也，又有其所操之具，不假外求，而为吾心所固有者，若名学所称之思律是已。思律者，其一曰即一律（law of identity），"物然者然"（what is...is...）是也；其二曰是非不并存律（law of contradiction），"物不能又然又不然"（nothing can both be and not be）也；其三曰无两可律（law of excluded middle），

"物必或然或不然"（everything must either be or not be）也。今夫所谓"……即凡天下之物……因其所已知之理而益穷之"者，所已知之理，其始也，盖即吾心所固有而不假于外求者，以此为之基，因之以求其所未知，继而所未知者转而为所已知，更因之而益穷其所未知，寖假而有以至乎其极。所谓"一旦豁然贯通"者，穷理既众，乃收会通之效；而其所会通者，辄成共理公例，其用乃在据往知来，执因求果。凡此皆名学外籀与内籀之功：方吾心之始用其所固有之知于事物也，是为外籀之事；继而即物而穷其理，以至于豁然贯通，内籀之事也；终而执其贯通所得之共理公例，以御万变、逆未来也，则又外籀之功。宜乎"众物之表里精粗无不到，而吾心之全体大用无不明"也。

（5）心者身之主，心不在，则无以检其身；心不正，则检焉不得其道。顾心之不正，常起于情之偏；若忿懥、恐惧、好乐、忧患，皆情也，有过不及，则有以累其心，而使之不得其正焉。人苟能诚其意，则思虑之间莫非至道定理，斯物之美恶、事之成败、境之顺逆，皆谂为理势所当然，无所容心乎其间，其情之发，一随物理之至公，于我心无私意焉；于是情不偏至而性全，性全者意诚而心正矣。

盖夫天地之间，统其全而观之，万物皆得其所，其相与而并存、更代而叠兴也，莫不一循夫至道定理，无可是非善恶乎其间；自其曲而观之，则物与物有对待焉，对待起，而宜不宜生。顾是对待而宜不宜之在物也，自然而莫之知其然；独人之类，有心而能觉，觉者，觉夫己与物对、物与物待，于是己与物、物与物之间，其对待之宜不宜，俱于我心而鉴别之，则宜者为是为善，不宜者曰非曰恶；非唯此也，此心更有以应之，而情生焉：应之，而合其对待间宜不宜之分量，则情得其正，不然则偏，正曰中节，即《中庸》所云喜怒哀乐既发之谓和也。程明道曰："天地之常，以其心普万物而无心；圣人之常，以其情顺万物而无情。"（《答横渠先生定性书》，《二程全书·明道文集》卷三）盖天地者，万物之全体，其心即万物之心，总万物之全，一心而已；此心乃无对待之心，笃而言之，即一贯之理，《中庸》所谓不贰之天道已。圣人之心统万物而无遗，其知有以尽知万物之性，其仁有以悉体万物之情。万物之在圣人之心，唯其全也，故无对待而咸宜；独万物彼此之相与，唯其曲也，故有对待，而或宜或不宜。圣人心至灵而觉极敏，其应物而为情也，浅深轻重之度，常随物与物对待间、宜不宜之分量，而转移焉；是其情在物，而不在心，故曰："圣人之喜，以物之当喜，圣人之怒，以物之当怒，是圣人之喜怒，不系于心，而系于物也。"（《答横渠先生定性书》，《二程全书·明道文集》卷三）

（6）修身之能事，亦于待人、处事、接物尽之矣；而待人之际，犹易流于过与不及之弊，盖待人不能无情，而情之发，易偏故也。且夫处事接物，莫不与待人有关，辄亦随之而或至于偏倚焉。若于所亲爱而僻、所贱恶而僻、所畏敬而僻、所哀矜而僻、所敖惰而僻，是皆待人而情不得其正者也。如是，则修身之能事未尽，所未尽者，待人之间而已。至于齐家，若父子之亲、兄弟之爱、夫妇之别、长幼之序，何莫非人与人相待之事耶？有不当，则家弗可得而齐。齐者整也，一家之中，人与人之关系不能调整，则不能相处以安，而家败矣。然则一家之中，其人彼此相待之际，情有偏倚，则有以败其家，故曰："身不修，不可以齐其家。"

（7）吾儒治国之道，一则不以政而以德，不以刑而以教；二则所以维系社会人群者在爱，爱起于家，故治国用爱，必以家为推。由此二原以求其委，乃知治国必先齐家，教国人始于教家人。臣民事君长之道无他，亦犹子女事父母耳；君长遇臣民之道无他，正若父母待子女耳；故曰："孝者所以事君也，弟者所以事长也，慈者所以使众也。"是知治国之道同于齐家，家者国之微，国者家之积，此古者天子家天下之义，其在斯矣。家天下者，非私天下也，其道在于推爱为仁，使天下之人各得其所，彼此相待之间尽得其平；夫是之为，人君亦唯于亲爱、贱恶、畏敬、哀矜、敖惰之际，情发乎正，而无偏倚而已。"一家仁，一国兴仁……"云云，言人格感化，此行彼效，无善恶邪正，其疾且广有如此者。顾其仿效之功，有期然而然者，有不期然而然者。期然而然者，教之能事；不期然而然者，今世心理学所谓暗示（suggestion）之力，其机微而危，为国者尤不可不慎察之也。且夫期然而然之仿效而为感化也，必以恕为之枢纽。"恕"字义取"如心"，以己之心比人之心，然后以己之好恶求诸人之好恶也。为国者能如是，则民莫不从。君子之相劝于为善也以恕，小人之相率于为恶也亦以恕，故曰："尧舜帅天下以仁，而民从之，桀纣帅天下以暴，而民从之"；唯"所令反其所好，而民不从"，此无他，行不本乎恕故耳。虽然，为国者己无善，遂不求人之善，己有恶，辄亦容民之恶，其心以为行乎恕矣，可乎，不可乎？曰：是以己之愚不肖恕天下人之愚不肖，始于姑息，终于乱亡，为国用恕，非此之谓也。善哉朱子之言曰："恕字之指，以如心为义，盖曰如治己之心以治人，如爱己之心以爱人，而非苟然姑息之谓也；然人之为心，必尝穷理以正之，使其所以治己爱己者皆出于正，然后可以即是推之以及于人，而恕之为道有可言者。"（《大学·或问》）盖穷理人性之本能，理穷则性尽，性尽则心正；不穷理，性亏而心亡矣，复何如心之可言？要之，恕者，恕于为知为贤，非恕于为愚为不肖也。恕于为知为贤者，如治己之心以治人云尔；斯"又不过以强于自治为本，盖能强于自治，至于有善而可以求人之善，无恶而可以非人之恶，然后推以及人，使人亦如我之所以自治而自治焉，则表端景正，源洁流清，而治己治人无不尽其道矣"（《大学·或问》）。

（8）"老老""长长"，上"老"字与上"长"字为谓词（verb），下"老"字与下"长"字乃名词（noun）；言以养老之道养老者，以事长之礼事长者也。幼而无父曰孤；恤，矜怜；倍，弃也。兴，谓有所感发而兴起。在上者能养老、敬长、恤孤，则民感发兴起，莫不各养其老，各敬其长，各恤其孤，且进而养人之老，敬人之长，恤人之孤，是孝弟慈之德，发于家，行于国，而及于天下矣。此教化之实效。其为教也，以身作则，而民自效；其为化也，感人之心，人自兴起；——非由外而铄之也。"絜"，郑注："犹结也，挈也"；朱注："度也"。按，束绳曰结；挈，提也。盖舒束绳，提以度物，犹今梓人所用之"墨斗绳"也。"矩"，为方之器，殆俗所谓"曲尺"。所谓絜矩之道者，言以己之心为规矩绳墨，度人之心，而知其有与我心同然者。我若老老、长长、恤孤，辄有以决夫民之必老老、长长、恤孤，盖人之心同于我心，我有是心，人皆亦有是心，我特先出此心之所同然，以激发兴起之耳。至于社会之中，人与人之关系，并世：则有在我上而为长为贵，居吾下而为少为贱，又有与我平敌而为吾之左右者；异代：则先乎我者为前修，后乎我者为后进。凡此种种关系，我所恶于一方者，亦勿施于他方，则我之于上下左右前后，莫不得其平；犹以矩为方，厚薄、长短、广狭之三度（three dimensions）者，均平正方，而无所偏削也。曰"此之谓絜矩之道"者，言以齐家之法，所以调整乎父子兄弟夫妇长幼之间，而持其平、秉其公者，举而施之于国天下，犹以此之规矩绳墨，用于彼而度其长短方圆已。"君子"，指在位而治理斯民者；苟能行乎絜矩之道，以所以教养其子女者教养斯民，则是民之父母，其在位而临民也，上仁下亲，犹居家而父慈子孝，其乐一也。顾欲如此，亦在与民同好恶，一如父母之与子女共甘苦耳，故曰"此之谓民之父母"。反之，好恶不与民同，是拂性逆情，而民畔之，匪特厥位不保，且招灭亡之祸矣。"君子有大道"者，谓在位者有临民之道，"得"者得此道，"失"者失此道也。"忠"者发己自尽，"信"者循物无违，"骄"者矜高，"泰"者侈肆（以上从朱注）。"发己"，发其本心；"自尽"，尽其所知所能。顾在位者，唯其先知先觉也，其所知所能往往非齐民之所及知及能，斯亦不可以强之知之能，必循其程度而无违焉，不然，则流于矜高侈肆，失其所以临民之道矣。且夫齐民之程度固非一定而不能进也，亦唯在上者有以利导而疏通之；利导疏通，而程度进，斯向所不知不能者，今则知之能之，在上者犹亦"循物无违"，而与之乐成焉已。

（9）丧，失；师，众；配，辅也。"殷之未丧师，克配上帝"，言殷之未失其众，能辅天而治理斯民，今者民叛众离，天命弃之，而国亡矣。"仪"，诗本作"宜"；顾"仪"言"型"、言"范"，亦得其解；"监"，犹鉴也。"峻命"，犹言大命；"不易"，有常也。"峻命不易"，谓天地间之至道定理，其因果之相寻，有常则而不可移易也。"仪监于殷，峻命不易"，言以殷为范为鉴，而知"得众则得国，失众则失国"，此中因果之相寻，乃天地间之至道定理，不可移易者也。得众之道唯何？曰，以德，故曰："有德此有人"。德即所谓明德，亦即《中庸》所谓三达德，知、仁、勇是已。知以知人，仁以怀人，勇以取人，是三者得人之道也。既有人矣，斯能辟疆而有土，故曰："有人此有土"；有土乃能垦植而生财，故曰"有土此有财"；有财则有以为用，故曰"有财此有用"。德本财末云者，谓有德则得众，有众则辟疆垦土，而财用自足。苟不务德，而财用是图，是弃本逐末，驱民于争利之途，而施劫夺之教矣。夫财，土地之所生，凡居于兹土者皆得资之以为养，非一人一姓所可得而私也。

"财聚则民散"者，谓人君私天下之财，民不得其养，而民倍之；"财散则民聚"者，言人君以天下之财养天下之民，民得其养，而归服之也。

"惟命不于常"者，谓天命不常归于一人一姓，有德者受之而为君，无德者失之而为虏，故曰："善则得之，不善则失之矣。"所谓"天道福善而祸淫"，所谓"天道无亲，常与善人"，皆天地自然之例，其间因果之相寻，不爽毫末者也。楚书，郑注谓楚昭王时书，事见《国语·楚语》；言不宝财货，而宝善人。舅犯云云，事见《礼记·檀弓》，谓丧亡之人，唯知亲亲而爱人。今夫"仁亲以为宝"，"惟善以为宝"，皆务本之事，得土得民，其自然之效耳。"断断"，"刚毅木讷"之状，"刚毅木讷近仁"，仁者无假于巧言令色（子曰：巧言令色，鲜矣仁），故断断然若无他技者也。然其心则良，能容人之善：人有技能，如己有之，人发善言美辞，犹若出自己口。若是之人，与人善相感通，仁人之伦也。唯仁人能容人，能容于人，容人者有以保民，容于人者有以自保其身，兼保其子孙——是不计其利而利自集。反之，人有技能，则嫉妒之，使不得展其用，人有善言美辞，则掩覆之，使不见知于世，是不容人，人亦莫之容也。不能容人者无以保民，不能容于人者无以自保，遑论子孙也哉！"仁人"，谓有德而在位者；迸，犹屏也，屏者远也。放逐而必远者，恐其妨贤害能，播恶而窒善。仁人"廓然而大公，物来而顺应"（用程明道语），善则爱之，恶则恶之，善恶在人，其心无所善恶乎其间，故其为爱恶也，亦顺乎人善恶之情而已。夫如是，虽有所放逐摒弃，其效犹至仁也。故曰："唯仁人为能爱人、能恶人"。见贤，知也，举贤，仁也，"见贤而不能举"，知有余，而仁不足；"举而不能先"，仁至，勇犹未逮也。知足以知不善，而不能退之，犹未仁也；退而不能远，亦无勇也。要之，知、仁、勇三者缺一焉，犹过不及也已。

　　生财之道，所谓生众、食寡、为疾、用舒者，吕大临与叔解之曰："国无游民，则生者众矣；朝无幸位，则食者寡矣；不夺农时，则为之疾矣；量入为出，则用之舒矣。""国无游民"者，人人致力于生产也；"朝无幸位"者，事称其食也；近世所谓"乾收"者，绝所不容；"不夺农时"者，吾国以农立国，故云（孟子曰）："不违农时，谷不可胜食也；数罟不入洿池，鱼鳖不可胜食也；斧斤以时入山林，材木不可胜用也"；"量入为出"者，所谓生活程度与生产为比例，毋使过也。盖不夺农时，所以开源，量入为出，所以节流；而合是四者，非惟所以生财，亦即所以理财也。财者养身之具，身得其养，则为有用之身，故曰"以财发身"，是身为目的，财为手段。反之，"以身发财"者，以身逐利，唯财是图，是以手段为目的，所谓"外本内末"者矣。仁者之业，修己而治人，是仁者之身乃治国平天下之具。身与民，天地之所生，财，天地之所产，取资于天地之财以养其身，还以其身治理天地之民，是天下之至公者也。夫曰"未有上好仁而下不好义"，"上好仁"云者，上以天地之财养其身而出治，养天下人之身而受治，"下好义"云者，上出治，下报之以食，其事至公，公则无不宜者：出治者劳心，受治者劳力，劳力者食人，劳心者食于人，各尽其事，各得其食，食与事称，故无不宜。出治者食于人而得其报，食人者受治以获所酬，上下之交既得其平，则事不中途废矣，故曰："未有好义，其事不终者也。"上之临民，以仁为心，以公行仁，则所取于府库，以自养其身家，以施行其政事，举不踰分而无不宜，信昭于民，民给其用，故曰："未有府库财非其财者也。"

　　孟献子，鲁之贤大夫仲孙蔑也。"畜马乘"，士之始为大夫，有车马者也；"不察于鸡豚"，谓弗问其家鸡豚之肥瘠，不于斯乎计赢亏也。"伐冰之家"，卿大夫以上，丧祭用冰者；"不畜牛羊"，亦谓不养牛羊以牟利耳。盖鸡豚牛羊，民之所畜以为利，仕为卿大夫，食禄而养于民矣，则不应与民争利，而致分外之富也。"百乘之家"，有采地者；"不畜聚敛之臣"者，不愿榨取佃民之财，以肥己也。"与其有聚敛之臣，宁有盗臣"者，有聚敛之臣，则民被其殃，损者千百身家，有盗臣，则己蒙其害，损者一身一家，两害相权，宁有去彼而就此者，仁人之用心也。"国不以利为利，以义为利"，前一"利"字指财货，后两"利"字言"便利"；义者，事之宜，俗所谓事之得体者也。谓谋国者不以货财为利，以处事得宜为利。若夫卿大夫之家，食禄而有养矣，而更畜鸡豚牛羊，有采地而岁收赋税矣，而转设聚敛之官，是皆事之不宜，俗所谓"有亏体统"者也。均是财也，或谋之而宜，或谋之而不宜，宜则义，不宜则不义。财而有义不义者，亦视其得之而踰分否耳：分内之财，义也，分外之财，不义也，如此而已。

"长国家"，谓为国家之长，而治理斯民也。"务财用"，言专务生财理财之道，他若民智民德，悉付阙如也。且务财用者亦有公私二途：公者，为国生财理财，一意使民足食足衣，即今术语所谓"提高人民生活程度"者。斯固美矣，然民智不进，民德不修，足衣足食适所以滋长其欲，非郅治之道也。私者，为一身一家而生财理财，是以天下之公富富其身家，斯人之徒，所谓不容于尧舜之世者矣。"必自小人"者，谓必出自小人之所为；"彼为善之"，谓小人方自以得计也。小人知有私而不知有公，故务财用而出于公之途者，非彼所可得而企及也，小人所为，其唯聚敛之事耳。其效必至使民事畜无资，养生送死无具，民铤而走险，群起而犯上矣，故曰"菑害并至"；于时虽有善者出，而大势已去，无可挽回矣，故曰"无如之何"也。

（10）"止"者，所当止之地，"至善"之所在也（从朱注）。事事物物皆有其至道定理，达乎此，则尽美尽善，无以复加，故曰"止"。"知"者，识夫事物之至道定理、所祈向之至美至善，于焉而可以止者也。是乃处事所求达之鹄，接物所必至之境。其处之接之，又有其所由之途术，斯则虑焉而后能得者也。顾虑之为功，非一蹴而可几，必先之以"有定"、"能静"、"能安"而后可。"定"者，志有定向；"静"者，心不妄动；"安"者，所处而安（从朱注）。盖事至物来，明其至道定理，斯其所必至而止焉之境了然于心，而吾心所断然决然而志乎所以处若接之者有定向矣。夫如是，则心不妄动，方寸之间，静而无躁矣。心静无躁，则身随处而安，所谓"素富贵，行乎富贵，素贫贱，行乎贫贱，素夷狄，行乎夷狄，素患难，行乎患难……无入而不自得"（《中庸·朱子章句》第十四章）者也。今夫富贵、贫贱、夷狄、患难，此身所处之境耳。一境有一境之事之物，明其理，审其情，则所以接而处之者各有攸当，志定心静，而身无不安；然后事至物来，从容以应之，一虑而得其所以处而接之之方，无患乎不达其所当止之地矣。

由知止至于能得，实包格、致、诚、正、修、齐、治、平之事。盖知止者，格物致知之功；有定、能静，诚意、正心之效；能安，则心正而身修矣；能虑，则心身内外俱平之验；能得，则格、致、诚、正、修之能事备，得其途术焉，有以使己之心身止于至善，而德明矣。然后推其所以止夫己之心身于至善，而自明厥德者，止天下人之心身于至善，明天下人之德，而新民焉。欲此之为，则又当运其思虑，以求厥途术，途术惟何？齐家、治国、平天下之道是已。总之，知者，以格致之功，明乎立己立人所当止之至善之地；虑者，以有定、能静、能安之效，考求乎所以达此至善之地之途术；若夫修、齐、治、平，则途术既得以后之事；而德明、民新，则己立人立，己与人俱止于至善矣。

"本"者，至善；"末"者，所以达夫至善之途术。"本"者，知之事；"末"者，行之功。"明德"、"新民"，本也；格、致、诚、正、修、齐、治、平，末也。明夫明德新民所止之至善之所在，本也；行乎格、致、诚、正、修、齐、治、平之功，以求达于明德新民之地，末也。以今世术语出之，本为目的，末为手段。其为事也：以先后言，则先知其本，而后求其末；以始终言，则始于知本，中于行末，而又以立本终焉。虽然，本末者，一木之两端，一事之原委，可分而不可离，有先后始终之序，而无轻重偏倚者也。

（11）前所引诗，《商颂·玄鸟》之篇。谓王者之都，方千里，莫非民人所止之地。再所引诗，《小雅·绵蛮》之篇。缗蛮，黄鸟鸣声；丘，土高起处。止于丘隅，谓止于一丘之隅。孔子所云云，盖叹美黄鸟止得其所，优游自得，其意以谓：禽鸟且知止于所当止之地，人而不能，可乎？人于居处，知择地而止于王者之都，于德业，则不知择善而止，又可乎？后所引《诗·文王》之篇。"穆穆"，深远貌；"於"，叹美辞（愚按：前"於"字同此）；"缉"，继续；"熙"，光明；（以上从朱注）"敬止"，谓敬重其所当止。此诗盖叹美文王之德业深远，绵延不绝，光明不息，敬重夫民物所当止之地，而各使之于是乎止也。

引诗之后，继之而言"为人君止于仁……"云云者，盖就民物之所当止，与其端以示例焉。顾乃以人概物，而人之中，引其目之大者，其余得以类为推也。而此所举者，于五伦得其三而遗其二，盖夫妇、昆弟二伦皆家庭之关系，而父子一伦为之本，足以概之矣。他若君臣之伦，国与民之关系也；朋友之伦，（与国人交，即朋友之伦。）社会之关系也。而统人类之关系，国、家、社会三者尽之矣。所谓"为人君止于仁"者，盖聚民而成国，国之为国，有其所以维系斯民之道焉,则必其小己之间,善恶相感,欣戚相通,身虽异处,厥心则同,若一体然——夫是之谓仁。而人君者,所以维系斯民之枢纽,故必以仁为德,其视天下人,皆若与己同体,而以是为教,使天下人彼此之相视也,咸若人我一体焉。夫如是,则人人相亲相爱,而天下仁矣;天下仁,而国不治、天下不平者,未之有也。然则"仁"者,人君之所祈向,以臻天下国家于郅治者也,至此则至善而无以复加矣,故曰"为人君止于仁"。抑更有进焉:《中庸》不云乎,"仁者,人也"(《中庸·章句》第二十章)。盖仁者,人之德,其条目有三,曰知、仁、勇是矣。知者,判别之能;仁者,感通之性;勇者,推动之力。而三者以仁为之中心,知、勇所以辅成之也;盖知以知仁,勇以行仁,而仁则人道之所存、伦理之所系:小己有仁,乃能为人;托生于国群之中,国群有仁,乃得不涣,而收相生相养之效。然则为君所止之仁,广而言之,则人道伦理之大全,盖人君匪宁一国之首,抑亦天下之师,其人格为万民之表率,所谓圣人在位者也。(此吾儒言治之所祈向,其理想中之为君者应如是也。)而圣人者,人伦之至,圣人在位而为君,其所止,舍夫人道伦理之大全,所谓仁者,又将焉止?为臣,所以佐为君而治理斯民者也。君者,圣人之在位,其德足以表率群伦,而为天下师,故臣之敬君,敬其德也。且夫君者,政教之源,其事之行,臣为之佐,然则臣之敬君,敬其事也;事所以为民,敬事犹敬民耳。"孝",说文:"放也。(各本讹作效,段氏依宋刻及《集韵》正。)从子,爻声。"段注曰:"放、仿,古通用。孝训放者,谓随之依之也。"盖孝者,事亲之道。事亲之道,不重姑息,所谓养口体者;事亲之道,贵能养志。养志云者,继志述事之谓也。继志述事云何?为人子者,于其亲之德业志事,效而则之,使不失坠,又从而发明光大之也。匪宁是也,为子所以事亲而为孝者,为臣为民,则移其孝以事君而为敬为忠，故经有之曰："资于事父以事君，而敬同。……以孝事君，则忠。"（《孝经·士章》第五）又曰："君子之事亲孝，故忠可移于君。"（《孝经·广扬名章》第十四）而君者，国群之所赖以维系而不涣者也；故事君而致敬尽忠，不啻致敬尽忠于其国群也。致敬尽忠于国群，亦唯尽其小己之分，各致力焉以维系之耳。今夫所以维系国群之道何若？保持其种族之文物声华，继述其先民之德业志事，以发明光大之也。经曰："非先王之法服不敢服，非先王之法言不敢道，非先王之德行不敢行"（《孝经·卿大夫章》第四），其意盖谓此耳。事亲之孝，既可移之以事君报国，而致敬尽忠，而爱国爱群；更进而移之以事天地，承其法则，而顺受之。孔子曰："昔者明王事父孝，故事天明，事母孝，故事地察"（《孝经·感应章》第十六）；"明"者，明夫天时，"察"者，察夫地利，所谓"上律天时，下袭水土"（《中庸·章句》第三十章）者也。"上律天时，下袭水土"，即所以承天地之法则，而顺受之，夫然后有以"知天地之化育"（《中庸·章句》第三十二章），进而有以赞之焉。"知天地之化育"、"赞天地之化育"者（《中庸·章句》第二十二章），孝之至也。孝之至者仁之极，仁之极者与天地同体，所谓"配天"（《中庸·章句》第三十一章），所谓"与天地参"（《中庸·章句》第二十二章）者也。"慈"，说文："悉也"；"悉，惠也"，重部曰；"惠，仁也"，人部，曰："仁亲也"。盖慈者，父母所以亲其子女，仁之一端。《中庸》有之曰："仁者，人也，亲亲为大"；亦谓行仁之端在于亲亲。苟能推其所以亲亲者及于国天下，则能仁民爱物，而仁之德充于天地之间矣。"信"者：在己，则心口无违、言行一致，所谓尽己之性也；待人，则"循物无违"，（用朱子语）所谓尽人之性也。唯其尽己之性，乃能尽物之性。尽己之性，忠也（朱子曰："发己自尽为忠"），故与国人交，欲信之行，必先在己能忠，然后可也。总之，为君、为臣、为子、为父、为友，人与人之关系也，所谓人道伦理是矣。关系各得其方，谓之得其所止。关系尽于家、国、社会，是三者俱得其方，则伦理正、人道尽矣。伦理正、人道尽，则天下仁矣。而为君者，万民之表率，家、国、天下之所系以存立，故为君必止于仁。止于仁者，己仁，亦使天下皆仁，己与天下人并得伦理之正，俱臻人道之全——是乃身、家、国、天下，修、齐、治、平之极轨也。

《中庸》全书思想系统

一、思想系统表解

表解见附表二。

二、原文摘录

（1）诚者，自成也；而道，自道也。（《朱子章句》第二十五章）①

（2）天地之道：博也，厚也，高也，明也，悠也，久也。今夫天，斯昭昭之多，及其无穷也，日月星辰系焉，万物覆焉。今夫地，一撮土之多，及其广厚，载华岳而不重，振河海而不泄，万物载焉。今夫山，一卷石之多，及其广大，草木生之，禽兽居之，宝藏兴焉。今夫水，一勺之多，及其不测，鼋、鼍、蛟、龙、鱼、鳖生焉，货财殖焉。（《章句》第二十六章）

（3）诚者，天之道也；诚之者，人之道也。（《章句》第二十章）

（4）诚者，自成也。……（《章句》第二十章）

---

① 本文"原文摘录"部分与"原文摘录新解"部分以及附表二序号一一对应。——编者注。

（5）天地之道，可一言而尽也：其为物不贰，则其生物不测。（《章句》第二十六章）

（6）……其为物不贰，则其生物不测。（《章句》第二十六章）

博厚，所以载物也；高明，所以覆物也；悠久，所以成物也。（《章句》第二十六章）

（7）天命之谓性，率性之谓道，修道之谓教。（《章句》第一章）

（8）自诚明，谓之性；自明诚，谓之教。诚，则明矣；明，则诚矣。（《章句》第二十一章）

（9）……诚之者，人之道也。（《章句》第二十一章）

（10）喜怒哀乐之未发，谓之中；发，而皆中节，谓之和。中也者，天下之大本也；和也者，天下之达道也。（《章句》第一章）

（11）道也者，不可须臾离也，可离，非道也。是故君子戒慎乎其所不睹，恐惧乎其所不闻。（《章句》第一章）

（12）莫见乎隐，莫显乎微。故君子慎其独也。（《章句》第一章）

（13）君子之道费而隐，夫妇之愚，可以与知焉，及其至也，虽圣人亦有所不知焉；夫妇之不肖，可以能行焉，及其至也，虽圣人亦有所不能焉。天地之大也，人犹有所憾。故君子语大，天下莫能载焉；语小，天下莫能破焉。……君子之道，造端乎夫妇，及其至也，察乎天地。（《章句》第十二章）

（14）道不远人。人之为道而远人，不可以为道。诗云："伐柯伐柯，其则不远"。执柯以伐柯，睨而视之，犹以为远。故君子以人治人，改而止。忠恕违道不远，施诸己而不愿，亦勿施于人。（《章句》第十三章）

（15）君子素其位而行，不愿乎其外：素富贵，行乎富贵；素贫贱，行乎贫贱；素夷狄，行乎夷狄；素患难，行乎患难。君子无入而不自得焉。在上位，不陵下；在下位，不援上。正己而不求于人，则无怨：上不怨天，下不尤人。故君子居易以俟命，小人行险以侥幸。(《章句》第十四章)

（16）君子之道：辟如行远，必自迩；辟如登高，必自卑。(《章句》第十五章)

（17）天下之达道五，所以行之者三。曰：君臣也，父子也，夫妇也，昆弟也，朋友之交也，五者天下之达道也。知、仁、勇，天下之达德也；所以行之者，一也。(《章句》第二十章)

（18）或生而知之，或学而知之，或困而知之；及其知之，一也。或安而行之，或利而行之，或勉强而行之；及其成功，一也。(《章句》第二十章)

（19）舜其大知也与？舜好问，而好察迩言；隐恶，而扬善；执其两端，用其中于民。其斯以为舜乎！(《章句》第六章)

（20）回之为人也：择乎中庸，得一善，则拳拳服膺，而弗失之矣。(《章句》第八章)

（21）子路问强。子曰：南方之强与？北方之强与，抑而强与？宽柔以教，不报无道，南方之强也；君子居之。衽金革，死而不厌，北方之强也；而强者居之。故君子和而不流，强哉矫！中立而不倚，强哉矫！国有道，不变塞焉，强哉矫！国无道，至死不变，强哉矫！(《章句》第十章)

（22）好学近乎知，力行近乎仁，知耻近乎勇。知斯三者，则知所以修身；知所以修身，则知所以治人；知所以治人，则知所以治天下国家矣。(《章句》第二十章)

（23）故君子尊德性，而道问学；致广大，而尽精微；极高明，而道中庸；温故，而知新；敦厚，以崇礼。(《章句》第二十七章)

（24）道之不行也，我知之矣：知者过之，愚者不及也。道之不

明也，我知之矣：贤者过之，不肖者不及也。(《章句》第四章）

（25）君子中庸，小人反中庸。君子之中庸也，君子而时中；小人之〔反〕中庸也，小人而无忌惮也。(《章句》第二章）

（26）中庸其至矣乎! 民鲜能久矣。(《章句》第三章）

（27）君子中庸，小人反中庸。……(《章句》第二章）

（28）天下国家可均也，爵禄可辞也，白刃可蹈也，中庸不可能也。(《章句》第九章）

人皆曰"予知"，驱而纳诸罟陷阱之中，而莫之知辟也。人皆曰"予知"，择乎中庸，而不能期月守也。(《章句》第七章）

（29）……是故君子戒慎乎其所不睹，恐惧乎其所不闻。(《章句》第一章）

（30）诗云："潜虽伏矣，亦孔之昭"。故君子内省不疚，无恶于志。君子之所不可及者，其唯人之所不见乎。(《章句》第三十三章）

（31）是故居上不骄，为下不倍。国有道，其言足以兴；国无道，其默足以容。诗曰："既明且哲，以保其身。"其此之谓与？(《章句》第二十七章）

（32）文武之政，布在方策。其人存，则其政举；其人亡，则其政息。人道敏政，地道敏树。夫政也者，蒲卢也。故为政在人。(《章句》第二十章）

（33）取人以身，修身以道，修道以仁。……故君子不可以不修身；思修身，不可以不事亲；思事亲，不可以不知人；思知人，不可以不知天。(《章句》第二十章）

（34）非天子不议礼，不制度，不考文。……虽有其位，苟无其德，不敢作礼乐焉。虽有其德，苟无其位，亦不敢作礼乐焉。(《章句》第二十八章）

（35）故君子之道，本诸身，徵诸庶民，考诸三王而不缪，建诸天地而不悖，质诸鬼神而无疑，百世以俟圣人而不惑。质诸鬼神而无疑，知天也；百世以俟圣人而不惑，知人也。(《章句》第二十九章）

（36）天下之达道五，所以行之者三。……三者天下之达德也；所以行之者，一也。(《章句》第二十章）

（37）凡为天下国家有九经，曰：修身也，尊贤也，亲亲也，敬大臣也，体群臣也，子庶民也，来百工也，柔远人也，怀诸侯也。(《章句》第二十章）

（38）修身，则道立；尊贤，则不惑；亲亲，则诸父昆弟不怨；敬大臣，则不眩；体群臣，则士之报礼重；子庶民，则百姓劝；来百工，则财用足；柔远人，则四方归之；怀诸侯，则天下畏之。(《章句》第二十章）

（39）齐明盛服，非礼不动，所以修身也；去谗远色，贱货而贵德，所以劝贤也；尊其位，重其禄，同其好恶，所以劝亲亲也；官盛任使，所以劝大臣也；忠信重禄，所以劝士也；时使薄敛，所以劝百姓也；日省月试，既禀称事，所以劝百工也；送往迎来，嘉善而矜不能，所以柔远人也；继绝世，举废国，治乱持危，朝聘以时，厚往而薄来，所以怀诸侯也。(《章句》第二十章）

（40）凡为天下国家有九经，所以行之者，一也。(《章句》第二十章）

……是故君子戒慎乎其所不睹，恐惧乎其所不闻。(《章句》第一章）

……故君子内省不疚，无恶于志。(《章句》第三十三章）

（41）在下位不获乎上，民不可得而治矣。获乎上有道，不信乎朋友，不获乎上矣。信乎朋友有道，不顺乎亲，不信乎朋友矣。顺

乎亲有道，反诸身不诚，不顺乎亲矣。诚身有道，不明乎善，不诚乎身矣。（《章句》第二十章）

（42）诗云："相在尔室，尚不愧于屋漏"；故君子不动而敬，不言而信。诗曰："奏假无言，时靡有争"；是故君子不赏而民劝，不怒而民威于铁钺。诗曰："不显惟德，百辟其刑之"；是故君子笃恭而天下平。诗云："予怀明德，不大声以色"。子曰："声色之于以化民，末也。诗曰，'德辅如毛，毛犹有伦'；'上天之载，无声无臭'，至矣"。（《章句》第三十三章）

（43）仁者人也，亲亲为大；义者宜也，尊贤为大；亲亲之杀，尊贤之等，礼所生也。（《章句》第二十章）

（44）舜其大孝也与？德为圣人，尊为天子，富有四海之内，宗庙飨之，子孙保之。故大德，必得其位，必得其禄，必得其名，必得其寿。（《章句》第十七章）

（45）夫孝者，善继人之志，善述人之事者也。（《章句》第十九章）

（46）践其位，行其礼，奏其乐；敬其所尊，爱其所亲；事死如事生，事亡如事存：孝之至也。郊社之礼，所以事上帝也；宗庙之礼，所以祀乎其先也。明乎郊社之礼，禘尝之义，治国其如示诸掌乎。（《章句》第十九章）

（47）武王末受命，周公成文武之德，追王大王、王季，上祀先公以天子之礼。斯礼也，达乎诸侯、大夫，及士、庶人。父为大夫，子为士，葬以大夫，祭以士。父为士，子为大夫，葬以士，祭以大夫。期之丧达乎大夫；三年之丧达乎天子；父母之丧，无贵贱一也。（《章句》第十八章）

（48）舜其大孝也与？……（《章句》第十七章）

无忧者，其惟文王乎？以王季为父，以武王为子，父作之，子

述之。(《章句》第十八章)

武王周公其达孝矣乎?(《章句》第十九章)

(49)诚者,自成也。……(《章句》第二十五章)

(50)唯天下至诚为能尽其性。能尽其性,则能尽人之性;能尽人之性,则能尽物之性;能尽物之性,则可以赞天地之化育;可以赞天地之化育,则可以与天地参矣。(《章句》第二十二章)

(51)唯天下至诚为能经纶天下之大经,立天下之大本,知天地之化育。夫焉有所倚?(《章句》第三十二章)

(52)诚者,天之道也;诚之者,人之道也。诚者,不勉而中,不思而得,从容中道,——圣人也。诚之者,择善而固执之者也。(《章句》第二十章)

(53)或生而知之,或学而知之,或困而知之……或安而行之,或利而行之,或勉强而行之。……(《章句》第二十章)

(54)致中和,天地位焉,万物育焉。(《章句》第一章)

(55)其次致曲。曲能有诚,诚则形,形则著,著则明,明则动,动则变,变则化。唯天下至诚为能化。(《章句》第二十三章)

(56)故至诚无息。不息则久,久则徵,徵则悠远,悠远则博厚,博厚则高明。……博厚配地,高明配天,悠久无疆。如此者,不见而章,不动而变,无为而成。(《章句》第二十六章)

(57)诚者,非自成己而已也,所以成物也。成己,仁也;成物,知也;性之德也,合外内之道也,故时措之宜也。(《章句》第二十五章)

诚者,物之终始,不诚无物。是故君子诚之为贵。(《章句》第二十五章)

(58)至诚之道,可以前知。国家将兴,必有祯祥;国家将亡,必有妖孽——见乎蓍龟,动乎四体。祸福将至:善,必先知之;不

善，必先知之。故至诚如神。(《章句》第二十四章)

（59）果能此道矣，虽愚必明，虽柔必强。(《章句》第二十章)

（60）博学之，审问之，慎思之，明辨之，笃行之。有弗学，学之弗能，弗措也；有弗问，问之弗知，弗措也；有弗思，思之弗得，弗措也；有弗辨，辨之弗明，弗措也；有弗行，行之弗笃，弗措也。人一能之，己百之；人十能之，己千之。(《章句》第二十章)

（61）凡事豫则立，不豫则废。言前定，则不跲；事前定，则不困；行前定，则不疚；道前定，则不穷。(《章句》第二十章)

（62）唯天下至圣为能聪明睿知，足以有临也；宽裕温柔，足以有容也；发强刚毅，足以有执也；齐庄中正，足以有敬也；文理密察，足以有别也。溥博渊泉，而时出之。溥博如天，渊泉如渊。见而民莫不敬，言而民莫不信，行而民莫不说。(《章句》第三十一章)

（63）是以声名洋溢乎中国，施及蛮貊；舟车所至，人力所通；天之所覆，地之所载，日月所照，霜露所队；——凡有血气者，莫不尊亲。故曰配天。(《章句》第三十一章)

（64）仲尼祖述尧舜，宪章文武；上律天时，下袭水土。辟如天地之无不持载，无不覆帱；辟如四时之错行，如日月之代明。万物并育而不相害，道并行而不相悖。小德川流，大德敦化。此天地之所以为大也。(《章句》第三十章)

三、原文摘录新解

（1）天地之间，有物焉，万事万物之所率循而不坠者，是为道。以今世术语出之，则谓之"秩序"。"道自道"一语，前"道"字即指此也。后"道"字乃就其发动流行而言。"自道"云者，谓其发动流行，自然而然，非此道之外，别有物焉，而张主左右乎其间也。

此道盖即宇宙之本体，是本体之发动流行，纯出于自然。于斯可见《中庸》一书盖主自然主义（Naturalism）之哲学。自然主义者，以宇宙万物一本于自然，其动静成毁亦一循自然之法则；非有超自然之主宰，张其造化之机于开辟之前，持其演化之柄于开辟之后也。必云有主宰在，则毋宁谓其即存宇宙万物之中，宇宙万物为其形迹；所谓"道"者，乃其自创自守、自然而不得不然之律令。由斯而言，《中庸》一书又兼所谓泛神论（Pantheism）之诣矣。惟道为自然而不得不然之律令，斯又定命论（Determinism）之旨趣；《中庸》首句即标"天命"两字，可以见已。至若赞鬼神之德，则曰："视之而弗见，听之而弗闻，体物而不可遗；使天下之人齐明盛服以承祭祀，洋洋乎如在其上，如在其左右"。（《章句》第十六章）夫非泛神论之口吻耶？

"诚者自成"之义，容俟下文（第4条）详之。

（2）天者苍苍之天，地者块然之地，今世术语所谓"物质宇宙"（the materialistic universe）是已。天地之道，即万事万物动静成毁所循之法则，所由之途辙。法则，形而上者也；途辙，形而下者也，而时间空间为之枢机。形上不能离形下以待存，必因形下而后见，若朱子所谓理搭于气而行，西哲亚里士多德所谓共理寓于殊物之中（universal in the particular），皆此意也。今夫形下之物，莫不托存于时间空间，其动静成毁亦皆于焉以著，则时空为形之下之物之所依附，及其动静之途辙也，固矣。即形上之理法思虑，所谓旷万世而不变、普天下而同然者，虽非一时一地之所能限，要亦无所逃于大宇长宙之间而已。（按："四方上下为宇，古往今来曰宙"，宇宙即时空也。）究而言之，形下之物拘于时空之局部，所谓一代一方是已；形上之物统于时空之全体，所谓万代万方是矣。是以《中庸》言天地之道，则曰"博厚、高明、悠久"，博厚高明，空间也，悠久，则时间耳；夫非知本之言耶？顾其以博厚、高明、悠久、状天地之道，引申所至，不得不以形下之时间空间兼苞万物万事之有形无形者，又足以见其宇宙观之出于唯物论（Materialism）之途矣。

（3）"诚"者，真理也。天地之道莫非真理，故曰"诚者，天之道也"。祇云"天之道"者，以天统地，简而称之也。"诚之"者，犹云求真理也。非惟求之而已，举凡动静云为，亦皆以是为准，是乃为人之方，故曰"人之道也"。

真理出于天，以人而能知之准之，盖缘其与万事万物所率循之道，即此所谓真理者，同其源焉。天道莫非真理，人之思虑云为，物之动静成毁，固皆天道之所苞，辄亦真理之一部，是天人合一，民物同体；斯又自然主义推理所必至者也。夫人之所以能知天地万物者，正坐天地人物原属一体，此乃知识发生之根基、存立之关键，历代儒家之所默契者也。其言伦理，则标仁民爱物之义，亦以民物原皆与我同体，不仁民，不爱物，无以异于手不爱足，膝不爱股，是谓逆天拂性者矣。

许氏说文解字以"信"训"诚"，"信"字以"人、言"，"人言则无不信"。朱子以真实无妄，天理之本然解"诚"之义。愚谓：心口无违，信也，言行一致，信也；惟人为然。诚字从言，信也，亦足以见其字之原义属人而已。所谓真实无妄者，亦止就人而言，若夫天理，本然而已，焉有真妄之可言？真妄云者，以夫人有涯之知，求识无涯之理，得其本然者为真，不得其本然者为妄；至若理之自身，初无真妄之别。是知号天理曰"诚"，乃以人拟天，以人之性比天地之理，法犹西国名学所谓比拟（analogy）者耳。

（4）"诚者自成"，犹言真理自为真理，自致其然，而莫或使之然也。是就天地之理之本然处言，静方面也。继而曰"道自道"，乃就其发动流行处言，动方面也。要之，一出于自然而已。

（5）"天地之道：其为物……"之物，指道之自身，犹云"其为道"耳。"其生物"之物，辄指天地枢机既动、层出无穷之万事万物，而其动静成毁，一循夫天地之道者也。天地之道不贰，言其系统一贯，即今世科学所谓自然之统一性（the uniformity of nature）也。唯其如此，乃能执因求果，以常衡变，以简驭繁，以总摄散。所谓"闭门造车，出户合辙"者，其故在此；时虽古往今来，地虽殊方异域，有所不能限之者矣。

（6）"生物不测"，乃天道不贰之所必至，何则？理之于事物，犹范之于器皿，一理之立，施设无穷，一范之成，陶铸万千。

博厚状地，高明状天，言其空间；悠久则兼状天地，言其时间。空间，物所托寄以存立；时间，物所因依以见其动静成毁。不得其因依，斯动静成毁莫由见，而物且不物，故曰："悠久，所以成物也"。无以为托寄，则物不能以徒存，故曰："博厚，所以载物也，高明，所以覆物也"。顾时间空间，亦必各有其一致之系统；而时不离空，空不离时，则其交流之间，又复相调相剂，而共成一系统焉。不然，则无以收其覆物、载物、成物之效。且夫形上之法则之行于宇宙之间，而为万事万物动静成毁之所率循而不悖者，辄与时空交流之系统相配合，否则事物之相为因果，然于古者未必然于今，然于中者未必然于外矣。故曰不贰之天道，今兹所谓自然之统一性者，必通形下之时空，与夫形上之法则而言也。

（7）天者，自然之天，命之为言，赋也；"天命"，犹云自然之所赋予。性，本能（capacity）也；本能禀于自然，为自然之所赋予，故曰"天命之谓性"。率，因也，循也；道者，本能之发展，而见于动静云为者也。动静云为，莫非本能之发展，是之谓率性；率性，斯为道矣。修，犹治也，去其障碍之谓也。本能之发展，犹苗之长，欲苗之长，必去其茅莠；欲本能之发展，必除其障碍。教之为事，无所用于外铄，但除其障碍，则本能自展，而收不教而能之效矣。盖不云"造道"，而云"修道"者，已足以见道本自存，本能原无已于发展，司教化者，特为之去其莽榛，使毋塞途，除其窒碍，俾免迟滞而已。

万物庶品，凡存立于天地之间者，莫不有性。在人曰本能，下而飞、走、爬、蠕，陆莳、水植，其所禀受于天，方之人之本能，特具体而微耳。即金石沙砾诸无生之伦，其动静流迁，亦各有其所受于天，而不可拂夺者焉，以视诸人，具体而微之又微也已。凡诸品物，各保其所禀受，而循之弗悖，是谓率性。若夫教之所及，亦犹是已。山鸡野豕，驯为家畜，施之以羁縻豢养之功，教也；下而炼金范土，亦教也。至若今世动植学家优生之术，可谓至矣。奚必于人而然哉？顾其为教，无论施之有生无生之伦，但见以利导而奏功，未闻资戕贼而成效者也。

笃而言之，《中庸》一书所反复叮咛者，修己治人之事，故其论性、论道、论教也，详于人，而略于物。而其论性也，发其居心；其论道也，议其行己；其论教也，详其治人。治人之途有二：曰政，曰教。教者，所以利导人之本能，积极方面之事；政者，所以防范本能发展之偏畸，消极方面之事；——以政行教，以教辅政，二者实收相剂相成之效。而政教不分，君师合一，斯又儒家言治之传统精神也。

夫《中庸》一书之论性，有如今世心理卫生学（Mental Hygiene）之所讲（孔孟发其端，宋明诸儒竟其绪，而蔚为大观矣）；其论道，则伦理学之所从事；其论教，则政治、教育二科当之矣。顾其言人事也，辄探诸自然，而求其据；其论形下也，辄溯乎形上，而奠之基。故其书以天道始，而以教化终。凡所涉之问题，若本体论，若宇宙观，若心理、若伦理、若政治、若教育，往往见其理极，而开后世之先河焉。

（8）诚者，理也。理共而事殊，理全而物曲；理，形而上者也，事若物，形而下者也。以共而全之形上之理，施于殊而曲之形下之事若物，则事之晦者彰，而物之昧者明，故曰："自诚明"。顾据理为推，以类相引，若甲乙并同于丙，因知甲乙同者，固本能之事，性分所当然，故曰："自诚明，谓之性"。"自诚明"，名学外籀（亦称演绎）之事也。所谓"自明诚"者，察乎殊事殊物，得其一曲之情，形下之性，而会其通，知其全，而达于形上之理；此名学内籀（亦称归纳）之功，教之能事，端在此矣，故曰："自明诚，谓之教。"夫教育贵经验，经验云者，就耳目之所经，验其所以然之故，然后运其思虑，会而通之，以成共理、公例；理例既成，转而操之，以御万变，逆未然，所施无穷，而人事利矣。"明则诚"者，察于殊事殊物，而通乎共理公例，所谓"下学而上达"也。"诚则明"者，既通夫共理公例，所未察者亦不待察而能明；"至诚之道，可以前知"，此之谓也。

（9）性虽人物所同具，然其在物也，或无动作知觉，如木石然，一循质力之律例（chemical and physical laws）；或冥顽不灵，若禽兽者，一循生理之律例（biological laws）。独其在人，则质力生理为之胚胎，进而臻于自觉（self-conscious）之境。自觉云者，觉夫己与物对，而知识之事兴焉。"诚之"者，求知天地万物之理，而以己之动静云为准之也；唯自觉者能之，故曰"人之道也"。

在人，率性之事，实苞"诚之"之事，何则？人之于性，知之而循之，诚之之事，发于内者也；物之于性，不之知，莫之循，而循之，自外铄之也。

（10）喜、怒、哀、乐，情也。未发之前，有其将发之势存焉，是为性，吾党所谓本能者也。本能，人所固有，未见于思虑云为，是为未发。未发谓之中者，生理心理之本然，无过不及之弊。发，必有其对象，必有其程度，得其对象，斯不偏倚，合其程度，斯无过不及，是为中节，中节谓之和。性情之中和，而为天下之大本达道者，盖推己以及人，自我而济物，其效有如此者，是乃儒者之业，人之所以为人也。且其论诚之功也，则曰，"非自成己而已也，所以成物也"；又曰，"成己，仁也，成物，知也，性之德也"。成己之为仁，成物之为知，皆性分之本然，固有之德也。推而出之，致其在己之中和，而成在物之中和，使物各尽其性，各得其情，其效归于"天地位，万物育"，所谓"赞天地之化育"者，至矣。

（11）此所谓道，人物云为动静所必循之法则，所谓秩序者也。无秩序，则物且不物；反之，有斯物，辄有其所以为斯物之秩序，前贤所谓"有物有则"，是也。物不能无道，道不能离物，故曰，"可离，非道也"。物，形而下者也，故可睹、可闻；道，形而上者也，故不可睹、不可闻。君子，学道之人也。学道之人，知道之无所不在，而又不可睹、不可闻，可睹可闻者易见，不可睹不可闻者难明而易忽也，故于其所不睹所不闻，常存戒慎恐惧之心，唯恐于道有所遗也。

（12）隐且微者，耳目所不能接，形上之道也；而寻常所谓见且显者，耳所闻，目所睹，形下之器也。顾是隐且微者既明，乃见其为天下万世之共理公例，斯其显见之效，有非一事一物，耳目之所闻见者，所可企及者矣；故曰："莫见乎隐，莫显乎微。"共理公例，既若隐而实见，似微而诚显，则知无对己而为独、待人而为群、接物而为偶，是共理公例者在在行乎其间，而昭如日月，然则暗室之中，且若有日月焉照临其上，而无所逃于顺天者存、逆天者亡，合理者兴、悖理者败之公例也。此学道之士所以必慎乎其独也。

（13）费者，众事众物，隐者，其所以然之理；费者，礼乐制度，隐者，其所以制作之意。文物制度固繁，要有形象可求，故虽常人之愚不肖，亦足以知之行之；至若其理若意，则微妙幽眇，虽以圣人之知能，犹有所不能尽焉。且夫事物虽众，犹造化之一曲耳，至其所以然之理，所率循之道，则举造化之全体而苞之，宜乎事物之易知易能，而道理之难明难行也。况夫道理之所苞，虽天地犹若不足以尽之者，故曰："天地之大，人犹有所憾。""天地"，犹今世术语所谓日局（亦称太阳系，the solar system）者也。"天地之大，人犹有所憾"，犹言日局之外，别有宇宙云者，故继之则曰："语大，天下莫能载焉。""语小，天下莫能破焉"一语，则又暗合于莫破质点（the atoms）之说；莫破质点，俨成小宇宙（microcosmos），拟于大宇宙（macrocosmos）焉。凡此至大无外、至小无内之境，皆道之所达，而无遗也。"君子之道造端乎夫妇，及其至也，察乎天地"云者，盖谓学问之事，始于人伦日用之间，至而究极乎天地之道、宇宙之理。顾其"造端"与"及至"也，其间积渐寖假之途，乃成一贯之统系焉。

（14）"道不远人"者，道本乎性，性，人所固有，为道，率性而已，奚其远人为？盖夫一人之身，粗而言之，其坐卧走趋，力学（Physics）之理见焉，其饮食消化，质学（Chemistry）之理见焉，其新陈代谢，生学（Biology）之理见焉，精而言之，其知觉思虑，心学（Psychology）之理见焉，其避苦就乐、好善而恶恶，人伦义理之学（Ethics）之公例见焉；然则力、质、生、心，向所判为四科而分治者，统于一人之身，见其共理公例焉，谓之远人可乎？执柯伐木以为柯，其则不在所伐之木，而在所执之柯，故必睨而视之，犹有以为远者。若夫治人之事，其则乃在其人之身，不假外求，但使去其害性妨能之事，则其性将自尽，其能将自展，而无不善者矣。故曰:"以人治人,改而止"。盖前后两"人"字,意同属于一人,犹云"以其人之道,还治其人之身"。"改"者,改自己,非改于人也。是以政教之事,在于开导其民人,使之有以自去其害性妨能之事而已,自此以往,且听其性能之发舒,而收自谋多福之效焉。此其说与西哲杜威之论民主主义之教育,以教育为人格之生长(education as growth),其能事在于辅成本能之发展者,有不谋而合者焉。"忠恕"云者,尽己之谓,推己及人之谓。尽己之性,知其所趋避好恶,然后本诸己而推之以及人,则于人无逆性悖情之事,人皆心悦诚服,而乐与之为善矣。只云"己所不愿勿施于人",不云"己之所愿务施于人"者,盖人之好善谁不如我,我之所愿,政亦人之所愿,在我但不以己所不愿者施诸人而戕贼人之性,馀则任其自谋可耳,固无待于我为之代庖也。

(15)素者"平素",犹平常也;"素其位而行",安于平常所处之境,而为其所当为也。"不愿乎其外"者,无所冀于意外,而图非常之功也。凡富贵、贫贱、夷狄、患难,苟其处境之常,则亦行乎其常而已;反常则逾分,逾分则矫情,矫情则拂性,拂性而自得者,未之有也。盖人生于世,各尽其性,各展其能,无所用于侵陵攀缘,是为正己,正己犹尽职也,斯在我者无以复加;至若富贵、贫贱、夷狄、患难,则天所予我之分,予夺之机,在天而不在我,顺耶逆耶,受之而已,怨尤何益? 故善处世者,辄"居易以俟命"。"居易",犹云"我行我素",不逾分之谓;"俟命"云者,一任自然之安排,而顺受之之谓也。不善处世者则不然,恒"行险以侥幸"。"行险",出于分外之途,"侥幸",冀乎意外之功。不知性之已尽,能之既展,而所得于天之分与之称者,天道之常。纵有不然,如世所谓为善而蒙祸、为恶而侥福者,要之,非其性有所不尽,其能有所未展,则知之未精,虑之弗审,而所谓祸福者,未得其真,未计其详耳。且求诚之事日进，斯尽性之功日深，而所以制自然、利人事者，其效亦日著。独不观乎今世科学昌明之国之民，其求诚尽性之事，如树艺然，种瓜得瓜，种豆得豆，其因果之相求，可以乘除计也。呜呼！此非可以一二语尽，复未易与不知者言也。

（16）道犹路也，为道如行路焉，路有远、近、高、卑，道有浅、深、难、易。由浅而深，自易而难，自然之序也；顺乎自然之序，而无躐等越级之为，则深者有时而至，难者寖假而达。所谓深浅难易之序云何？曰："造端乎夫妇，及其至也，察乎天地"；曰："能尽其性，则能尽人之性，能尽人之性，则能尽物之性，能尽物之性，则可以赞天地之化育"。

（17）达者通也，道犹路也，达道犹通路也。"天下之达道五"，犹云万方万民所共由之路有五。五者亦称五伦。伦，即今世术语所谓"关系"者也。意谓人类于此五种关系之中，发展其性能也。古今政制，君民异主，此特形式之殊，揆其精神，国与民之关系，古今未尝异也，然则君臣之伦，国与民之关系耳。父子、夫妇、昆弟，家庭之关系也；若夫朋友，则社会之关系已。故曰，人类之关系，国、家、社会，三者尽之矣。尽其性，展其能，俾是五者之关系臻于美备之境，则国治，天下平，而人道进矣。所以行此达道者，为达德。达德云者，人所同得于天之本能，性之所固有，属内者也。达道，则人受生于宇宙间，所践履之途，属外者也。以此达德行此达道，斯天职尽，而人事备矣。知之为德，所以辨是非，别善恶，于以明伦理者也；仁之为德，所以善恶相感，欣戚相通，于以系人伦者也；勇之为德，所以强固其感通，而持之弗坠者也。要而言之，知者判别之能，仁者感通之性，勇者推动之力。非知，无以见伦理之当然；不仁，则伦涣；无勇，则人伦之事不行。故朱子曰："知，所以知此也；仁，所以体此也；勇，所以强此也。"而"体"字尤堪玩味，体者，犹口语所称"体会"、"体贴"，皆谓以我之身设人之身，恍如二身相会合，相贴附，而痛痒之感若在一身焉者。此之谓"感通"，今世术语谓之"同情心"。同情心者，英语谓之 aympathy，源于希腊语之 συμπάθεια；συν 者言"与"言"共"，παθεια 根于 παθεĩα，感也，受也，合之，犹云"感受与共"，痛痒相关之谓也。夫如是，有不啻一身同体者矣。故言人伦，而标仁字之义，则身分彼此者，心相感通，若一体然；至张横渠言"民吾同胞，物吾与也"，可谓揭之如日月矣。且古者有事君如父、移孝作忠之言，故君亦称"君父"；又有视臣如子之义，故臣亦称"臣子"。是以国为家，民之于国，如处一家之中，故先王以孝治天下，而天子有家天下之言。至若朋友之交，《记》有之曰："年长以倍，则父事之；十年以长，则兄事之；五年以长，则肩随之。"父之行，以伯叔称；子之辈，以子侄呼。则社会犹家庭也。此非私邦国而狭社会也，盖唯以邦国社会为一家，然后其民相亲爱，而善恶相感，苦乐相通。此吾儒言仁之实也。达德三，而所以行之者一。一者何？朱子以诚当之，是也。盖下文有云："在下位不获乎上，民不可得而治矣；获乎上有道，不信乎朋友，不获乎上矣；信乎朋友有道，不顺乎亲，不信乎朋友矣；顺乎亲有道，反诸身不诚，不顺乎亲矣。"所谓在下位获乎上者，君臣之伦所有事也；信乎朋友，朋友之伦所有事也；顺乎亲，父子之伦，推而至于夫妇、昆弟之伦所有事也；而顺亲之道在于反身而诚。获乎上基于信乎友，信乎友基于顺乎亲，顺乎亲基于反身而诚——于斯可见，行夫五伦之事，出于知、仁、勇之途固矣，苟不一贯之以诚，亦复无济也已。诚者，口语所谓"认真"也。认之为言，识也。识理必真，知之事也；既识其理，复以真实不苟之态度推而行之，行之事也。知、仁、勇三者，一出于诚，则所以为知无不真，所以求仁无不实，所以行勇无不当，而所施于五伦之事，无不美备矣。

（18）寻常之人，于心、身、内、外之境物事情，必心经身践，然后知之能之，甘辛自尝，利害自当，故其用心也苦，其致力也勤，此之谓"困""勉"者也。稍进而取资于他人之经验，假见闻以为知，凭仿效以为能，所谓学知者，学而斯知，知而遂能，不困不勉，所谓"利"也。上焉者，既无待于经历践履，复不假乎闻见仿效，潜思默察，会而通之，而触类旁及，施于实事实物，有如不学而知、不习而能，此之谓"生知""安行"者矣。是三等者，其为知有难易，及其知之，同此天地之理，固皆性分之所能知，故曰"及其知之一也"；其为能有迟速，逮其能之，同此人物之事，固皆性分之所可能，故曰"及其成功一也"。虽然，是三等者，其所树立，固各不同：生知安行者，其处心积虑，往往见极，不可复遥，为天下后世法，所谓"百世以俟圣人而不惑"者也。若中国之孔、墨、老、庄、孟、荀，若希腊之苏格拉底、柏拉图、亚里士多德，若印度之释迦牟尼，若希伯来之耶稣基督，若亚拉伯之穆罕默德，皆所谓模范群伦、师表万世者已。若夫学知利行者，亦不失为一代一方之豪杰、一国一族之领袖，所谓治人者也。至于困知勉行者，其受生于宇宙之内，托身于人群之中，犹足以存己而利人，与群为相生相养之事，所谓治于人者也。

（19）"好问而好察迩言"，乃求知之事，今世术语所谓"实地调查"者也。"隐恶而扬善"者，盖喜誉人之常情，扬人之善言善行，则善言愈布，善行愈行，劝善之功莫此若也；隐人之恶言恶行，所以保其羞恶之心，俾毋陷于自暴自弃也。且人言之善者而扬之，人益乐告之以善，而我收其辅益之效；人言之恶者而隐之，则人不忸怩而弗我告，我获施其规劝之功。况恶言恶事之传播，如水火然，今世心理学所谓"暗示"（suggestion）之力，尤须防也。故先王为政，轻于用刑，而重于劝善，盖于人情，知之深矣。"执其两端，用其中于民"者，盖不及之政，固不足以利民，而太过之政，其民之智力或不足以与行，窒碍必多，终且反利而为害。若宋王荆公之行新政，辄坐其用智过高，而其时之民，识度不足与收其利，反致困民而败事。盖为政在于宜民而已，宜民者中，不然，则皆过不及；而宜民与否，乃视其时之民之识度智力为何如耳。故圣人为政，无所用其智，但因其民之智而利导输瀹之，使收水到渠成之利，而天下自臻于郅治之域。此所谓王者之治，治成于下，故其治可久。非若图霸之君之以政临民，其国之治，由于民之奉法畏刑，法弊刑弛，斯人存政举、人亡政息之效立见。间尝论吾伦所谓王政，法虽以君临民，其意则与民主（democracy）之治暗合，何则？以其教化为本，法制为末，上无为而下自治，故也。若夫霸政，则与近今所谓独裁（dictatorship）之治相仿佛；盖其为政，以霸者之野心为所祈向，然后张其法制之机以驱策其民，使民以上之好恶为好恶，其智力思路，弗得自由发舒，而日趋于沉滞之途。此其国虽幸而徼一日之富强，不幸而屈于外侮，斯无以持其后，而一蹶不能复振；盖其民平日只知受治而不知自治，一朝临患难，则向者既未预其虑始，辄无以为图终，而受命者不复能令矣。

（20）择乎中庸，知之事也。中庸有待于择，学知者也。择，而弗失之，是资于学，而后能行。顾能拳拳服膺，斯则利于所学，而绰然有以施之于行。此可见其因学以为知，然后利于所学而有以为行也。方之大舜之从容执其两端、用其中于民者，逊一筹矣；故曰，大舜生知安行，而颜回学知利行者也。

（21）"宽柔以教，不报无道"者，人以力来，我以德往。以云为政，则资于教化，而无取于刑罚。以刑临民，民畏刑而思苟免，非所以养其羞恶之心，故曰"民免而无耻"（《论语·为政篇》）；以德化民，则民改于本心，自不忍于为恶，故曰"有耻且格"（《论语·为政篇》）。格者正也，政之为言亦正也；正民之心，民将自拔于罪恶，无所用乎刑罚矣。正民之心，教育尚焉。故愚谓泰西民主之国，其民守法若出天性者，关键不在其法之森严，而在教育之遍施深入；盖法虽备，无如民心之狡黠何，教育无功，民心不正，将法之防于此者，无以防乎彼，警其十百者，无以警其千万，而执法之人，且席不暇暖，突不得黔矣。"和"者，喜怒哀乐发而中节之和；流则同流合污之谓也。君子固非无情，其情之发无过不及，使人望之，但见其和蔼可亲而已；顾又凛然不可犯，弗屑与众人同流合污。故曰："和而不流"。"中立而不倚"者，一守中庸之道，不以好恶之私而有所偏倚也。"塞"者固也，其所固执而弗失者，所谓"平生操"也。"国有道，不变塞"者，得意，不易其平生之操；"国无道，至死不变"者，失意亦然，生死非所计也。故曰："贫贱不能移，威武不能屈"（《孟子·滕文公下》）。要之，所谓"宽柔以教"，所谓"和而不流"，所谓"中立不倚"，所谓"不变塞"，皆强之得其中者也；若夫"衽金革，死而不厌"，则过矣。后者小勇，匹夫之勇，敌一人者也；前者大勇，仁者之勇，敌天下者也。

（22）生知安行之圣人，知仁勇三德，皆自完于其性分之中。唯学知利行以下，其性分之明或蔽于物，而其知有不尽，其天赋之能或限于境，而其行有未至，得其次焉，亦有以几及夫三德，故曰"近"也。好学未为知，然有以祛愚而寖及于知；力行未为仁，然有以制私而渐至于仁；知耻不为勇，然足以起懦而为勇。且学而云好，有可说焉：好者，如好好色，心诚悦之，无所为而然；"好学"，犹今恒言所谓"为学问而学问"者也。此纯粹求知之事，中人以下，必若是乃有以致其知，故曰"好学近乎知"。说文："仁，亲也；从人二"。段注引古书"人耦"，按曰："人耦，犹言尔我亲密之词。

独则无耦，耦则相亲，故其字从人二"。是知仁者，人与人相处之道，道见乎事，事成于为，故仁者属行。力行所以为仁，故曰"力行近乎仁"。我与人并存于天地之间，我欲立，人亦欲立，则人我之间，各有其存立之分量，相对待而不相侵蚀，于是伦理兴焉。伦理者，所以定人与人之关系也。关系得其宜，则我立而人亦立；我立而人不立，抑人立而我不立，斯耻辱之念生。知所耻辱，奋起而改善人我之关系，勇之事也，故曰"知耻近乎勇"。此皆为中人以下说法也。上焉者，身不修而自修。中人以下，有待于修身，知此三近者；亦足以为修身之途术。己之身与人之身，同此性也，故知所以修身，则知所以治人；治人非他，修人之身而已，修人之身，犹修己身也。天下国家，人之积耳，既知治人，则知所以治天下国家，盖众寡虽殊，其理一也。

（23）德性者，人所受于天之天明、天能，知、仁、勇是矣。知，天明也；仁与勇，则天能已。天明、天能，在心之德；德之为言，得也，得于天而为性者也。施于众事众物，则为知为行，而学问之事以兴。大之天地万物之位育，小之一草一虫之化生，远之日月星辰之运行，近之人伦事理之得失，学问之事莫不达焉。知之所及，无远近大小；若仁与勇，则尤于人伦日用之间见其功焉。德性内，而学问外；德性共，而学问殊；德性总，而学问散；德性悬（abstract），而学问察（concrete）；德性重推理，学问重经验；德性外籀之事，学问内籀之事。二者相资为用，相辅而相成。故孔子曰："学而不思，则罔；思而不学，则殆。"（《论语·为政篇》）罔者，头绪纷纭，茫无指归之谓；殆者，空悬理想，不得实证之谓。学加以思，犹土入型而成器；思济以学，如镕得金而见形。而中庸言"尊德性"，则继之以"道问学"。尊者，奉持之意，道者，推行之谓。奉持于心性之中，毋使之涸滞泯灭；推行于事物之间，而见其条理、秩序。顾在心之性，在事在物之理，唯其同源也，故能内外相合，若符之与节焉。尊德性，而涵泳扩充之，则天下之理洞彻于心，而有广大高明之识。广大高明，所以喻时间空间，盖唯识度理解，为能旷古今中外，与时空拟长比久。识度理解，虽致极其广大高明，顾其施于接物而为知也，则纤介不遗，运于处事而为行也，则无过不及。内外、深浅、远近、大小，并存而无所偏倚，故言"致广大"、"极高明"，则继之以"尽精微"、"道中庸"。是乃儒家之根本精神，抑亦中庸之真意也欤？所谓"温故而知新"者，温，犹习也，习其故所知者，而融会其理，然后运之于新事新物，则所不知者自知，所未识者自识；此举一反三之效，名学外籀之功也。礼者，事之节文也，末也。礼失其本，则虚；举其节文，而遗其义理，则伪。"敦厚以崇礼"者，敦礼之本，其义理涵泳于中，然后发诸外而为升降揖让之节文，将自见其尊重而笃实焉。今夫"亲亲之杀，尊贤之等，礼所生也"，苟不亲亲尊贤，而徒节文乎其等杀之间，亦见其无用也已。

（24）道者，宇宙万物动静成毁所必循之轨范，在人，则存于日用之间；举凡思虑云为，莫能离乎道也。唯其平易而切实也，知者贤者，辄以是为不足知不足行，而骛其艰深幽眇，遂流于索隐行怪，此皆用智太高之过也。愚不肖者，其知其力又不足以知此行此，往往人伦日用之间，思虑云为之际，背道而逆理。不知六合之内，所以为弥纶经纪，有其至当不易之正道定理存焉，此即所谓中庸者矣。朱子以"不偏不倚、无过不及"训"中"，以"平常"训"庸"，可谓见极之言，不可复遥也已。唯其至当，所以不偏不倚、无过不及。唯其不易，所以必得其平（in a state of equilibrium）；得其平，然后能常；常，恒久也。今夫天地之间，上而日月星辰之所以运行不息，下而万物庶品之所以生生无穷，亦以有至当不易之法则行乎其间，常持其平而弗坠耳。故以中庸状道，可谓毕尽其情，而悉得其态者矣。夫道，无远近、高卑、深浅、难易，唯当而已；取其远者、高者、深者、难者，而遗其近者、卑者、浅者、易者，则过；详于近者、卑者、浅者、易者，而略于远者、高者、深者、难者，则不及；——过与不及，皆偏皆倚，君子不取焉。且庸者，用也，正道至理莫不可用，亦在及其时、适其境、得其人、称其事耳。故理或无所用于古，而大用于今，及其时也；不行于中，而行于外，适其境也；不施于甲，而施于乙，得其人也；不见于此，而见于彼，称其事也；远近、高卑、深浅、难易云乎哉？

（25）孟子曰："孔子之去齐，接淅而行；去鲁，曰：'迟迟吾行也。'去父母国之道也。可以速而速，可以久而久，可以处而处，可以仕而仕，孔子也"。又曰："孔子，圣之时者也"（《孟子·万章下》）。夫去齐去鲁，同是去耳，而一速一迟；其速也宜，其迟也亦宜，皆得其"中"而已矣。是知人事之"中"，原无定体，亦视其用为何如，往往因时、因地、因人、因事，而不同焉；此即所谓"时中"者已。"时中"云者，因时制宜之谓；"圣之时"，今之恒言所谓"识时务"，所谓"具时代眼光"者也。人事之"中"如此，自然之"中"则何如？曰，自然固有其至道定理，是即自然之"中"；顾以人求之，其所得辄因时代之变迁，环境之转移，民智之演进，而互异焉。如百年以往，柰端之公例，畴人子弟所拳拳服膺者也，自爱因斯坦者出，其相对论遂起而代之矣。则往于天文学所谓"中"者，今即非"中"，焉知今之所谓"中"者，后之人不以非"中"目之，而复有其继起而代之者乎？由斯而言，无自然人事，"时中"之义大矣。孔子曰："生乎今之世，反古之道，如此者，灾及其身者也。"（《中庸·朱子章句》第二十八章）观乎此语，焉谓吾儒守旧也哉？"时中"之义既若斯其重矣，宜乎学道之君子奉持而弗敢坠也。小人之反中庸而无忌惮也，以其每思行险以侥幸，不知形形色色、芸芸扰扰之中，有至道定理焉，视之不见，听之不闻，而自然人事赖以维系纲纪，顺之则昌，逆之则亡，所谓"天网恢恢，疏而不失"者也。

（26）"中庸"二字，实兼在天之道，与在人之德而言。天地之道，乃至当不易之法则，行乎宇宙之间者也。唯其至当，所以无过不及；只此一境，及之，则为"中"，是以云"至"，"至"者，及也。此道也，人得之而为德，可谓知行之功之极致，无以复加者矣，故"至"又言极。在道之"及"与在德之"极"；二义，"至"字兼之矣，故《论语》记孔子之言，则曰："中庸之为德，其至矣乎。"（《雍也篇》）唯中庸之德，在人为极致而无以复加之功，故齐民能之者鲜，为时亦已久矣。

（27）君子学道之士，其思虑云为，莫不以道为准；道，中庸也，故曰"君子中庸"。小人则反是，故曰"小人反中庸"。

（28）中庸所以不可能者，正以"时中"之难。一事之为，而求其得其体、及其时、适其境、宜其人，辄有须于知仁勇三德：知以辨之，仁以行之，勇以成之。而此三德之养成，复有待于立诚工夫："戒慎"、"恐惧"、"内省"、"无恶"，其事甚费，作圣之功也。若夫蹈白刃，匹夫之勇足以为之；辞爵禄，狷介之操亦能行之；均天下国家，南面之才且优为之，非若中庸之道之为天下万世法也。夫中庸于人事之难也既如此，于天道，其难有甚乎此者焉：天地之大，无所不包，其至道定理，大则一贯，小则无遗，以人之知力当之，直如瀛渴之水之于大江，挂一漏万，亦常事耳。故一时一地一人之发现，往往偏之又偏，即一代一方一族所奉持以为至道定理者，隔代殊方异族之人视之，辄非至道定理。然则是至道定理，所谓不偏之"中"、不易之"庸"者，有是处乎？果可求乎？曰有，特见之而未真耳；曰可求，特求之而未得其全耳。未真者见而弥真，不全者求而愈全，积千万人累百世之知虑，孜孜矻矻，前进无疆，庶几天人日近，宇宙之秘缄渐启，而天行顺、人事利矣。此吾儒之理想，亦见其用心之积极也。

寻常之人，往往自以为知，顾攫罟陷阱当前，而不知避，择乎中庸，而不能期月守之。夫世之罟攫陷阱多矣，岂必淹然深然者哉？人而不知戒慎恐惧，则逆天拂性，自作其孽，方诸禽兽之自投罟攫陷阱，相去亦几希已。择乎中庸，而不能期月守者，知有以及之，而仁不足以行之，勇不足以持之也。故徒知不足，必济之以仁勇；乃见知行二者不可偏废，畸重畸轻，皆非中庸之道也已。

（29）"戒慎乎其所不睹，恐惧乎其所不闻"，求诚之事也。诚，真理也；真理，形而上者也，故非耳目所能接，唯心之官有以识之。心常戒慎恐惧其所不睹不闻，即今术语所谓集中注意力于真理也；久之，则心习成，一念一虑，莫非真理，此即大学所谓"意诚"者矣。意诚则心正，心正则身修，行己之能事尽矣。

（30）此引诗以见有于中者，必形诸外，而天地鬼神人物之不可欺，所谓"微之显、诚之不可掩"（《朱子章句》第十六章）者也。疚，病也；"内省不疚"，犹言无愧于心，即中庸所谓反身而诚（《朱子章句》第二十章），孟子所谓"自反而缩"（《公孙丑上》）者也；"志"者，今世术语所谓动机也；"无恶于志"，犹言动机善也。于斯可见，吾儒言道德，重在动机；动机善，则行为之善乃非偶然，而可久也。君子，学道而有德之人也。有德之人所以异于常人者，在其动机无不善，常人则不然，故曰："君子之所不可及者，其唯人之所不见乎。"所不见，其动机也；所见，其行为也。小人之行为有时而善，苟不问其动机，亦何以异于君子？故君子小人之分，乃在君子之动机与行为并善，而小人之行为偶有善者，其动机则无不恶者也。

（31）《说文》："骄……一曰野马"；段注云："凡骄恣之义当由此引申"。愚谓野马者未驯之马，引申之义，凡放纵而不守分者皆谓之野。"倍"字，说文："反也"；段氏注曰："引申之为加倍之倍，以反者覆也，覆之则有二面，故二之曰倍。"则"倍"字亦有逾等越分之意。"居上不骄，为下不倍"，"不骄"与"不倍"对举，盖云上下各守其职分之常，上不侵陵，而下不攀缘也。且凡逾等越分者，其心以为己之知能有不止此者，而必欲兼他人之职分以为己功，于是出于侵陵攀缘，而不循乎性分之自然发展；此天下之所以乱也。"国有道，其言足以兴"者，国治，其言行有以自擢；"国无道，其默足以容"者，国乱，其静默有以自免于祸也。盖人之大患在掠人之美，苟能安分守己，则其穷通显晦，皆其性分之知能所自致，于人无侵陵攀缘，而招掠美之怨，贾祸之端莫由启也。故诗曰："既明且哲，以保其身。"盖人莫不欲保其身，保己身而出于骄下倍上，则上下皆与之为敌，岌岌乎难于自保矣。

（32）文武之政，其典章制度，俱有文献存焉，顾其人云亡，斯其政不举，此盖人治之主张也。敏，速也。"人道敏政，地道敏树"，谓得其人，则其政之行也速，得其地，斯树艺之功易成。蒲卢，易生之草；政犹卢，是为政无难，亦在得人否耳。今以地喻人，以树艺喻为政，其中有深义焉：夫树艺之事，有要素三，农夫、种子、土田是矣。农夫不工，则择种不良；农夫工矣，种子良矣，而土田之肥瘠不宜，斯垦植之事徒为；顾土田之肥瘠，又视农夫灌溉之功为何如也。君上，犹农夫也；礼乐制度，其种子也；人民，则土田矣。为君者不得其人，则礼乐不兴，制度不举；民质不良，斯礼乐制度为虚设；然民质之良莠，乃在人君教养之功为何如耳。于是可知"为政在人"之"人"，通上下而言，所谓治人与治于人者也。治人者既得其人，乃其事在于施政教民：政不施，则其民无以教；民不教，斯其政莫能施；二者互为因果，相辅而相成也。且夫治人之人必皆出于治于人者，教养无功，则治于人者无良而悉莠，将治人者莫能得其人；治人者非其人，教养之事益无功矣；二者又互为因果，相辅而相成也。以愚观之，此为政之事之所以似易而实难也。

（33）人治主义之政治在于得人，而得人之术在于以类相引，故曰"取人以身"。身不修，则所汲引之人必皆小人而无君子，是以修身尚焉。修身之途何由？曰，在于明夫天地人物之理，藉知己身存立天地之间，其职分为何如也。顾人之所以为人，有其所独得于天地之道以为德者，所谓"仁"者是矣，故曰，"仁者人也"。"仁"即人德，人德出于天道，乃天道之一曲，正犹人之为天地万物之一种也。"君子"，治人之人，亦即有德之人，以治人之人必有德者然后可也。治人者必先自治其身，故曰，"君子不可以不修身"，修即治也。修身在于培养人德，成仁是已。成仁之事在正五伦，五伦始于父子，故曰，"思修身，不可以不事亲"。父母亦人耳，不知人之性情，则亦无以得父母之欢，故曰，"思事亲，不可以不知人"。人者天地所生，人之性情出于天地之道，故曰，"思知人，不可以不知天"。

（34）礼者，人事之节文，人事尽于五伦，故曰，礼者，五伦之秩序。五伦通上下者也，故礼通上下：上自天子，下及庶人，一是以礼为准，莫之能悖也。度者法度，为君者所制作以施行其政教于其民者也。文，文献也；考文者，考察前代文献，据古以鉴今也。天子者，万民之君师；议礼、制度、考文，君师之事，"非天子，不议礼，不制度，不考文"者，"不在其位，不谋其政"（《论语·泰伯篇》）之谓也。无德得位，则为君者不足以为师，故不敢作礼乐，以礼乐者教民之具；犹农夫不工，则不能择种，抑择焉不良，亦无以收蕃殖之效也。有德而不在位，则为师者不为君，不操政教之柄，无所用于制作礼乐以为教民之具。于斯可见以君兼师之不易，往往有名而无实。此尚贤政治之所以难能可贵，而西哲柏拉图之所以以哲人帝王（The Philosopher King）为郅治之最高理想也。

（35）"君子"，有德而在位者；"道"，其所施行之政教，其节目则在议礼、制度、考文之间也。君子学道而有德，德者得于己，故曰"本诸身"。君子修己而治人，故言"本诸身"，辄继之以"征诸庶民"。"征诸庶民"者，征求民意，察其向背，俾推行无阻，而人事利也。"考诸三王而不缪"者，以前代之政事为参考，以期无违历史之公例也。"天地"，自然也；"鬼神"，自然之表现，所谓"造化之迹"（程朱之解）也。"建诸天地而不悖，质诸鬼神而无疑"者，人事而求自然之根据，所谓不逆天也。盖人，自然之一境，人事，天道之一曲；人事不本天道，是为逆天，无有不败者也。顺乎自然矣，又必合于人性；合人性者为知人。人无古今，其性一也，故能"百世以俟圣人而不惑"；盖其间因果之相寻察之已审，则据今以知来，固亦无难也已。

（36）达道，君臣、父子、夫妇、昆弟、朋友，所谓五伦者是。达德，则知、仁、勇。一者，诚也。已于第 17 条详之，兹不复赘。

（37）经，常也；九经，犹言九政。"凡为天下国家有九经"，谓治国平天下有经常之政事九。天下，国之合；国，家之积；家，身之聚；故为政始于身，终于天下。人治主义主以身作则，故先修身；修身有资于师友，故继之以尊贤；身既修，进而齐家，故次之以亲亲；再次而朝廷，而国，而天下；此其序也。亲亲，齐家之事；子庶民，来百工，治国之事；柔远人，怀诸侯，平天下之事；而尊贤所以助修身；敬大臣，体群臣，所以助治国平天下也。大臣皆一国之贤者，所以匡过辅治，有如良师益友，故曰敬；群臣所以供使令，犹四肢然，故曰体；而人君爱民如子，视国若家，故曰"子庶民"。"来百工"，即今所谓"奖励实业"，盖所以通有无，裕财用也。"柔远人"，即所谓"无忘宾旅"之意。诸侯，远人之领袖，外国之君长；怀者，来也，归也，又抱曰怀，同胞曰同怀。我与外国之君，虽相隔数千万里，而皆为天地所生，若同胞然，并居两间而牧斯民，如在宇宙之怀中者，苟存此心，则相与之间，以德不以力，而彼且自来自归矣。此吾儒天下观念与大同主义之本于同化，而不出于侵略也。

（38）道者为君之道，"修身，则道立"，谓经修治之功，知仁勇三德成于己：知足以临民，仁足以保民，勇足以兴利除害也。"尊贤，则不惑"，谓顾问有人，斯于理不昧，于事无疑。"亲亲，则诸父昆弟不怨"，谓皇亲国戚皆安于富贵；安于富贵，斯不弄权干政矣。"敬大臣，则不眩"，谓信任既笃，斯政得其人，事有专责，乃免紊乱迷眩之弊。"体群臣，则士之报礼重"，谓在朝之臣体恤周至，则在野之士闻其德，感其仁，遂起"盍兴乎来"之念，而乐为之报效焉。"子庶民，则百姓劝"，谓视民若子，则民亲上，相劝于善，而无倍畔之志矣。"来百工，则财用足"，谓百工备，所无，则自制之以为用，有余，则输之邻国以易其财，故财用恒足。"柔远人，则四方归之"，谓厚遇远方之人，则如孟子所云，"天下之旅皆悦而愿出于其路"（《孟子·公孙丑上》），匪惟如是，将"天下之农皆悦而愿耕于其野"（《孟子·公孙丑上》），"天下之民皆悦而愿为之氓"（《孟子·公孙丑上》）；此即今世所谓移民入境者众也。邻国之君，以德相与，则心悦诚服；其君如此，其民可知，故曰，"怀诸侯，则天下畏之"。

（39）"齐"者齐也，"明"者净也；"服"，装束也；"齐明盛服",谓整齐洁净,严其装束。礼者,人事之节文;"非礼不动",谓动静中节而有文采。"齐明盛服,非礼不动,所以修身",谓谨其容貌举止,则身不懈,寖假影响于中,而心正矣;心正身修,行己之事备焉。夫色与谗,女子与小人之所以蛊惑人也;贪货则丧志,贵德则好善;苟能心不受惑,志立而好善,则贤者愿与之友,而乐为之辅益,故曰:"去谗远色,贱货而贵德,所以劝贤也"。"尊其位,重其禄",所谓"亲之欲其贵,爱之欲其富"(《孟子·万章上》),"同其好恶",所谓"象忧亦忧,象喜亦喜"(《孟子·万章上》);夫如是,则所亲者分享其富贵安乐,无嫉妒之私,而不畔离矣。官者,事也;盛,犹大也,引申为重;任使,犹责任也。"官盛任使,所以劝大臣也",谓事重专责,责专则权一,权一则事易成,而功不分,人皆乐于效力矣。尽己之谓忠,心口无违、言行一致之谓信;忠见诸外,则所谓"赤诚相对"、"肝胆照人",益之以信,人莫不从;况茕茕士人,厚其糈禄,则事畜之资备,无内顾之忧,孰不投诚趋公?所谓"士之报礼重"者,此之谓矣;故曰:"忠信重禄,所以劝士也。""使",征徭役也;敛,赋税也。徭役之征以时,无妨农事;薄赋轻税,民之衣食足。且征役征税,皆扰民之事,时使薄敛,则扰民之事少,民得安居乐业,而亲上之心生,故曰:"时使薄敛,所以劝百姓也。""日省月试",谓以时考验其成绩;"既"读作"饩","饩禀称事",谓食与事称,功得其酬;——凡此皆所以奖励百工,使之勤于事而精于业,故曰"所以劝百工也"。"送往迎来",即所谓保护国际工商旅客也;"嘉善而矜不能",谓外国之人入吾境者,其所挟之技过我,我则嘉而纳之,其不及我者,不以我之所长而傲彼也;——夫如是,则外国之人皆愿游于其土,故曰:"送往迎来,嘉善而矜不能,所以柔远人也。""继绝世",为世系已斩之诸侯立嗣;"举废国",使既亡之国复于独立自主之地。乱,则为之平；危，则为之救。"朝聘以时"，谓使节来往以时；"厚往而薄来"，谓赠赍重而受礼轻。能如此，则外国之君感其仁、怀其德，倾心向慕，而投诚矣；故曰，"所以怀诸侯也"。

（40）九经，即前所谓九政：修身、尊贤、亲亲、敬大臣、体群臣、子庶民、来百工、柔远人、怀诸侯是已。一者，诚也，谓此九政，必以真理至道、诚实不苟之精神行之，然后可也。

"戒慎……"、"恐惧……"、"内省……"、"无恶……"，皆求诚立诚之事，已于第11、29、30各条详之矣。

（41）获，得也；获乎上，谓得在上者之信心也。"在下位不获乎上，民不可得而治"者，言为臣不得君上之信任，固无怪乎其下之民之不服。平日所常与往还之朋友不之信，斯无望乎君上之信任；骨肉手足之至亲，且不和顺怡悦，况朋友之较疏，安得而不疑之？亲爱之间，欲其和顺怡悦，则在我者，必先真实不欺。凡此皆将心比心之事，理势所固然者耳。至若诚身之术，则在明乎善恶之辨，洞识人伦日用之真理至道，然后以身准之，不使有毫末之差；斯其对人，乃能真实不欺，处乎骨肉手足之间，无损人利己之病，仁至义尽，而所亲莫不心悦而诚服之矣；故曰"反身不诚，不顺乎亲……不明乎善，不诚乎身"也。

（42）独居一室之中，面壁向隅之际，其处心积虑，无一隙之邪，则其立诚之功可谓至矣；故能不见于行动举止，而敬彻内外，不发于谈吐笑言，而信昭于人。上而事天，礼仪未设而神感格；下而临民，赏罚不加，而民劝畏。是治国不以政而以德，政之为用在于干涉，德之为功在于感人；故怀德不显，而民自化，所谓"不显惟德，百辟其刑之"也。其效乃至"笃恭而天下平"。"笃"，固也，厚也，引申之曰守曰保；敬发于外为恭。"敬"，诚于中也；诚即口语所谓"认真"（说见第17条末），"诚于中"，犹言"内心认真"。

然则敬者，内心认真之态，持己之诚也；此态发于外而为恭，"恭"者，"外面认真"之状，接物之诚也。守其诚于中，保其内心认真之态，谓之"笃恭"，即朱子所谓"不显其敬"者也。今夫诚于心者必形诸身，敬于内者必恭于外，欲其不显，有不可得者焉，于是持己之诚转而为接物之诚，诚彻内外，信昭而民服矣，故曰"笃恭而天下平"；此感通之功之极致也。"予怀明德，不大声以色"，声色虽微，有之，即犹未尽不显之能事。"德辅如毛，毛犹有伦"，"伦"，等也，比也；有等斯有类，有比则有方，不显之德，其妙有不止此者。唯圣人教民无类，化民无方，其效有如天地之覆载，无声无臭，而万汇亨、品物宁；不显之德于斯为极，而其妙用尽矣，至矣！此吾儒为治之理想在于法天，而一出于自然也。

（43）仁者，人之德，见于待人、处事、接物之间，则谓之为人之道。德者，得于天，人道，天道之一曲。其条目曰知、仁、勇：知所以判别，仁所以感通，勇所以推行（其说详于第17条）。待人、处事、接物三者，待人为本，则五伦尚焉。五伦始于父子、兄弟、君臣、夫妇、朋友，皆本此以为推，本根既固，枝叶自茂，故曰"亲亲为大"。待人、处事、接物之间，所以制裁而使之无过不及者，是为义；宜者，无过不及之谓；故曰"义者，宜也"。制裁之方，有非一己之知所能及者，则贤者之指导辅益，斯为要矣，故曰"尊贤为大"。而待人、处事、接物之间，有条理焉，其于待人之条理，分为隆杀等差，则礼生矣，故曰，"亲亲之杀，尊贤之等，礼所生也"。总而言之，仁者，夫人所以待人、处事、接物之道，体也；所以制裁此道之施行，而无过不及者，为义；此道行于待人之际，分为隆杀等差，而见其节文者，为礼；义与礼，皆仁之用也。仁者，通待人、处事、接物三者而言；至其用，则义亦兼是三者，独礼限于人与人相与之间，所谓待人者耳。顾皆以待人为经，处事接物为纬，待人为本，处事接物为末；此其大要也。

（44）经曰："夫孝，始于事亲……终于立身"，此常人之孝也；若夫圣人，则推其所以立己者以立人，以立天下之民，斯则所谓大孝者矣。夫舜，事亲之道尽，故"瞽瞍厎豫"（《孟子·离娄上》）；立身之事至，故"德为圣人"；推立己之事而立天下之民，故"尊为天子，富有四海之内"。富有四海之内，非以四海之富富其一人之身，乃以四海之富富夫四海之民，何则？其政教所施，有以使四海之民安居乐业，衣食裁足，夫非以四海之富富四海之民耶？匪宁一时一代而已也，其立己、立人、立天下之道，传之后代，而为万世之法则焉，故曰"宗庙飨之，子孙保之"。是以大德之人，"必得其位"，以立天下；"必得其禄"，以与万民共享其富；"必得其名，必得其寿"（寿者，非寿其身而已也，亦寿其道德功业，所谓不朽者已），以表率群伦、垂范后世；夫如此，为孝之能事尽矣。

（45）西哲杜威·约翰，于其《民主主义与教育》一书，论教育之能事，在使一国一族之后进，传授其先进之经验理想，而发明光大之，然后其国族之文明，有以保持而弗坠。此言与吾儒继志述事之旨颇合。孟子谓"不孝有三，无后为大"（《孟子·离娄上》），盖有后不徒以传其种类而已，抑亦重在继承先业，而发明光大之耳。故曰："父没观其行，三年无改于父之道，可谓孝矣。"（《论语·学而篇》）夫孝，仁之本也（有子曰："孝弟也者，其为仁之本与"）；仁之一义曰爱人，以今世术语出之，即所谓"同情心"也。同情心者，社会之所赖以縻系。古者以人君为縻系社会之枢纽，国族之所资以统一。大学谓"为人君止于仁"，盖人君不特以爱民为至善至美之德，尤在有以宣扬此德于万民（此君之所以兼师，政之所以合教也），使之相爱，而生同情之心。而为君行仁之端在孝，故曰"以孝治天下"；揆其用意，在使万民有以继述乃祖若父之志事耳。

匪宁人各继述其先人之志事已也，此特一身一家之私孝，孝之狭者耳；若夫通国之民继述其先民之志事，而保其教化于无穷，是孝之公之广，而亦仁之至者，何则？在此共同目标之下，用其至深至远之同情心故也。呜呼，我炎黄子孙所以历千万劫而依然有以自存于禹域之中者，岂不以此也哉，岂不以此也哉！

（46）践其位，谓居天子之位，所以临万民也；行其礼，奏其乐，所以宣扬其教化于天下也。宣扬教化，所以使民各知尊贤亲亲。尊贤之功，在于求师取友，以为修身之辅益；亲亲之效，在于用爱，充其同情之心以仁民爱物，而社会国家赖以縻系，先民之功德事业于焉保持而弗坠。顾其事有待于在上之君师身践躬行，以为表率，故必自敬其所尊，自爱其所亲，然后万民服其教，而化行矣。"事死如事生，事亡如事存"者，天子保其先公之志事，俾其子孙世守而毋忘也。进而教民皆事其死亡如生存，使能继述其先民之志事，发明而光大之，期其国族得以永存于大宇长宙之间。此则一国一族之君之大功大业；推其所以孝其先者，以孝其国其族之先，故曰"孝之至也"。宗庙之礼，天子所以祭其祖先。祭之为言，察也，以时省察，所以示追忆而不敢忘也。所追忆而不敢忘者，厥祖若宗之功业教化，以期世保，而发明光大之也。祭之的义，其在斯矣。天子祭其祖先，教民以保持其国族之文物声华而弗坠，孝于先民也。推此意而行郊社之礼，以祭天地，乃示不敢忘天地化育覆载之功，孝于天地也；孝于天地，夫非孝之至乎？"明乎郊社之礼、禘尝之义"，乃能教民充其尊亲之念为同情之心，而仁人爱物，于以保其国族之文明而弗坠，而有以自存于天地之间，故曰"治国其如示诸掌乎"。

（47）"末"犹言后也，终也；"武王末受命"，盖谓武王发政施仁，吊民伐罪，然后受命于天，终为天子也。"追王大王、王季，上祀先公以天子之礼……"云云，皆朱子所谓"葬用死者之爵，祭用生者之禄"。度其取义，有可说焉：夫葬之为言，藏也；祭之为言，察也。藏者，藏夫死者；察者，生者追忆其所藏，俾毋忘，省察其身心，期无忝，所谓"身体发肤受之父母，不敢毁伤……立身扬名，以显父母"者也。盖死者往矣，其言行功业皆为陈迹，则谨藏之而无失可矣，故葬以死者之爵，取弗改弗坠之义。若夫生者，则责在继述，继述，亦视其德力之所能，尽其分量焉耳，故祭用生者之禄，义取省察其心身之德力，自警惕奋勉，期无少懈，而极其能事也。"父母之丧，无贵贱一也"者，盖谓父母生育教养之德，其所以示不忘，而继述之者，无上下贵贱，莫不同也。推而至于一国一族之先民，乃其国其族之父母，其文物声华之传于后人，正后人生育教养之资，则所以示不忘，而继述之者，犹无上下之分、贵贱之别也。若夫"期之丧达乎大夫"，至诸侯而绝，斯则礼有隆杀等差，亦节文之义也已。

（48）舜之所以为大孝，已于第44条详之，今不复赘。

治平之事，父作之，己继之，斯无失先人之业，又有子焉而述之，则己之功亦得不坠；是不忝于先，复无负于后；承前启后，孝之大者，故曰"无忧"。

武王周公之孝，皆所谓善于继志述事者也；身居君师之位，不坠其先公之志事，有以发明光大之，以吊民伐罪，而王天下，斯其孝于厥祖若宗者，可谓至矣。进而施其政教于民，传之后世，是教天下后世无忘其先民之志事，以保其国族，是孝于其国族之祖宗，孝之大者也。更进而本其所以仁民者而爱物，使物各尽其性，各得其所，是赞天地之化育，孝于天地也。孝于天地，孝之至大无以复加者矣，故曰"达孝"；达者通也，达孝者，孝通天、地、人，普家、国、天下，而贯古、今、后世者也。

（49）解见第4条。

（50）至诚之人，其心身之所识所行，莫非真理，而所得于天之道以为德者，无不充实，于是知足以知其性分之当然，仁勇足以行之，以致乎其极，故曰"惟天下至诚为能尽其性"也。人之性犹己之性，则推其所以知己者以知人，所以立己者以立人，使人亦有以自知其性分之当然，而用其仁勇之功以行之，以致乎其极，斯则所谓"尽人之性"者矣。人与物皆天地之所生，俱禀天地之理以为性，既能知人之性，而使之各致乎其极，乃亦有以知物之性，而使之各得其所，故曰："能尽人之性，则能尽物之性"。尽物之性，使物各得其所，犹孟子所谓"不违农时"，"数罟不入洿池"，"斧斤以时入山林"（《孟子·梁惠王上》）者也；若夫谷与鱼鳖之不可胜食，材木之不可胜用，乃尽物之性之功，所谓"赞天地之化育"者，端在此矣。至如今世科学大昌，厥用大宏，于人则有优生之学，于动植则有牧畜树艺择种留良之术，他若名、数、质、力诸科之所施，乃有以上天入地，破山川之暌隔，变险为夷，脱路途之修阻，化远为近，其所以赞天地化育之功，方兴而未有艾也。参之为言，三也；能赞天地之化育，则可以与天地并立为三。古者谓天地人为三才，正至诚之所以首出庶物，而其教化所施，有以使夫蚩蚩噩噩，智瀹能展，寖至与天地同贵，顾不伟哉。

（51）"经"者常也，"大经"犹言达道，即君臣、父子、夫妇、兄弟、朋友，所谓"五常"者已。"经纶"，治丝之事，引申以喻治人之事；"经纶天下之大经"，谓理人事，以正五伦也。"大本"即所谓"中"（《中庸》第一章："中也者，天下之大本也"；可证），"中"犹"降衷"之"衷"，盖即天命之性；"立天下之大本"者，以教化之功，使民各正性命之谓也。"知天地之化育"者，言洞彻乎宇宙万物动静成毁之故，于以利人事，而收治平之效也。然所以为此者，皆由人君尽其性分之知能，至诚之功之所自致其然，故曰"夫焉有所倚"？

按《中庸》第二十二章谓"赞天地之化育"，此章则言"知天地之化育"，"赞"与"知"互用，盖知则能赞，赞则弥知，不知无以为赞，不赞亦莫能知，二者相为因果者也。

（52）诚者天之道，诚之者人之道，其说已于第3条详之，不复赘矣。"诚者不勉而中……"云云："不勉而中"，言行；"不思而得"，言知；"从容中道"，谓其于知于行，皆得中庸之道，自然而然，无所勉强。夫是之谓"圣"，圣者非他，其心身内外，思虑云为之间，莫非至道定理，所谓"诚者"，是已。至道定理，自其真实无妄之质而言，谓之诚；自其无过不及之态而言，谓之中庸，其实一耳。"诚之者"，其心身之思虑云为，常加警惕奋勉，以"择善而固执之"。"善"即无过不及之"中"，亦即真实无妄之"诚"，至道定理是矣。既致其心之知以求明乎至道定理，复尽其身之能而体之行之，以弗失弗坠。是"致曲"（解见下文第55条）之事、"诚之"之功，及其成也，几于"诚"矣，故曰"曲能有诚"。盖夫"诚者"，所谓"天纵之圣"，其所禀德之全且妙，与天道之自然同科；此儒家之理想人物，所以"继天立极"，正人伦，定义理，而非人伦义理之所能囿，拟于天地自然者也。若夫"择善而固执之"，所谓"诚之者"，乃儒家之实际人物，虽非天纵之圣，然以用力之勤，积久亦将与"诚者"同功。"诚者"不可得，辄求其次焉者，"诚之者"是已。于斯可见，儒家抱理想，而不忘实际。其理想中：拟于天地自然之人物，所谓"诚者"，所谓"不勉而中、不思而得、从容中道"之"圣人"，固其自然主义推理所必至；然而犹为中人说法，示其进德之途，所谓"诚之"，所谓"择善而固执之"，皆笃实可行，无空疏之弊，又曰："曲能有诚"，以示人事之勤，能与自然同功，其所以勉人者，可谓至矣。

（53）唯其生知，乃能不思而得，唯其安行，乃能不勉而中，故生知安行者，即从容中道之圣人，所谓"诚者"也。若夫学知困知，乃所以择善，利行勉行，乃所以固执，是以学困利勉者，即择善而固执之者，所谓"诚之者"也。于斯可见，儒家分人为三等：上焉者，首出庶物之圣人，其心知身能，与天地之道默契而神通。天地之道曰诚，圣人亦曰诚，天地之功用曰神（程子曰：鬼神，天地之功用，而造化之迹也），圣人之德业亦曰神。故曰："至诚如神"（《中庸·朱子章句》第二十四章），盖以人而至于诚，其造就有如神功也。此等至诚如神之圣人，居君师之位，辄兼教主之职。窃谓儒家之宗教，乃所谓泛神教；泛神教者，以主宰即在天地万物之中，天地万物皆自然而化生，非有造物焉，巍巍在上，创造天地万物而监临之也。天地万物自然化生之玄功妙用，有足使人惊奇诧异者，于是敬畏之心生焉。敬畏之心，宗教之所由起也，故曰儒家不无宗教，所谓泛神教者，是已。圣人之德业，其玄功妙用有类天地之功用，于是与天地并目为神，而移其所以敬畏天地之心敬畏圣人，圣人遂为教主矣。教主者，所以撮天人之合，所以间神民之接，故称之曰"天子"，曰"神君"；天子神君者，所以代天宣教，为神传旨，人民之所仰瞻而受教承旨者也。而所谓天之教、神之旨者，乃天地自然之理法，其功用之微妙幽眇，有以起人敬畏之心者耳。圣人不世出，其次焉者，则齐民之出类拔萃者，虽非生知安行，犹能学而斯知，知而遂能，所谓学知利行者，贤人之伦也。再次焉者，齐民之流，皆能勉而知、困而行；若夫不勉不困，则自弃自暴，甘于下流，斯无望已。虽然，是三等者，其所禀受于天地自然之性分，无或异也；所不同者，乃在内之心身，外之境物：或蔽于物，或限于境，或心身之知能不足以济善，其如是者，则视其用力之勤怠深浅为何如耳。用力勤且深者，寖假而有以展其性分之本能，朱子所谓"人事之当然"既尽，斯"天理之本然"乃见，而抵于"诚"矣。此人为之圣与天纵之圣殊途而同归；儒家所示人伦义理之极则，修为之尽功也。

（54）"中"者，喜、怒、哀、乐未发之态，性之本然也；"和"者，喜、怒、哀、乐既发之状，情之适然也。我性、人性、物性，同出于天地之理，故能据我为推，而及人及物，使人物各尽其性，各得其情，则所以中和于我者，亦中和于人若物矣。我与人物尽皆中和，斯天地成其覆载，万物遂其生育，故曰："致中和，天地位焉，万物育焉。"（参阅第10条）

（55）"曲"之为言，偏也；"致"者，至也，尽也。偏者，殊物殊事；全者，共理公例，所谓"诚"者，是矣。"致曲"云者，犹言尽其一曲之知，即考察乎殊事殊物，求知其所以然之故，然后会而通之，而达乎其一贯之共理公例。是乃"诚之"之事，所谓"自明诚"（解见第8条）者，名学内籀之功也。夫生知安行之圣人，所谓"至诚"者，累世不一见也，求其次焉者，则所谓"致曲"者矣，故曰"其次致曲"。然而积"致曲"之功，亦将有以至于"诚"，故曰"曲能有诚"。既至于诚，则内之心之所识，悉为共理公例，外之身之所行，莫非共理公例之实施；身之所接而为行者，殊事殊物之有形迹可求者也，故曰"形"。无形无迹之共理公例施于有迹有形之殊事殊物，而其效见，故曰"著"。理例著于事物之间，事物悉得其所以然之故，而晦昧者莫不彰明，故曰"明"。明夫事物所以然之故，斯能据其理例，而左右张主乎其间，故曰"动"。动，则变生；变生，则有以因时制宜，随境取适，其效有非拘虚囿习之辈所可得而窥测者焉，故曰"化"。能化，求诚之功至矣，故曰："唯天下至诚为能化。"由致曲亦有以至于至诚而能化，是人为与天纵同功，殊途而同归也。

（56）诚者天地之道，其发动流行，无有已时。至诚者，天纵之圣，其心身内外、思虑云为，皆天地之道之表现，故能"无息"。"不息则久"，物莫不然：日月星辰之运行，唯其不息，乃能与天地并久。至若人体之生，以其新陈代谢之机不息；江河之水不腐，以其长流无已。久则功成效著，故曰"久则徵"。功成效著，则播于殊方异域，故曰"徵则悠远"。悠远，犹言长远，空间也。积空间之长远，正天地之所以为博厚，博厚，又其所以为高明。至诚者之道德功业，其行远如天地之博厚，其传世犹天地之悠久，而其为万方、百代所瞻仰也，又若天地之高明、之悠久无疆；故曰："博厚配地，高明配天，悠久无疆。"苟能如是，则其功与天地等，斯能"不见而章，不动而变，无为而成"矣。凡此，皆儒家之以人拟天，而设为理想人格也。

（57）诚者，天地之至道定理，赋于人而为性为德；德者，人之所以为人，德有亏，不能成人。"诚者……"之"诚"字，乃云谓（verb）之词，犹言"求诚""立诚"也。求诚，所以识天地之道理，藉知己身所得于此道此理之分量为何如；立诚，所以保其所受于天而为人者，俾于分量无稍亏缺。苟能如是，自成其为人矣。顾物与我皆天地所生，犹兄弟然。兄弟同父母，小体之分也，物我同天地，大体之判也；物我之相须而存，正犹兄弟之互依为命。然则既成己矣，亦必有以成物，故曰："诚者，非自成己而已也，所以成物也。"成己，则为人矣；仁者，人之德；故曰："成己，仁也。"欲成物，必推己及物，其事乃在知己之性、知物之情，则知尚焉，故曰："成物，知也。"仁与知，得于天、存于性而为德者，故曰："性之德也。"内之尽己之性而成己，外之尽物之性而成物，功分内外，实则一体之表里，一事之始终，故曰："合内外之道也。"顾推己及物，成己成物，其事不可强为，必因时制宜，其效乃见，故曰："时措之宜也。"

诚者，天地之至道定理。物之所以为物，莫不禀受天地之至道定理，以为其条理界域，故曰："不诚无物"。且夫物之成也，有其所以成之故；其毁也，亦有其所以毁之因；其故其因，无非天地之至道定理，故曰："诚者，物之终始。""君子诚之为贵"者，以其推成己之功而成物之为也，必有以知夫物所以致其成毁之故，于是而求诚之事，弗可以已矣。

（58）诚者，共理公例；所前知者，殊事殊物。一理一例能统数事数物，明乎理例，斯其所统之事若物，无待耳目闻睹，而有以知其然，故曰："至诚之道，可以前知"；是乃执因求果之事，其法以常衡变、以简御繁、以总摄散者也。古者以为祯祥妖孽与国之兴亡相随，若成定例焉者，于是每遇祯祥妖孽，辄谓有以占国之将兴将亡。此其所见是否真实，姑无论也，要其所为，亦执因求果之事耳。"祸福将至……"云云，谓事之未至，其为善之福耶？抑不善之祸耶？皆有以前知之也。"至诚如神"者，以至诚之人，洞识乎共理公例，因果相寻之道了如指掌，而事之未至者，辄有以前知预测，以寻常之人观之，其知之微妙广深，有如出于神功，而非人力之所能者，于是目之为神。此古希伯来民族之所以重"先知"（prophets），我炎黄子孙之所以崇"神"、"圣"也。

（59）"此道"，诚之道也。愚之所以为愚，亦以事之至也，不知其所以然之故，遂若无所措手足也者；果求诚之事效，斯因果之道明，而事之所以然之故，无不审矣，故曰"虽愚必明"。"柔"，犹懦也；懦者常存畏事之心，事之所以可畏者，无他，亦缘其利害吉凶之效，不可知耳。求诚之功至，斯因果之道明，事虽未至，其效已知，若操左券也者；苟能如是，事何足畏？事无足畏，懦者将有以兴起而为强矣，故曰"虽柔必强"。

（60）至诚之圣人，生知安行之资，不勉而中，不思而得；若夫中人以下，则有待于学、问、思、辨、笃行之功，此五者，"诚之"之事也。"学"者，察乎物情事态；"博"，犹广也；广察物情事态，所以自长其经验。"审问"者，详徵他人之经验，以补益己之耳目所不及也。"思"者，排比分析其经验之所得，求其会通，而设为共理公例；然此之为，率尔从事，则偏诐粗疏之弊生，故思又不可不慎焉。"辨"者，辨其会通之周不周，所设共理公例之确不确；使其周而确也，则所设者立，而不可复摇者矣。辨不可不"明"，明则所辨者精，而不至于舛误；求其如此，亦唯广取实事实物，勘较其所立之理例，以与之相印证耳。"笃行"云者，执其所已立而不可复摇之共理公例，以接物处事，而实收其利用之功也。凡此皆名学之事："博学"、"审问"者，观察有关之事实，汇而集之（observation for the enumeration of relevant instances），内籀第一步之功也；"慎思"者，解释所汇集之事实，而造为臆说（explanation for the establishment of hypothesis），内籀第二步之功也；"明辨"者，覆构其所臆说，即所设之共理公例而立为共理公例（establishment of general principle from the hypothesis），内籀第三步之功也；以实事实物校勘其所立之理例，以为印证（verification of the general principle by concrete instances），内籀第四步之功也。若夫"笃行"，则共理公例之实施（application of the general principle），斯又外籀之事也已。学、问、思、辨，知之事也；笃行，行之事也；前者所以"择善"，后者所以"固执"，学知利行者之所为也。若夫五者为之而弗措，是择善有难知，固执有难行，必至困勉而后可，困知勉行者之所为也。

（61）豫犹前也，道即理也。无论言、行、事、理，未付实施之前，求其原委，要其始终，则其间因果之关系明，斯其利害祸福之效，有可豫为乘除计矣，故能"不跲"、"不疚"、"不困"、"不穷"。

（62）至圣即至诚也，自其理之实于中者言，谓之诚；自其道之充于外者言，谓之圣；要皆生知安行之资而已。"聪明睿知"，言其知也；"临"谓居君师之位以临其民。"宽裕温柔"，言其仁也；"容"，谓其仁民爱物之心之广，至于无所不包也。"发强刚毅"，言其勇也；"执"，谓其知之所知，有以守之弗失，仁之所行，有以持之弗坠也。"齐庄中正"，言其礼也；"敬"者，夫礼之本，诚于中者，发于外，而为不苟之态也。"文理密察"，言其义也；文理者，事物之条理秩序，密察，犹言细察，别，判也；谓细察物事之秩序条理，然后所以接而处之者，有以判其宜不宜也。知、仁、勇，仁之节目；仁者人之德，亦称德性；德性云者，人之所得于天以为性也。内之德性，见于外，则为为人之道，为人之道，待人、处事、接物，三者尽之矣。待人、处事、接物之间，所以制裁而使之无过不及者，为义；其于待人之事，为分隆杀等差，而见其节文者，为礼。仁为体，礼义为用；故曰，自"聪明睿知"以下，至于"足以有别"云云，皆论德性之体用也。"溥博"言其广，"渊泉"言其深，广所以象天，深所以象地。"以时出之"者，谓天地之化运行以时，咸得其宜；其在圣人，则为"时中"之义，行藏卷舒各有攸当，无往而不合于至道定理。且夫至圣至诚之德既如天地之广深，斯天下之人，于圣德之显见，而施于言行之际，移其所以敬天、信天、悦天者，敬信而悦服之，则国家天下，不期治平而自治平矣。

（63）无论中国蛮貊，有化无化，凡舟车人力之所通至，日月霜露之所照坠，天地之所覆载，匪不遍施普及，使凡有血气者，虽猛如虎、狠如狼，闻其风，被其化，莫不尊而亲之，更广其尊亲之意，尊亲其同伦异类，而天下一家、世界大同矣。此吾儒郅治之理想，不知何时何世乃有以实见于两间也。

（64）祖述者，宗而述之，宪章者，守而彰之，皆所谓继志述事者也。继述先圣先王之志事，乃所以保持其国族之文物声华，而发扬光大之，所谓孝于先民者也。律，法也，袭，因也；上法天时，下因水土，所以顺自然，以利人事，所谓孝于天地者也。孝于天地先民，孝之至也；孝至者，仁无不尽，故于人物庶品，所以包容之者，有如天地之无不持载覆帱，而其所以治理之者，又若四时日月之错行代明，所谓"天网恢恢，疏而弗失"者也。"道并行而不相悖"者，天地之至道定理，行于殊方异代，而不相悖乱，足见道理之全，有其一贯者存乎其中，所谓自然之统一性也。"万物并育而不相害"者，谓事事物物之存立于两间，唯其分受天地之一贯之道理也，故无冲突矛盾之情。"大德"者，比于天地道理之全，"小德"者，拟于天地道理之分；谓孔子之德，其全有以模范群伦、师表万世，而收敦化之效，其分有以仁人爱物，使人人物物各尽其性，各得其所，有若川流之派别支分，而各适其就下之情焉，此孔子之所以"配天"，而与天地并大也。

夫《中庸》一书，先秦儒家之徒，所以抽绎其宗师孔子之道，致尽其广大精微，俾其大义微言，传世而毋失也；故其历叙先王（如舜、文、武、周公）之德，则殿之以孔子，而所以赞之者独有加，至谓与天地并大、日月齐明焉。且称孔子之德，必追述先王者，乃以见其道统之由来。盖儒家之道，于春秋以前，乃吾国政治、伦理、教育、宗教合一之文明系统，以政治之力，推行于禹域之中者，垂二千年矣；春秋以后，旧日传统之文物制度凌迟，由此蜕嬗而生之百家代兴，于是在朝之儒遂退而为在野之儒，自树一帜，与百家分庭抗礼焉。若孔子者，即在野之儒，起而继述往昔隆盛之时之制度文物，著之言语文字，以期传世而弗坠也。故其自称，则曰"述而不作，信而好古"（《论语·述而篇》）；后人赞之，则曰集大成之圣人（首见《孟子·万章下》）。"集大成"者，犹口语所谓"算总账"也；然则孔子之初，乃在为春秋以前之文物制度"算一总账"，举其条目，计其赢亏，而传之于后世也。

孔子与亚里士多德之中庸学说及其比较

夫天下之理，无尽同，亦无毕异。欲事比较，殊非易事。顾比较之途有二：（一）列举同异之点，两两相对。其不同不异，无可比拟者，置之不论也。（二）两家之说，各述其详，然后取其异同，作为比较。其余则存其真而已。二者皆可用也，顾鄙意不取于前者，而以后者为正法。何则？一切学理，不论时隔古今，地暌南北，皆有同异之处，专就其同异作为比较，无所逃于挂一漏百之弊。何如两说俱表其全而存其真，其可比者比之，不可比者置之。斯乃不失两说之真面目；而不可比者，唯其存而不弃也，比较亦在其中矣。本篇比较孔、亚中庸之说，即用此法，庶几不失二哲之真意，而其全部系统，可以窥见，不至偏于一曲耳。

一、孔子之中庸学说

程子曰："不偏之谓中，不易之谓庸。中者，天下之正道；庸者，天下之定理。"（《中庸》之首注文）

程子此言，中庸之界说也。不偏云者，无过不及，适得其宜之谓；不易云者，固定不移，揆之古今天下而悉合之谓也。道外也，理内也；道立于天，理受于人；换言之，道者人类社会是非善恶之标准，理者人之所得于是标准者，以为立身行己待人接物之方也。同一不偏不倚无过不及之正道，对于全人类言，名之曰中；对于各小己言，名之曰庸。庸之为言用也，功也，个人力行之事也。中为普通（universal），庸为特殊（particular）；而是特殊之理，实本诸普遍之道。至大无不包，至普无不及之道，人得之而为至微无不入，至狭无不容之理。何以言之？中之为道，人类一切行为，皆以之为准，亦可谓无不包矣；古今中外，莫不准之而咸宜，亦可谓无不及矣。人之一举一动，谈笑之间，喜怒哀乐之际，莫不有需于是理者，以为之节，故曰至微无不入也；是理者，不可稍有不诚，杂乎其中，故曰至狭无可容也。

人之生也，天赋之以性，性犹本能也。本能受于天，其发展之也，则赖人为之力。顺其本能，从而培养之，发育之，其所由之途术为道。道犹路也，为人所必行之路也。明白指示此路于人，讲其所以由之之方，是为教。故性道教三者，古圣人为学教人之大本。明乎性，所以知己知人也；求乎道，所以知处世之方也；修乎教，所以兼善天下也。故子思作《中庸》，开宗明义第一章曰："天命之谓性，率性之谓道，修道之谓教。"

道何道？中庸之道是已。立身行己，待人接物之间，一出于正，无过不及，斯得中庸之道。中庸不必远求，近在一己之身，率性而行，斯得中庸之道。盖性无不善，本能无有恶也。尽其本能，而发展之，斯乃达于至善之境；换言之，率性则得乎道也。故曰："道不远人。人之为道而远人，不可以为道。"（《中庸》第十三章）

得中庸有道焉，忠恕是已。"尽己之心为忠，推己及人为恕。"尽己之心，诚意毋自欺之谓；推己及人，以己度人之谓。忠内也，恕外也；知己之性，乃能诚意毋自欺，知人之性，乃能以己度人。放乎忠恕而行，不苟于顷刻之间，审慎乎独居之际，乃得中庸之道。故曰：

忠恕违道不远。施诸己而不愿,亦勿施于人。(《中庸》第十三章)

道也者,不可须臾离也,可离,非道也。是故君子戒慎乎其所不睹,恐惧乎其所不闻。莫见乎隐,莫显乎微,故君子慎其独也。(《中庸》第一章)

社会之中,彼此之关系有不同,而才有上下。关系不同,则相处之道,各有所宜;才有上下,则各异其事,而地位不等。故《中庸》曰:"天下之达道五……曰:君臣也,父子也,夫妇也,昆弟也,朋友之交也。五者,天下之达道也。"(第二十章)

社会中之关系不同,因有不同之德,人各因其所处之地位,而保其相当之德。能如是,则各尽其分,亦率性之事,合于中庸之道也。其相当之德为何?《左氏传》有所谓六顺:君义,臣行,父慈,子孝,兄爱,弟敬。《礼运》有所谓十义:父慈,子孝,兄良,弟悌,夫义,妇听,长惠,幼顺,君仁,臣忠。《孟子》有所谓五伦:父子有亲,君臣有义,夫妇有别,长幼有序,朋友有信。各书之所载有不同,然因人而异其德之原理,则如一也。《大学》曰:

大学之道,在明明德,在亲民,在止于至善。(经文)

为人君,止于仁;为人臣,止于敬;为人子,止于孝;为人父,止于慈;与国人交,止于信。(《传》第三章)

各级之人之所止,莫非至善,至善中庸之道也。

不徒因人而异其德已也,一人之身,所遇有隆替之不齐,荣辱显晦,无定时也。要能随境求适,因时制宜,是亦中庸之道也。故曰:

> 君子素其位而行，不愿乎其外。素富贵，行乎富贵；素贫贱，行乎贫贱；素夷狄，行乎夷狄；素患难，行乎患难。君子无入而不自得焉。(《中庸》第十四章)

以上泛论中庸之意义，今请具体论其方法。求达中庸之道，有二途焉，相辅为用：(一) 尊德性；(二) 道问学。前者涵养工夫，后者益智力行之事。人莫不有感情，其未发也，赖涵养工夫以陶冶之，使无邪僻之趋向，既发然后乃出于正。子思曰：

> 喜怒哀乐之未发，谓之中；发而皆中节，谓之和。(《中庸》第一章)

喜怒哀乐，感情也。其未发也，性之自然也，无不正也。既发，然后有邪正善恶之分。欲未发而中之感情，既发而皆中节而和，则必赖涵养工夫。涵养既深，则感情有发必皆中节，若有趋势焉，前定于心，欲不出于正，不可得也。

涵养工夫，重在独居之际，丝毫不苟，不以人莫之知，而心存恶念，不以人不能见，而行败德之事。夫如是，则习惯成，换言之，内心之趋向定，行为可以无过，故曰慎独尚矣。《中庸》之第一章曰：

> ……君子戒慎乎其所不睹，恐惧乎其所不闻。莫见乎隐，莫显乎微，故君子慎其独也。

《大学》之第六章曰：

> 小人闲居为不善，无所不至。见君子，而后厌然，掩其不善，而著其善。人之视己，如见其肺肝然，则何益矣？此谓诚于中，形于外，故君子必慎其独也。

顾徒具涵养工夫，而无学问以辅之，犹未足也，盖不学问，则智力不足，临事不能辨其是非善恶，而有适当之选择去取，故学问尚矣。学问所含五事：（一）博学；（二）审问；（三）慎思；（四）明辨；（五）笃行。《中庸》之第二十章曰：

> 博学之，审问之，慎思之，明辨之，笃行之。有弗学，学之弗能，弗措也。有弗问，问之弗知，弗措也。有弗思，思之弗得，弗措也。有弗辨，辨之弗明，弗措也。有弗行，行之弗笃，弗措也。人一能之，己百之；人十能之，己千之。果能此道矣，虽愚必明，虽柔必强。

是五事者，博学，审问，学之事也，求乎外者也。慎思，明辨，思之事也，反乎内者也。思而不学，则无物；既学矣，而不思，则不通，二者相辅为用也。故孔子曰：

> 学而不思，则罔；思而不学，则殆。（《论语·为政第二》）
> 吾尝终日不食，终夜不寝，以思。无益，不如学也。（《论语·卫灵公第十五》）

既学而且思矣，则必有辨别之明，以判是非真伪，以定选择去取，则明辨尚矣。最终则必笃行而后可，盖不笃行，则向之学也，思也，辨也，皆付子虚，无所用矣。

中庸之为德，以诚为极则。夫中庸，至善也，行为之所止也。中庸非诸德之一，乃诸德之标准，诸德之大成也。人各因其地位之不齐，处境之不同，而各有其应守之德，如上文所举六顺，十义等，是已。守其德，则谓之尽其分，率其性，率性，斯得中庸之道。此就行为论也。动机方面，则以诚为鹄。诚云者，真实无妄之谓。行为欲出于正，必先正其动机而后可；欲得中庸之道，必先求诚，能诚，则无往而不中庸矣。居心不诚，即动机不正，虽行为偶有善者，亦不能持久，盖如亚里士多德所云，不出于常然德态（constant moral state）之行为，无永久之势（permanent tendency），不足贵也。

修身之道，内则求诚，外则行善。求诚为行善之本，不诚，其善不固，不足以自持。无不诚，则无不善，德之极也，中庸是已。故曰："诚者，物之终始，不诚无物。"（《中庸》第二十五章）

成德之道，在处处求诚。迨其终极，则无所不诚，故曰"物之终始"。

诚之为德，不独善乎己已也，且亦兼善天下。盖诚则能尽己之性，尽己之性，斯有锡类之功，而感化他人，使其迁善。故曰：

> 诚者，非自成己而已也，所以成物也。成己仁也，成物知也，性之德也，合外内之道也，故时措之宜也。（《中庸》第二十五章）
>
> 唯天下至诚，为能尽其性。能尽其性，则能尽人之性。能尽人之性，则能尽物之性，能尽物之性，则可以赞天地之化育。可以赞天地之化育，则可与天地参矣。（《中庸》第二十二章）

至诚之人，内能善乎己，外能兼善天下，其德已成，不可自已，犹亚氏所谓常然之德态也。故曰：

　　　　故至诚无息；不息，则久；久，则徵；徵，则悠远；悠远，则博厚；博厚，则高明。(《中庸》第二十六章)

中庸诚美矣，蔑以加矣。其道不必远求，近取诸身，率性而行足矣。顾有甚难者在，学者不可以其近而易之也。以孔子之圣，尚曰：

　　　　人皆曰予知，择乎中庸，而不能期月守也。(《中庸》第七章)

又曰：

　　　　中庸其至矣乎！民鲜能久矣。(《中庸》第三章)
　　　　道之不行也，我知之矣，知者过之，愚者不及也。道之不明也，我知之矣，贤者过之，不肖者不及也。人莫不饮食也，鲜能知味也。(《中庸》第四章)
　　　　天下国家，可均也；爵禄，可辞也；白刃，可蹈也；中庸，不可能也。(《中庸》第九章)

中庸难能，然不可遂已于求也。唯日夜孜孜，自尊其德性，自勉于学问，辅之以诚，以积渐达到。处境以顺，不为怪奇夸张之事，亦不作柔懦畏怯之态。克尽其分，率性而行。对己则诚意毋自欺，待人则己所不欲，勿施于人，励行忠恕之道。能如是，则庶几矣。

二、亚里士多德之中庸学说

亚氏以为一切事物，皆有其"中"（the mean）。以具体之物论，譬如三寸之布，其"中"在二寸之点。以数目论，譬如七之为数，其中在四；十之为数，其中在五与六之间。至于人之心理状态，亦莫不然。譬如情感：欲之过甚者，谓之昏淫无度；欲之不及者，谓之不近人情；适得其中者，谓之节制。爱之太过者，谓之狎昵；不及者，谓之刻薄寡恩；唯中度者，谓之仁惠。

一切事物，皆有其"中"明矣。但自然界之"中"，与人事界之"中"有别。例如五之"中"在三，七之"中"在四，此古往今来，殊方异俗，与凡圆颅方趾者，莫不共知，无不同认者也。是之谓绝对（absolute）之"中"。人事则不然。往往甲所主张，与乙所主张，大不相同；古之观念，与今之观念悬殊；南方之习俗，与北方之习俗互异。同一劫案，甲主将盗枪决，乙主无期徒刑，丙主有期徒刑。彼三人之主张，各自以为至当，适得其中，无可移易。曾参之事亲，重在养志；曾元之事亲，重在养口体。古者男乾女坤，夫唱妇随，今则男女平等，夫妇均权。中国之葬死厚，欧西之葬死薄。诸如此类，皆易时、易地、易人，则不同者也。其所谓"中"，乃对某时、某地、某人而言，故为相对（relative）。此相对之"中"，关于人事，属于伦理，可名中庸。请听亚氏之言曰：

> 一切连续或分立之体，皆可取其大部，小部，或平分之。无论其于人为绝对，抑相对，平分之点，俱为过多与太少之中心点。实物之中，或绝对之中，乃某点，其与两端之距离相等者也。此所谓中，尽人皆同。若夫于人为相对之中，乃无过不及之状态。此所谓中，不尽人而同。譬如十之为数过大，二之

为数过小，于是取六为中，以六大于二四，小于十亦四；此算术比例上之中也。于人相对之中，不可作如是观。譬如十斤之肉，一人食之为过多，二斤则太少，然则六斤可乎？盖食量人各不同；六斤于运动家将不足，于常人且有余矣。（卫尔敦英译亚里士多德《伦理学》，页四五）

上文已言，外界事物之"中"，无论对于何人，常然不变，故为绝对；人事之"中"，往往因时、因地、因人而转移，故为相对。然则外界之"中"易识，人事之"中"难求。人事之"中"，必先藉理性审慎思维，以认识之；然后以严谨勤慎之行为，积渐达到。譬如交友，中庸之道为何？第一步工夫在审慎思维：疏而远之，则彼此不生关系，不能互有裨益，弊在不及，故不合中庸之道。亲而狎之，则不互相尊重，或至情感用事，致伤和气，弊在太过，亦非中庸之道。然则唯敬而爱之为最适中，盖敬则尊重彼此人格，不致发生误会，爱则感情美满，有善相勉，有过相规。第既经一番考虑而知中庸之道何在，则须励志行之，盖空知无补于事实，必也见于行为而后可。励志非一朝一夕之事，盖在有过不惮立改，有善则能服膺毋失。留心于顷刻之间，考察乎一言之际。夫如是，庶几可以达爱而敬之之道。由是观之，中庸殊难。故亚氏曰：

成德之难，其有故哉！盖中最难求。圆形之中，唯形学家为能求之，常人不能也。怒非难事，人皆能之。孰不解用财？用之而得其人，得其量，得其时，得其情，得其方，则非易事，不尽人而能。（卫尔敦英译亚里士多德《伦理学》，页五五）

夫怒之态度，方向，时会，与久暂，其适当处至为难定。应怒而不怒，人或以为温和；不应怒而怒，人或以为刚直。过之小者，人鲜能见；必大过然后人皆知之，而受讥焉。且过必达何程度，而后受讥于人，理论上殊难决定……（卫尔敦英译亚里士多德《伦理学》，页五五）

骤得其中固难，然亦不容已也。必也择其次者：两恶相权，暂容其小者。……人各因其性之所向，而有所特嗜，吾人于此，宜慎察焉。欲知己之嗜欲为何，只须考察己身对于某种事物之苦乐感如何。然后力求远之，盖去过与不及愈远，则愈近中庸……（卫尔敦英译亚里士多德《伦理学》，页五六）

上文泛论"中"有绝对相对之分，相对之"中"，属于人事，是曰中庸；中庸之道，非一望而见，必以理性追求，然后励志行之，以积渐达到。以下请具体论中庸与道德之关系。亚氏曰：

一切艺术，苟无时不求中，而所有作品，皆衡之以中，其发达也必矣。人有恒言：成功作品，不容有毫厘增减乎其间。盖谓过与不及，皆有大损于至美（excellence），唯中能完成之。艺术家于其作品，尚且无时忘中，况道德乃在艺术之上，而不志在中庸乎？盖道德与情感行为有关；而情感行为有太过不及，与中庸之分也。例如畏惧、勇敢、欲望、忿怒、怜悯、快乐、痛苦等类，皆有过与不及之弊；过与不及，皆非当也。倘上述各情感，发于适当时会，施于适当人物，有适当原因，而出以适当态度，则合乎中庸，或至善（supreme good）。是则道德之特性也。（卫尔敦英译亚里士多德《伦理学》，页四六）

自亚氏之言观之，道德非渺渺茫茫，不可思议之物；其近在吾人之身，其平易在行为之间。行为之得其人，得其时，得其地，得其方者,道德之表现也;行为之不偏不倚,适得其中者,道德之状态也。故欲成德,不在乎行动怪奇,超人绝俗,乃在于日常待人接物之际,无时不志乎中,换言之,即无事不求至当!兹录亚氏之道德界说如下:

> 道德为一种状态(state),生于谨严之德志(moral purpose),而合于中庸(相绝之中),其中庸得于理性,定于慎察之人者也。(卫尔敦英译亚里士多德《伦理学》,页四七)
>
> 是(指道德)乃中庸之状态,状态之介乎两恶——过与不及——之间。以言情感与行为,则不偏不倚,适得其中者也。(卫尔敦英译亚里士多德《伦理学》,页五五)

亚氏之道德界说,可分数层说明如下:

(一)道德为一种心理状态 夫道德生于行为,成于习惯,其见于外也,为至当不易之行为;其存乎心也,为一种心理状态。以状态言,虽无形,无声,无臭,实则常存不变;与外物接触,辄成至当之行为。

(二)状态生于谨严之德志 此状态非偶然之物,亦非任何状态。其趋向定于德志。或曰,道德未成,其趋向尚待定之际,安有德志?所谓德志,又何从来?亚氏不云乎,道德虽不赋于天,"天固与我以接受道德之本能;其本能则有待于习惯,以完成之"?(卫尔敦英译亚里士多德《伦理学》,页三五)既有此本能,则可由之以生德志,然后用此德志,以趣深远,以求成德,不亦可乎?唯此德志,必为审慎考虑之结果,故曰谨严。

(三)状态合乎中庸 中庸云何?行为之所止也。行为止于至当之域,故中庸者,行为之至当也。此等心理状态,发而为行为,行为止于至当；则其未发之际，中庸之观念，必已了了于心矣。故曰合乎中庸。中庸不一索而得，必以理性探求，深思慎察而后得之也。

上文尝言道德之为物，至近，至平易，只在吾人日常举止行动之间求之，无待超人绝俗之行为。然则放之，纵之，一任其自然，可乎？是又大误。盖善之途狭，恶之途广，每行一事，至当之境一而已，过与不及之境则无穷。譬如五之中，三而已矣；过则有四，有五；不及则有二，有一。又如仆婢有过，戒之使不复然，至当也。舍是而鞭之，过也；驱之，亦过也。纵之不言，不及也；嘻而向之，亦不及也。是则适中之处一而止，过与不及之处甚多也。故欲成德者，必留心乎顷刻之间，毋以小事为不足慎，片言为毋庸谨。善之正途一而已，恶之歧路处处皆是；一不审察而误由之，则回首难矣。曷尝观乎亚氏之言曰：

> 过之方，繁且杂，以恶本无穷，善则有限故也。为善之途，一而已矣。故曰，为恶易，为善难；失鹄比比皆是，中鹄则难矣哉。故恶之特性，为过不及；善之特性，在乎中庸。（卫尔敦英译亚里士多德《伦理学》，页四七）

> 行为之趋向有三：恶二善一。过与不及皆恶也，善则中庸而已……（卫尔敦英译亚里士多德《伦理学》，页五三）

道德以状态论，是为中庸。行为至于中庸，无以复加，故道德以善（good）论，则已登峰造极；盖已达至善（supreme good）之境，此外无更高之善矣。故亚氏曰：

> 道德自其本性，或理论概念观之，为一中庸状态。从至善（highest good or excellence）之观点论之，实为极端。（卫尔敦英

译亚里士多德《伦理学》，页四七）

人事中之过不及，距中庸未必齐远也，或过较近，或不及较近；是则因各事物之情，与人之天然趋向而定。譬如以勇论，愚勇固较怯为近中庸。盖勇重主持公道；愚勇者之所为虽太过，然尚有补于事；怯者则无时不袖手旁观，他人之痛痒，于彼如越人之于秦晋，故距中庸弥远。又如节制，义在寡欲有度，故吝啬较淫逸为近中庸，所谓"与其奢也宁俭"是也。此以事物之情定者也。以个人之天然趋向定者：例如性之好动者，倾于愚勇，则智者之勇，于彼特难，盖不患其退，患其进也。

关于行为，人各有其天然倾向明矣。普通人类之倾向，多在求乐。盖快乐观念之于人，根深蒂固，故人往往以为行为之标准，而恶即于是乎生。故曰，快乐者，万物之根源也。宜谨防慎察之。亚氏曰：

吾人所最倾向之事物，去中庸最远。吾人之倾向快乐，乃天然现象……故诸如此类之事物，吾人之所易趋者，去中庸更远。（卫尔敦英译亚里士多德《伦理学》，页五五）

吾人对于快乐，往往不能明断，故宜随时随地，审慎防之。……苟能如是，则求中庸，最易成功。（卫尔敦英译亚里士多德《伦理学》，页五六—五七）

以上论中庸之性质，及其与道德之关系竟，今请总论为人之方。为人之目的，在求幸福。求幸福奈何？在尽量发展其本能。发展其本能，又当何如？曰：在扩充理性之动作。理性之动作若何？行动举止之得乎中庸者也。然则即谓人生目的在求中庸，亦无不可。中

庸难能,求之奈何?曰:有不易之方,舍是莫由。兹论列于下:

(一)亟避行为之去中庸最远者。例如吝啬与淫逸,俱不及中,而淫逸去中庸最远,故先去之。然后渐避吝啬,以求达中庸。

(二)宜故违己之天然倾向。例如吾人之天然倾向在求乐,则宜故自刻苦,以求渐趋中庸。

(三)苟中庸难能,则先去其过不及之尤甚者。例如节制难能,先去淫逸,宁保吝啬,然后反于节制,以达中庸。

三、孔、亚中庸学说之比较

孔、亚之中庸学说,既述于前,今请进而比较之:

(一)亚氏之论中庸,分自然界之"中",与人事界之"中"。前者为绝对,后者为相对。人事界之"中",名曰中庸,伦理学之范围也。孔子则谓"天命之谓性,率性之谓道";道,人道也。率性云者,尽其本能之谓;"率性之谓道",犹云尽其本能,斯得为人之道也。道何道?中庸之道是已。故孔子之论中庸,专指人事界之"中",所谓自然界之"中",盖未尝念及。其思想固不及亚氏之精细也。

(二)孔子之中庸,不偏不倚,无过不及之谓,平常之谓。亚氏之中庸,亦犹是也。其论诸德也,必举中庸之道,与过不及二者。例如论勇,则举躁与怯,勇为中庸,躁过,怯不及也。氏以中庸非不可思议之物,只在日常行动举止之间,无有所苟——不事太过,亦不为不及,每事择其中道行之。故近在一己之身,平易在行为之际。

(三)亚氏之人生最高目的,在求幸福。求幸福,在尽量发展其本能。发展其本能,在扩充理性之行为。扩充理性之行为,在就事求当，去过不及之弊，中庸之道是已。然则即谓人生之最高目的，在求中庸，无不可也。孔子之人生目的，在止于至善；至善，道也，为人至当不易之方也，中庸即在此矣。故谓人生之目的，在求中庸，亦无不可也。由是观之，孔亚二氏，俱以中庸为人生之最高目的。

（四）孔子求达中庸之方有二：㈠ 尊德性；㈡ 道问学。前者涵养工夫，后者学问之事。亚氏则亦知中庸之道不一索而见，必以理性追求，理性赖学问而发达，氏固亦重学问矣，独于涵养工夫，似稍忽耳。

（五）或曰：孔子之中庸，与亚氏之中庸，有不同之点在。盖前者为目的，后者为方法。孔子道即中庸，即人生之目的。人生所以宜励行诸善，勉除众恶者，无非欲达中庸而已。亚氏则以中庸为成德之方法。凡欲成德，立身行己，待人接物之际，必取中道行之。德既成，则方法无所用，置之可也。予曰，不然。亚氏之中庸，亦目的也。夫人之成德，岂若赛跑然？锦标在千百步之外，跑以取之。锦标目的也，跑方法也。既至锦标之所，而夺取之，则无所用于跑，是目的既得，方法可以束诸高阁也。为人之道，有大不然者。道德，生活也（morality is life）。成德在求中庸之一语，似成德目的也，中庸方法也；德既成，则中庸何所用者？殊不知二者相互为用，不可须臾离也。求中庸以成德，成德即在求中庸之中，二者一而二，二而一也。故曰，亚氏之中庸，亦目的也。

（六）亚氏之中庸，虽为人生目的，亦即为人之方法。其教人遇事必先察其过不及之处何在，然后择其中道而行之也，即明示中庸之亦为方法也。孔子对于此点，似未见及。

（七）亚氏有见于中庸之难能，且其距过不及也，未必齐远，故创为补救之法，以贻后人：㈠ 亟避行为之去中庸最远者；㈡ 故违己之天然倾向；㈢ 苟中道不能卒得，先去其过不及之尤甚者。孔子亦有见于中庸之难能，然未为之所；至于过不及之距中庸未必齐远，则似未见及之。此无他，孔子分析之功，不及亚氏之精微故耳。

（八）总之，孔、亚之论中庸，大致相似，其细微处之不尽同，自所不免，兹不一一尔见缕之矣。至于二家之研究方法，则亚氏精，孔子粗。亚氏重分析，而不失其全；孔子则忽于分析，而倾于概观。试谈二家之书，则亚氏之言显，孔子之言晦，亚氏之言详，孔子之言略。此其大较也。

朱子论理气太极

一、理气

（一）理的性质

理的性质有以下几点：
㈠ 永久的（即英文所谓 eternal）：

  理之一字，不可以有无论，未有天地之时，便已如此了也。（《答杨志仁》，《朱子全书》卷四九，页六。同治八年覆刻武英殿本，下同。）
  以理言之，则不可谓之有；以物言之，则不可谓之无。（《语类》，《朱子全书》卷四九，页一四）

㈡ 形上的或无形体的（即英文所谓 metaphysical or incorporeal）：

  理形而上者……（《语类》，《朱子全书》卷四九，页一）
  理无形体。曰：所谓形体者是强名否？曰：是。(《语类》，《朱子全书》卷四九，页三）

(三) 无极的（即英文所谓 infinite）：

理无极……（《语类》，《朱子全书》卷四九，页三）

(四) 唯一的（即英文所谓 one）：

理一，分殊。合天地万物而言，只是一个理；及在人，则又各自有一个理。（《语类》，《朱子全书》卷四九，页一）

(五) 同一的（即英文所谓 uniform and self-identical）：

同者理也，不同者气也。……如这个光，也有在砚盖上底，也有在墨上底，其光则一也。（《朱子语类大全》卷一，页八。清木刻本，下同。）

凡永久的东西不可以有无论，因为有无是相对的，说有，就有时而无，说无，就有时而有，时有时无的都不能永久。无有无无就是永久，永久就是超出时间范围以外。唯其是永久的，所以必是无形体的，因为如果有形体，便有生灭存亡，这就不是永久的了。唯其是永久的，所以是无极的，所谓无极是时间上的无极，就是无始无终的意思。理之为物，至少是和时间并行的（parallel to time），时间无始终，它也无始终；它不是时间里面的一段，时间里面的一段是有始终的。理之所以是永久的，是形上的，是无极的，理由如此，这三个性质是连带的。

宇宙间只有一个理，这理好比是源泉，一切分泉都是从它来的；源泉只有一个，分泉却有许多，所以说："理一，分殊。"由总方面说，天地万物只是一个理，因为同出于一本，就像分泉同出于一源；从散方面说，则万物——如人、马等等——各自有其分量，"各自有一个理"，也像分泉各自成一泉。举个实例，更容易明白：譬如人有生理，禽兽有生理，乃至草木也有生理。自其分而言，各有各的生理，好像天地间有许许多多的生理；自其一而言，便见得生理只是一个，所谓"分殊"是分量的关系，气禀的关系（关于气禀，下文仍将论到。）

所谓"同者理也，不同者气也"，方才生理的比喻在这里适用。生理之在人，在禽兽，在草木，仿佛显得不同，其实不同是气禀，与"生理之理"本身无干。又如光在砚盖上会反射，在墨上不会反射，这不是光有什么不同，只是砚盖和墨这两个东西的物质不同。物质在朱子叫作"气"。

归纳前面的话，我们可以见得，所谓理也者是宇宙万物的原理（principle），是宇宙万物所由来的原素（originating element）。朱子说：

> 未有天地之先，毕竟也只是理。有此理，便有此天地，若无此理，便亦无天地，无人，无物，都无该载了。（《语类》，《朱子全书》卷四九，页三）

（二）气的性质

气的性质如下：

㈠ 有质的（即英文所谓 material）：

> 理无形，气便粗，有渣滓。（《语类》，《朱子全书》卷四九，

页一）

　　气积为质。(《语类》,《朱子全书》卷四九,页一）

㈡ 形下的或有形体的（即英文所谓 physical or cor-poreal）：

　　有气便有形。(《朱子语类大全》卷二,页一二）
　　气形而下者。(《朱子语类大全》卷一,页二）

㈢ 无极的：

　　曰：理无极,气有极否？曰：论其极,将那处做极？(《语类》,《朱子全书》卷四九,页三）

㈣ 常二的（英文叫作 ever dualistic）：

　　有是理即有是气,气则无不两者,故易曰：太极生两仪。(《答程可久》,《朱子全书》卷四九,页七）

气是有质的,所以是形下的；是形下的,所以是有质的；这两个性质也是相关联的,其实只是一而二,二而一。此处所谓无极是空间上的无极（infinite in space）,因为气既然是有质的,是形下的,便不能不占据空间。但是,既是无极,为什么又"无不两"？既分为两,则两者各是有极的,这岂不取消了无极的话？所谓两者是阴阳,乍看起来,似乎一气分成两段,一段叫作阴,一段叫作阳。其实这样解释错了。朱子自己举例,常说,譬如水,一波起,一波伏,起的波是阳,伏的波是阴,水之为水却仍是一片不断的；又如手,手面是阳，手底是阴，而手之为手只是一个；又如一件事，开场是阳，收束是阴，而事之为事只是一宗。诸如此类的例很多，由此可见，所谓两者只是一气的两方面，也可以说是两种的看法。

一气为什么要有两方面？我想，只是因为要解释万物之分殊，换句话说，使形形色色的事物有所归着。经验俨然告诉我们，天地间有分殊的事物，这是无可讳言的。假如"生物之具"的气是一块硬板板、塞满宇宙、一片连续不断、绝对不可分割的东西，如同希腊哲人潘门尼底斯（Parmenides）的"有"（being），何以，实际上，宇宙间有分殊的万物？它们从那里来的？所以，因为要解决分殊的问题，把气认为虽是一块，而不是硬板板的，虽是连续，而不是绝对不可分割的，虽是塞满宇宙，而不是没有变化的。但是，万物之分殊，是经验告诉我们的，经验不过是我们对于万物的一种看法，万物之分殊也不过我们看它是分殊。看法不仅是一种，从另一种看法看，天地万物都成了一个；再从另一种看法看，我的界限尚且消除，我与天地万物也打成一片了。

（三）理与气之分别

除却性质上的不同以外，理与气还可以在三个观点上看出它们的分别：

㊀在功能（function）上，理是生物之本，气是生物之具：

> 天地之间有理有气。理也者，形而上之道也，生物之本也，气也者，形而下之器也，生物之具也。（《答黄道夫》，《朱子全书》卷四九，页五）

㈡ 在动作（activity）上，理无造作，气有造作：

> 气则能凝结造作，理却无情意，无计度，无造作。（《语类》，《朱子全书》卷四九，页二—三）

> 有理，便有气，流行发育万物。曰：发育是理发育之否？曰：有此理便有此气流行发育。（《语类》，《朱子全书》卷四九，页三）

㈢ 在价值（value）上，理无不好，气则有好有不好：

> 理则纯粹至善，即气则杂糅不齐。（《答或人》，《朱子全书》卷四九，页八）

所谓"生物之本"，是说，物有它才能成物，换句话，物之所以为物，这就是西洋哲学所谓内蕴（essence）。"生物之具"是指物上可见可扪的（corporeal and tangible）物质，就是西洋哲学所谓质料（matter）。

所谓"造作"，所谓"流行发育万物"，这话注重在"万物"二字。但是，一提万物，分殊的意义就跟着来，于是万物又注重在"分殊"二字。气能造作万物、流行发育万物，理则不能，这话就是说，天地间所有分殊现象都是气之所致，与理无干。怎么说呢？因为"气无不两"，"两"是分殊的起点，再分化下去，便形成无数的分殊。至于理，则"一"而已。那么，何以又说"理一，分殊"？前面提过，是气禀的关系。理本是一个，到了与气合，换句话，附在气上面，才随气而变成分殊；但是，虽然如此，理之为"一"的本性仍在，所以说，"合天地万物而言，只是一个理"。天地万物既已分殊，尚能合而言之，而见其只是一个理，这就是因为，理虽分于气，而仍然不失其"唯一"的性质。

说"理纯粹"，底下就跟着"至善"二字，纯粹是至善，杂糅不齐便是不善。此处告诉我们一点，就是，朱子讲理气离不开善恶的问题。理气是形上学的问题，善恶是价值论（theory of value）的问题。讲理气离不开善恶的问题，就是形上学和价值论混在一起。大家知道，儒家哲学，自孔子以至孟荀，所讲全是伦理的问题，到宋儒才有形上学，但是他们的工作只是替伦理找形上学的根据或印证（metaphysical basis or justification），其着眼处仍在伦理。所以朱子的形上学，一开场讲宇宙原素的时候，便把善恶问题羼入。

（四）理与气之关系

关于理与气的关系，可分四点来说：

㈠ 理与气是即即不相离的：

> 天下未有无理之气，亦未有无气之理。（《语类》，《朱子全书》卷四九，页一）
>
> 理，未尝离乎气。（《语类》，《朱子全书》卷四九，页一）
>
> ……有是理，则有是气；苟气聚乎此，则其理亦命乎此耳。（《答廖子晦》，《朱子全书》卷四九，页八）
>
> 有是理而后有是气，有是气则必有是理。（《语类》，《朱子全书》卷四九，页七）

㈡ 理是气的依傍，气是理的附着：

……此气是依傍这理行。(《语类》,《朱子全书》卷四九,页二)

若气不结聚时,理亦无所附着。(《语类》,《朱子全书》卷四九,页二)

既有此气,然后此理有安顿处。大而天地,细而蝼蚁,其生皆是如此,又何虑天地之生无所附受耶?(《答杨志仁》,《朱子全书》卷四九,页六)

㈢ 理终究是主,是本:

气之所聚,理即在焉。然理终为主,此即所谓妙合也。(《答王子合》,《朱子全书》卷四九,页七)

有是理便有是气,但理是本。(《朱子语类大全》卷一,页二)

㈣ 理与气决是两回事,虽然它们在物上分不开:

所谓理与气,决是二物。但在物上看,则二物浑沦,不可分开各在一处,然不害二物之各为一物也。若在理上看,则虽未有物,而已有物之理,然亦但有其理而已,未尝实有是物也。(《答刘叔文》,《朱子全书》卷四九,页五—六)

所谓理与气即即不相离,是就物上说,是经验告诉我们如此。我们睁开眼睛,看见宇宙间的万物,无一没有气,又无一没有理。有物,就有理气两部分;假如一时但见其气,换句话说,只注重到一物的物质方面,则可以毫不迟疑地去推求它的理。所以,朱子主张"即物而穷其理",这就是相信无物无理,"有是气则必有是理"的结果。朱子的伦理学重知,他的知的规律就是"即物而穷其理",这规律是在"有是气则必有是理"的条件之下而成立的;此处便能见得他替伦理学找形上学的根据的地方。

所谓理是气的依傍,是说,物之所以成物,在理。没有理,气只是一堆无意义的东西,不能成物。物之所以成物,在其有意义,而物的意义是理所赋予的。所谓气是理的附着,是说,物之成物,以气为质料。好像做饼的面粉,搁在饼模里,便成了饼,同是面,假如不搁在饼模里,而捏成圆形,便成馒头或包子;可见一把面粉之成饼或成馒头,关键全在模上。理之于气,正像饼模之于面粉。所以,"理终为主";这话但从"依傍"与"附着"两个状词的轻重上便能看出,用不着多说了。

由经验上看,理气即即不相离,由思想上看,则二者决是二物,它们的性质各不相同。并且未有物之前,此理已在,朱子声明道:"然亦但有其理而已,未尝实有是物也",我们可以替他转过来声明一句:"然亦未有是物而已,其理固已在矣。"

(五)理与气之先后

关于理与气之先后的问题,先把朱子的话抄在下面:

或问:理在先,气在后?曰:理与气本无先后之可言,但推上去时,却如理在先,气在后相似。(《语类》,《朱子全书》卷四九,页三)

理气本无先后之可言,然必欲推其所从来,则须说先有是理。(《语类》,《朱子全书》卷四九,页一)

> 先有个天理了，却有气。(《语类》,《朱子全书》卷四九，页一)
>
> 有是理，便有是气。(《语类》,《朱子全书》卷四九，页一)
>
> 问：有是理便有是气，似不可分先后？曰：要之，也先有理——只不可说是今日有是理，明日却有是气，也须有先后。且如万一山河大地都陷了，毕竟理却只在这里。(《朱子语类大全》卷一，页三)
>
> 问：有是理而后有是气，未有人时，此理在否？曰：也只在这里。如一海水，或取得一杓，或取得一担，或取得一碗，都是这海水。但是他为主，我为客；他较长久，我得之不久耳。(《语类》,《朱子全书》卷四九，页二)

所谓"理气本无先后之可言"，也是就物上说。从物上看，理与气孰先孰后，本来难说；但是用思想去分析，则理先气后。不过有一点，气虽在后，却不见得是理所产生的，理虽在先，却未必是气的来源。那么，这种先后似乎只是逻辑上的先后（logical priority and posteriority），换句话说，在生成上，难说孰先孰后，可是按理，理应当居先，气应当居后，因为理是主，气是辅，二者地位的轻重不同。所谓"也先有理——只不可说今日有是理，明日却有是气，也须有先后"，这几句话我想正是这个意思。

以上说"虽未有物，而已有物之理"；这里说"万一山河大地都陷了，毕竟理却只在这里"，以及"他为主，我为客，他较长久，我得之不久耳"——这些话都是说明理是永久不坏的。至于气之有坏与否，这里不曾明说。但是，他承认，万物是有坏的；他说"万一山河大地都陷了……"，"……我得之不久耳"云云，这些话可以为证。不过，万物是理与气两部分合成的，除却理不会坏以外，其他所以使万物有坏的原因是否在气？这很成一个问题。

（六）气与数

朱子说：

> 有是理便有是气，有是气便有是数，盖数乃是分界限处。（《语类》，《朱子全书》卷四九，页五）

数是气的分界，是说万物以数分彼此。起初，气只是混然一片，到分为两，其中便起分界，换句话说，数就来了。未分为两之前，气只是混然而已，无由见其为一，能见其为一，便已分为两矣；所以，数由一以至无穷，都是表示物的分界，假如一气不曾分划，便也无一之可言。

二、太极

（一）太极的定义

朱子说：

> 太极只是一个理字。（《语类》，《朱子全书》卷四九，页八）
> 极是道理之至极。总天地万物之理便是太极。（《语类》，《朱子全书》卷四九，页一四）
> 若无太极，便不翻了天地？（《语类》，《朱子全书》卷四九，页九）

朱子明明说，太极就是理——天地万物之理的总和。这个定义很显明了。唯其是理的总和，所以太极里面众理毕具，他说：

> 太极是五行阴阳之理皆有，不是空底物事。(《朱子语类大全》卷九四，页二)
>
> ……熹因问之天命之谓性，公以此句为空无一法耶？为万理毕具耶？若空，则浮屠胜；果实，则儒者是。(《答张敬夫》，《文集》卷三一，四部丛刊本，页二)

所谓"道理之至极"，是指宇宙一切的最后根据；所以朱子说：

> 原极之所以得名，盖取枢极之义。圣人谓之太极者，所以指夫天地万物之根也。(《语类》，《朱子全书》卷四九，页一一)

散而言之，太极是各个物的内蕴；总而言之，是一切现象之中的条理。"若无太极，便不翻了天地？"这句话可与"若无此理，便亦无天地，无人，无物，都无该载了"（见前节）一语相参证，同是说，宇宙万物之所由来在此，之所赖以维持亦在此。

（二）太极无极

朱子说：

> 无极而太极只是无形而有理，周子恐人于太极之外更寻太极，故以无极言之。既谓之无极，则不可以有底道理强搜寻也。(《语类》，《朱子全书》卷四九，页一五)

> 太极只是极至，更无去处了。至高至妙，至精至神，是没去处。濂溪恐人道太极有形，故曰：无极而太极；是无之中有个极至之理。(《语类》,《朱子全书》卷四九，页一四)
>
> 太极无方所，无形体，无地位可安顿。……故周子只以无极言之。(《语类》,《朱子全书》卷四九，页一一)
>
> ……太极只是个一而无对者。(《语类》,《朱子全书》卷四九，页一四)

太极是天地万物之根，此点前面本已提过。至于在太极之上加"无极"二字，注重却在"无"字，唯其为无，所以"不可以有底道理强搜寻也"。但此所谓"无"，并不是"有无"之"无"，并不是与"有"相对的"无"；只是没法子去形容它，姑且用"无"字去形容它，所以说："至高至妙，至精至神。"这是一层。复次，这"无"也代表无方所，无形体，无地位，无对待，等等；换句话说，凡理所有的性质太极都有，因为太极就是理。

(三) 太极与中

《朱子文集》里说：

> 铢问：极之为言，究竟至极，不可有加之谓，以状此理之名义，则举天下无以加此之称也。故常在物之中，为物之的，物无之，则无以为根主，而不能以有立。故以为在中之义则可，而便训极为中则不可。以有形者论之，则如屋之有脊栋，囷廪之有通天柱，常在此物之中央，四方八面望之以取正，千条万别本之以有生。礼所谓民极，诗所谓四方之极，其义一也。未

知推说如此是否？曰：是。(《答董叔重》，《朱子全书》卷四九，页一八)

《语类》里也说：

> 问：刘子所谓天地之中，即周子所谓太极否？曰：只一般，但名不同。中只是恰好处……极不是中，极之为物只是在中。如这烛台，中央簪处便是极，从这里比到那里也恰好，不曾加些，从那里比到这里也恰好。不曾减些。(《朱子全书》卷四九，页一三)

> 太极只是个极好至善底道理。人人有一太极，物物有一太极。周子所谓太极，是天地人物万善至好底表德。(《朱子全书》卷四九，页一一)

这里有三个要点：㈠ 太极在物之"中"；㈡ 中只是恰好处——极好至善的意思；㈢ 中为物之的，物赖之以有生，以有立。所谓"物之的"，就是"生物之本"，就是物的"根主"；换句话说，就是物之所以为物，物之所为而生成，而存立；若用西洋哲学上的术语，就是物的内蕴。可是物的内蕴却被认为在物之"中"，中又当恰好处讲，恰好处又是极好至善的意思——这样一来，伦理的意味很重了。以极好至善讲太极，更明显地是替伦理找形上学的根据。如此，道德便有了坚固不拔的根基，因为道德是人性所固有的；人性固有道德的观念，又因为人性是善的；人性之为善，又因为性只是"理之在心"；理是极好至善的东西，因为理与太极只是一物，而太极在物之"中"，是物的恰好处——极好至善的地方（前面本已说过理是纯粹至善。见前节三）。

（四）万物各具一太极

《语类》中有以下的话：

> 问：万物各具一太极，此是以理言，以气言？曰：以理言。（《朱子全书》卷四九，页一五）

> 太极只是天地万物之理。在天地言，则天地中有太极；在万物言，则万物中各有太极。（《朱子全书》卷四九，页八）

> 太极如一本生，上分为枝干，又分而生花生叶，生生不穷。到得成果子，里面又有生生无穷之理，生将出去，又是无限个太极，更无停息……（《朱子全书》卷四九，页一五）

> 问：太极便是人心之至理？曰：事事物物皆有个极，是道理之极至。或曰：如君之仁、臣之敬，便是极。曰：此是一事一物之极。总天地万物之理便是太极。太极本无此名，只是个表德。（《朱子全书》卷四九，页一四——一五）

> 问：一理之实，而万物分之以为体，故万物各具一太极——如此说，则太极有分裂乎？曰：本只是一太极，而万物各有禀受，又自各全具一太极尔。如月在天，只一而已，及散在江湖，则随处而见，不可谓月分也。（《朱子全书》卷四九，页一）

"在天地言，则天地中有太极，在万物言，则万物各有太极"——这话怎么说？统整个的天地来看，有个不可加、不可减、恰好的道理；就各个的物来看，它们也各有其不可加、不可减、恰好的道理。各物的太极，在分量上，并没有亏损，它们对于天地中的太极，并不成部分与全体的关系，它们并不是从天地中的太极分出来的，也不是那个太极之外的另一太极，它们就是天地中的太极，因为太极只是理，万物所禀受的理就是天地中的理。

（五）太极与动静

《语类》里说：

> 问："动而生阳，静而生阴。"——注："太极者本然之妙，动静者所乘之机。"太极只是理，理不可以动静言，惟动而生阳，静而生阴，理寓于气，不能无动静。所乘之机，乘如乘载之乘，其动静者，乃乘载在气上，不觉动了静、静了又动。曰：然。（《朱子全书》卷四九，页三二—三三）
>
> 太极理也，动静气也。气行则理亦行，二者尝相依而未尝相离也。当初元无一物，只有此理，有此理便会动而生阳，静而生阴，静极复动，动极复静，循环流转。其实理无穷，气亦与之无穷，自有天地，便是这物事在这里流转。（《朱子全书》卷四九，页九一）

理不会动静，会动静的是气，但理无不寓于气，于是便随气而动静，故曰："太极理也，动静气也，气行则理亦行……"气好比是车子，理好比是一块大石头，石头本来不动，只因为装在车上，车动了，石头也动。因此我们可以说："不动者石头本然之妙，动静者石头所乘之机"；这"机"就是装石头的车子。

但是，动静虽然属于气而不属于理，气之动静却因为有动静的理。《语录》中有以下的话：

> 问：太极理也，理如何动静？有形则有动静，太极无形，恐不可以动静言。曰：理有动静，故气有动静；若理无动静，则气何自而有动静乎？（《朱子全书》卷四九，页一四）
>
> 梁叔文云：太极兼动静而言。曰：不是兼动静，太极有动静。喜怒哀乐未发，也有个太极，喜怒哀乐已发，也有个太极。只是一个太极，流行于已发之际，敛藏于未发之时。（《朱子全书》卷四九，页一二）

《性理太极图小注》里说：

> 天地之间只有动静两端，循环不已，更无余事，此之谓易。而其动其静，则必有所以动静之理，是则所谓太极者也。（《朱子全书》卷四九，页一六）

所谓"不是兼动静，太极有动静"，是说，太极本身不会动静，太极（指理之总称）里面包含动静的理。整个宇宙那样动静不息，都是因为气在那里动静；至于气之动静，"则必有其所以动静之理"，这动静之理却在太极之中。

太极里面涵动静之理，它本身却不曾动。它本身既然不曾动，那么说它本身是静的，可以吗？也不可以，因为太极本身是绝对的，既不能说它动，也不能说它静，动静同属于相对的性质。一到搭在气上面，太极也随气而动静，于是体用的分别就起来了：动是太极的用，静是太极的体。朱子说：

> 太极自是涵动静之理，却不可以动静分体用。盖静即太极之体也，动即太极之用也。（《语类》，《朱子全书》卷四九，页

一二）

  动不是太极，但动者太极之用耳；静不是太极，但静者太极之体耳。(《语类》，《朱子全书》卷四九，页一一）

太极本身涵有动静之理，却不可以动静分体用，一到乘了动静之机，换句话说，一附搭在气上面，便入了动静的范围，于是静是它的体，动是它的用。体和用是相对的，所以，太极而分体用，乃是附在气上以后的事。太极附在气上，才起体用的作用，体用的作用见于动静，动静是整个宇宙的现象。宇宙之所以成今日，因为它动静不息；它之所以动静不息，因为太极附在气上，不断地显出它的体用的作用。请听朱子的话：

  太极含动静则可，以本体而言也；谓太极有动静则可，以流行而言也。若谓太极便是动静，则是形而上下者不可分，而《易》有太极之言亦赘矣。(《答杨子直》，《朱子全书》卷四九，页一八）

  太极之有动静，是天命之流行也。……惟是一动一静，所以流行。(《语类》，《朱子全书》卷四九，页一）

太极的本体是形上的，太极里面所包含的动静之理也是形上的。所谓流行啰，动静啰，都是属于气的事，气是形下的，所以说："若谓太极便是动静，则是形而上下者不可分"。假如说"太极有动静则可"，因为这是"以流行而言"；所谓流行，是理——太极——搭在气上流行，理不搭在气上，便不流行，所以，流行啰，动静啰，这些形态都不能加到太极的本体上去。

（六）太极与阴阳

朱子说：

> 太极非是别为一物，即阴阳而在阴阳，即五行而在五行，即万物而在万物——只是一个理而已。因其极至，故名曰太极。（《语类》，《朱子全书》卷四九，页七）

所谓"阴阳而在阴阳""五行而在五行""万物而在万物"，可作"阴阳之理而在阴阳""五行之理而在五行""万物之理而在万物"解释。意思说，太极只是附搭在阴阳、五行、万物上面，它本身却不是阴阳、五行、万物；因为阴阳、五行、万物是气质，它本身是理，理是形上的，气质是形下的。朱子很郑重地声明道：

> 所谓太极者，不离乎阴阳而为言，亦不杂乎阴阳而为言。（《语类》，《朱子全书》卷四九，页一五）

所谓"不离乎阴阳"，是就太极之在物说，物莫不需太极为理，阴阳之气为质料，太极与阴阳是物的必要原素，故在物，太极不离乎阴阳；反过来说，阴阳也不离乎太极。所以朱子又说：

> 所谓太极者，便只在阴阳里；所谓阴阳者，便只在太极里。（《性理太极图小注》，《朱子全书》卷四九，页一六）
>
> 才说太极，便带着阴阳；才说性，便带着气。不带阴阳与气，太极与性那里收附？（《语类》，《朱子全书》卷四九，页一二）

所谓"不杂乎阴阳",是就太极的本体说。在经验上,我们看不到有不带太极的物,就是,没有"理"的物,换句话说,在经验上,太极与阴阳分不开,就是,理与气不相离;但是,在思想上,太极与阴阳毕竟有形上形下之分,理与气决是二物,所以说,"不杂乎阴阳而为言"。由此可见,我们的认识之途,在经验上,只见得理与气、太极与阴阳混合而成的物体;在思想上,却能见到太极的本体,就是,纯粹的理。

三、论评

甲、论

(一)关于理(合太极而言)气进一步的解释

理气之说是朱子形上学的磐石,彻底说,也是他全部学说的磐石。前面提过,他全部学说的目标,在于替伦理学找形上学的根据,因此,他的伦理学建筑在他的形上学之上,那么,他的形上学上理气之说当然成了他的伦理学的磐石。

朱子的形上学,若用西洋哲学的眼光看,可分本体论(ontology)与宇宙论(cosmology)两部分,就中宇宙论又是根据本体论而成立的。粗而言之,理(合太极而言)气心性诸说属于本体论方面,天地鬼神万物等问题的讨论属于宇宙论方面。

朱子讨论理气的时候,是求宇宙的本体,换句话说,从形形色色的万物之中,找出它们所以形成的最后原素。结果,发现两个原素,一个是理,一个是气,万物之所以成万物,总缺不了这两部分。由此可见他的形上学是二元论的(dualistic)。

关于理的性质，朱子断定有以下几点：㈠ 永久的；㈡ 形上的；㈢ 无极的；㈣ 唯一的；㈤ 同一的。关于气的性质，朱子也断定有以下几点：㈠ 有质的；㈡ 形下的；㈢ 无极的；㈣ 常二的。朱子断定理气有这些性质，就是认为它们具有本体的条件，就是，万物最后原素的资格。

理与气在他的系统上所处的地位是宇宙原素的地位，他的宇宙是二元的。这二元只是二元，并且是纯粹的，换句话，理为理，气为气，二者判然是两件东西。但是，宇宙间的万物却是多而杂：我们一睁眼，但见万物的芸芸扰扰、形形色色，断不像原素那样简单，只是两个而已；我们每见一物，也有理的成分，也有气的成分，绝不是原素那样纯粹，理只是理，气只是气，二者毫不夹杂。但是，理气和万物既有二与多、纯与杂的不同，那么，就理气方面说，理气怎能做万物的原素，再就万物方面说，万物如何由理气而形成？要解决这问题，朱子便在理方面加上一个性质，就是能够分殊的性质，他说"理一分殊"；又在气方面加上一个性质，就是无不两的性质，他说"气无不两"。理虽是一个，却能分殊在气上，与气合而成万物，使万物"各自有一个理"；气虽是一个，却无不两，由两而至于无穷的分划，遂能禀受各个分量上所能禀受的理而成万物，使万物各有一个形体。理气与万物之间的桥梁是这样搭起来的，换句话说，理气之为万物的原素，如此。

或人可以问：理气与万物既有二与多、纯与杂的不同，以致它们双方在连络上发生了问题，为什么不弃二元论而取多元论（pluralism）？我说，形上学的使命在替宇宙找根源，根源宁少毋多，不然，便失了根源的功用，这是一点；并且，若按多元论的理论彻底推下去，必至万物尽是元，尽是元就等于无元，这样一来，宇宙等于没有根源，就是本体无处着落，这便失了形上学的使命（至少在传统形上学的立场上，这种情形是不容许的）。据我猜，朱子也和西洋一般寡元论者一样癖气，喜欢元愈少愈好。甚至二元他还嫌多，他曾想把二元化成一元，他把理与气分出重轻来，用意似即在此。他说："理是生物之本，气是生物之具"；"理终为主"；"此气是依傍这理行"；"有是理，后有是气"；"理则纯粹至善，即气则杂糅不齐"——这些都是断定理重气轻的话。但是，虽然如此，理与气仍是各自为用、彼此独立的二元；他虽想化二元为一元，实际上没有成功。

朱子把形上的理做宇宙原素之一，就是认为宇宙是有理性的（rational）、可理解的（intelligible）、有抽象的规则或秩序（abstract principle or order）的；但是，他同时也把形下的气当宇宙的原素之一，此中的意义就复杂了，因为除却有理性的、可理解的、抽象的规则或秩序之外，同时他不得不承认宇宙的一部分是盲目的、偶然的、死呆的命运，这一部分完全是无理性的、不可理解的、梆梆硬的一块。若用哲学的习惯推论下去，在承认理是宇宙的原素的情形之下，朱子是主张目的论（teleology）的；在承认气也是宇宙的原素的情形之下，朱子又是主张定命论（determinism or fatalism）的。据著者推测，朱子所以这样做，大概因为要解释宇宙间恶的分子和一切违拂人意的自然界的错误或轨外的现象；朱子把这些情形一概归到气，叫它去负责，至于一切好的和合理的现象，却归功于理，由此便能看出他的用意。但是，他这样做，就是把目的论和定命论放在同一的系统里面，在论理上调协与否，却是另一问题了！

（二）朱子的理气与柏拉图的意典质素

朱子的理和柏拉图的意典极相似，气和柏拉图的质素极相似。

柏氏的 ideas，张师东荪译为理型，张师君劢译为意典。前者译意，且能表示和朱子们的理相似；后者译音而兼意，可算巧妙得很。但著者近来却更喜欢前译，此地不用前译而用后译，只是因为和朱子的理并提，不愿意两个理字相混。

柏氏表面上只承认意典是宇宙的本体，万物的原素，自己以一元论者自命，其实他所谓事物界之中，还有意典所不能征服的部分，这部分柏氏叫作质素。宇宙万物之形成，质素和意典同是不可缺少的部分。由此可见，质素在柏氏的系统里，是和意典并立的二元中的一元，正像气在朱子的系统里，与理并立而共成二元一样。所以，我们把柏氏的意典质素和朱子的理气相比，是恰当的。

我们把理气和意典质素比较，可从四层着手：㈠ 理与意典比较；㈡ 气与质素比较；㈢ 理与气的关系和意典与质素的关系比较；㈣ 理气与万物的关系和意典质素与万物的关系比较。我们下面就按这样办。

㈠ 理与意典比较。在性质上，理和意典大致相同，总而言之，它们俩同具本体的条件，就是，万物的原素的资格。柏氏的意典具以下的性质：一是普遍性（universal）；二是纯一性（uniform and self 拟 identical）；三是永久性（eternal）；四是独立性（unconditioned）；五是实在性（hypostatical）；六是目的性（teleological）；朱子的理具以下的性质：一是永久性；二是抽象性（即指形上或无形体）；三是无极性；四是唯一性；五是同一性。（请参看拙著《柏拉图》，世界书局版，页九〇）

以上所举理和意典的性质，彼此明明相同的有两项：理具永久性，意典也具永久性；理的同一性和意典的纯一性完全一样。至于表面上一方有而一方没有的，实际上也不见得没有。例如理有抽象性，意典自然也有，这在柏氏系统中是不言自喻（understood）的一点。理方面的无极性是指超时间而言,这在意典方面,已经包含在永久性里面,因为永久性当然是超时间的。理有唯一性,意典也有,朱子讲"理一分殊",柏氏讲"一与多"(one and many)就是证据。

又如意典有目的性,理也不得不有,关于这点,在朱子承认理是宇宙的原素的情形之下,我们可以推想到的,况且他有太极"在物之中,为物之的"一语可以为证。意典有独立性,理也有的,朱子说:"……理与气决是二物","理也者……生物之本也,气也者……生物之具也",这两句话可以为证,因为理与气是二物,这是理所以能独立的先决条件;进一步,理是生物之本,气是生物之具,唯有理能支配气,气绝不能支配理,例如做饼的模子能支配做饼的材料,叫它圆就圆、方就方,而做饼的材料却不能支配做饼的模子。

至于意典之有实在性,是指离却事物也能存在(现代哲学把这一类的存在叫作潜存[subsist],以别于存于时空中之形下的物体之实存[exist],但古代并没有这个分别),因此,柏氏有所谓理世界,有所谓物世界;我们一面请看朱子的理,正也如此。朱子说:"未有天地之先,毕竟也只是理","虽未有物,而已有物之理,然亦但有其理而已,未尝实有是物也"。或人问道:"未有人时,此理在否?"朱子答道:"也只在这里。"另一人问:"天地未判时,下面许多都已有否?"朱子应曰:"只是都有此理。"这些话都可以为证。只是,理的实在性不如意典的实在性之甚。柏氏把意典和事物断然决然地分开,认为意典能够绝对自存;朱子之于理,却不作如是观,他常说:"天下未有无理之气,亦未有无气之理";"理未尝离乎气";"若气不凝聚时,理亦无所附着";"既有此气,然后此理有安顿处"。这些话的语气和亚里士多德的共理寓于殊事(universal in the particular)一语如出一辙,亚氏因为反对柏氏意典离事物而自存之说，才有这么一个反抗的主张。至于朱子的主张，一半像柏氏，一半像亚氏：既说"虽未有物而已有物之理"，又说"理未尝离乎气"，"若气不凝聚时，理亦无所附着"。但是，须知柏氏之主张意典离事物而自存，同时就认定共理不必寓于殊事，亚氏主张共理寓于殊事，同时就坚信意典不能离事物而自存；这两个主张恰恰相反，似乎无法调和，朱子却把它们合在一起，可算特色，不过究竟调协与否，又是另一问题了。

中国哲学上本来没有普遍与特殊、共理与殊事的问题，所以，朱子不曾明明白白地把普遍性加在理上。但或人问："未有一物之时如何？"朱子答道："是有天下公共之理，未有一物所具之理"（《朱子语类大全》卷九四，页八）。理能做天下公共的理，就是具普遍性的意思；至于所谓"一物所具之理"，就是公共的理之寄托于个物之上的；未有一物之时，未有一物所具之理，这是描写泰初万物没有产生，气还不曾各按其分量而禀受理的时候的情境。

以上差不多把理和意典相似的地方都说过了，现在只要补充一点。朱子把理认为纯粹至善，柏氏之于意典正亦如此；朱子把宇宙间一切合理的事和好的现象一概归功于理，柏氏之于意典亦复如此。前面提过，儒家哲学，自孔子以下，所讲尽是伦理的问题，到朱子们手里，才想替伦理学找形上学的根据；同样情形也见于柏拉图，"他的哲学发端于伦理，归宿也是伦理，他的老师苏格拉底毕生做学问限于伦理，他自己为学则以伦理问题做导火线，牵连到宇宙本体现象等问题，至终又回到伦理"（拙著《柏拉图》，页一八七）。因此，他们两位研究形上学，可说同是替伦理学找形上学的根据，理和意典被他们认为纯粹至善，这就是替伦理学找形上学的根据的痕迹。

前面理和意典比较的结果，发现它们差不多全部相同。只是著者因此得到一个印象，觉得理和意典有一个不同的地方，而这个不同却是在相同的情形之下所表现出来的。怎么说呢？前面不是提到朱子的"理一分殊"和柏氏的"一与多"相同么？其实不同就在这里，读者但做深一层的观察，便能看出。柏氏的意典是多数的，因为他认为有物就有意典，物世界里面的一草一木也有一草一木的意典存于意典世界之中；但是，这些意典却不是漫无归宿，"它们虽然是多，却不是胡乱的堆积，乃是有系统的配合，它们彼此间的关系，正像全体中各部分的关系，各有各的地位，以共赴一个目的，所以俨然成个阶梯系（hierarchy），按级而升，最终达于极高的意典，这就是目的"（拙著《柏拉图》，页一〇三）。朱子也认为有物就有理，他说："惟其理有许多，故物亦有许多"（《朱子语类大全》卷九四，页二一一二二）；"做出那事，便是这里有那理。凡天地生出那物，便是那里有那理"（《朱子语类大全》卷一〇一，页二六）；"砖便有砖之理……竹椅便有竹椅之理"（《朱子语类大全》卷四，页六）。但是，虽然如此，朱子的理却不像柏氏的意典那样有系统的配合，成为一个全体之下所包含的各部分，而共有一个目的；这是因为中国人的名学思想不发达，根本上就不知道从特殊的事物中抽取普遍的概念，朱子们的理可算是概念的萌芽，但是他的工夫还不能做到像苏柏二氏那样把概念拿来分类立别，而成个上下相统属的系统。柏氏的意典之成个阶梯系，是由于概念的分类立别："最初从个物中抽其共同要素而成概念，然后这些概念之上又有概念统括它们，依此类推，最后有个极高概念统括一切概念。"（拙著《柏拉图》，页一〇三）可惜当时朱子不能做到这地步。

㈡ 气与质素比较。朱子的气具以下的性质：有质的；形下的；无极的；常二的。柏氏的质素之为有质的，自不待言。既是有质的，便是形下的，因为这两个性质是连带的。至于无极性，是指空间上的无极,则质素既是万物的原素之一,既是万物的质方面的原素,自然应当具有此性。气一分而为阴阳,再分而为五行:金、木、水、火、土;质素一分便成火、气、水、土。一个是五行,一个是四行,而其中有三行相同。

朱子因为要解释宇宙间恶的分子和一切违拂人意的自然界的错误或轨外的现象,才找出气来做万物的原素之一。质素在柏氏的系统中也是如此,他以为,"宇宙的一切虽然都模仿意典,但是还有不像的地方,例如意典静、事物动,意典纯、事物杂……试问动啰,杂啰……究竟从哪里来?把像的地方除却,所剩下不像的应当归根到谁?这是质素在那里作怪,事物里面凡不像意典的地方,都要归根到它;世界上凡有理可说、有秩序可寻的东西,都要归功到意典;凡可以见其然,而不得知其所以然的,都由质素负责"(拙著《柏拉图》,页一五一——一五二)。总而言之,气和质素在朱子与柏拉图的系统里同是宇宙间一切恶的根源;他们都因为恶的现象无所逃于宇宙之间,索性替它找个着落,认为宇宙间本有它的原素,这原素在朱子叫作气,在柏氏叫作质素,其实它们的作用是一样的。

㈢ 理与气的关系和意典与质素的关系比较。朱子一面说"虽未有物,而已有物之理";一面又说"理未尝离乎气","天下未有无理之气,亦未有无气之理"。这些话本身有无矛盾,自是另一问题;我们所要指出的,是朱子理气的关系比柏氏意典质素的关系紧些。柏氏不承认意典与质素即即不相离,不承认意典未尝离乎质素;在他,意典尽可与质素相离,天下大有无质素的纯粹的意典。就物方面说,柏氏以为,当然少不了意典;物的另一部分是质素,那么,也可以说,"天下未有无意典之质素"。不过,柏氏的质素,其来源并不出于意典,在宇宙开辟以前,它是与意典并存分立的;那么,所谓"天下未有无意典之质素",是说宇宙开辟——万物生成——

以后如此。至于意典，却不但在开辟以前离乎质素而特立，即开辟以后，仍然是如此。总而言之，意典与质素，在柏氏的系统里，可以不发生关系；理与气，在朱子的系统里，非发生关系不可。

在朱子，理是主，气是辅，此中分出轻重来；柏氏的意典与质素也是如此：意典为主，质素为辅。朱子以为理是气的依傍，气是理的附着；柏氏对于意典与质素的看法，与此亦复相类，他认为万物之生成只是意典的模样拍在质素上面，质素在这种情形之下，就是做意典的附着，反过来，质素只是一切事物普遍的托子（universal substratum），某物之所以为某物，在于它所受的意典的模样是什么，至于质素本身，却是无定性的，在这种情形之下，我们也可以说意典是质素的依傍。

朱子只说"理与气决是二物"，充其量，不过认为理纯粹至善，气杂糅不齐；至于理与气之间，他并不觉得有什么冲突。柏氏则不然，他简直把意典质素看作水火一般：它们处处居于相反和对抗的地位，意典要完全，质素要缺陷，意典要美好，质素要丑恶……

㈣ 理气与万物的关系和意典质素与万物的关系比较。柏拉图的意典是万物的形式（form），质素是万物的材料（matter）；朱子的理气也是如此，他说："理者形而上之道，所以生物之原理也；气者形而下之器，率理而铸型之质料也"；"理也者，形而上之道也，生物之本也；气也者，形而下之器也，生物之具也"。所谓形式、原理，乃至内蕴，只是一物。它们是生物之本，物之所以为物在此；材料是生物之具，比生物之本次要一等。于此我们要补充一句，就是，形式和材料虽然同是生物之必要原素，可是在地位上有高下的不同。

柏氏认为意典是万物的形式或原理，但是，这形式如何拍在万物上面，这原理怎样加于万物之中？柏氏用分得（participation）的话来解答这问题，他说，意典之在万物，由于万物去分得意典。所谓分得也者，所得不过几分之几，因此，万物有许多不像意典的地方，这就是丑恶等分子之由来。至于理之在万物，朱子用禀受两个字去形容，他说，万物各按其分量而禀受这理。所谓分量也者，是指气质而言，气质多少，所禀受的理也多少，气质如何（指清浊），所禀受的理也如何。但朱子有一句"万物各有禀受，又自各具一太极"的话，冯友兰先生解释道："由此而言，则一切物中，除其自己之所以然之理外，且具有太极，即一切理之全体。"——此中有无矛盾，又是另一问题。朱子又设个比喻，形容太极之在物，他说："如月在天，只一而已，及散在江湖，则随处而见，不可谓月分也。"这样说法，很像拍照一样，不过以区区一小块的气质（即万物之一），却能承受整个太极的照；这是他和柏氏不同的地方，柏氏的个物只能分得一部分的意典，换句话说，意典的模样只有一部分拍在质素上面。还有一点：在柏氏，宇宙间之有丑恶的分子，是因为万物只分得意典几分之几，还有不像意典的地方；在朱子呢，个物若具太极，若有理之全体，换句话说，理或太极的照如果全部拍在气上面，则万物并没有不像理或太极的地方，那么，何以还有丑恶的分子？这是否矛盾，也是一个问题。

一谈到理气与万物的关系，或意典质素与万物的关系，动静的问题就跟着来，因为这种关系是原素与所形成之物的关系，由原素而成万物，此中必有相当的变化（change），有变化就有动静，变化与动静两个现象是连带的。这是古代哲学思想的线索。据朱子的意思，动静是起于气，理本身不会动静，到了附在气上，才随气而动静。但是，气所以会动静，是因为有"所以动静之理"，若用柏氏的口气说，物世界之有动静，是因为理世界里面有动静的理：朱子自己也有这类的话，如："太极……涵动静之理"，"理有动静，故气有动静"，等等。柏氏的意思和朱子的意思很相似，他认为意典本身没有动静，动静起于质素（前面有"意典静，事物动"的话，和这里并不冲突，因为那是就意典与事物的比较上而言，不是就意典本身而言，意典本身无所谓动，也无所谓静）。但是，据他说，世上的一切都有意典，换句话，物世界中的一草一木都有意典存于意典界里面，无论自然物、人为品，乃至性质、动作等等，一概都有；那么，物世界的动静自然也有动静的意典存于意典界之中，这是一层。其次，物世界中的一切都要分得或模仿意典，那么，物世界中的动静自然也分得或模仿意典界中的动静的意典。如此推论起来，物世界之有动静，也是因为意典界中有动静的意典；这和朱子的论调一样。

在柏氏，宇宙间的一切，无论事或物，无论自然物、人为品，一概都有意典；朱子的意思也这样，他说："……惟其理有许多，故物有许多"；"做出那事，便是这里有那理，凡天下生出那物，便是那里有那理"；"……砖便有砖之理……竹椅便有竹椅之理"。有人问他："……如物之无情者亦有理否？"他答应："固有是理，如舟只可行之于水，车只可行之于陆。"

乙、评

（三）关于理（合太极而言）气的批评

㈠ 朱子认为宇宙的原素有二：理；气。理是属于理性方面的，气是属于非理性方面的，那么，整个宇宙一半有理性，一半无理性，换句话说，他的宇宙观是理性主义与非理性主义的混合。这种混合在理论上调协与否，乃至有无矛盾，颇有问题，这是一层。其次，前面已经提过，在承认理是宇宙的原素的情形之下，朱子是主张目的论的；在承认气也是宇宙的原素的情形之下，他又是主张定命论的。把目的论和定命论放在同一的系统里面，恐怕在理论上调协与否，乃至有无矛盾，也很有问题。

（二）朱子以为理是"纯粹至善"，气是"杂糅不齐"，宇宙间一切好的现象一概归功于理，一切坏的现象全由气去负责。这样一来，朱子的哲学无异于主张伦理上的善恶二元论。在他是替伦理学找形上学的根据，殊不知因此就发生了许多毛病，我们现在所发现的有两点：一是把善恶的性质加在本体上面，就是，把伦理学的概念和形上学的概念混在一起，也就是，真理界（world of truth——形上学属于真理界）和价值界（world of value——伦理学属于价值界）不曾分清楚；二是善恶能否并存而成宇宙的二元，换句话说，在逻辑上有无矛盾，已经成了问题；况且，善恶根本是两个相对的概念，把相对的概念当作宇宙的本体是否妥当，也是一个问题，因为本体无有不是绝对的。（据我看，讲本体论的，除非主张一元之外，无论主张二元或多元，自身都含矛盾性，因为本体的最大条件是绝对，试问那二元或多元是否各自为政，彼此不发生关系？如果是的，那么，宇宙间不止一个绝对，不止一个绝对，所谓绝对也者便都不是绝对，这就失去本体的资格。假如是相辅为政，彼此发生关系，那么，那些元根本就是相对的，相对的自然没有本体的资格。）

（三）朱子相信物物有理，就是，承认宇宙背后有秩序，有规则，因此，主张"即物而穷其理"；这是替学者立定为学的方法，也是替科学开路，关于这点，他的贡献极大。可惜他一转而说"虽未有物而已有物之理"，仿佛和柏拉图同样主张有个离却事物而自在的理世界，这就陷入神秘的色彩。并且，既说"理未尝离乎气"，又说"虽未有物而已有物之理"，此中似乎有矛盾。关于这点，前面已经说过。

（四）关于理（合太极而言）气与万物之关系上的批评

㈠ 朱子以理气为宇宙一切的二元。但宇宙的一切不止是物，也有是事；他说"做出那事，便是这里有那理，凡天地生出那物，便是那里有那理"——这话可以为证。须知事是无形无质的，气是有形有质的，以有形有质的气能否做无形无质的事的原素之一？例如说水有水之理，有水之气（当质解），这话说得过去；假如说沐浴有沐浴之理，也有沐浴之气，这话岂不是有些离奇？

㈡ 物之所以有理，由于禀受那理，理之所以在物，因为被物所禀受。"禀受"二字和柏拉图所谓"分得"，意义一样模糊。究竟禀受是怎么一回事？假如理是离事物而自在的一个实存的世界，那么，被事物禀受或——用柏氏的术语——分得之后，这个理世界有所减损没有？假如不是一个实存的世界，那么，还有什么禀受或分得之可言？

㈢ 朱子说："本只是一太极，而万物各有禀受，又自各全具一太极。"冯友兰先生解释道："由此而言，则一切物中，除其自己之所以然之理外，且具有太极，即一切理之全体。……一具体的事物具有一太极，即一切事物之理。一类事物之理，若何可同时现于其类之一切个体中，此点朱子未明言……"。著者以为朱子这话有两个毛病：其一不可解；其二矛盾。一切事物之理，同时能存于个个事物之中，这不是不可解么？万物既然"各有禀受"，如何又能"各具一太极"？如何"除自己之所以然之理外，且具有太极"？万物所禀受的不是理么？万物之所以然之理不是太极里面的理么？太极是一切理的全体，既具太极，何必另说各有禀受？何以又有什么自己之所以然之理？反过来，假如只是各有禀受，有自己之所以然之理，那就不能具太极，换句话说，不能有一切理之全体。

朱子论阴阳五行

一、阴阳

（一）阴阳的来源

朱子心目中宇宙的原素是理与气二者。起先，理气分立，不相交通；后来，理附搭在气上，而成万物。然而万物之生成不是骤然的事，换言之，并非理一附搭在气上便成万物，其间必须经过好几步骤。原始的时候，宇宙间只有万物的理和浑然一片的气，除此以外，万物都未产生。后来，第一步，气中起了分划的作用，才生阴阳；第二步，阴阳中再起分划的作用，便生五行；第三步，五行彼此分合散聚，始成万物。

气如何会起分划的作用？因为其中起了动静。气又如何会起动静？因为理中有动静的理。理本身不会动静，可是理中有动静的理，能使气起动静。所以朱子说：

> 阴阳只是一气，阴气流行即为阳，阳气凝聚即为阴，非直有二物相对也。（《语类》，《朱子全书》卷四九，页三四。同治八年复刻武英殿本，下同）

> ……动而生阳，亦只是理；静而生阴，亦只此理。（《朱子语类大全》卷一，页一。清木刻本，下同）

阴阳是形下的，因为气是形下的。然而所以使气起动静而分一阴一阳者，却是形上的动静之理。朱子说：

> 阴阳固是形而下者，然所以一阴一阳者乃理也，形而上者也。(《答杨子顺》，《朱子全书》卷四九，页三四)

（二）阴阳的性质

前面说过，原始的时候，宇宙间只有浑然一片的气，气中分为阴阳，乃是最初步的分划。最初步的分划必是最简单、最浅显的。最简单、最浅显的分划莫过于正负（即英文所谓 positive and negative, or contrarieties）之别。气中的阴阳便是正负之分。现在先把朱子形容阴阳的话摘取几段抄在下面：

> 阴阳虽是两个字，然却只是一气之消息——一进一退，一消一长。进处便是阳，退处便是阴。长处便是阳，消处便是阴。只是这一气之消长做出古今天地无限事来。所以阴阳做一个说亦得，做两个说亦得。(《语类》，《朱子全书》卷四九，页三)
>
> 问："气之发散者为阳，收敛者为阴否？"曰："也是如此。如鼻气之出入：出者为阳，收回者为阴"。(《语类》，《朱子全书》卷四九，页三)
>
> 天地间只有一个阴阳。故程先生云："只有一个感与应，所谓阴与阳，无处不是"。且如前后，前便是阳，后便是阴；又如左右，左便是阳，右便是阴；又如上下，上面一截便是阳，下面一截便是阴。(《语类》，《朱子全书》卷四九，页二九—三〇)
>
> 阴阳无处无之，横看竖看皆可见。横看则左阳而右阴，竖

看则上阳而下阴。仰手则为阳，覆手则为阴；向明处为阳，背明处为阴。(《语类》，《朱子全书》卷四九，页三三)

阴阳有相对而言者，如东阳西阴、南阳北阴是也。有错综而言者，如昼夜寒暑，一个横，一个直是也。(《语类》，《朱子全书》卷四九，页三四)

大抵言语两端处皆有阴阳。如"开物成务"，"开物"是阳，"成务"是阴；如"致知力行"，"致知"是阳，"力行"是阴。(《语类》，《朱子全书》卷四九，页三〇—三一)

以上朱子的话不过信手举出作例。他所用的形容词，如进退、消长等等，都成正负一对。若以阴阳的标准替它们分类，则如下表：

阳—正	阴—负
进	退
长	消
发散	收敛
出	入
前	后
左	右
上	下
仰	覆
明	暗
东	西
南	北
昼	夜
暑	寒
直	横
开物	成务
致知	力行

万物是五行所构成，五行由阴阳中分出，阴阳又由气中分出。因此，若把万物拿来分析，头一步，发现五行；往上推，发现阴阳；再往

上推，便发现气，及其所禀受的理。所以，任举一物，都有阴的部分和阳的部分；前面朱子的话便可为证。并且阴阳之中又各分阴阳，正如黑格尔的正反合之各自有其正反合。请看朱子的话：

> 统言阴阳只是两端，而阴中自分阴阳，阳中亦有阴阳。……男虽属阳，而不可谓其无阴；女虽属阴，亦不可谓其无阳。人身气属阳，而气有阴阳；血属阴，而血有阴阳。(《语类》，《朱子全书》卷四九，页三三)

阴阳之中各有阴阳，如此不断往下分，一套一套地下去，以至于无穷。以图表之如下：

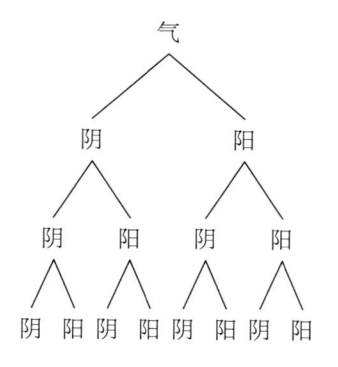

```
            气
           / \
         阴   阳
        / \   / \
       阴 阳 阴 阳
      /\ /\ /\ /\
     阴阳阴阳阴阳阴阳
```

其实正负是思想上的方便，不是存在上的样相（即英文所谓 mode of existence），换言之，只是名学上的概念，不是形上学上的范畴。严格说，唯有甲与非甲才算真正的正负；若举实例，进与不进、暑与非暑等等，便是。然而实际上，甲能成物，非甲不能成物，非甲则乙，或丙，或丁，或戊……又如热冷两性质，好像是正负，其实热是一个性质，冷又是一个性质，何以见得热是冷的正，冷是热的负；或冷是热的正，热是冷的负？要说热的负，必是非热；要说冷的负，必是非冷。然而世界上并没有"非热""非冷"这东西，它们只是语言上的方便，换句话说，思想随便所造的名词以统括它一时注意力所不集中的一切，以与其所集中的一物立别。明白这道理，便晓得世界上没有正负之物，正负存于思想之中。朱子把气分作阴阳，把阴阳认为正负的东西，这就犯了思想与存在、名学与形上学界限分不清的毛病。而且，就因为正负是思想上的概念，事物界中无有此物，而朱子硬要在事事物物中求之，于是显出种种勉强的痕迹；如前面所举的"开物成务""致知力行"等，如何分得正负？勉强分起来只显得可笑。

（三）阴阳与善恶

拙著《朱子论理气太极》一文曾提过，朱子把宇宙间一切不良的现象归根于气。现在气分为两，一阴一阳；更用阴的部分代表不良的现象。换句话说，宇宙间不良的现象不得归根于气的全部，只能归根于阴的部分。朱子形容气常用"杂糅不齐"四个字，这就是说，气中有好有坏，不是全好，也不是全坏。现在请看他说阳善阴恶的话：

> ……阳善阴恶，圣贤如此说处极多。盖自正理而言，二者固不可相无；以对待而言，则又各自有所主。（《答甘吉甫》，《朱子全书》卷四九，页三四—三五）
>
> 看遗书（按指邵康节遗书）中善恶皆天理，及"恶亦不可不谓之性"、"不可以浊者不谓之水"等语。……更以事实考之，只如鸱枭蝮蝎恶草毒药，还可道不是天地阴阳之气所生否？（《答甘吉甫》，《朱子全书》卷四九，页三五）

……阳常居左，而以生育长养为功；其类则为刚、为明、为公、为义，而凡君子之道属焉。阴常居右，而以夷伤惨杀为事；其类则为柔、为暗、为私、为利，而凡小人之道属焉。（《傅伯拱字序》，《朱子全书》卷四九，页三五—三六）

按一阳一阴，一善一恶，是宇宙间不可免的事实，故曰"二者不可相无"。"阳善阴恶"，阳主善，阴主恶，故曰"各有所主"。阴阳不可相无，正足以见阴阳是相对的；阴阳为善恶之主，则善恶亦随之而成相对。

理论上，善恶之相对，似乎没有疑问；因为，既以阴阳比拟善恶，阴阳本是相对，有阴不能无阳，有阳不能无阴，则善恶亦必相对，有善不能无恶，有恶不能无善。然而实践上，又不容如此。倘若如此，则传统的性善之说不能成立；因为，如果有善必有恶，有恶必有善，则人性中善恶兼有，便算不得是善。所以朱子说：

……若以善恶之象而言，则人之性本独有善而无恶，其为学亦欲去恶而全善，不复得以不能相无者为言矣。（《答王子合》，《朱子全书》卷四九，页三六）

其次，则君子小人之分失去标准。君子小人之分原以善恶为标准，假如善恶成了相对，则说他是善，他又是恶；说他是恶，他却是善。善恶没有固定，便不能立为标准。故朱子曰：

……今以阴阳为善恶之象，而又曰不能相无，故必曰小人日为不善，而善心未尝不间见，以为阴不能无阳之证；然则曷不曰君子日为善，而恶心亦未尝不间见，以为阳不能无阴之证耶？

盖亦知其无是理矣。(《答王子合》,《朱子全书》卷四九,页三六)

因为以上所举的两个窒碍,乃致理论方面的学说和实践方面的主张不能平行。从理论方面说,"阴阳之气相胜而不能相无",以善恶拟于阴阳,则善恶自亦相胜而不能相无;换言之,善想征服恶,恶也想征服善,结果彼此俱不能征服,而成相对的局面。然而在实践方面,朱子不愿把道德流为相对,他想成立绝对的道德。要成立绝对的道德,先决条件在于确定善恶的标准;要确定善恶的标准,非取消善恶的相对性不可。所以他断然说:

阴阳之气相胜而不能相无。其为善恶之象,则异乎此。(《答王子合》,《朱子全书》卷四九,页三六)

二、五行

(一)五行的由来

阴阳由气分出,五行又由阴阳分出。故朱子曰:

阴阳播而为五行。(《朱子语类大全》卷一,页七)
……却是阴阳二气截做这五个,不是阴阳外别有五行。(《朱子语类大全》卷一,页八)
阳变阴合而生水火木金土。阴阳气也,生此五行之质。(《语类》,《朱子全书》卷四九,页四四)

以分划论，阴阳比浑然一片的气已进一步，然而仍未成质，不过分划的气而已。到五行，才成质，所以五行比阴阳又进一步。

阴阳之生五行，有先后的次序：一曰水，二曰火，三曰木，四曰金，五曰土。（《答黄商伯》，《朱子全书》卷四九，页四三）先后次序以清浊轻重为准。朱子说：

> 水火清，金木浊，土又浊。（《语类》，《朱子全书》卷四九，页四一）

> 大抵天地生物，先其轻清，以及重浊。天一生水，地二生火，二物在五行中最轻清。金木复重于水火，土又重于金木。（《语类》，《朱子全书》卷四九，页四二）

五行之产生，非但以清浊轻重，还以有定形与无定形，分先后的次序。水火是流体，无定形，故先产生；木金土是固体，有定形，故后产生。请看朱子的话：

> 阴变阳合，初生水火；水火气也，流动闪烁，其体尚虚，其成形犹未定。次生木金，则确然有定形矣。水土初是自生，木金则资于土。（《语类》，《朱子全书》卷四九，页四二）

（二）五行与万物生成

前面刚说：阴阳是分划的气，比气进一步；五行又比阴阳进一步，因为五行成质。有质，便能产生万物。故朱子曰：

> 阴阳是气，五行是质。有这质，所以做得物事出来。（《朱

子语类大全》卷一，页八）

由此可见五行是产生万物的材料。然而朱子每讲生物的材料，往往阴阳五行并提。他说：

> 二气五行造化万物，一阖一辟，万变是生。……五行之气，如温、凉、寒、暑、燥、湿、刚、柔之类，盈天地之间者皆是。举一物，无不具此五者。（《语类》，《朱子全书》卷四九，页四三）

> 天地生物，五行独先。地即是土，土便包含许多金木之类。天地之间，何事而非五行。五行阴阳七者滚合，便是生物底材料。（《语类》，《朱子全书》卷四九，页四四——四五）

> 阴阳盈天地之间，其消息阖辟终始万物。触目之间，有形无形，无非是也。（《苏氏易解辨》，《朱子全书》卷四九，页三七）

我们可以替他解释如此：五行是万物之切近的材料，简称曰近质（proximate matter）。五行由阴阳而来，阴阳由气而来，所以阴阳乃至于气，全可算是万物的材料，不过是较远的材料，简称曰远质（remote matter）。

阴阳五行是生物的材料，除理以外，阴阳五行也是万事万物的原素，故"举一物，无不具此五者"，"触目之间，有形无形，无非是也"。然而万物之具阴阳五行，有畸重畸轻的不同。朱子与人问答有这一段的话：

> 问："先儒谓物物皆具，则人之气禀有偏重者，谓之皆具，

可乎？或谓虽物皆具，而就五行之中，有得其多者，有得其少者。于此思之，殊茫然未晓。"曰："五行之气，如温、凉、寒、暑、燥、湿、刚、柔之类，盈天地之间者皆是。举一物，无不具此五者，但其间有多少分数耳。"（《答吕子约》，《朱子全书》卷四九，页四三）

说 "孝"

吾国数千年来固有之道德一基于孝。上自文人学士，下逮贩夫走卒，莫不以孝为立身之本。有不悦于父母者，则不齿于人，自失于己。孟子谓"不得乎亲，不可以为人；不顺乎亲，不可以为子"（《孟子·离娄上》第二十八章）。"不可以为子"，即不可以为人；而为子为人之途，则在顺亲得亲而已矣。

吾国有人伦之义。伦者，类也，序也。盖人与人相处之际，依类族而成秩序，以今世术语出之，则所谓"关系"是已。人伦有五，是为"五伦"：曰君臣也，父子也，夫妇也，兄弟也，朋友也。五者之中，父子、夫妇、兄弟，家庭之关系也；朋友，社会之关系也；君臣，则国与民之关系耳。然则为人之事，于家庭、社会、国家三者之关系尽之矣。家庭之中，夫妇、兄弟之关系皆从父子之关系生：盖古义娶妻所以养二亲，承祭祀，延嗣续，此夫妇之关系依父子之关系而立也；兄弟之间，则移其所以爱敬父母者以为爱为敬，可知兄弟之关系实仿父子之关系，故有长兄如父、幼弟若子之义焉。若夫社会，莫非朋友之交。朋友之交在信，"信于友有道，事亲弗悦，弗信于友矣"（《孟子·离娄上》第十二章）。由斯可见，吾国社会交际之根本道德，所谓"信"者，亦必以"悦亲"为基础。进而于国家，则所谓"勤劳王事"者，犹言尽责国事也。为君不唯一国之元首，抑亦其国若群之所赖以縻系而不涣。故古者"君"字与"国"字等观，"事君"与"报国"、"敬君"与"爱国"，辞异而义同。顾事君敬君，犹本诸所以事亲敬亲以为推；故曰："资于事父以事君，而敬同"（《孝经·士章》第五）；又曰："以孝事君，则忠"（同上）；又曰："君子之事亲孝，故忠可移于君"（《孝经·广扬名章》第十四）。

由前之言，可知孝之为义至大，乃吾族彝伦日用之常理，始于父子，推而至于家庭、社会、国家；范围弥广，孝之为义弥泛。谓为我国精神文明之要素，非虚语也。今就伦理、政治、教育、宗教诸端，分别详之。

一、孝与伦理

吾国之伦理观念有最高理想焉，是为"仁"。"仁者人也"（《中庸·朱子章句》第二十章），即所以为人之道。为人之事乃在尽其所以为人之道，以至于成人而后已。顾人生而有己，又有与己相对待之群，然则为人之事实兼己与群二者。"成人"云何？成己矣，亦必成人，所谓"兼善天下"（《孟子·尽心上》第九章），所谓"己欲立而立人"（《论语·雍也》第六），此之谓也。

立人之方曰"恕"，恕之为言"如心"。我与人皆人也，人同此心，是知人之心如我之心，人心之爱憎好恶亦如我心之爱憎好恶。于是以我之心忖人之心，以我心之爱憎好恶度人心之爱憎好恶，则与人交接之际，凡"施诸己而不愿，亦无施诸人"（《中庸·朱子章句》第十三章），"有诸己而后求诸人，无诸己而后非诸人"（《大学·朱子章句》第十章）。夫如是，人与人相处之道平，其效至于家齐、国治而天下平。

立己之道曰"忠"，忠之为言"中心"。人之所存于中心者曰"性"。"生之谓性"，性者，天地生人之所赋予。天地有不贰之道（《中庸·朱子章句》第二十六章曰："天地之道……其为物不贰"）。"不贰"云者，一贯之谓也；不贰之道，即今世术语所谓"自然之统一性"（the uniformity of nature）。自然有其系统一致之秩序；人类，自然之一境也，人性亦即自然秩序之一曲，与自然之其他境界之秩序相配合，而成其一致之系统者也。天地之道——自然之秩序——曰"诚"（《中庸·朱子章句》第二十章曰："诚者，天之道也"）。以人而求明乎天地之道——了解自然之秩序——曰"诚之"（《中庸·朱子章句》第二十章曰："诚之者，人之道也"），曰"思诚"（《孟子·离娄上》第十二章曰："思诚者，人之道也"）。求明乎天地之道之在人者——了解人之秩序——曰"尽性"（《中庸·朱子章句》第二十二章曰："唯天下至诚，为能尽其性；能尽其性，则能尽人之性……"）。

天地之道在人而为人之性者，又何也？曰：爱是已。孝者，性分之爱之施于父母（《孝经·圣治章》第九曰："父子之道，天性也"），抑亦一切爱之根也。根而干，干而枝，枝而叶，蕃植孳乳，蔚为大树，犹推孝而亲亲，"亲亲而仁民，仁民而爱物"（《孟子·尽心上》第四十五章），充而至于"仁者人也"之"仁"，可谓孝根之发干而枝叶扶苏者矣。有子曰："孝弟也者，其为仁之本与？"（《论语·学而》第一）《孝经》曰："夫孝，德之本也。"（《孝经·开宗明义章》第一）由孝而抵于成仁，而至于全德，皆一爱之扩充：始于父子兄弟骨肉之爱，终于天下人之"泛爱"（《论语·学而》子曰："泛爱众……"）、"博爱"（韩愈《原道》曰："博爱之谓仁"），皆一本之爱之发生，故曰"仁者无不爱也"（《孟子·尽心上》第四十六章）。

顾是亲亲之爱与仁民之爱，有异于爱物之爱；亲亲仁民，必以敬为之制节。孔子有言曰："今之孝者，是谓能养。至于犬马，皆能有养。不敬,何以别乎?"(《论语·为政》第二)而《孝经》所谓"爱敬尽于事亲"(《孝经·天子章》第二)者,亲亲也;"敬亲者不敢慢于人"(《孝经·天子章》第二)者,推其敬亲之心敬于人而仁民也。"敬"字以今世术语出之,则谓之尊重对方之人格,非若爱物者之存玩弄之意也。西哲康德(Immanuel Kant)之论道德也,有律令曰:"凡人之类,无对己对人,恒待之若目的,不可徒以工具目之也。"(Always treat humanity, both in your person and in the persons of others, as an end and never merely as a means.)所谓"待之(人)若目的,不以工具目之"者,即尊重对方之人格,吾儒所谓"敬"也。非唯待人如此,对己亦然,则所谓"自重"是矣(《论语·学而》子曰:"君子不重,则不威")。所不可以不自重者,己之"身体发肤受之父母"(《孝经·开宗明义章》第一),"不敢以先父母之遗体行殆"(《礼记·祭义》);己之人格即父母之人格之支派,故"恶言不出于口,忿言不反于身,不辱其身,不羞其亲"(《礼记·祭义》)。

孝者爱之根,推而至于无不爱之仁;而亲亲仁民之爱,必以敬为之制节——俱如前文之所论矣。抑更有进焉:夫爱,感情之事也,不纠之以理智,则或流于泛滥邪僻,而其弊且无穷。先儒有见于此,故《中庸》曰:"思事亲,不可以不知人;思知人,不可以不知天"(《朱子章句》第二十章);又曰:"顺乎亲有道,反诸身不诚,不顺乎亲矣;诚身有道,不明乎善,不诚乎身矣"(《朱子章句》第二十章)。"知人"云者,以客观之态度,讲求乎所接之人生理上与心理上之状态,以期了解其性格,然后与之相处,可免无谓之误会,而易于融洽矣。父母亦人耳,事亲之际,苟不了然于其身心之特性,而一味用爱,则难免于感情之盲动,不孝不慈之弊往往由斯而起。顾人者自然之一物,其身心之状态,与自然之现象,若物理、化学、生理、心理诸科之所治者，无二致焉。此人情世态之讲求，所以必资于自然科学之研究，以明乎自然之现象，然后乃免于谬讹浅肤也。明乎自然之现象，即吾儒所谓"知天"，其事乃属理智之范围。若夫"诚身"之"诚"，应与"诚之""思诚"同解，义取明理，非唯"诚实""诚恳"已也。盖顺亲首宜明理，理明则是非善恶辨：亲之是者，善者从之；其不善者，非者谏而改之。《孝经》称："曾子曰：'……敢问子从父之令，可谓孝乎？'子曰：'是何言与！是何言与！……父有争子，则身不陷于不义。故当不义，则子不可以不争于父。……故当不义，则争之，从父之令，又焉得为孝乎？'"（《孝经·谏诤章》第十五）于斯可见，孝子之事亲，决不作无理之盲从；顺耶？违耶？悉以理智为权衡，期不陷亲于不义。孝之真谛，其在斯乎！

二、孝与政治

吾国之政治，其精神则伦理之推行也，其形式则家庭之扩充也，其目的则天下为一家也，其手段则充骨肉之爱而使天下人交相爱也。唯其为伦理之推行也，故主人治（《中庸·朱子章句》第二十章曰："其人存，则其政举；其人亡，则其政息。……故为政在人"），重人格之感化。孔子曰："君子之德，风；小人之德，草；草上之风，必偃"（《论语·颜渊》第十二）；又曰："为政以德，譬如北辰，居其所，而众星共之"（《论语·为政》第二）。唯其为家庭之扩充也，故有"君父""臣子"之称（《孝经·圣治章》第九曰："父子之道，天性也，君臣之义也"），"移孝作忠"之义（《孝经·广扬名章》第十四曰："君子之事亲孝，故忠可移于君"）。唯其以天下为一家也，故柔远人（《中庸·朱子章句》第二十章曰："送往迎来，嘉善而矜不能，所以柔远人也"），怀诸侯（又同上曰："继绝世，举废国，治乱持危，朝聘以时，厚往而薄来，所以怀诸侯也"），于附庸属国，一视同仁，无取于侵略之殖民政策。唯其充骨肉之爱而使天下人交相爱也，故"以孝治天下"（《孝经·孝治章》第八）：君孝于上，民则君而各孝其父母；君推其孝亲之道而"尊贤"，"亲亲"，"敬大臣"，"体群臣"，"子庶民"，"来百工"，"柔远人"，"怀诸侯"（见《中庸·朱子章句》第二十章），民亦推其所以爱敬其亲者以亲上敬长，"不敢恶于人，不敢慢于人"（《孝经·天子章》第二），天下归仁，而国治矣。

三、孝与教育

各国往者政教不分，君师合一。朱子序《大学》曰："……一有聪明睿智、能尽其性者，出于其间，则天必命之以为亿兆之君师，使之治而教之……"复慨叹夫"周之衰，贤圣之君不作，学校之政不修，教化陵夷，风俗颓败；时则有若孔子之圣，而不得君师之位，以行其政教"。可见以君兼师，乃吾国自古以降，教育之常制。为君者，其德其学足副兼师之实，则"治隆于上，俗美于下"（朱子《大学·序·朱子章句》），而国大治；不然，则"世衰道微"，而天下乱矣。

且若所教，"则又皆本之人君躬行心得之余，不待求之民生日用彝伦之外"（朱子《大学》序）；易辞言之，教材尽于人伦义理之学，所谓人格教育是已。人伦始于孝，"孝者，德之本也"，故人君教民以孝（《孝经·开宗明义章》第一曰："夫孝，德之本也，教之所由生也"）。人君之教孝又若何？曰：人君自为表率，孝于其亲，万民法之，而兴孝矣（《孝经·广至德章》第十三曰："君子之教以孝也，非家至而日见之也"；又《孝经·天子章》第二曰："爱敬尽于事亲，而德教加于百姓，刑于四海"）。故曰："其教不肃而成"（《孝经·三才章》第七）。

且夫为君之教孝，所期于其民之成效，非止于孝而已也，盖欲其民兴于仁（《论语·泰伯》第八："君子笃于亲，则民兴于仁"），交相敬，互相爱（《孝经·广要道章》第十二曰："教民亲爱，莫善于孝"），然后"为下不乱，在丑不争"（《孝经·纪孝行章》第十），而国自治。其教孝也，乃治本之图，既探其本，厥末有不期致而自致者矣。父子之爱基于天性（《孝经·圣治章》第九曰："父子之道，天性也"），教孝，所以启发人性之本根，培植灌溉之功至，终当蔚为"成仁"之树，而收治平之效焉。故曰："圣人因严以教敬，因亲以教爱。圣人之教不肃而成，其政不严而治，其所因者本也。"（《孝经·圣治章》第九）

四、孝与宗教

吾国之宗教乃所谓泛神教（pantheistic religion）。泛神教者，以主宰即在天地万物之中，天地万物皆自然而化生，非有造物焉，巍巍在上，创造天地万物而监临之也。天地万物自然化生之玄功妙用，有足使人惊奇诧异者，于是敬畏之心生焉。敬畏之心，宗教之所由起也。故曰吾国不无宗教，所谓泛神教者是已。圣人之德业，其玄功妙用有类天地之功用，于是与天地并目为神，而移其所以敬畏天地之心敬畏圣人，圣人遂为教主矣。教主者，所以撮天人之合，所以间神民之接，故称之曰"天子"，曰"神君"；天子神君者，所以代天宣教，为神传旨，人民之所仰瞻而受教承旨者也。而所谓天之教、神之旨者，乃天地自然之理法，其功用之微妙幽渺，有以起人敬畏之心者耳。

天地自然之理法，行于圆颅方趾之间者，是为天之教、神之旨。厥教若旨唯何？曰"仁"是已。孝者仁之本，故圣人之代天宣教，为神传旨也，教民以孝。此所谓"务本"之图，"本立而道生"（见《论语·学而》第一）矣。《孝经》曰："夫孝，天之经也，地之义也，民之行也。天地之经，而民是则之"（《孝经·三才章》第七）。所谓"天经·地义"者，天地之理法也；"行"者，所由之路也。天地之理法，民人则之，而为其所当行之路者，曰孝而已。由此路而抵其所指归，是为尽孝而成仁。成仁谓之"尽性"，"尽性"云者，天地之理法，其在人之分量至矣，无以复加矣。

前文所论，是为教旨，至其仪式，厥唯祭祀。祭之为言，察也，省察其所祭之人若神之功业志事，俾保持弗坠，而期有以发明光大之也。是乃孝之的义，故《中庸》曰："夫孝者，善继人之志，善述人之事者也"（《朱子章句》第十九章），《孟子》亦谓"不孝有三，无后为大"（《离娄上》第二十六章）；盖有后不徒以传其种类而已，抑亦重在继承先业，而发明光大之耳。夫孝，仁之本也。仁者爱人，以今世术语出之，即所谓"同情心"也。同情心者，社会之所赖以縻系。古者以人君为縻系社会之枢纽，国族之所资以统一。《大学》谓"为人君止于仁"（《朱子章句·传》第三章），盖人君不特以爱民为至善至美之德，尤在有以宣扬此德于万民（此君之所以兼师，政之所以合教），使之相爱，而生同情之心。而为君行仁之端在孝，故曰"以孝治天下"；揆其用意，在使万民有以继述乃祖若父之志事耳。非特人各继述其先人之志事已也，此一身一家之私孝，孝之狭者耳。若夫通国之民继述其先民之志事，而保其教化于无穷，是孝之公之广，而亦仁之至者。何则？在此共同目标之下，用其至深至远之同情心故也。呜呼，我炎黄子孙所以历千万劫而依然有存于禹域之中者，岂不以此也哉！

祭祀之取义，既如斯矣。其对象则有祖先与天地二者。《中庸》曰："武王末受命，周公成文武之德，追王太王、王季，上祀先公以天子之礼。斯礼也，达乎诸侯、大夫及士、庶人。父为大夫，子为士，葬以大夫，祭以士；父为士，子为大夫，葬以士，祭以大夫。期之丧达乎大夫；三年之丧达乎天子——父母之丧，无贵贱一也。"（《朱子章句》第十八章）"追王"及"祀先公以天子之礼……"云云，皆朱子所谓"葬用死者之爵，祭用生者之禄"（见该章注）。度其取义，有可说焉：夫葬之为言，藏也；祭之为言，察也。藏者，藏夫死者；察者，生者追忆其所藏，俾毋忘，省察其身心，期无忝，所谓"身体发肤受之父母，不敢毁伤……立身扬名，以显父母"（《孝经·开宗明义章》第一）者也。盖死者往矣，其言行功业皆为陈迹，则谨藏之而无失焉可矣。故葬以死者之爵，取弗改弗坠之义。若夫生者，则责在继述，继述亦视其德力之可能，尽其分量焉耳。故祭用生者之禄，义取省察其身心之德力，自警惕奋勉，期无少懈而或未极其能事也。"父母之丧，无贵贱一也"者，盖谓父母生育教养之德，其所以示不忘，而继述之者，无上下贵贱，莫不同也。推而至于一国一族之先民，乃其国其族之父母，其文物声华之传于后人，正后人生育教养之资，则所以示不忘，而继述之者，犹无上下之分、贵贱之别也。若夫"期之丧达乎大夫"，至诸侯而绝，斯则礼有隆杀等差，亦节文之义而已。且夫天子之祀其先，又有配天之礼（《孝经·圣治章》第九曰："昔者周公郊祀后稷以配天，宗祀文王于明堂，以配上帝"）。盖天子父天而子民；其于民也，则代天宣教；其教以孝为本。则配天之礼，所以尊崇其亲者无以复加，而亦孝之至大者矣，故曰："孝莫大于严父，严父莫大于配天。"（《孝经·圣治章》第九）

祭天地，则有郊社之礼（《中庸·章句》第十九章曰："郊社之礼，所以祀上帝也"）。是礼也，天子主之；盖天子，天下之君，万民之长。其祭天地，乃表率万民，以报天地生育覆载之功，孝于天地也。天子有宗庙之礼，所以祭其祖先，教民以保持其国族之文物声华而弗坠，孝于先民。推此意而行郊社之礼，以祭天地，其意有非追远报德所能尽者，盖亦本诸继志述事之义，而思有以赞天地之化育耳。《孝经》曰："昔者明王事父孝，故事天明；事母孝，故事地察。……天地明察，神明彰矣。"（《孝经·感应章》第十六）今夫继述前人之志事，必先详审其志事之所在，然后有以继而述之；欲赞天地之化育，亦必有以明察之而后可（《中庸·朱子章句》第三十二章曰："唯天下至诚，为能……知天地之化育"）。明察天地之化育，斯其功用，玄妙幽渺若神明者，可得而彰，此即《中庸》所谓"尽物之性"也。"能尽物之性，则可以赞天地之化育"（《中庸·朱子章句》第二十二章）焉。今世科学大昌，厥用大宏，于人则有优生之学，于动植则有牧畜树艺择种留良之术，他若名、数、质、力诸科之所施，乃有以上天入地，破山川之暌隔，变险为夷，脱路途之修阻，化远为近——夫非所谓赞天地之化育者耶？

"博学"、"审问"、"慎思"、"明辨"、"笃行"新解

先圣有"博学"、"审问"、"慎思"、"明辨"、"笃行"之训，谨参西人名学之理，推演其说，作为新解如次：

至诚之圣人，"生知""安行"之资，不勉而中，不思而得。若夫中人以下，则有待于"学""问""思""辨""笃行"之功；此五者，"诚之"之事也。"学"者，察乎物情事态；"博"，犹广也，广察物情事态，所以自长其经验。"审问"者，详征他人之经验，以辅益己之耳目所不及也。"思"者，排比分析其经验之所得，求其会通，而设为共理公例；然此之为，率尔从事，则偏颇粗疏之弊生，故思又不可不慎焉。"辨"者，辨其会通之周不周，所设共理公例之确不确；使其周而确也，则所设者立，不可复摇者矣。辨不可不明；明，则所辨者精，而不至于舛误；求其如此，亦唯广取实事实物，勘较其所立之理例，以与之相印证耳。"笃行"云者，执其所已立而不可复摇之共理公例，以接物处事，而实收其利用之功也。

凡此皆名学之事："博学""审问"者，观察有关之事实，汇而集之（observation for the enumeration of relevant instances），内籀（亦称归纳）第一步之功也。"慎思"者，解释所汇集之事实，而造为臆说（explanation for the establishment of hypothesis），内籀第二步之功也。"明辨"者，复构其所臆说（即所设而未立之共理公例），而立为共理公例（establishment of general principle from the hypothesis），内籀

第三步之功也。以实事校勘其所立之理例，以为印证（verification of the general principle by concrete instances），内籀第四步之功也。若夫"笃行"，则共理公例之实施（application of the general principle），斯又外籀（亦称演绎）之事也。

"学""问""思""辨"，知之事也；"笃行"，行之事也。前者所以"择善"，后者所以"固执"，"学知""利行"者之所为也。若夫五者为之而弗措，是择善有难知，固执有难行，必至困勉而后可，"困知""勉行"者之所为也。

论道德之必要

茫茫宇宙，藐藐人生，人于宇宙间，有如旷野中之沙砾耳，其大小之别，奚啻天壤？然而宇宙间光明灿烂之文化，创于谁耶？彼金石草木，飞禽走兽，其初也，皆与人类并生并存，迨乎今日，则无不受人类之支配；风雨也，寒暑也，莫非人类之敌，则创为宫室衣裳以避之御之；疾病也，痛苦也，无不为人类患，而制为医药，以及种种避免痛苦之方，以自谋拯救。嗟乎，人类真万能也，而所假借者何耶？曰：智慧是已。科学者，智慧之结晶也；执科学之利器，直无往而不前矣。

然人类之成功，端赖有群。一人之力，且不足以当一牛；合众人之力，然后乃能羁之以轭，用以犁田。此言人类之有文化，不可以无群也。文化既发达矣，仍不可以无群；盖人之所能有限，而所需无穷；耕者不必能织，织者未必能耕，而衣食人皆需之；就衣食论，人且不能以耕兼织，或以织兼耕，况其他乎？故古代社会之分士农工商四民，盖所以为相生相养之道，群之表现也。

人之不能无群明矣，然合群亦有道焉；如何以求息争？如何共图利益？其方法有二：（一）政治方面，法律是也。（二）伦理方面，道德是也。法律与道德，虽俱为合群之道，然二者有别焉；兹列举如下。法律与道德之异点见，然后乃知法律之不足，必有仰助于道德，是则道德之不可以已也。

（一）法律禁于已然，道德防于未兆。徒具法律，不足以为用也；盖法律有事于已然，而不及于未然。譬如恶人，必行某事，其害及人，然后乃受法律之制裁；苟其恶未见于行为，虽心存蜂虿之毒，法律无从制止也。迨乎现于行为，然后法律施其能事，其实已晚，何如除害于未萌乎？曰：是非法律之所能也。唯道德能之。夫道德防于未然，所谓诛心是已。人不待为恶，只令心存恶念，已为道德所不容矣。

（二）法律之所及粗，道德之所及细。例如一人言语不慎，善道人短，控之于官，使受法律制裁，能乎？曰：不能。何则？是乃极微之事，法律所不及也。然揆之道德，人皆谓其丧口德矣。夫法律者，有组织、有系统之规例也，故不能无微不至；只及粗者大者，至于细者小者，则留与道德，以分其劳。非谓粗者大者，法律能及，而道德不能包也；唯道德无所不包，故法律所不及者，道德亦能及之也；然则道德之为用，岂不大哉？

（三）道德往往较法律为公允。法律为固定之物，不能因时制宜，随情断理，往往限于手续，范于文字，而所下判断，反不公允。道德则不然，其于人情事理，较法律为深入；故其讥人也，往往深于法律，而恕人也，亦往往宽于法律。例如上文所云，好道人短，法律上无罪，而道德上已受讥矣；又如善人偶一犯法，其受法律上之制裁也，与惯于犯法者同，是也。

有上述之原因，可见虽有法律，犹有借于道德以补其不足，则无疑也。或曰：文明之国，无不注重法律；且人事日繁，势不能不弃活动之道德，而用固定之法律。此言诚是，然推源法律之初起，似以道德观念为标准；然则谓之法律生于道德，无不可也。此不过先后之问题耳，尚有大者，今试言之：夫徒设法律，不讲道德，而谓国能治者，吾不信也。盖人心既已败坏，虽法律森严，而犯法者，恐不唯不减少，且有加多之患；犯法事实，将层现迭出，无奇不有；

法律虽备，或包括不尽，执法者虽勤，且应付不暇矣。试观今日吾国，对于劫盗，执法不谓不严，然劫案有增无减，即是故耳。然则不讲道德，徒设法律之不足为治，岂不显而易见也哉？

历史变迁之因素

凡事必有其因，天下无无因之果，亦无无果之因，所谓偶然之事，特未明其因而云尔耳。今夫帆竖舟行，物理界之因果也；毒作身亡，生物界之因果也；见鞍思马，心理界之因果也。至若人群相处之间，社会进化之际，其中因果关系，自亦不能独免，且错综繁杂，或一因累果，或一果累因，求其彼此推移之道，盖亦难矣。虽然，历史变迁中之因果关系，与自然界有简繁纯杂之不同，顾其谨严不渝，则一而已。

统观历史变迁之因素，其大别有三：（一）自然；（二）人事；（三）自然人事错综之效，所谓文化是已。初民之际，自然之力为多，盖其时人智未开，控制自然之具未备，故也。民智既开，而文明未大进之世，人事之效为大，往往一二贤君良宰，少数英雄豪杰，可以左右社会，兴亡国家。迨乎生事既繁，文明大进，群治大举，则人类相处之间，组织益密，于是文化备焉。文化者，自然与人事之结晶也，二者之功参半，难以畸重畸轻。文化既备，以个人方之，有如鱼处水中，在其内有自由，超乎其外则无自由。故文化既备后之英雄豪杰，其所制作，举不过应运顺流，创造之力有限，而欲以少数人左右全社会，殆不可得。于此，国之兴亡，其人民之全体兴之亡之；社会之盛衰，其文化之全部盛之衰之；所谓人事之力（可云狭义者）鲜已。

自然有内外（internal and external）之分。外自然（external

nature），地理之形势；内自然（internal nature），生理心理（biological and psychological）之现象。人事有个人（individual）与群众（mass）之别。至若文化，则有纯粹文化（pure culture）、经济环境（economic condition）、社会组织（social organization）等殊。兹以次论之。

地理之形势，有四要素焉：（一）水土（climate）；（二）地利（land feature）；（三）土质（soil）；（四）利源（natural resource）。水土所涵三事：（一）气候（weather）——有寒暄、燥湿之殊。（二）雨水（rain fall）——有稀密、时不时之别。（三）日光（sun shine）——有斜正、强弱之分。凡此皆随所处之地带（zone）而转移者也。若论地利，或多山寡水，或多水寡山；或临海滨，或居内地。至于土质，则有肥有瘠，有宜于稻，有宜于麦。利源则有丰有啬，或矿金银，或产煤铁，不特其物之贵贱殊，亦有品量之不齐焉。

隆古之时，地广人稀，土著之风未盛，国境之禁未严，故人易于转徙。今则人烟稠密，土著之风炽，而国境之禁严，故遇地理形势有不利时，不能如古人之任意迁徙，只得于可能范围内，加以人力之补救而已。

顾其影响于人类历史者实多。以云水土，则气候过寒与过热者，文化俱难发达。唯雨水中度适时者，然后五谷登，五谷登然后衣食足，衣食足然后讲礼义，明廉耻。至于日光过烈之区，如热带之民，则终日昏沉欲睡，攀树有食，编叶有衣。其岁月易度，生活简朴，天实为之，则其人安得不懒？其俗安得不古？其文化又何从而进？

至于地利，其影响于民族国家者亦甚。多山之国，交通闭塞，往往地各为俗；唯其与外少接触也，文化难以进展。多水之国，交通便利，民相往来，商业既可发达，知识易于交换。若夫临海之人善冒险，内地之民多守旧，尤为地理上不刊之例。且地利不徒影响于一国一族之文化已也，其关系于攻守之计者良深。今夫岛民易为守，山国易为攻，至显之例也。

土质优则物产富，物产富，内则生事备，外则商业兴，于是国富兵强，而影响于文化者亦巨。

至若利源之关系于国家之富强尤甚。例如国多产煤，则工业之大具备；五金之矿众，则机器之业兴；药石之矿多，则化学之品足。五金可以制枪炮，药石可以造火药，而攻守之具备矣。古希腊雕刻之术大盛，论者以为其地产大理石之多有以致之，于此可见天然利源之关系于一国一族之文化者，为何如矣。

以上所论，属于环境方面，在人之身外，故谓之外自然（external nature）。他如生理心理之现象，虽在人之身内，然有自然之秩序与律例行乎其中，不受制于心灵之作用、意志之推移，故谓之内自然（internal nature）。

生理之要素有五：（一）蕃滋（fecundity）；（二）物竞（struggle for existence）；（三）种变（variation）；（四）天择（natural selection）；（五）遗传（heredity）。蕃滋，生物之天然趋势。经济学家马尔达（Malthus）尝谓人类之孳乳，其速率过于食粮之增加。于是生事常感不足，势必出于争，而物竞起焉。既争之后，强者多得，弱者寡取，适者生存，不适者绝灭，于不知不觉之中，优胜劣败之效见，而天择之事行矣。竞争之中，人各欲存，于是竭其才力以求适应环境，积时既久，而体中无形起变化焉。且祖宗之品德习惯，可以传诸子孙，是为遗传。凡此五事，生理之要素，而亦历史变迁之因，不可不注意也。

所谓心理之现象者非他，心灵之动作（mental activities），抑神经之作用（functions of the nerves）是已。可分累项如下：（一）智力（intelligence）；（二）仿效之力（power of learning）；（三）创造之

能（creative ability）；（四）分析之力（power of analysis）；（五）夙好之性质（nature of instincts）；（六）习惯之性质（nature of habits）；（七）为己之性（egocentric desires）；（八）合群之性（associative impulse）。

夫智力之高下，关于一民族之进化者极巨。至若创造之能高，则善幻想，而文学艺术发达。分析之力强，则逻辑之思想富，而科学昌。纵二者俱不如人，而善于仿效，则犹可有为。如日本民族，其仿效之力，可谓极矣。此关于知方面者也，至于行方面，则一民族之夙好如何，习惯如何，所系于兴衰存亡者，俱非浅鲜。合群之性强者，则法律发达，政治昌明。为己之性强者，则学术、商业之竞争烈，而进步因之亦速。

汇生理心理之差异，而成种族先天之特性。负其先天之特性，以竞存于自然环境之中，而起种种应付之方、生存之道，统名之曰生活之形态（mode of life）。此等形态，代以相传，中经英雄豪杰之陶铸，百姓庶民之琢磨，以合于即时即境，是为文化。今夫一民族有一民族之文化，以其所处之地理形势有不同，其生理心理之现象有互异，而应付环境之道遂殊，所形成之风俗习惯遂异，故也。顾此等差异，正所以别此族于彼族。人类历史之变迁非他，特各民族特性之光明衰落、文化之兴替存亡已耳。

上论自然方面之因素，虽未能详，顾其意义与性质，当可概见。继今所陈，其在人事之间。人事有个人与群众之别。历史上个人之力，于古代为最著，而成功亦最大。夫帝王一姓既衰，他姓起而代之，其所由途术，虽曰革命，顾与今世之革命不同。其所谓革命，乃一二英雄豪杰之革命，非今日所谓民众之革命也。易辞言之，其革命以个人之意志为原动力，以人民为器具。至若今之革命，非云无须于领袖也，但领袖所居，不过指导之地位耳，其要求仍为民众之要求，其意志仍属人民之意志，领袖特应民众之要求，体人民之意志，而执行之耳。个人于政治之力，有如此者。其于社会与文化方面，如中土之孔子，西国之耶稣，皆所谓"匹夫而为万世师，一言而为天下法"者也。其他个人之力之见于历史者，在在可见，不多举已。

若论群众之力，以历史之前例言之，则美之革命、法之革命，最足以代表民众之精神者也。美之革命，确起于其民之求独立，以脱祖国之羁轭；法之革命，诚出于平民之争自由，以免贵族之压迫。且继今以往，群众之力将益著，盖人民程度既高，社会国家之事，视为切肤之痛痒，断不容少数个人，操纵于其间也。

自然与人事之因素，既如上述，请进而论二者错综之效，文化是已。夫文化者，人类生活之形态，上文既言之矣。人类处于自然环境之中，受种种自然力之压迫，为求生存计，不得不图体合（adaptation）之道、制驭（control）之方，于是文化兴焉。顾禽兽亦动物也，何以独无文化？盖人有特点在，彼类之所无者也。特点唯何？（一）经验之能；（二）语言之力；（三）合群之性；是已。经验之为物，合记忆与联想者也。见某甲触此草而毙，他日再遇与此类似之草，遂戒同群以远之。是以既往鉴当前，经验之效也。个人经验，必以授其群，其效乃大；至于语言之为用，则在宣达经验于他人；迨文字兴，则可以行远传后，其用益宏。若论合群之性，则社会之所待而兴，文化之所赖而存者也。

文化既兴，则个人受其支配，无论思想行为，俱不能脱其规范。今夫禽兽与人之别，盖在禽兽之动作，独与自然环境发生关系，求满足于自然，而亦受自然之压迫；至于人，则自然环境之外，复与文化接，其生活之事，自然之所许者外，更以文化为准，于是节制调理之功呈矣。且文化自成一环境，对于人之行为思想，有羁縻节制之力,供之以兴趣,摄之以威权。

文化之起源与性质,既如上述,今请一及其种类。夫文化之分类,人各一途,兹就汉京斯《社会研究导言》(F. H. Hankins, *An Introduction and Study of Society*)一书之所分者,译录如下(见该书,页三九二—三九三):

甲、语言与传达之具:

(一)姿势与符识;

(二)语言;

(三)文字。

乙、实际知识与工业技术:

(一)食;

(二)衣;

(三)住;

(四)器具与专技;

(五)产业;

(六)个人工作、职业;

(七)贸易;

(八)运输。

丙、滋生之群与习俗:

(一)爱情;

(二)婚姻;

(三)家庭;

(四)血统关系之群,其权利与义务。

丁、理想与实行之关于天地之性与人性者:

(一)神话;

(二)魔术;

（三）神道与宗教之施行；

（四）医药之信仰与实行；

（五）科学知识与试验方法。

戊、理想与实行之支配个人间私之关系者：

（一）形式与礼仪；

（二）私德；

（三）酬酢；

（四）游戏与娱乐。

己、理想与实行之支配个人间公之关系者：

（一）伦理之习俗与制度；

（二）法律之式形与制度；

（三）政治之组织与制度。

庚、艺术与修饰：

（一）人体之修饰；

（二）图画与雕刻；

（三）音乐；

（四）建筑。

辛、战事与外交。

以上分类，若以本文原定之分类标准衡之，亦可相通。丁，戊，庚诸项属于纯粹文化；乙项属于经济环境；甲、丙、己、辛等项属于社会组织。纯粹文化之中，又分科学、艺术、伦理、宗教四者。就中丁项之二、四、五各条，科学之事；一、三两条，宗教之事；戊项伦理之事；庚项艺术之事。

以上既将各因素一一论列，此下请为估价工夫，以视其于历史上之地位如何。前之论者，往往偏重一二，而忽其他。如英之拔苦（Buckle），专重地理形势；张伯伦（Chamberlain），与法之高秉诺

（Gobineau），则专重种族特质，是皆偏于自然者也。他如英之卡赖尔（Carlyle）、法之莱贲（La Bon），则一重个人，一重群众，是偏于人事者也。至若德之力卡底（Rickerd），则侧重纯粹文化；马克思（Marx），则专讲经济环境。其他偏重社会组织者，则社会学家中比比皆是；凡此皆偏于文化者也。

按偏重一二因素，以观历史之变迁，万无一当，盖人类进化，其事极繁，断非一二因素所能概括者也。今夫地理之形势，固有关于人类进化，抑当重要条件之一，然目为断决之因（determing cause），则未可也。盖如是，则人类等于金石草木；夫金石草木所处之地理环境，与人类正同，何不生文化？奚乃与人隔若天壤？

若论生理之特性，则禽兽爪牙强，毛羽厚，血旺身壮，风雨燥湿所不畏，饥寒冻馁所不惧；乃与人类争存于物竞之列，而不为天之所择者何耶？亦以其智之有逊于人耳，然则心理之因素重矣，徒生理之优，犹未足也。

夫人类与万物同立于宇宙之间，而万物处其下风，为之用者，以其智之不及；唯人智强，故虽自然之威，且有以控制之；万类之猛，且有以慑服之。易辞言之，以人事与自然抗，而屡获胜利，来者方将，未有艾也。人事有个人与群众之分。重个人，轻群众者，既误矣；顾重群众，而蔑视个人者，又无当焉。夫一时代有一时代之环境，之要求，固不可不承认，然个人处于时代之中，亦不无贡献也。今夫"时势造英雄"，抑"英雄造时势"，此问题于论世者之胸中，盘旋亦已久矣。重英雄者，以为英雄能造时势；重时势者，则以为时势实造英雄：其实皆偏至之论也。夫英雄之建大功，创大业，其时必有其储能在，英雄特眼光敏锐，见人所不能见，察人所未尝察，而以臻于效实已耳，英雄何尝造时势？至若时势既具储能，而无英雄揭之，导之，则亦莫能呈其效，无由现其实。例如山之有瀑，时势也；决而引之以激器机，以立工厂者，犹英雄也。夫瀑诚非引瀑者所造，然则引瀑者因瀑之所产耶？虽三尺童子，亦必笑其为妄矣。或曰：君作喻不以伦，夫引瀑者与瀑分立，而处乎其外者也，今英雄即在时势之中，受时势之规范；奈何以彼喻此？余则应之曰：英雄虽处时势之中，而能反观时势，揭其利弊，而断何者宜兴，何者当废，常人不能也；常人莫不为时代所囿，如蛙之居井中，不知其外别有天地，安能如英雄之横览天下，旷观古今，而为时代开山之祖（epoch making personality）？虽然，英雄所为，不过应时势之要求，所谓先知先觉之业而已；时势无此要求，英雄亦不能为力。夫19世纪之世，使德无统一之要求，俾士麦（Bismarck）何能为者？使吾国古文不弊，无新文体之要需，虽有十百胡适之，其能树白话之旗帜乎？总之，所谓群众心理、群众意志者，确有其力，个人只能体之以建功立业，与之背道而驰，无有不败；宋代王荆公之变法，其例已。顾群众虽有心理与意志，往往不出于自觉，而且杂无系统，必待个人揭而彰之，为立系统，为设计划，然后乃见于实行，而社会国家始蒙其利。此个人群众之所以相辅为用，而不可畸重畸轻也。

至于文化之力，于今代为尤著。地理环境不利，能以人功补救之。今者气象之学，方兴未艾，安知他日对于固定不移之天时，而必无控制之能耶？生理现象不佳，则有优生之学（eugenics）；他如心理学之于教育，其效尤著。由是观之，继今以往，文化于人类历史，将占莫大地位，自然、人事悉居其下。顾文化有三种：纯粹文化、经济环境、社会组织。论者于此，往往意见分歧，而主于一偏则一；或重纯粹文化，或重经济环境，或重社会组织，窃谓皆无当也。今夫科学之重要，尽人皆可承认，以其有助于改良经济环境故也。至若艺术之调和情感，宗教之匡正人心，伦理之节制行为，论者或目为老生常谈，以为经济环境既佳，社会组织既备，则国自治，何用于抽象之宗教、伦理、艺术为？吾以为论者知其一而不知其二也，须知人非木石禽兽，有情感，有理性；既有情感，则有待于慰藉与调和，有理性，则多理想；艺术有事于调和，宗教有事于慰藉，伦理有事于理想，各有其用，不可偏废。就令先哲有"衣食足然后知礼义"之遗训，衣食与礼义，亦不过先后之间耳，初未云衣食足，礼义遂毋庸知也。且未知礼义，衣食有难足之虞，盖人将各私其所有，不肯通功易事，甚且出于争矣。至若专重社会组织，而不讲道德人心者，亦无当也。请以历史之陈迹为证。夫吾国数十年来所仿之西洋政制众矣，忽而立宪，忽而共和，共和之中，复忽而总统制，忽而内阁制，以至于今之一党独裁，试问其效皆安在耶？终则同归于腐败不堪。追求其因，特一"私"字误之耳。夫政制西洋行之而臻富强，法度西洋用之而致治理，独吾国采之而效无可言，此其故何耶？非其制其法之不善也，特行之用之非其人耳，然则道德人心顾不重乎？今夫艺术、宗教、伦理三者，正所以维持道德人心者也，其可置之不讲乎？

综上所言观之，可知历史之因素不一而足，必合种种而进化之效乃见。此盖今世社会学者之定论，无容疑也。至若诸种因素之中，孰先孰后，孰轻孰重，孰主孰附，所谓彼此间之成分问题，则非兹篇所能详也已。

为什么要研究哲学史

为什么要研究哲学史？把这问题分析起来，可成以下各部分：（一）历史是什么？（二）哲学是什么？（三）哲学史是什么？（四）什么叫作研究？（五）为什么要研究哲学史？现在且就这几部分的范围，和读者讨论一下。

历史是什么？历史是一门对事实求真相的学问。它用鉴别整理的方法，从事实中找出线索和系统来。然而广义地说，或就宇宙本身的立场说，宇宙间一切的经过、所有的事实，都算是历史，因为那些经过、那些事实，自有其真相，自有其线索，自成为系统。狭义地说，或就人的立场说，宇宙间的一切经过，只是历史的对象——亦称史实或史料。这些经过加以人的鉴别整理，找出线索，成了系统，方是历史。关于这些经过鉴别整理的方法之研究，便是史学。经过或史实的本身，因为只是自然存在着，所以没有真伪完阙的不同。至于鉴别整理的方法的研究，更有进步不进步的分别了。

人类的知识进步，对于宇宙间的现象，逐渐分科研究。不但自然科学的部门很多，人事科学的种类也增加起来。于是宇宙间的一切经过，几乎各有专科研究，各按门类成了各科所特有的对象。如力的现象划归了物理学，质的现象划归了化学，生命的现象划归了生物学——这些是自然方面的例子。又如人类团体的活动归入政治学范围，风俗习惯的演变归入社会学范围，生活状态的发展归入经济学范围——这些是人事方面的例子。

一切现象各有专属，历史本门究竟还保留了什么？并且各种科学对于材料的鉴别和整理，各有其特殊的方法，各自研究其方法的效用，于是方法的研究也是各有攸归，历史本身还有什么方法留作自己研究的范围？依我看来，学术愈进步，分门别类的情形愈趋极端，历史本门的范围愈缩小，最终几至于无，乃至传统上因错误观念，所独认为历史对象的统治阶级的活动，也要让出来给政治学了。退一步说，也许可能余剩的是些人事方面的园地，因其研究的目的和人事科学的不同，乃由它们取得分功的地位。人事科学对它们范围内的事实，不但做些鉴别整理的工作，此外还求其间因果的关系，立为普遍的原则，据以推往测来。历史却不做人事科学后一部的工作，它对于事实，只是鉴别整理，还其真相而已。但是人事科学各部分的专史（如政治史、经济史、社会史等）的产生，又将奈之何呢？它们对于事实，岂不是也只做些鉴别整理的工作，还其真相而已？然则历史在这一方面的地位，岂不是又动摇了吗？倒是在方法上，虽则自然方面的事实，有其鉴别整理的方法，人事方面的事实，也有其鉴别整理的方法，可是在这些方法之上，有一种最高、最基本的方法或原理，凡鉴别整理的工作都要采用，不拘自然人事。这种方法，这种原理，叫作鉴别整理的总方法、总原理。这是史学的对象，它的范围也就在此。因此我们可以说，将来恐怕没有历史，只有史学。以往历史的园地全要分给各门科学，尤其是分给人事的科学（就传统的历史的对象说）。

至于哲学呢？正和历史同一命运。按哲学一词本是译名，此名西文的字原只是"爱智"的意思，直译应为"爱智学"。因为人类智慧刚发达的时候，耳目所接只是一堆宇宙的现象，这些都是智慧的对象。用爱好的态度，对于这些对象的研究，便是"爱智学"。所以人类最初的学问只有哲学，哲学包括一切的研究。后来渐渐进步,觉得偌大的宇宙,研究起来,非分部分不可,于是各门科学就诞生了。积日既久,哲学的儿女皆已成人,哲学的附庸蔚为大国,便和其父母分家,便向其祖国宣告独立,成了今日的局面。

可是有一种奇怪的现象,就是哲学把自己的园地分给了儿女之后,转过来,却由这些儿女们耕种所得的东西,抽出若干的精华,供他自己使用,而坐享无所不备的繁荣。换句话说,哲学把一切科学所研究的结果综合起来,对于宇宙人生做个整个的看法。这种对于宇宙人生的看法和科学的看法不同,也是科学所办不到的,因为科学只见到宇宙人生的一部分,正如那些儿女,在他们各自分得的园地里,所收获的只是一种的果子。以往各哲学家的系统,可说都是如此,不过精粗详略的程度稍有不同而已。例如古代的亚里士多德(Aristotle),虽把一切学问都叫哲学,却专设一门为第一哲学,即后来所谓形而上学。他的第一哲学就是撮合各门学问所研究的结果,从中抽出最高最基本的原理,对于整个宇宙做最深最广的解释。又如近世的迪卡提(Descartes)、现代的怀德海(Whitehead),他们的哲学也都是各自根据当时的数学和天文物理,对于宇宙人生,做一种整个的看法与解释。

我认为这种哲学的地位是站得住的,换句话说,这种哲学是永远会有的,因为对于宇宙人生,晓其局部的情形,更进一步,作整个的看法,这是人类本性上的要求,而这种工作,只有哲学能做,科学无能为力。然而,就地位说,这种哲学站得住,不会没有;就内容说,这种哲学却是随着时代而变迁的。因为它是建筑在科学的结果之上,科学的结果是随时代而变迁的,于是我们也可以说,哲学同历史一样,只有方法是不变的,就是那综合的方法,及其附带的条件。无论何时何代,哲学总是用这个方法,去组织那时代的科学的新结果,而成那时代的新宇宙观与人生观。因此,哲学又有一点和历史稍为不同，就是：历史除了方法以外，它的范围总是逐渐缩小，寖至于无；哲学的范围却永远是那么大，永远是整个的宇宙和人生，不过对于这范围内的材料的运用和运用的结果，是随时改变而已。

根据前面的话，我们就不难知道哲学史是什么。哲学史是对于过去的哲学家，根据当时科学所研究的结果，用综合的方法，所构成的整个的宇宙观与人生观的一种叙述。它是一门专史，是一门思想史。不过这种思想史和别的思想史不同，别的思想史所叙述的是关于宇宙间局部材料的思想，哲学史所叙述的是关于宇宙间全部材料的思想。

哲学史既是一种思想史，它的材料是历代的哲学思想，所以它对付那些思想，就像普通史家对付史料一样，把思想当作事实来鉴别整理，一方面求其真相，另一方面找出线索和系统来。其次，哲学史既是哲学的史，而哲学是一种"学"，对于整个宇宙的对象，是要从其中的因果关系，抽出原理或法则来的，所以哲学史叙述各时、各派、各家的思想时，也要从整个的大潮流中各小支派的来龙去脉的因果关系里，抽出原理或法则来。再次，哲学之随时代而变迁，其原因固然在于它所根据的科学材料的变迁，然而那时代的各方面环境也有关系。各时代的环境之影响各时期的哲学思想，当时的局内人自己未必觉得，而异代的旁观者却能看得清楚。所以哲学史对于各期、各派、各家的哲学思想，也要把他们的时代背景叙明，指出他们的思想和他们的时代的关系如何。此外，也要注意各哲学家的家庭、身世以及个人的性格，因为这几点在相当的程度之下，都与他们的思想有关。

现在我们要谈：什么叫作研究。研究是人类求知的工作。人类有求知的欲望，这种欲望起于好奇的天性。因此，研究是发动于好奇心，结果要达到知识的满足。本此精神，研究应当为研究而研究，至少在研究进行的时候，不存致用的心。用中国的老话，"为学"（即研究）是"知"方面的，"致用"是行方面的。知和行不是两件事，只是一件事的两个阶段，所以为学不求致用，而其结果必至于有用。唯其为学不求致用，所学方能彻底，时期到了，其用自宏。为学好比积贮资本，致用仿佛随时开销；资本积贮愈多，开销时愈觉得绰有余裕。否则，如许的水养如许的鱼，这鱼在这水中，安能优游自在？现代学术进步的程度，远过其应用的程度，虽则人类的知识欲有以使然，恐怕也是因为大家要过优裕的生活。

更进一步，凡有所为而为的事，换句话说，凡为了某种目的而做的事，都是有用的。为学或研究既是为了满足知识欲，既是以求知为目的，那就是有用的，何必一定有"利用厚生"之效才算有用？用有精神方面的，有物质方面的；有大的，有小的；有远的，有近的；有功效显著的，有功效不显著的。通常所谓用，恐怕无形中都是指那物质方面的，小的，近的和功效显著的。这是知其一而不知其二的见识。

最后我们要讲到为什么要研究哲学史了。人事科学方面的史比较自然科学方面的史研究得多，为什么呢？（一）因为自然方面的事实是呆的，古与今的关系不甚密切；人事方面的事实是活的，古与今的关系非常密切。凡与自己的时代，当前的环境，关系密切的，不但想知道，而且需要知道；否则知与不知都在两可之间了。（二）因为自然科学比人事科学进步得快，"刍狗重"，就没有什么意义了。至于思想史之需要研究，却又因为思想离不开潮流，潮流连续不断，一代的潮流是接着前代的潮流来的。人是会思想、好思想的动物，今人和古人同用思想，在潮流上互相衔接。要把握现代的潮流，就得明了古时的潮流，为现代的潮流求其原，为古时的潮流究其委，而揭出那原与委间的因果关系。

哲学史是哲学思想的史，哲学思想是范围最广、最深、最长的思想，其潮流也是最广、最深、最长的潮流。所以，要明了现在的哲学，就得明了过去的哲学，因为现在的哲学是从过去的哲学演变出来的，换句话说，古今哲学不过一个大潮流中先后起的波浪而已；要了解过去的哲学，就得研究哲学史，因为过去的哲学的发展，不论精神形式，都在哲学史中叙述着。研究了哲学史，不但明白各家哲学个别的形态，并且在整个潮流的背景中，充分见到它们的真相。因此，我们研究哲学史，固然要注意各家哲学的真相，看它们对于某种问题的结论如何，然而尤重于它们的问题产生的原因、提出的经过、解决的步骤，及其因此问题而引起的其他问题等等。

我关于认识论之意见一二

每一学问，历年既久，研究之态度抑方法，无有不几经转移者也。于哲学一科尤显。今之所谓哲学，只限欧西而言。至于东方，则印度哲学，非我之所及知；若论中华，则数千年以来，果有哲学与否，尚属疑问，姑亦置之而已。欧西哲学思想，兴于希腊。尔时人才辈出，派别众多，总其概况，形上学（metaphysics）最占势力，所讨论之问题，多集中于此。中世纪思想窒塞。绍述之风，遍于学问界。所绍述者何？希腊亚里士多德之名言大义是已。加以宗教威权，思想束缚，无所不至。故此期中，思想界无可观者焉。文艺复兴以后，思想解放，于是科学发达，而哲学亦改易方向。尔时之哲学家，鉴于古代之研究形上学，同事宇宙本体之探索。顾追求本体，所由途术为何？何一非观察一切现象，然后作揣摩思索之功耶？追求本体，有待于观察现象；观察现象，认识之事；然而认识有如门户，欲窥本体之室，舍此莫由，无可奈何之事也。前此之哲学家，不知入必由户，故或终日盘旋户外，高谈阔论，臆言室中有几有床，有书有画，究其实际，室中之物，未曾见也。其上者逾垣而入，然非仆踬致晕，则折骨成跛。晕则不能有所见，折骨则怨嗟太息，兴言室中无有可观，而曩时好奇之心尽去。古代哲人，自太里斯（Thales）以下，有以水、火、土、气，为宇宙之本体，人持一说，争立门户，是盘旋于户外者之流也。怀疑派（Scepticism）之推翻一切，是仆踬致伤后之怨言谩骂也。与其陷此二弊，何如入室之前，先将门户认清——俯视其阈，仰视其楣，中察其钥；然后其钥可启，其阈不足以阻吾足，其楣不致以触吾顶，从容而入，岂不善欤？近世之哲学家有见及此，故以认识为哲学上之先决问题。笛卡尔、莱比尼斯、洛克、柏克来、休谟、康德诸公，对此问题，俱有深刻之研究，尝著专书以讨论之。就中以康德为集大成者，实定传统哲学（traditional philosophy）之趋向。哲学至此，可谓新辟一径，与前此之以形上学为起点者，成对峙之势。迨至今代，科学大昌，其于宇宙现象，作分功之研究，结果各窥一曲，莫见其全。于是又有形上学与焉，取科学所得之结果，对于宇宙，作综合之解释。柏格森、詹姆士、怀德黑、罗素、亚历山大等之所从事，盖在此矣。按今之形上学，与古之形上学有别。古者徒事冥想而已，今则根据事实；古者以五官之所观察者为材料，今则取资于科学实验所得之结果。此其不同之大较也。顾认识论为哲学之根本问题，故其研究之风，至今不衰，与曩所云之形上学，于哲学界中，有平分天下之势焉。认识论至于今日，何尝不受科学影响，其取资于科学处正多。其所异于形上学者，在于研究之方法。形上学所用之方法为综合的，认识论所采之方法为分析的。何以言之？前者集众科学之结果，作综合之观察；后者取认识中之现象，为分析之研究。目见一物，混然一见而已。认识论者则必分析以为二物——"能见"与"所见"，然后考察其间之关系如何。无物当前，"能见"尚存在否？物被我见，其性质有所变否？凡此等等，皆分析后所起之问题也。故居今之世而治哲学，其出发点有二，形上学与认识论是已。顾前者以科学为基础，科学之进步甚速，日新月异，一旦其概念与公例有所变迁，则建于其上之形上学，亦随之而动摇。独认识论无患于此，此世虽几换几移，人犹人也，物犹物也。人不能由两目而变为无目，物不能从下坠而上升，故人与物间之关系，终必如故。且如曩者所言，认识为哲学之根本问题，不宁如是，亦一切学问之根本问题，物理、化学、生物、地质、天文、气候，试问此诸学者，虽不谈认识问题，其能离认识而特立乎？研究此诸学者人也，人之知物，举属认识之事，无认识则诸学将何从来？且认识之问题未决，则人与物间之关系如何，尚不可知，五官之所得者，其可信与否，且莫能定，则诸学之价值焉在？

以上所论，为数十年来欧西哲学变迁之大势，认识论之缘起，及其所处之地位，不觉所占篇幅已多。按由今世之学术情形观之，研究哲学，似以认识论为正宗，据为出发点，不亦宜乎？

综观自笛卡尔以下，讲认识论者，虽派别众多，扼其大要，可分两大派，即意象论（Idealism）与实在论（Realism）是已。二派之学说，不及详述，盖兹篇之性质，近于讨论，不拘系统；故关于二派之说，随论随举足矣。窃唯二派争点纷纷，各趋其极，要而言之，似皆集中于秩序问题。对于此点，有待下文详论。

按国人意象论亦译唯心论，此不过名词上迻译之不同，顾足以生误会，非细故也。其误会盖在以为唯心论者，谓"大地山河，唯心所造"，舍心之外，宇宙无物，物悉心之幻影而已。其实此乃印度之思想，欧西哲学，从无如是主张者也。欧西之唯心论者，何尝谓外界无物？物固自在，识之由我，如此而已。以我识物，故物中秩序，乃出诸我，物中并无秩序可言。兴言至此，必及"能知"与"所知"问题。我知物，我为"能知"，物为"所知"；"能""所"交互，乃成知识。其实知识混然一物也，所为分"能"与"所"者，皆认识论者之事，以便研究已耳。例如康德以谓外物在彼，既与我接，则为我之"看法"，至于物之自体如何，究有秩序与否，我不得而知。物呈于我，我以吾之方式，为其整理，制成秩序，则秩序我所赋于物者也。然则"能知"为自动，"所知"为被动矣。于是客或问曰：如此则物任我解释，指鹿为马，非公等之所为乎？康氏则应之曰：不然，人性相近，则对物之"看法"，亦不至彼此乖违。例如感觉中之观察，必由时空二途，时空有如格式，人人之所具，同操此种格式以观物，则所见自必相同。又如理性之事，人人皆具若干范畴，无论奇想天开，至于何极，皆不能越此范畴之外，故理性之事，人类亦可不谋而合焉。

以上为意象论者对于秩序之解释；实在论者，则所见与之适相反焉。彼以为秩序在外，换言之，物之自身，已有秩序。以心察物，有如摄影，外界一花一木、一人一屋，如形拍诸其上。见物如彼，物之真际，即亦若彼。物俱在矣，秩序井然，受之而已；舍此之外，此心别无其他作用。然则心为被动，知识起于外铄者也。

按二派对于秩序之见解，有如南辕北辙，何其相去之远耶？此中盖有故在，不可不知也。二派之立场不同，故离奇乃至于斯。意象论者，以心与物为对待，成相峙之势，以心知物，物为心知，界限至为分明。实在论者则不然，彼以心为自然界中事物之一种，心物之关系，亦不过物与物间关系之一种耳。

上文既将二派对于秩序之见解，略为阐明，其立场如何，亦已提及，以下请将管见敷陈，当否不敢知也。按意象论者之以心物平分宇宙，未免将心之地位，提于过高；而实在论者之以心为纯出被动，则屈抑太甚：各偏一曲，不无修正之余地也。

以余观之，实在论者之以心为万物之一种，宜也。盖宇宙森罗万象，人居其中，不过占一分子，虽云万物之灵，以视诸物，特程度上之高低已耳。安能超诸万物之外？必以人类位于万物之上，是自大性之表现也。窃谓意象论者，实患此病，殆亦有以自招一般人之误会也。故讲认识，必将人类归于自然界事物之一种。知识乃人与其他事物发生关系后之产品也，犹氢与氧合而成水者然。关于此点，鄙见与实在论之主张同。

顾人为万物之灵，即人类以程度论，高于万物一筹，是亦不可不承认者。然则人与物之关系，视诸物与物之关系，自是复杂，抑亦特等者也。按人与物之关系，大致可分五种，试为列举如次：

（一）物理的。例如攀悬崖绝壁，失足则下坠，是与物同受地心吸力之支配也。

（二）化学的。例如病而饮药，药在体中，即生化学作用。药之性或为碱性，致病之微菌之性或为酸性，酸加碱遂生中和作用，于是微菌去而病除。

（三）生理的。例如人食动植物，消化而增长其体。

（四）心理的。例如触冰则觉冷，触火则感热；饮酒而甘，饮药而苦；是也。

（五）认识的。凡人五官接于外所起之知觉皆是。此为最高而亦最繁之关系。其力至大，其用至广；一切学术之所由起，所有制作之所自成。

人与物之关系，既有多种，认识不过诸种之一，故讲认识，即讲人与物关系之一种也。虽然，其他种种关系（包括人与物之关系、物与物之关系。须知人与物之关系，亦即物与物关系之一种，盖人不过物之一种也）皆可以认识统之，盖无认识，则种种关系，将无以见。换言之，物与物之关系，莫从见知于人，而人与物之关系，人亦无以自省之也。其中关系复杂，有层叠之势，故作图如下，然后从事说明：

（一）人与物之关系：

transcendent knowledge：Epistemology
---
mRt　　mRt　　mRt　　mRt　　mRt（mRt）——此种关系之简号

　P　　　C　　　B　　Psy　　　E

（二）物与物之关系：

transcendent knowledge：Epistemology

tRt　　　　tRt　　　　tRt　（tRt）——此种关系之简号
P　　　　　C　　　　　S

（三）认识之总图：

most transcendent knowledge：Epistemology

$\boxed{\text{mRt+tRt}}$ Rm=Epistemology

或 tRt Rm=Epistemology　或 tRm=Epistemology

以上之图，请将所用之符号说明如下：

R=relation 关系　　m=man 人　　t=things 物

E=Epistemology 认识论

P=physical 物理的　　C=chemical 化学的

B=biological 生理的

Psy=psychological 心理的　　S=solar 天文的

____=algebraic parenthesis 括弧

$\boxed{}$ = 某物与某物

以上三图，第一为人与物之关系，即上文所列之五种者也，其实亦即物与物关系之一种耳。第二为物与物之关系，分物理的、化学的、天文的三种。第一、第二其实可并为一，特以人与物之关系，视诸物与物之关系稍异，故为分立，以示此理，并非故欲提高人之地位也。第一图所表人与物之关系，为人之所自知，此等知识谓之"超然知识"（transcendent knowledge），即认识作用矣。第二图中物与物之关系，亦为人之所及察，即诸科学之所由起，故曰科学亦莫逃于认识范围之外也。最后一图，为人类知识之大成，斯即认识之全部。复有所谓"最超然之知识"（most transcendent knowledge）者何也？即人类自知对于宇宙万物有所知，换言之，认识之认识是已。人类对于己之所知所见，能自判其真伪诚妄者，即在此耳。西哲荷金（Hocking）尝谓人之知识，能超三物：时、空、己；此言诚是。盖此乃人之所以为万物之灵，而认识之为特等关系，亦在此也。

综观宇宙间之关系，悉为物与物之关系，其中权为之分，可得三种：（一）人与人之关系：政治学、社会学、伦理学之所治。（二）人与物之关系：生理学、心理学之所治。（三）物与物之关系：物理学、化学、生物学、天文学等之所治。广义言之，三种关系，皆无可逃于认识范围；狭义言之，认识只讲"知"之一字，即心与物接之顷所生之状况如何而已。通常所谓认识论，盖指狭义者也。

认识为一种关系，其关系之性质如何，上文既已模略陈之，无待多言。夫云关系，必有关系者（things related），关系者之为心与物，自不待言。然则孰为自动，孰为被动？曰：既言关系，则居平等地位，本无自被动之可言。虽然，心与物之间，固可互相影响；何以言之？夫意象论者之谓心有范畴，然也；其谓宇宙无秩序，不然也。实在论之谓宇宙有秩序，是也；其谓心无范畴，非也。盖物自有秩序，心自有范畴；物无秩序，无以呈于心，心无范畴，无以摄夫物。心与物之关系，犹化学中二原子之化合，二原子各有其 valence，适足以喻心之有范畴，物之有秩序也。二原子合后所生之物，犹心与物接后所起之知识也。或曰：二原子之 valence 俱为自然界之秩序，不若心有范畴，物有秩序之相去之远也。曰：不然，心之范畴、物之秩序，亦皆自然界中之秩序已，盖心与物俱属自然界中之物故也。二原子之 ralence 有不同（或为三，或为二，等等），可见一物有一物之秩序，然则心与物本不同物，其秩序之各异，又何足怪乎？二原子之化合，有互相影响，然则心物相交，独不互相影响乎？

　　顾我之所谓范畴，不若意象论者之范畴之固定（definite），之笨重（rigid）也。欲明此理，必将知识之原委，发挥尽致，然后可也。寻常之见，以为人有五官，斯有知识。余曰：此言未免过于浑沌，似是而非，其意无可执着。孩提之生也，五官已具，谓孩提有知识，可乎？兹特取目之一官，以资说明。夫谓有目，斯有所见，可也；谓有所见，遂有所知，不可也。何以言之？盖目之为物，如摄影机然，开机则有影必拍于药片之上，张目则有物必射于眼帘之中，无可奈何之事也。故以目视物，不过取得其印象而已；徒印象不成知识，必经内心之范畴，为其排比解释，然后乃能成知，换言之，与内心始生关系。是排比解释者，认识之事也。故曰：范畴者，我心所用以解释外来印象之方是已。且我之所谓物之秩序，亦不若实在论者所言之甚。物与物之间，自有其本来之异同、先后、高下，换言之，有其所以然之故，非我心之所能任意左右者也。如此而已，不若实在论者之视如恢恢之网，知识之唯一根源者焉。

　　复次，范畴既不过人心对于外来印象，所以排比解释之方而已，则彼此之范畴，固容有出入之余地。顾其出入，自不致有天壤之差，以人性相近故耳。例如以石之坚，孰谓其软？以火之热，谁谓其寒？所出入者，盖在兴趣之间已耳。何以言之？譬如入室，其中有锄，有斧，有书，有机器。一农夫之所见，虽兼是数者，换言之，是数者虽俱入农夫眼帘之中，顾彼将高声呼曰：是锄也，耕田之具。斧不甚厝意，书则更忽之，抑尚知其为某塾中师弟子之所用以终日吟哦者也；至于机器，彼宜不知何物，有莫名其妙之状焉。顾使机器师入此室中，首必抚弄机器，视其结构之精粗、螺旋之松紧，以及其所须马力之大小。此一机器，于彼有无穷之意义，于农夫则何如也？

兴趣之成，人事之力为多，盖人所处之境地，有以定之也。夫农夫之于锄耰，机师之于机器，其兴趣之浓厚，亦在其用之之久，未尝一日离故耳。兴言及此，则唯用论者之主张，有足以赞吾说。彼谓人之知识，起于用途。例如此桌，我用之，始知之；用之弥甚，知之弥深。盖知用乃相济相成之事，不知则莫能用，不用则无从知。

以上既将余之根本观念模略陈之，或尚有所疑，兹特设身处地，列举若干问题，逐一试为答案如次：

（一）范畴与秩序之证明何在？答曰：以五官接物，物有必然之势，虽不欲其如此，而非吾意所能左右者。以此知心外有秩序在，与我心为绝对独立者也。官之所得于外物者为印象，印象不能径等于知识，必经排比解释之功。夫孩提大张其目，其眼帘中，何尝不有某物之印象，顾独无所知者盖乏排比解释之力，换言之，其范畴未具故耳。此其证一也。同一之物，于两人所生之认识，或有不同，可见其人各具法眼。此其证二也。

（二）范畴与秩序奈何能合而不生枘凿之弊？答曰：二者同出一源，自然界是已。盖范畴，人之范畴；秩序，物之秩序；人与物俱出自自然界者也。二者犹化学中二原子之 valence，于相当情形之下，无有不合者也。

（三）知识在外界有真在之价值否？答曰：知识乃以与物接后，所产生之第三物也。心与物俱为自然界中之物，固无疑矣，然则是二者合而所生之第三物，独非自然界中之物乎？故心与物接而所起之知识，犹氢氧二气合而所生之水，其于外界存在之价值，无稍异也。

（四）知识之真伪诚妄问题如何解决？答曰：认识虽心物相合之事，二者之力相埒，顾闭门造车，出门必亦合辙然后可用。我以感官所得之印象，为之排比解释以成知识，顾亦不可任意为之，必于实验世界可行而后可。于是唯用论者之说，于此又可用矣。夫知识之真伪，以其于自然界中可行与否为准；其诚妄之程度，亦视其用途之广狭而断耳。

以上所言，虽欠系统，已足以尽吾意（我之见解本不成熟精细），为求明了，撮其大要，重陈于此，以作本篇结束：

（一）知识为自然界中关系之一种，起于心与物相接之间。其于自然界有其真在者也。

（二）知识构成之枢纽为范畴与秩序——前者属心，后者属物。

（三）范畴不过我心对于外来印象之排比解释之方，秩序不过事物所以然之故，心所不能任意左右者也。

（四）排比解释之方，人有不同，则范畴大同之中，复有小异。是盖因其人之兴趣为转移，而兴趣之养成，则有赖于习之精用之久。至于外物之秩序，则不若范畴之有所转移也。

（五）知识以可用与否，判其真伪，而真伪之程度，亦以其用途之广狭为断。

我之人生标准

人生于世，虽曰为期至短，然以人类之全体论，其影响于宇宙间者至大，观其征服自然之成绩可知矣。各个人皆人类之一分子也，虽能力藐小，岂可自暴自弃，悠忽而过？夫人生不立目的，犹无舵之舟，漂流海中，其不淹没者几希！予受生为人，不过二十有四年耳，所谓人生目的，恐未立定，然对于人生，略有见解，姑妄道之，无经验之谈，不值有识者一笑也。

（一）人之禀性，虽有高低，其可以有为则一也。语云：天不生无禄之人，此言不诬也。人苟各视其才而培育之，使尽量发展，无有不成功者也。往往才下之人，抱自弃主义，自谓我才不可以有为，努力何用？殊不知社会之中，无所不需要也。发明家，社会之所需要也；仿效者，亦社会之所需要也。徒有发明家，而无仿效者，虽有精巧之发明，亦不能普传于世界。假令只有安笛生（Eddison）一人，恐世上得留声机以供娱乐者，亦至鲜矣。故曰：才苟不能为发明家，为仿效者可耳；彼发明家固成功，然仿效者苟能尽仿效之能事，其成功与发明家同也，其有益于社会，固不在发明家之下也。由是观之，人不贵禀性高，而贵能尽量发展其本能。夫本能人所同赋于天，其能尽量发展与否，则在乎人。苟能尽量发展其本能，则皆有用于社会，是之谓善人。

（二）人，社会之一分子也；其受父母生育之恩固重，然取资于社会者至多；无社会，宜无以生存也。故事遇群己对待时，须知己轻群重。何则？己之利害，一人之利害也；群之利害，多数人之利害也；二者相权，自是己轻群重。此说骤听时，似尚未足以厌人心；盖群者，各个人所集合而成者也，群之为群，所以保障各个人者也，今谓必轻个人之利害，而为全体牺牲，然则群之所以为群，固安在耶？曰：是何可忧？苟人人皆知轻己之利害，而重群之利害，则彼此之间，无有相侵犯者，然乎各个人之利益，不已共保矣乎？

（三）世界之进步，虽赖人类全体之力，然各个人间之思想与主张，亦不可不重也。盖个人无主张，则举世皆盲从之徒；夫如是而求进步，岂不难哉？试读历史，欧洲中古时代，教会专制，思想大不自由，故文明黑暗，科学不昌；迨乎文艺复兴，人类思想解放，然后进步一日千里，科学大昌。就吾国论，数千年统治于君主专制之下，束缚于孔氏伦理思想之中；有稍远孔道者，辄受异端邪道之讥，其甚者治罪；以致吾国终无科学，是皆思想不自由之效也。或曰：个人之思想与主张，何以如斯之可贵也？曰：是有故焉。凡人不论才质高低，皆有其所独到处；非必其才识过人也，不过所注意于此者，未必注意于彼，甲所虑及者，乙未必能虑及之；盖人之思想，与其所处环境，有密切关系，环境有不同，故思想有互异。必合众人之思想，而化为一炉，然后人类之进步见。故各个人皆宜贡其一线之明；凡事不可盲从，必经自己考虑，有意义者为之，无意义者不为，是乃不失为社会之一分子也。

（四）世界日新月异，新知无穷。为己计，不可不知世界潮流；为社会计，亦不可不知世界潮流。为己，求新知所以谋自立，不落人后；为社会，求新知所以便服务。一国皆有一国之特殊思想与文化，各有其所长，亦各有其所短。为国民者，应放大眼光，以观察其他国家之情形，与其优劣之点，然后与我国相比较，而我之优劣见。语云：知此知彼，百战百胜；苟国民皆知世界之新潮流、新思想，国何患不能自强？故曰求新知，亦一国民之义务也。

（五）人类有三宝：身体、时间、金钱是也。人往往忘前二者，而专重金钱，其实愚莫甚焉。盖有身体，有时间，何患无金钱？二者既失，虽有金银满库，于我何有？三者之中，身体最可贵也。盖身体者，一切之根基；无身体，则万事休矣。人类贵在尽量发展其本能，然发展本能，必有强健之身体而后可；发展本能而欲尽量，尤需健全之身体也。次为时间。夫时间者，一切事业之工具也。时不再来，工具一失，不可复得，可不宝乎？最后乃至金钱，金钱亦工具也，苟视为目的，则大误矣。倘用之得法，为助于人不少；倘用之于邪途，则可以害己，兼能害人；可不慎哉？

以上五点，为余理想中之人生标准。窃谓苟能实行，则人生无有不满，不论对己对人，皆可以无愧矣。

严群年表

清光绪三十三年（1907） 1岁[①]

严群，字孟群，又字一指、不党，号淳斋。4月21日（农历三月初九）生于福建省侯官县阳岐乡。为长男，有二弟一妹。高、曾二祖皆业医，有名于时。祖传安，先后任职于清南洋及北洋水师。父家驹，清宣统元年（1909）考取首届庚款留美，获伊利诺伊大学理学学士、哈佛大学理学硕士学位；归国后，任唐山路矿学堂（北方交通大学前身）教授兼数学系主任。

民国四年（1915）前 9岁前

其伯祖严复先生时居北京，设家塾，延聘皖省宿儒金家庆先生为其子女授业，严群亦附学，受启蒙教育。

民国四年（1915） 9岁

返唐山，由父亲自授。

民国八年（1919） 13岁

回家乡，受业于同乡赵凤洲先生（前清解元），习古文。父亲授英文与数学。

民国十年（1921） 15岁

入美以美教会学堂福州鹤龄英华中学。

民国十三年（1924） 18岁

从亲命，与对江新岐乡孙师瑛女士成婚。严、孙两家有通

[①] 本年表所列年龄均为虚岁。

家之谊。孙女士叔祖孙香海先生，系严复先生在天津水师学堂学生；其父孙世华先生亦留学生，习电机工程，居美时即与严群之父相识。

民国十六年（1927） 21 岁

于英华中学毕业。同年 8 月考入福建协和大学哲学系，从此开始其从事研究哲学的生涯。严群之所以对哲学有深厚兴趣，除因家庭影响及其个性善思辨外，在中学时，曾细读过英国大哲学家罗素（Bertrand Russell）的名著《哲学问题》(*The Problems of Philosophy*)，深为该书文笔之流畅、条理之清晰、论证之严谨所倾倒。开始学习法文。

民国十七年（1928） 22 岁

转入北平燕京大学哲学系。当时该系华籍教授有黄子通、张东荪、张君劢等；金岳霖、冯友兰亦来兼课。开始学习德文。

民国二十年（1931） 25 岁

于燕京大学哲学系毕业，获文学学士学位。毕业论文为《亚里士多德之伦理思想》。同年 8 月，入燕京大学研究院，专攻古希腊哲学。

民国二十二年（1933） 27 岁

《亚里士多德之伦理思想》，经张君劢、张东荪审阅并作序，由商务印书馆出版。

民国二十三年（1934） 28 岁

于燕京大学研究院毕业，获文学硕士学位。毕业论文为《柏拉图》，同年 8 月由世界书局出版。同月获哈佛燕京学社奖学金，继续在研究院研究一年。在研究院期间，撰写了多篇学术论文，部分已于国内刊物发表，其他历经劫难，稿已不存。诸如：《苏格拉底之灵魂说》、《论柏拉图之爱底亚斯》、《柏拉图与亚里士多德之伦理思想及其比较》、《康德之论意志自由、灵魂不灭及上帝存在》、《释黑格儿哲学中"有"等于"思"之义》、《斯牧次"全体"进化论之鸟瞰》、《快乐主义与心理上之快乐论》、《历史变迁之因素》、《孔子与亚里士多德之中庸思想之比较》、《墨子研究》等，都是这期间的撰述。

民国二十四年（1935） 29 岁

获洛克菲勒基金会奖学金，赴美留学。入哥伦比亚大学研究院，深入研究古希腊哲学。

民国二十六年（1937） 31 岁

转入耶鲁大学古典语文系，专习拉丁文与古希腊文，兼习梵文、希伯来文、暹罗文等。包括先前学习的英、德、法文，共学过十种外国文。拉丁文与古希腊文熟练，为翻译古希腊哲学名著奠定了基础。

民国二十七年（1938） 32 岁

开始由古希腊文翻译柏拉图对话录。

民国二十八年（1939） 33 岁

8 月由美归国。不久离沪北上，应燕京大学之聘，任哲学系讲师。

民国二十九年（1940） 34 岁

应燕京校长司徒雷登氏之托，为研究生讲授古希腊文。

民国三十年（1941） 35 岁

仍作哲学系讲师，兼代理系主任。这期间开始撰写《〈大学〉全书思想系统》及《〈中庸〉全书思想系统》二文。

民国三十一年（1942） 36 岁

珍珠港事变后，燕京大学停办。2 月入北平中国大学哲教（哲学与教育）系任教授，讲授中、西哲学，直至 1946 年 7 月。

敌伪时期，清华、北大、燕京等大学教职员，无法前往大后方，而又不愿入伪学校者，多进中国大学。所以当时的中国大学有似沙漠之绿洲，人才济济，盛极一时。开始翻译柏拉图《理想国》。并用文言文译罗素之《哲学问题》，今稿已不存。

民国三十四年（1945） 39 岁

8月日本无条件投降。当时教育部于 1945 年 12 月至 1946 年 7 月，为"教育部特设北平临时大学补习班"，应聘任教授。

民国三十五年（1946） 40 岁

燕京大学复校，8月开始任燕大副教授，至 1947 年 7 月。

民国三十六年（1947） 41 岁

8月应浙江大学校长竺可桢之邀，南下杭州，任哲学系教授。

民国三十七年（1948） 42 岁

仍任浙大教授；并兼任杭州之江大学教授，讲授教育哲学。

1949 年　43 岁

5月3日杭州解放。师事大儒马一浮先生。在南下杭州任教于浙大期间，除继续翻译柏拉图对话录外，还写了多篇论文。诸如：《分析的批评的希腊哲学史——前苏格拉底部》（后由商务印书馆出版）一书中之七篇独立论文；为纪念严复评点《老子》文章发表四十五周年，撰写了《说老之"道"——老子思想之分析与批评》、《希腊思想——希腊的自然哲学与近代的自然科学》、《说"孝"》等。

1950 年　44 岁

浙江大学哲学系停办，转入外国文学系，讲授古希腊文与英文翻译；并为药学系讲授药用拉丁文。

1952 年　46 岁

　　高校院系调整，调入浙江师范学院，讲授逻辑学。

1953 年　47 岁

　　兼职浙江卫生学校，讲授医用拉丁文一学期。

1954 年　48 岁

　　兼职浙江医学院，讲授医用拉丁文一学期。

1958 年　52 岁

　　浙江师范学院更名为杭州大学，入政治系，仍讲授逻辑学。应中国科学院之聘，任哲学研究所特邀研究员。继续翻译柏拉图对话录。

1963 年　57 岁

　　赴北京参加中国科学院哲学社会科学部第四次扩大会议。所译柏拉图对话录中的《泰阿泰德·智术之师》一书由商务印书馆出版。

1965 年　59 岁

　　辅导杭大青年教师四人学习逻辑学，准备担任逻辑学教师，其中二人一直在做这门学科的教学工作。

1966 年　60 岁

　　"文化大革命"开始，备受冲击。十年动乱期间，家被抄，藏书及手稿被焚或丢失；最可惜者是大量已译就的柏拉图对话录文稿不知去向。进牛棚，直至"四人帮"倒台。这段时间，身心极度疲惫，精神体力大不如前。

1978 年　72 岁

　　10 月，参加在安徽芜湖召开的全国首届外国哲学史讨论会。宣读论文《哈拉克类托士》。后发表于《安徽劳动大学学报》，转载于《西方哲学史讨论集》（生活·读书·新知三联书店出版）。任浙江省哲学学会副会长。

1979 年　73 岁

年初开始，为杭大本校及外校教师开设古希腊文和拉丁文课近一年，教完了全课程。

1981 年　75 岁

《分析的批评的希腊哲学史——前苏格拉底部》11 月由商务印书馆出版。任杭州大学希腊研究所所长。

1982 年　76 岁

2 月，招收四名研究生。并讲授古希腊文及拉丁文。

1983 年　77 岁

着手翻译柏拉图对话录中的《菲独》。9 月，所译柏拉图对话录中的《游叙弗伦·苏格拉底的申辩·克力同》由商务印书馆出版。

1984 年　78 岁

12 月，四名研究生通过论文答辩，均获硕士学位。

1985 年　78 岁 [1]

1 月 14 日因心脏病发作不治逝世。《菲独》未译就。严群先生一生最大的企望，就是将全部柏拉图对话录由古希腊原文译为中文及撰写《分析的批评的希腊哲学史》全部，未竟其志而抱憾终生。

1993 年

5 月，所译柏拉图对话录中的《赖锡斯·拉哈斯·费雷泊士》一书由商务印书馆出版。

---

[1] 农历正月初一长一岁，该年正月初一在 1 月 14 日之后，故仍为七十八岁。

《严群文集》后序

王维贤

我从 1942 年到 1947 年间，每个学期都听严群先生的哲学课，他是我受教最多，也是我受教最深的老师。从 40 年代末到他逝世的 1985 年，我跟他一直在杭州工作；1956 年后，我还接了他逻辑教学的班，成了一同在杭大政治教育系教书的教师。我虽然跟严先生受学时间很久，相处时间更长，但在此前，他的大部分著作我都没有好好读过。最近两三年，因为受他的子女的委托，整理他的著作，才认真地看了他留下来的所有遗著。当然，这些著作只是他全部著作的一部分，是灾后的劫余，但从中也可以看出他的思想发展的脉络、他的基本的理论观点。

现在整理工作已基本完成，阅读遗著过程中颇有感触，略谈一二。

首先，研究西方哲学的人，必然要遇到中西文化，特别是中西哲学的交会，继而考虑中西哲学的融合问题。记得在报上曾看到张岱年师谈现代中国哲学家中西方思想影响的比例问题。我们根据张先生的说法，以过去清华大学的几位哲学家为例，试加分判：金岳霖先生是中三西七，张岱年先生是中七西三，冯友兰先生是中西各半。严群先生也不例外。严先生没有系统的哲学著作，但他不失为一位深得中西方哲学思想的精髓、深爱中西方哲学思想的哲学家。

表面上看，他是植根于西方思想，以西释中；但是由于他的家学渊源，他对中国哲学思想的热爱，实质上他是在中西哲学思想的比较中，企图阐释中国哲学，发扬中国哲学。说他的哲学是中西参半，未尝不可。不过他的大部分著作是 20 世纪三四十年代完成的，而且他饱受西方思想的熏陶，不能不受西方哲学思想的深刻的影响。这种以西释中、在比较中阐述中国哲学的方法，留着深深的时代烙印。

其次，严先生是一位西方哲学史，特别是希腊哲学史的研究学者，他关于中国哲学的著作，也是以哲学史的形式出现的，可以说他同时是一位中国哲学史家。从他的著作，以及其他一些中国的、外国的哲学史，都可以看出书中所蕴含的著者的哲学思想。有体系的，甚至是博大体系的哲学史家，如中国的冯友兰、英国的罗素，其著作更可以看出这一点。孔子讲"述而不作"，《周易》有十传，都是以"述古"的形式显示作者的思想。当然，这与博大的、成体系的哲学著作不同，但是作者的哲学思想仍然溢于言表。严先生出版的那本《分析的批评的希腊哲学史——前苏格拉底部》，和长达七万字的论文《说老之"道"——老子思想之分析与批评》，都有在"分析"之后加"批评"的字眼，内容也正是以"批评"的形式显示作者的哲学观点和作者对中西哲学的比较分析。他的论文《孔子与亚里士多德之中庸思想之比较》更是以直接对比中西两哲学家的"中庸"思想为中心内容的，在其《亚里士多德之伦理思想》等著作中也处处侧重于中西思想的比较的讨论。这些著作都明确地反映了作者的哲学观点。

第三，严先生在阐释不同学派、不同哲学家或不同专著的时候，大多先分专题引用原文，逐条进行诠释，然后再综合地加以评述，并提出自己的观点。虽然对古代复杂思想家、哲学家的理解可能见仁见智，各有不同，但这种研究方法，使人觉得所述有根有据，绝非浮谈泛论，且给读者以根据原文做不同理解的余地。另外严先生的诠释也大多精炼严密，深得作者原意，评议通贯古今中外，条分缕析，时有胜义。

现在进而谈谈严先生在西方哲学史和中国哲学史的研究中所反映的理论观点。

严先生主要是研究希腊哲学的，他的哲学思想的一些主要部分，散见于他关于希腊哲学史的著作中。这些观点虽然是零碎地、分散地表达的，但综合起来，却构成一个完整的思想体系。他的思想的背景和核心是两个字：科学。科学也是希腊哲学家的核心，是希腊哲学对人类文化的最重大的贡献。严先生认为，哲学和科学都是要"繁中求简，散中求总，异中求同，殊中求共"。苏格拉底的求概念的方法，柏拉图意典说表现的从形下到形上，从特殊到一般，为后世的科学研究和哲学探讨提供了前提。希腊前苏格拉底各派哲学对客观世界"本体"的追求，苏格拉底向探讨人事的转变，经过柏拉图意典的追求，达到亚里士多德的接近泛神论的哲学观点，以及他在科学方法和科学分类上的重大成就，奠定了西方科学思想的传统。严先生这种希腊哲学史观和他对科学的推崇，构成了他的哲学思想的基础。

严先生反对宗教，反对有超自然的上帝创造世界，赞同宇宙的秩序、规律即寓于自然界之中。他不但反对创世的宗教观，而且反对有独立于物或与物相对的心，认为心、物对立只存在于认识论，心同物的关系只是宇宙中此物与彼物的关系。他主张本体上的一元论，认为二元论或多元论是哲学上的失败。而且这一元的本体是物而不是心。他在宇宙论上的另一个特点是反对爱利亚学派的唯静主义的宇宙观，认为他们的"有""太空、太板"，因而倾向于赫拉克利特的观点，认为赫氏的"火"，说是本体，实为"过程"，认为这种观点是同中国思想相通的。在谈到恩培多克勒的哲学时，称赞他为自然主义的泯心物对立的自然主义的认识论找到根据。关于严先生对这些问题的看法，可以引用他在《希腊昂那克萨哥拉士（Anaxagoras）心物二元的唯心意匠论》一文的一段话作为说明：

> 其实直截了当的办法，莫如便认物种之中自有秩序条理，自然而然演成万物；用一班哲学上的话说，即心物不分，只把心与物看作整个宇宙的两种表现：心是性（quality）方面的表现，物是量（quantity）方面的表现，性不能无量，量不能无性，亦即心不能离物，物不能离心——是一而若二，二而实一的东西。因此我说，在本体论与宇宙观上，不宜有截然而不相侔的心与物两概念，有了以后，只是增加许多莫须有而不能解决的问题。这两个概念只能在知识论上保留着，并且只能当作主观与客观的分别，不可视为"实有"（substance）。因为人与物原是整个宇宙中的部分，宇宙中的各部分彼此会发生关系，人与物的关系只是一部分与另一部分的关系，而人之知物，所谓知识也者，不过人与物之关系的一种。人与物在知识的关系上，因观点而分彼此；此为主观，彼为客观，主观叫作心，客观叫作物；知识的关系停止，心物之分就不存在，至于宇宙的本然，更无心物之分，所以我说，心与物不可视为宇宙的实有。
>
> 假如心与物是截然为二面不相干的实有，那么在知识上，人的心怎能知物？最高限度，有性而无量的心，只能知物之性，何以还能知物之量？在本体论和宇宙观上，怎能够说，物种能接受心的计划与目的，经其整理而成形形色色的宇宙万物？（《学原》第二卷第八期［1948］，第19页）

严先生在其早期的著作《读柏格森哲学后几句毫无价值的话》就表现出他的重科学、反直觉的思想。

严先生对中国哲学的研究花过相当精力，主要涉及的是儒道两家，他比较深入地分析过老子的《道德经》、先秦儒家的经典著作《中庸》和《大学》，以及以朱熹为代表的宋明理学的本体论和宇宙观。在这些著作中，我们看到这样一些研究倾向和哲学观点：

一、以西方哲学的理论术语阐释中国哲学，在比较异同中见中国哲学的特色。研究中国古代哲学思想，可以用追本溯源的方法，还其本来面目；也可以用现代的观点术语阐释古人的思想，然后比较异同，达到了解古人的目的。这两种方法看似分殊，其实都不免站在现代人的立场去研究古人。完全的以古释古，甚至完全的以原著释原著，是不可能的，因为这样做等于没有解释，必然使人茫然而无所得。用现代的观点术语解释古人，最怕的是比附，把古人现代化。严先生的中国古代哲学研究工作，没有比附的毛病，却能清晰地、可理解地告诉我们古人的思想体系及其理论意义。当然，他在选择阐述的对象和阐述的过程中都反映了他个人的理论观点。康有为的"托古改制"固然为后人所诟病，但"借古人之酒杯，浇今人之块垒"，不仅文学家，哲学家、历史学家也常常这样做。

二、严先生在他的中国哲学研究中，像他在西方哲学研究中一样，表现出他的泛神论式的一元的、唯物的、自然主义的倾向。他对《老子》的"道"和《中庸》的"道"都采用这种观点加以解释。他在《〈中庸〉全书思想系统》中，对《中庸》的所谓"道"是这样解释的：

> 天地之间，有物焉，万事万物之所率循而不坠者，是为道。以今世之术语出之，则谓之"秩序"。……"自道"云者，谓其

发动流行,自然而然,非此道之外,别有物焉,而张主左右其间也。

此道盖即宇宙之本体,是本体之发动流行,纯出于自然。于斯可见《中庸》一书盖主自然主义(naturalism)之哲学……所谓"道"者,乃其自创自守,自然而不得不然之律令。由斯言之,《中庸》一书又兼所谓泛神论(pantheism)之诣矣。唯道为自然而不得不然之律令,斯又定命论(determinism)之旨趣,《中庸》首句即标"天命"两字,可以见已。

论到天人关系时,该文说:

天道莫非真理,人之思虑云为,物之动静成毁,固皆天道之所包,辙亦真理之一部,是天人合一,民物同体,斯又自然主义推理所必至者也。夫人之所以能知天地万物者,正坐天地万物原属一体,此乃知识发生之根基,存在之关键,历代儒家之所默契者也。其言伦理,则标仁民爱物之义,亦以民物原皆与我同体,不仁民,不爱物,无以异于手不爱足,膝不爱股,是谓逆天拂性者矣。

这几段话对《中庸》的"道"和"儒家"常讲的"天人合一,人物一体"的思想及其相互关系讲得很清楚。这是对以《中庸》为代表的儒家思想的阐释,也是对作者哲学思想的表述。

在《说老之"道"——老子思想之分析与批评》中,严先生对老子的"道"也有详细的论述。他认为老子同苏格拉底都处于思想变革之际,但因二人所处的具体形势不同,所以老子"舍物而天",苏氏则"舍天而人",这是因为西方哲学一开始就注重本体论和宇宙论的探究，而中国哲学则一开始就重在人事的研究。并且认为中国古代哲学唯有老子独树一帜，"探夫天道之隐"，为后世理学融儒佛创造条件，老子在中国哲学史上的贡献是伟大的。关于老子的"道"，严先生首先把它同黑格尔的绝对精神相比较，认为相似而不相同。在比较老子同亚里士多德时更正面说明了老子"道"的含义："且夫亚氏之'上帝'，其为宇宙万物之鹄，而为其所向所趋也，乃是宇宙万物之外，而致之于动，而愈动而愈出。若老子之'道'，则存乎宇宙万物之中，宇宙万物，特其动静往复之形迹耳。以宇宙之术语出之：亚之'上帝'，超神（transcendent deity）也，老之'道'，泛神（pantheistic）也。老之言曰：'大道氾兮，其可左右？'（卅四章）"

在比较老子与亚里士多德的宇宙论时，严先生用亚氏的储能效实的概念说明二者，也说明了中西哲学倾向的差异。亚氏从储能到效实"一往直前，永无止境"，而老子的储能趋于效实，"适可而止"，止而复反于储能，因此老子有"多言数穷，不如守中"的话，这正表现出西方哲学倾向于"务分析而不厌其繁"，中国哲学"重内心之涵养，轻外界之探求"，这正是西方学者承亚氏之余绪，而特重于科学的重要原因之一。

严先生关于中国的政治、伦理道德的论述很多，特别表现在关于《大学》、《中庸》二书的论述中。他认为中国哲学的以伦理统一政治，以天人合一为基础的"民吾同胞，物吾与也"是贯串一切伦理、政治、法律的核心。这不能不说是他对中国伦理思想的精髓的认识，也是他的观点的具体体现。他把中国政治伦理思想同民主思想统一起来是很有见地的。我们引他在《〈大学〉全书思想系统》的一段话，说明他的这种观点：

"自天子以至于庶人，一是皆以修身为本"者，修身实兼格、致、诚、正而言，此五者之事备，则不失为善人，退有以立己，进有以立人，立己为民，立人为君，为民者进而可以为君，为君者退而可以为民，夫非民主政治之真意也欤？故曰：儒家之政治理想，所谓王政者，貌虽有君，其意则民主也已。

《朱子论理气太极》及《孔子与亚里士多德之中庸学说及其比较》两文，从比较中探求中西哲学的异同。严先生既不偏袒中国哲学，也不专崇西方思想，而是以理论上的一贯与科学精神为准。"科学"与"民主"是"五四运动"追求的目的，也是严先生他们这一代人向往的目标。这种精神在今天也还有积极意义。

最后，再说几句关于本书的编辑的话。

编辑这本文集，严先生的子女是出了大力的。严先生的手稿是行草，他们不但辨认无误，并查对引文，而且用非常工整的楷书抄写，几乎没有误写的地方。这不但需要大量的精力，而且要有较好的中国学术素养，而他们都不是学哲学的。保存严先生手稿方面，他们也做了大量工作；没有他们的保护，这些劫余的手稿也许早已遗失。他们对父亲的文集的出版，倾注了大量心血，没有他们兄妹的集体努力，这本文集是编不成的。

2002 年 2 月 7 日于杭州